工程建设中的合同法与招标投标法

（第三版）

何红锋　著

中 国 计 划 出 版 社

图书在版编目（CIP）数据

工程建设中的合同法与招标投标法／何红锋著．—3版．
北京：中国计划出版社，2014.5
ISBN 978-7-80242-963-5

Ⅰ.①工… Ⅱ.①何… Ⅲ.①建筑工程－合同法－研究－中国 ②招标－建筑法－研究－中国 ③投标－建筑法－研究－中国 Ⅳ.①D923.64 ②D922.297.4

中国版本图书馆CIP数据核字（2014）第039979号

工程建设中的合同法与招标投标法（第三版）
何红锋　著

中国计划出版社出版
网址：www.jhpress.com
地址：北京市西城区木樨地北里甲11号国宏大厦C座3层
邮政编码：100038　电话：（010）63906433（发行部）
新华书店北京发行所发行
三河富华印刷包装有限公司印刷

787mm×1092mm　1/16　18.25印张　456千字
2014年5月第3版　2014年5月第1次印刷
印数1－8000册

ISBN 978-7-80242-963-5
定价：42.00元

第三版说明

本书第二版2008年出版。但2008年以来，我国的合同法律制度与招标投标法律制度又有了许多变化，特别是2012年2月1日开始生效的《招标投标法实施条例》，对工程建设中的招标投标与合同制度产生了重大影响，相关的一些部门规章也进行了修改，理论界对招标投标和合同制度的研究也进一步深入。为了反映这些立法和研究成果，对本书第二版进行了重大的修改。

何红锋

2014年3月

再版说明

本书初版于2002年，已经经过了多次印刷。但自2002年以来，我国的合同法律制度与招标投标法律制度已经有了长足的进步。2007年3月16日全国人大颁布了《物权法》，对工程建设中的合同制度产生了重大影响。政府有关管理部门在招标投标领域更是颁布了大量的规章和规范性文件。例如，2004年6月21日国家发展和改革委员会、建设部、铁道部、交通部、信息产业部、水利部、民用航空总局联合发布了《工程建设项目招标投标活动投诉处理办法》；2007年11月1日国家发展和改革委员会、财政部、建设部、铁道部、交通部、信息产业部、水利部、民用航空总局、广播电影电视总局联合发布了《标准施工招标资格预审文件》和《标准施工招标文件》。因此，中国计划出版社的同志在今年年初与我商量本书再次印刷事宜时，我建议改版，获得了计划出版社的同意。我在原书的基础上，对相关内容进行了修改和增加，以使本书能够反映工程建设合同法与招标投标法中的最新内容。

何红锋

2008年5月

序

工程建设事关国计民生，既与国家的经济建设直接相关，又与公民的工作、生活息息相关。因此，我国一直十分重视建设工程相关法律制度的健全完善。在建立健全社会主义市场经济中，继《中华人民共和国建筑法》后，《中华人民共和国合同法》与《中华人民共和国招标投标法》对建筑市场的发育完善有着重要的意义。在我国加入WTO后，市场化的程度将不断提高，这两部法律将进一步发挥重要作用。

在市场经济中，财产的流转主要依靠合同。特别是工程项目，标的大、履行时间长、协调关系多，合同尤为重要。因此，建筑市场中的各方主体，包括建设单位、勘察设计单位、施工单位、咨询单位、监理单位、材料设备供应单位等都要依靠合同确立相互之间的关系。在市场经济条件下，工程建设的管理应当严格按照法律和合同进行。推行建设领域的合同管理制，有关部门做了大量的工作，从立法到实际操作都在不断的完善之中。1981年颁布的《经济合同法》就将建设工程承包合同列为独立的一类合同，1983年国务院又分别发布了《建设工程勘察设计合同条例》和《建筑安装工程承包合同条例》，1993年建设部发布了《建设工程施工合同管理办法》，1996年建设部和国家工商行政管理局发布了《建设工程勘察设计合同管理办法》。特别是1999年10月1日实施《合同法》后，建设部又及时与国家工商行政管理局联合颁布了《建设工程施工合同（示范文本)》、《建设工程勘察合同（示范文本)》、《建设工程设计合同（示范文本)》、《建设工程委托监理合同（示范文本)》，对完善建设工程合同管理制度起到了极大的推动作用。但是，有关单位及其人员的合同意识尚有待提高，违反《合同法》的情况也常有发生。其中既有勘察、设计、施工单位转包、违法分包和不认真执行工程建设强制性标准、偷工减料、忽视工程质量的问题，也有监理单位监理不到位的问题，还有建设单位不认真履行合同，特别是拖欠工程款的问题。另外，建设工程合同的某些理论问题也需要进一步研究，如合同的担保(《合同法》第286条的规定引发的争论，承包人的权利难以兑现)。因此，从事工程建设的同志仍需进一步学习和研究《合同法》。

招标投标是市场经济中的竞争性交易方式，随着建筑市场的日趋完善，应该招标投标的工程应通过招标投标方式确定承包人。招标投标能够体现建筑市场交易中的公平、公开、公正，也有助于提高工程建设的质量、控制工程造价。党的十一届三中全会之后，我国的建筑施工企业最先参与国际市场竞争，以投标方式在中东、亚洲、非洲和港澳地区开展国际承包工程业务。1980年10月，国务院颁布了《关于开展和保护社会主义竞争的暂行规定》，指出“对一些适宜于承包的生产建设项目和经营项目，可以试行招标、投标的办法”。自此之后，招标活动在我国境内得到了重视。建设领域是我国较早推行招标投标制的领域。也是招标投标推行得比较好的领域。1984年11月20日国家计委、建设部发布《建设工程招标投标暂行规定》，提出改变行政手段分配建设任务，实行招标投标，大力推行工程招标承包制，招标投标得到了广泛的推广。从1992年建设部第23号令《工程建设施工招标投标管理办法》的发布到1998年正式施行《建筑法》，从部分省、自治区、直辖市的《建筑市场管理条例》、《工程建设招标投标管理条例》到许多地方政府制定的有关办法，都对规范建设工程招标投标行为起到极大的推动作用。2000年1月1日，《招标投标法》正式施行，招标投标进入了一个新的发展阶段。《招标投标法》颁布后，有关部委又相继出台了与之配套的部门规章，招标投标的法制不断完善。建设工程交易中心的健全和完善，也将对规范建筑市场和招标投标活动起到重要作用。当然，《招标投标法》的有些内容也待进一步完善。

何红锋同志长期从事建设工程招标投标和合同管理的教学与研究，作为兼职律师和仲裁员，也接触和处理过大量的建设工程合同与招标投标的纠纷。本书是他多年教学与研究的成果，在理论上做了有益的探讨。该书能够结合工程建设中的实际问题进行研究与讨论，有助于从事工程建设的同志对《合同法》和《招标投标法》的理解与掌握，也可供从事相关内容教学与研究人员参考。

朱中一（原建设部法规司巡视员兼副司长）

目　录

第一章 概 述

第一节 建设工程承发包与我国建筑市场的发展

一、我国工程建设项目管理体制的演变

我国工程建设项目管理经历了数次演变，我们将其分为改革开放前后两个阶段进行介绍。

（一）改革开放以前我国建设项目管理体制的演变

改革开放以前，我国建设项目管理体制曾有三次较大变化：

1949～1952 年，即国民经济恢复时期。这一阶段建设体制主要采用“建设单位自营制”，即修复和建设工程均由建设单位自行设计、自行组织队伍施工。这种短平快的方式适应了当时百废待兴的生产力状况，但在管理上产生了许多问题。

1953～1957 年，即国家“一五”期间。在总结了国民经济恢复时期的经验教训后，加强了建设项目的前期工作管理，建立了设计院及施工企业（建筑安装工程公司），条、块分立局面基本形成（条指国务院工业部系统，块指地方政府系统）。许多项目推行了“甲、乙方承发包制”。甲方指项目建设单位，乙方指施工企业，也有人将设计院称为丙方。但这种承包制也还是指派方式，未实行招投标。

20 世纪 70 年代末。这一时期，“左”倾思潮占据上风，在经济指导思想上也出现了否定经济规律的现象，否定了甲、乙方承包制，取消了甲、乙方。虽然这一时期有过短时间的整顿，但就整个时期而言，许多项目违背客观规律，大搞“三边”（边勘察、边设计、边施工）工程。在工程建设管理上大多采用指挥部制，各方职责不清，只靠行政命令，不搞经济核算，其结果是不但工期拖长、质量没有保证，而且预算和开支也一再追加。

（二）改革开放以后我国建设项目管理体制的完善

改革开放以后，工程建设管理也逐渐步入正轨。1982 年建设领域进行体制改革，主要改革措施是把原来由主管部门分配工程任务改为建设单位采用招标投标等方式发包，使工程设计和施工进入市场，由建筑企业投标竞争承包。之后，各项规章制度逐渐建立，加强经济核算，恢复承发包制，推行招标投标制、建设监理制，加强合同管理，建立项目法人负责制，建设项目管理的各项法规逐步健全。1983 年 8 月 8 日国务院发布了《建筑安装工程承包合同条例》，1983 年 6 月 7 日，原城乡建设环境保护部颁发了《建筑安装工程招标投标办法》。1984 年 9 月 18 日，国务院作出了《关于改革建筑业和基本建设管理体制若干问题的暂行规定》，1984 年 11 月 20 日，原国家计委、原城乡建设环境保护部联合制定了《建设工程招标投标暂行规定》，倡导建设工程招投标。1985 年 6 月 14 日，原国家计委、原城乡建设环境保护部联合又印发了《工程设计招标投标暂行办法》，1991 年 6 月 13 日原国家物资部印发了《建设工程设备招标投标暂行规定》。1992 年 12 月 30 日，

原建设部发布了《工程建设施工招标投标管理办法》。2000 年 10 月 18 日，原建设部发布了《建筑工程设计招标投标管理办法》。

1997 年 11 月 1 日，第八届全国人大常委会第二十八次会议通过了《中华人民共和国建筑法》，对我国建造活动进行了全面的法律规范。1999 年 3 月 15 日，第九届全国人大第二次会议通过了《中华人民共和国合同法》，对“建设工程合同”作了专章规定。1999 年 8 月 30 日，第九届全国人大常委会第十一次会议通过了《中华人民共和国招标投标法》，对招标投标活动进行了规范。这三部法律的颁布，使得我国工程建设领域的合同订立与履行，具备了基本的法律依据。在此基础上，国务院于 2000 年 1 月 10 日通过了《建设工程质量管理条例》，2003 年 11 月 12 日通过了《建设工程安全生产管理条例》。2011 年 11 月 30 日国务院常务会议通过了《招标投标法实施条例》，自 2012 年 2 月 1 日起施行。最高人民法院 2004 年发布的《关于审理建设工程施工合同纠纷案件适用法律问题的解释》，对司法实践中施工合同的一些争议进行了解释。国家发展和改革委员会（原国家计划委员会、原国家发展计划委员会）、国家住房与城乡建设部（原国家建设部）等有关部委单独或者联合发布了大量的与建设管理体制有关的部门规章和规范性文件。各级地方人大和政府也制定了相应的地方法规和地方规则。工程建设的行政许可也在逐步完善与健全。施工许可证和批准开工报告制度有效规范了工程建设的开工，建立了建筑施工企业、勘察单位、设计单位和工程监理单位等的准入制度。建立了建筑师、结构工程师、建造师、监理工程师、造价工程师、咨询工程师等的注册执业制度，对于选拔优秀人才进入工程建设领域起到了积极的作用。我国建设项目管理体制正在不断完善。

二、建设工程承包与发包的概念、方式

建设工程承包与发包是指建设单位或者总承包单位（发包方）通过合同委托施工企业、勘察设计单位等（承包方）为其完成某一工程的全部或其中一部分工作的交易方式，双方当事人的权利义务通过合同规定。

实行建设工程承包与发包制度，能够鼓励竞争、防止垄断、择优选择承包单位。从各地的实践来看，这一制度有力地促进了工程建设按程序和合同进行，提高了工程质量，能够严格地控制工程造价和工期。在市场经济中，建设工程承包与发包制度是建筑市场的基本制度之一。

建设工程承包与发包的方式有两种，即招标投标方式和直接发包方式。

三、建筑市场的管理

（一）概述

建筑市场管理是指各级人民政府建设行政主管部门、工商行政管理机关等有关部门，按照各自的职权，对从事各种房屋建筑、土木工程、设备安装、管线敷设等勘察设计、施工（含装饰装修）、建设监理，以及建筑构配件、非标准设备加工生产等发包和承包活动的监督、管理。

在建设领域，我国较早就引进了市场机制。但是，由于改革的不同步、不配套，在建筑市场的形成过程中产生了许多问题。首先是遇到了地方保护主义和部门保护主义带来的阻力，这种阻力是巨大的，使得跨地区、跨部门的承包十分困难；其次是乡镇建安企业利用投标之际，竞相压价，并出现了许多越级承包、无证经营的现象，使包袱沉重、机制不

灵的国有大中型施工企业步履维艰；再次，由于压价现象，使所有企业都不约而同地、不同程度地偷工减料或转包；最后，工程招投标受到了部门或地方行政长官的“行政干预”，使竞争变成灰色的以至于出现明显的不公平竞争。自1986年起，国家对建筑市场进行了多次整顿。通过多年的整顿，各级建筑主管部门产生了一个共识：建筑市场的管理必须依法进行。

为加强建筑市场管理，保护建筑经营活动当事人的合法权益，维护建筑市场的正常秩序，1991年11月，建设部和国家工商行政管理局联合印发了《建筑市场管理规定》。1994年12月建设部和国家经济体制改革委员会联合印发了《全面深化建筑市场体制改革的意见》，文件除对强化建筑市场管理起了较大作用外，其主要意义在于注重建筑市场管理的环境治理，如转变政府职能、建立现代企业制度、建立市场形成价格机制、发挥市场中介服务作用、完善社会保障、加强建筑市场法制建设等，尤其明确提出大力推行招标投标，强化市场竞争机制。

（二）建筑市场管理机构的职责

1. 各级人民政府建设行政主管部门的主要职责。各级人民政府建设行政主管部门负责建筑市场的管理，履行下列主要职责：

（1）贯彻国家有关工程建设的法规和方针、政策，会同有关部门草拟建设管理法规；

（2）总结交流建筑市场管理经验，指导建筑市场的管理工作；

（3）根据工程建设任务与设计、施工力量，建立平等竞争的市场环境；

（4）审核工程发包条件与承包方的资质等级，监督检查建筑市场管理法规和工程建设标准（规范、规程）的执行情况；

（5）依法查处违法行为，维护建筑市场秩序。

2. 各级人民政府工商行政管理机关的主要职责。各级人民政府工商行政管理机关负责建筑市场的监督管理，履行下列主要职责：

（1）会同建设行政主管部门草拟或制定建筑市场管理法规，宣传并监督执行有关建筑市场管理的工商行政管理法规；

（2）依据建设行政主管部门颁发的资质证书，依法核发勘察设计单位和施工企业的营业执照；

（3）根据《中华人民共和国合同法》的有关规定，处理无效工程合同，并根据当事人双方的申请或地方人民政府的规定，对工程合同进行鉴证；

（4）依法审查建筑经营活动当事人的经营资格，确认经营活动的合法性；

（5）依法查处违法行为，维护建筑市场秩序。

第二节　建设法律关系

一、建设法律关系的概念和特征

（一）建设法律关系的概念

法律关系是一定的社会关系在相应的法律规范的调整下形成的权利义务关系。法律关系的实质是法律关系主体之间存在特定的权利义务关系。

建设法律关系是指由建设法律规范所确认的，在工程建设和工程建设的管理过程中所产生的权利、义务关系。

（二）建设法律关系的特征

1. 综合性。在工程建设活动中，应当适用的法律规范具有多样性，因此产生的法律关系也是复杂的，具有明显的综合性。建设行政主管机关在对建设活动进行管理时要产生建设行政法律关系，如国家建设行政主管部门行使组织、管理、监督的职权，就会产生建设行政法律关系，这种法律关系是以建设行政主管部门行使国家行政管理权力、有关民事主体对指令的服从为特征。平等的民事主体在建设活动中会产生建设民事法律关系，如建设单位和承包单位通过订立合同产生工程承包合同关系，建设单位与建设材料和设备的供应商通过订立合同产生买卖合同关系等。在建设活动和建设的管理中如果触犯了刑律，还会产生建设刑事法律关系。

2. 计划性。建设法律关系是以受国家计划制约的建设管理、建设过程中形成的权利和义务为内容的。国家制定的建设项目计划是指令性的，是有关各方进行工程建设的基础。建设单位及承包单位都必须严格遵守国家的建设计划，国家对一个建设项目从资金落实到勘察设计、施工、安装等都有严格的计划管理。

二、建设法律关系的构成要素

建设法律关系是由建设法律关系主体、建设法律关系客体和建设法律关系内容三要素构成的。这三要素构成了建设法律关系，缺少其中任何一个要素都不能构成建设法律关系。

（一）建设法律关系主体

建设法律关系主体是参加建设活动或者建设管理活动，受有关法律法规规范和调整，享有相应权利、承担相应义务的当事人。建设法律关系主体包括国家机关、社会组织、公民个人。

1. 国家机关。能够成为建设法律关系主体的国家机关，包括国家权力机关和行政机关。国家机关一般是由于进行建设管理活动而成为建设法律关系主体的。对建设活动进行管理的主要是行政机关。作为建设法律关系主体的行政机关，则包括国家建设行政主管部门、国家计划主管部门、国家建设监督机关、国家各业务的主管部门等。国家权力机关则由于对国家建设计划和国家预决算进行审查和批准，制定和颁布建设法律法规，因而成为建设法律关系的主体。

2. 社会组织。国家的建设活动主要是由社会组织完成的，因而社会组织是最广泛、最主要的建设法律关系主体。参加建设法律关系的社会组织一般应当是法人，但有时非法人机构也可以成为建设法律关系的主体，如联合体投标。作为建设法律关系主体的社会组织包括建设单位、勘察设计单位、施工单位、监理单位等。

3. 公民。建设活动不仅包括社会组织的建设活动，也应包括公民个人的建设活动。公民个人的建设活动也应接受国家的管理，从而成为建设法律关系的主体。随着公民个人建设活动的增加，对公民个人的建设管理也将逐步完善。

（二）建设法律关系的客体

建设法律关系客体，是指参加建设法律关系的主体享有的权利和承担的义务所共同指向的对象。建设法律关系的客体主要包括物、行为、智力成果。

1. 物。法律意义上的物是指可为人们控制、并具有经济价值的生产资料和消费资料。如建筑材料、建筑设备、建筑物等都可能成为建设法律关系的客体。

2. 行为。法律意义上的行为是指人的有意识的活动。在建设法律关系中，行为多表现为完成一定的工作，如勘察设计、施工安装等，这些行为都可以成为建设法律关系的客体。

3. 智力成果。智力成果是通过人的智力活动所创造出的精神成果，包括知识产权、技术秘密及在特定情况下的公知技术。如专利权、工程设计等，都有可能成为建设法律关系的客体。

（三）建设法律关系的内容

建设法律关系的内容是指建设权利和建设义务。建设法律关系的内容是建设单位的具体要求，决定了建设法律关系的性质，它是连接主体的纽带。

1. 建设权利。建设权利是指建设法律关系主体在法定范围内，根据国家建设管理要求和自己业务活动需要有权进行的各种建设活动。权利主体可要求其他主体作出一定的行为和不为一定的行为，以实现自己的有关权利。

2. 建设义务。建设义务是指建设法律关系主体必须按法律规定或约定承担应负的责任。建设义务和建设权利是相互对应的，相应主体应自觉履行相对应的义务。

三、建设法律事实

（一）建设法律事实的概念

建设法律关系并不是由建设法律规范本身产生的，建设法律关系只有在具有一定的情况和条件下才能产生、变更和消灭。能够引起建设法律关系产生、变更和消灭的客观现象和事实，就是建设法律事实。建设法律事实包括行为和事件。

建设法律关系是不会自然而然地产生的，也不能仅凭法律规范规定就可在当事人之间发生具体的建设法律关系。只有一定的法律事实存在，才能在当事人之间发生一定的建设法律关系，或使原来的建设法律关系发生、变更、消灭。

（二）行为

行为是指法律关系主体有意识的活动，能够引起法律关系发生、变更、消灭的行为，它包括作为和不作为两种表现形式。

行为还可分为合法行为和违法行为。凡符合国家法律规定或为国家法律所认可的行为是合法行为，如：在建设活动中，当事人订立合法有效的合同，会产生建设工程合同关系；建设行政管理部门依法对建设活动进行的管理活动，会产生建设行政管理关系。凡违反国家法律规定的行为是违法行为，如：建设工程合同当事人违约，会导致建设工程合同关系的变更或者消灭。

此外，行政行为和发生法律效力的法院判决、裁定以及仲裁机关发生法律效力的裁决等，也是一种法律事实，也能引起法律关系的发生、变更、消灭。

（三）事件

事件是指不以建设法律关系主体的主观意志为转移而发生的，能够引起建设法律关系产生、变更、消灭的客观现象。这些客观事件的出现与否，是当事人无法预见和控制的。

事件可分为自然事件和社会事件两种。自然事件是指由于自然现象所引起的客观事实，如地震、台风等；社会事件是指由于社会上发生了不以个人意志为转移的、难以预料的重大事变所形成的客观事实，如战争、罢工、禁运等。无论自然事件还是社会事件，它们的发生都能引起一定的法律后果，即导致建设法律关系的产生或者迫使已经存在的建设法律关系发生变化。

第三节　工程项目建设程序

工程项目建设程序是指基本建设全过程中各项工作必须遵循的法定顺序。它不是人们主观臆造的，是工程项目建设过程的客观规律的反映。工程项目建设程序的性质，与工程项目建设自身所具有的技术经济特点有密切的联系，是规定工程项目建设程序的基础。工程项目建设具有以下特点：任何建设项目，都要根据各自的使用目的，结合不同功能，先设计，后施工；建设的工程项目位置固定，而施工却是流动的；工程项目建设耗资巨大，工期长，建设环境复杂多变，不可预见因素多，稍有失误则损失惊人。由此可见，在整个工程项目建设中，前一段的工作是后一段工作的基础，我们必须严格遵守工程项目建设程序。诸如“边设计、边施工、边生产”等的建设方式是违反客观规律的。

一、立项批准，编制设计任务书

立项是建设工程程序的第一步骤，立项被批准后，则要编制设计任务书。

（一）立项的主要内容

立项的主要内容包括：建设项目提出的必要性和依据；拟建规模和建设的初步设想；建设条件及可能性的初步分析；投资估算和资金筹措的设想；项目的进度安排；经济效益和社会效益的估计。

（二）工程项目的审查权限

工程项目由计划部门审查。大中型的工程项目，由国家发展计划委员会负责审查；小型项目的工程项目按隶属关系，由国务院主管部门的计划管理机构或省、市、自治区发展计划委员会审查。

（三）可行性研究

工程项目被批准后，应当进行可行性研究。可行性研究的目的是对建设项目在技术、工艺、经济上是否合理和可行，进行全面分析、论证，作出方案比较，提出评价意见，为编制和审批设计任务书提供可靠依据。可行性研究一般包括：项目提出的背景；投资的必要设备选型；单项工程及辅助、配套工程的构成；总体方案；建设工期和进度；投资估算和资金筹措方式及偿还能力；投资的经济效益和社会效益等。

可行性研究由项目主管部门或建设单位委托或指定有资格的咨询、设计单位进行，这些单位要对工作成果的可靠性、准确性承担责任，保证研究成果的客观性和公正性。

（四）建设地点的选择

建设地点的选择，要按照产业布局、经济合理和节约用地的原则，考虑战备和环境保护的要求，认真调查原料、能源、交通、水文、地质等建设条件，在综合研究和进行多方案比较的基础上，提出选点报告。凡在城市辖区内选点的，要取得城市规划部门的同意，并且要有协议文件。

（五）编制勘察任务书和设计任务书

勘察任务书和设计任务书是确定工程项目，编制勘察设计文件的主要依据。勘察任务书和设计任务书的主要内容，是明确列出可行性研究报告的要点、结论和报送单位的意见。上报勘察任务书和设计任务书，应附审查的可行性研究报告，环境保护和城市规划部门、外部协作单位的意见，以及选点报告等。

（六）勘察设计任务书的审批

大中型项目，按照隶属关系，由国务院主管部门或省、市、自治区提出审查意见，报国家发展计划委员会审批。其中有些重大项目，由国家发展计划委员会报国务院批准。小型项目，按隶属关系，由国务院主管部门或省市、自治区审批，报国家发展计划委员会备案。

二、编制勘察设计文件

勘察设计文件是安排工程项目和组织工程施工的主要依据。工程项目的设计任务书和选点报告批准后，建设单位应通过招标、竞选，委托勘察设计单位，按勘察设计任务书规定的内容，认真编制勘察设计文件。勘察设计任务书拟定的建设规模、工程地址、建设标准和投资数额等控制性指标和内容，不得随意修改或变更。需要修改和变更时，应重新报批。勘察设计单位要对勘察设计质量负责到底。

设计工作分阶段进行。大中型建设项目一般采用两阶段设计，即初步设计和施工图设计。技术复杂的和有特殊要求的项目，可增加技术设计阶段。小型项目中技术要求和建设条件比较简单的，经批准可直接编制施工图设计或采用标准设计。初步设计的内容一般应包括：设计的指导思想、建设规模、产品方案或纲领、总体布置、工艺流程、设备选型、主要设备清单和材料用量、劳动定员、主要技术经济指标、运输、能源、主要建筑物和构筑物、公用辅助设施、综合利用、“三废”处理、生活区建设、占地面积和征地数量、建设工期、总概算等文字说明和图纸。大中型项目的初步设计，现已下放给各部门和各省、市、自治区审批。小型项目的审批权则由各部门或省、市、自治区自行规定。

三、施工安装

（一）工程开工的准备

大中型建设项目设计任务书批准之后，建设单位可根据计划要求的建设进度和工作的实际情况，组成精干的班子，负责建设准备工作。建设准备工作的主要内容有：工程、水文、地质勘察；收集设计基础资料；组织设计文件编审；根据经过批准的基建计划和设计文件，提报物质申请计划，组织大型专用设备，预先安排特殊材料预订货，落实地方建筑材料的供应；办理征地、拆迁手续；落实水、电等外部条件和施工力量。

（二）计划安排

建设项目必须有经过批准的初步设计和总概算，进行综合平衡后，才能列入年度计划。所有建设项目都必须纳入国家计划，大中型项目由国家批准，小型项目按隶属关系，在国家批准的投资总额内，由各部门和省、市、自治区自行安排，自筹资金的项目，要在国家控制的指标内安排计划。

建设项目要根据经过批准的总概算和工期，合理地安排分年投资，年度计划投资的安排要与长远规划的要求相适应，年度计划安排的建设内容，要和当年分配的投资、材料、设备相适应。配套项目要同时安排，相互衔接。

（三）组织施工、安装

工程准备工作就绪，由建设单位与施工单位共同提出开工报告，按初步设计审批权限报批，经批准后方可开工。

组织施工是工程项目建设的实施阶段。施工单位应按建筑安装承包合同规定的权利、义务进行。施工安装必须严格按照施工图进行，如需变动，应取得设计单位同意。施工安装单位应按照施工安装顺序合理组织施工安装，施工安装过程中要严格遵守设计要求和施工安装验收规范及操作标准，保证工程质量。对不符合质量要求的，要及时地采取措施、不留隐患，按期全面完成工程任务量。

四、竣工验收

竣工验收，是工程项目建设程序的最后环节，它是全面考核工程项目建设成果，检验设计和施工质量的重要环节。所有建设项目，按批准的设计文件所规定的内容建成后，都必须组织竣工验收。

生产性项目，经投料试车或带负荷运转合格，形成生产能力，并能正常生产合格产品的；非生产性项目符合设计要求，能正常使用的，都应立即组织验收，办理移交固定资产手续。对于具备分期建设、分期受益条件的建设项目，部分建成后，只要相应的辅助设施配合得当，具备生产合格产品的条件，就应分期组织验收，交付生产，同时移交固定资产，不必等到整个项目全部建成后集中一次办理。

建设项目验收前，建设单位应组织设计、施工等单位进行初验。在验收过程中提出竣工验收报告，并系统整理技术资料。施工单位应向建设单位提交竣工图、隐蔽工程施工记录和其他有关资料文件，以便在核实工作中使用，并成为投产后检修和将来改、扩建的基础资料。建设单位要认真清理所有财产和物资，编制工程竣工决算，报上级主管部门审查。

验收应由国家规定的机构负责进行。大型建设项目由国家计委组织验收，中、小型建设项目按隶属关系分别由主管部、委以及省、自治区、直辖市人民政府负责组成验收委员会进行验收。验收委员会或小组是由负责验收的单位吸收建设单位、设计单位、施工单位、银行、统计部门、环保部门、劳动部门以及其他有关部门组成。验收合格后，由发包人和承包人签订竣工验收书，并由验收委员会或小组签署验收鉴定书。

竣工验收过程中，如发现工程内容或工程质量不符合设计规定时，施工单位应负责限期补修、返工或重建，由此所需的各种费用和材料消耗，由施工单位负责。凡是符合验收和移交固定资产手续，不及时办理手续的，其一切费用不准从工程项目建设投资中支付，并由银行冻结工程项目建设拨款或停止贷款。不经验收就进行生产使用的，施工单位不再承担提前使用造成的工程质量责任。

五、交付使用

交付使用是工程项目建设实现建设目的的过程。工程项目竣工验收后即交付使用，创造经济效益和社会效益。工程项目未经验收，不得提前使用。在使用过程中若发生质量问题，应及时通知有关的承包单位修理，并随时将使用中存在的问题告知施工、安装单位，工程项目交付使用在法定保修期限内，由于质量问题造成的经济损失由承包单位负责。

第四节　工程建设中的基本法律制度

一、法人制度

（一）法人的概念

法人是具有民事权利能力和民事行为能力，依法独立享有民事权利和承担民事义务的组织。法人是与自然人相对应的概念，是法律赋予社会组织具有人格的一项制度。这一制度为保障社会组织的权利、便于社会组织独立承担责任提供了基础。

（二）法人应当具备的条件

1. 依法成立。法人不能自然产生，它的产生必须经过法定的程序。法人的设立目的和方式必须符合法律的规定，设立法人必须经过政府主管机关的批准或者核准登记。

2. 有必要的财产或者经费。有必要的财产或者经费是法人进行民事活动的物质基础，它要求法人的财产或者经费必须与法人的经营范围或者设立目的相适应，否则不能被批准设立或者核准登记。

3. 有自己的名称、组织机构和场所。法人的名称是法人相互区别的标志和法人进行活动时使用的代号。法人的组织机构是指对内管理法人事务、对外代表法人进行民事活动的机构。法人的场所则是法人进行业务活动的所在地，也是确定法律管辖的依据。

4. 能够独立承担民事责任。法人必须能够以自己的财产或者经费承担在民事活动中的债务，在民事活动中给其他主体造成损失时能够承担赔偿责任。

二、代理制度

（一）代理的概念和特征

代理是代理人在代理权限内，以被代理人的名义实施的、其民事责任由被代理人承担的法律行为。代理具有以下特征：

1. 代理人必须在代理权限范围内实施代理行为。无论代理权的产生是基于何种法律事实，代理人都不得擅自变更或扩大代理权限，代理人超越代理权限的行为不属于代理行为，被代理人对此不承担责任。在代理关系中，委托代理中的代理人应根据被代理人的授权范围进行代理，法定代理和指定代理中的代理人也应在法律规定或指定的权限范围内实施代理行为。

2. 代理人以被代理人的名义实施代理行为。代理人只有以被代理人的名义实施代理行为，才能为被代理人取得权利和设定义务。如果代理人是以自己的名义为法律行为，这种行为是代理人自己的行为而非代理行为。这种行为所设定的权利与义务只能由代理人自己承受。

3. 代理人在被代理人的授权范围内独立地表现自己的意志。在被代理人的授权范围内，代理人以自己的意志去积极地为实现被代理人的利益和意愿进行具有法律意义的活动，具体表现为代理人有权自行解决他如何向第三人作出意思表示，或者是否接受第三人的意思表示。

4. 被代理人对代理行为承担民事责任。代理是代理人以被代理人的名义实施的法律行为，所以在代理关系中所设定的权利义务，当然应当直接归属被代理人享受和承担。被代理人对代理人的代理行为承担民事责任，既包括对代理人在执行代理任务的合法行为承担民事责任，也包括对代理人不当代理行为承担民事责任。

（二）代理的种类

以代理权产生的依据不同，可将代理分为委托代理、法定代理和指定代理。

1. 委托代理。委托代理是基于被代理人对代理人的委托授权行为而产生的代理。委托代理关系的产生，需要代理人与被代理人存在基础法律关系，如委托合同关系、合伙合同关系、工作隶属关系等，但只有在被代理人对代理人进行授权后，这种委托代理关系才真正建立。

在委托代理中，被代理人所作出的授权行为属于单方的法律行为，仅凭被代理人一方的意思表示，即可以发生授权的法律效力。被代理人有权随时撤销其授权委托，代理人也有权随时辞去所受委托。但代理人辞去委托时，不能给被代理人和善意第三人造成损失，否则应负赔偿责任。

在工程建设中涉及的代理主要是委托代理，如项目经理作为施工企业的代理人等。

2. 法定代理。法定代理是指根据法律的直接规定而产生的代理。法定代理主要是为维护无民事行为能力人或限制民事行为能力人的利益而设立的代理方式。

3. 指定代理。指定代理是根据人民法院和有关单位的指定而产生的代理。指定代理只在没有委托代理人和法定代理人的情况下适用。在指定代理中，被指定的人称为指定代理人，依法被指定为代理人的，如无特殊原因不得拒绝担任代理人。

（三）无权代理

无权代理是指行为人没有代理权而以他人名义进行民事、经济活动。无权代理包括以下几种情况：

1. 没有代理权而为代理行为；

2. 超越代理权限为代理行为；

3. 代理权终止为代理行为。

对于无权代理行为，“被代理人”当然可以不承担法律责任。《民法通则》规定，无权代理行为“只有经过被代理人的追认，被代理人才承担民事责任。未经追认的行为，由行为人承担民事责任”，但“本人知道他人以自己的名义实施民事行为而不作否认表示的，视为同意”。

（四）代理关系的终止

1. 委托代理关系的终止。委托代理关系可因下列原因终止：

（1）代理期间届满或者代理事项完成；

（2）被代理人取消委托或代理人辞去委托；

（3）代理人死亡或代理人丧失民事行为能力；

（4）作为被代理人或者代理人的法人终止。

2. 指定代理或法定代理关系的终止。指定代理或法定代理可因下列原因终止：

（1）被代理人取得或者恢复民事行为能力；

（2）被代理人或代理人死亡；

（3）指定代理的人民法院或指定单位撤销指定；

（4）监护关系消灭。

三、物权和债权

物权与债权是两项基本民事权利，也是大多数经济活动的基础和目的，在工程建设过程中也不例外。工程建设的最终目的是由建设单位取得工程的所有权，而所有权是最基本的物权，施工单位在施工过程中对工程的占有权也是源自于建设单位的所有权。在工程建设过程中也会涉及许多债权问题，如合同、不当得利、无因管理、侵权等。

（一）物权

1. 物权的概念。物权是指权利人依法对特定的物享有直接支配和排他的权利，包括所有权、用益物权和担保物权。所有权是权利人对自己的不动产或者动产，依法享有占有、使用、收益和处分的权利。所有权是一种最全面、最充分的物权。用益物权是权利人对他人所有的不动产或者动产，依法享有占有、使用和收益的权利。担保物权是权利人在债务人不履行到期债务或者发生当事人约定的实现担保物权的情形，依法享有就担保财产优先受偿的权利。

2. 财产所有权的权能。财产所有权的权能是指所有人对其所有的财产依法享有的权利，包括占有权、使用权、收益权、处分权。

（1）占有权。占有权是指对财产实际掌握、控制的权能。占有权是行使物的使用权的前提条件，是所有人行使财产所有权的一种方式。占有权可以根据所有人的意志和利益分离出去，由非所有人享有。如，根据货物运输合同，承运人对托运人的财产享有占有权。

（2）使用权。使用权是指对财产的实际利用和运用的权能。通过对财产实际利用和运用满足所有人的需要，是实现财产使用价值的基本渠道。使用权是所有人所享有的一项独立权能，所有人可以在法律规定的范围内，以自己的意志使用其所有物。

（3）收益权。收益权是指收取由原物产生出来的新增经济价值的权能。原物新增的经济价值包括由原物直接派生出来的果实、由原物所产生出来的租金和利息、对原物直接利用而产生的利润等。收益往往是因为使用而产生的，因此收益权也往往与使用权联系在一起。但是，收益权本身是一项独立的权能，因而使用权并不能包括收益权。有时所有人并不行使对物的使用权，仍可以享有对物的收益权，而非所有人根据法律和合同的规定可以仅仅享有使用权而不享有收益权。

（4）处分权。处分权是指依法对财产进行处置，决定财产在事实上或法律上命运的权能。处分权的行使决定着物的归属。处分权是所有人的最基本的权利，是所有权内容的核心。

所有权的这四项权能是可以分离的，如：国有企业享有的经营权就是所有权的权能与国家的所有权相分离的结果；施工企业在施工期间对工程的占有权也是与建设单位的所有权相分离的结果。

3. 不动产的征收。在特殊情况下，可以将非国家所有的不动产收归国有。为了公共利益的需要，依照法律规定的权限和程序可以征收集体所有的土地和单位、个人的房屋及其他不动产。征收单位、个人的房屋及其他不动产，应当依法给予拆迁补偿，维护被征收人的合法权益；征收个人住宅的，还应当保障被征收人的居住条件。如修建城市公共道路，就可以将公民的房屋收归国有。但是，目前对什么是“公共利益”还没有具体规定，但一般理解，如果是房地产开发商开发普通的商业项目，不宜理解为“公共利益”，而是开发商的商业利益。由于“公共利益”还没有具体规定，因此在实践中往往有许多争议。如2007年3月发生在重庆市、被称为“史上最牛的钉子户”的事件，对于《物权法》生效后应当如何处理，大家有不同的理解。但总体来看，《物权法》生效后，“公共利益”的界定会趋向严格。

4. 建筑物区分所有权。业主对建筑物内的住宅、经营性用房等专有部分享有所有权，对专有部分以外的共有部分享有共有和共同管理的权利。现代我国城市居民绝大多数都是许多家共同居住在一栋建筑物（或者一个小区）中，如果产权归居民所有，则这一栋建筑物的所有权分为专有的和共有的两部分，把自己家的房门关起来以后，门内的就是专有的，自己享有完全的处置权。当然，在行使自己权利时，不能危害建筑物的安全，如不能拆除自己门内的承重墙；也不能损害其他人的合法权益，如不能不分白天黑夜进行有噪声的装修，影响邻居的休息。这一栋建筑物必然还有公用的部分，如楼道、电梯等，甚至还包括小区的一些公用建筑物。由于这些财产无法进行分割，所以是所有这栋建筑物内的所有权人共同共有的，大家也享有共同管理的权利，其他人不能干预业主的权利。如中央电视台“今日说法”栏目曾经报道过，某房地产开发商将楼顶出租给第三人养动物，这损害了业主的权利，构成了对业主权利的干预。

5. 用益物权。用益物权包括土地承包经营权、建设用地使用权、宅基地使用权和地役权。建设用地使用权人依法对国家所有的土地享有占有、使用和收益的权利，有权利用该土地建造建筑物、构筑物及其附属设施。建设用地使用权可以在土地的地表、地上或者地下分别设立。新设立的建设用地使用权，不得损害已设立的用益物权。设立建设用地使用权，可以采取出让或者划拨等方式。

【案例1—1】建设工程施工相邻关系侵权损害赔偿纠纷案

原告：某日报社

被告：某市华厦实业有限公司

原告某日报社因与被告某市华厦实业有限公司（以下简称“华厦公司”）相邻关系侵权损害赔偿纠纷一案，向某省高级人民法院提起诉讼。

一、一审抗辩主张和事实认定

原告某日报社诉称，被告在建设与原告相距20米的华荣大厦而进行的基础工程期间，因施工大量抽排地下水，使原告印刷厂地面下沉，厂房墙体多处开裂，厂内3台进口印刷机和4台国产印刷机的基础移位，印刷机受到严重损伤，造成经济损失1399万元，请求法院判令被告赔偿并承担有关诉讼费用。

被告华厦公司辩称，原告损失是华荣大厦基础工程施工单位造成的，应由施工单位赔偿；原告超过了诉讼时效起诉已丧失胜诉权；原告的请求应交由行政部门处理。要求驳回原告的诉讼请求。

某省高级人民法院经审理查明，被告华厦公司投资建设的华荣大厦与原告某日报社相邻。1991年1月15日，某市房地产开发总公司与香港某投资有限公司合资的某市华厦房产开发建设有限公司（后更名为“华厦公司”）正式成立。同年4月，该公司投资建设的华荣大厦的基础工程根据被告及有关单位论证通过的施工方案开始施工，一个月后发现施工现场附近地面下沉即停止施工。同年6月15日，被告及有关单位又论证通过了施工修改方案后，基础工程继续施工。10月中旬，某日报社发现其印刷厂厂房墙壁、地面开裂，3台德国进口的胶印机出现异常，报纸印刷质量明显下降，印刷机严重受损，厂房墙体损害并危及人员安全。对此，某市人民政府派员召集有关单位、专家商讨，采取补救措施后，某日报社印刷厂地面沉降才得到有效控制，但厂房、印刷机受损方面的处理并未涉及。经某日报社委托的某市土木建筑学会、国家印刷机械质量监督检验中心及某省地震局等单位鉴定认为，某日报社印刷厂厂房和厂内印刷机受损的直接原因是华荣大厦基础工程施工大量抽排地下水造成。1992年7月10日，某日报社向某市人民政府报告，要求华厦公司赔偿损失，但未得到解决，遂直接向华厦公司索赔，经交涉未果。1994年6月30日，某日报社向法院起诉，要求华厦公司赔偿财物损失。

二、一审判决理由和判决结果

某省高级人民法院审理查明：(1) 某日报社已损失为：请国内外专家调校修理印刷机费用179504元；在专家修理调校印刷机期间请他人代印部分报纸费用差额31893.5元；德国专家来该市修理印刷机食宿费6796.4元；某市土木建筑学会鉴定费3000元；国家印刷机械质量监督检验中心鉴定费、评估费、交通费、食宿费共计11.81万元；其他有关单位咨询、鉴定费4.76万元。(2) 某日报社必将继续受损失的为：修理进口印刷机必须进口的零部件购置费765万元，购置该零部件需缴关税及增值税244万元；拆除印刷机需拆除费、运输费、保管费、安装费、调校费等计190万元；维修加固厂房和重做印刷机基础所需工程费1506686.38元。原告上述已损失和即将损失总计人民币13883580.28元。

以上事实，有双方当事人陈述、有关证人证言、鉴定结论、工程预算书票据等证据证实。经当庭质证，被告对原告委托的有关部门作出的鉴定结论和评估预算等亦未要求重新鉴定。

某省高级人民法院认为，被告华厦公司建设的华荣大厦与原告某日报社印刷厂厂房相邻。华厦公司在建设华荣大厦时，未充分考虑邻近建筑物的安全，于施工期间大量抽排地下水，并于初期发现问题后又未能及时采取必要的防护措施，使某日报社印刷厂地面发生沉降，损坏了印刷厂房屋基础，致该厂房及屋内印刷机械受损。事实清楚，证据充分，足以认定。华厦公司违背《中华人民共和国民法通则》第八十三条关于“不动产的相邻各方，应当按照有利生产，方便生活，团结互助，公平合理的精神，正确处理截水、排水、通行、通风、采光等方面的相邻关系”的规定建设房屋，给某日报社造成了巨大损失，应负全部赔偿责任。所建华荣大厦系华厦公司的所有权，某日报社的印刷厂房和印刷机的损害，系华厦公司基础工程施工抽排地下水造成；至于华厦公司与施工单位还有纠纷，系另一法律关系，本案不予审理。因此，其主张“应由施工单位赔偿”的理由不予采纳。某日报社的权益被侵害后，于1992年7月30日即向某市人民政府报告，并一直要求华厦公司予以赔偿，未获解决，直到1994年6月30日向法院提起诉讼，符合《中华人民共和国民法通则》第一百三十五条关于“向人民法院请求保护民事权利的诉讼时效期间为2年”的规定，并未超过法定的诉讼时效，华厦公司关于某日报社“超过了诉讼时效起诉，已丧失胜诉权”的主张，不能成立。某日报社其余损失因自动放弃，故不予认定。据此，该院于1994年11月28日判决如下：

华厦公司于本判决生效后30日内，赔偿某日报社各项损失计人民币13883580.28元。

本案诉讼费79428元，诉讼保全费70520元，合计人民币149948元由华厦公司负担。

三、二审抗辩主张和事实认定

华厦公司不服一审判决，向最高人民法院提出上诉，其理由是：被上诉人胶印车间的设计使用不合理，胶印机基础下未做砂石垫层、胶印机运转后无沉降观测记录，因此不能证明不均匀沉降只是华荣大厦施工抽水所致，请求撤销一审判决，在分清双方当事人责任程度、合理计算被上诉人损失的前提下，改判由双方分担民事责任。

某日报社答辩认为，原审认定的事实完全符合实际，该社厂房和机器受损原因完全是华荣大厦施工中长期、大量抽排地下水造成的，请求维持原判，驳回上诉人的上诉请求。

最高人民法院认为，上诉人华厦公司在被上诉人某日报社厂房相邻处修华荣大厦，本应充分考虑相邻建筑物的安全，但该公司违反《中华人民共和国民法通则》关于处理相邻关系的原则，未做维护工程，即开始敞开式开挖，大量抽排地下水。当初期发现问题后虽采取了补救措施，亦未能完全阻止不均匀沉降，致使某日报社印刷厂和设备基础地面发生沉降，厂房及胶印机严重受损，故其应对此负全部责任。关于上诉人所持上诉理由，本院审理期间，即根据上诉人的申请，委托了某省技术监督建设工程质量检验站（以下简称质检站）就华荣大厦施工中抽取地下水对某日报社印刷车间厂房及进口胶印机基础有哪些影响等问题进行了鉴定。质检站鉴定认为：华荣大厦施工大量抽排地下水是造成某日报社胶印车间下沉开裂和胶印机不能正常运行、遭受损伤的直接原因。鉴定针对上诉人提出的某日报社厂房基础和设备基础的设计和使用均存在问题的主张作出了“该厂房基础和设备基础的结构型式对沉降反应敏感，对环境变化适应性差，但事故发生前三年来的使用尚没有发现问题，在华荣大厦基坑施工期间如不抽水不致突然发生这个事故”的结论。故原审法院认定事实清楚，适用法律正确，其上诉理由不能成立。据此，最高人民法院于1996年5月13日依照《中华人民共和国民事诉讼法》第一百五十三条第一款（一）项之规定，判决如下：

驳回上诉，维持原判。

二审诉讼费79248元，鉴定费232751.7元均由上诉人华厦公司承担。

案例评析：

一、关于适格被告问题

诉讼中谁是适格被告产生了激烈争论。即华荣大厦工程的施工单位珠海特区中新建筑公司是否是本案的单一被告或共同被告，或追加的第三人问题。本案在一审中，华厦公司极力强调其不是本案的合格的当事人，而真正的被告应是负责承建的施工单位中新建筑公司。其理由是：某日报社印刷厂地面沉降，造成3台德国进口的卷筒纸胶印机严重受损、厂房墙体损害并危及人员安全的直接责任者是施工单位，是由大楼建造挖掘地层的施工而引起的，故此，某日报社的损失应由承建的施工单位中新建筑公司承担，与本公司无关。华厦公司在本案应列中新建筑公司为单一被告的理由被一审法院否决并已判决由其承担责任后，在二审中又极力提出追加中新建筑公司为本案的第三人，二审法院对此亦未予采纳。

笔者认为，华厦公司提出的上述理由是不能成立的，理由有以下几点：第一，本案涉及的法律关系是不动产的相邻关系。按照《民法通则》第83条的规定："不动产的相邻各方，应当按照有利生产，方便生活，团结互助，公平合理的精神，正确处理截水、排水、通行、通风、采光等方面的相邻关系。"而与某日报社相邻的是对华荣大厦享有所有权的华厦公司；第二，华荣大厦的建造是由华厦公司这个法人独立投资的，中新建筑公司只是受华厦公司的委托，负责承建施工，即中新建筑公司是为华厦公司进行工作的，如果没有特殊约定，即使中新建筑公司在施工中有过错也应当先由华厦公司对某日报社承担责任，再由中新建筑公司对华厦公司承担责任；第三，从客观事实上讲，中新建筑公司是按华厦公司的大楼设计和施工方案进行施工的，在施工中没有改变该设计和施工方案。因此，在大楼基础工程的施工中，采取敞开式挖掘地层深土，大量抽排地下水，致使某日报社的厂房地面发生沉降，损坏了该厂房及屋内印刷机械，应由华厦公司承担此民事赔偿责任。至于中新建筑公司在施工中的有关操作问题，可由华厦公司根据"承建施工合同"另案起诉；第四，华荣大厦的施工是否会对相邻各方造成损失，应当由华厦公司进行技术和经济论证。

二、关于是否超过诉讼时效的问题

虽然某日报社的权益是在1991年被侵害的，当然也是其知道或者应当知道自己的权益被侵害的时间，即诉讼时效起算的时间；但是某日报社的权益被侵害后，于1992年7月30日即向某市人民政府报告，并一直要求华厦公司予以赔偿，未获解决，直到1994年6月30日向法院提起诉讼，这样诉讼时效就发生了中断，故未超过两年的诉讼时效期限。因此，某日报社仍然享有胜诉权。

三、关于混合过错问题

关于混合过错问题，即某日报社印刷厂及印刷机械遭损，是华厦公司在建造华荣大厦中的单方过错造成的，还是由包括某日报社印刷厂本身在建造时自身基础工程不坚固而混合过错造成的。华厦公司在上诉中强调：某日报社胶印车间的设计使用不合理、胶印机基础下未做砂石垫层、胶印机运转后无沉降观测记录等，以证明不均匀沉降不仅仅是华荣大厦施工抽水所致，要求二审法院分清双方当事人的责任程度，双方分担民事责任。华厦公司这种"混合过错"的理由也是不能成立的。在一、二审法院审理中查明，某日报社印刷厂印刷机械在华厦公司建造华荣大厦前已正常使用了三年以上未出现任何问题，设计、使用不存在不合理之处。至于胶印机基础下是否未做砂石垫层，华厦公司亦无法举出证据。二审法院根据华厦公司的申请，委托了江苏省技术监督建筑工程质量检验站就华荣大厦施工中抽取地下水对某日报社印刷厂车间厂房及进口胶印机基础有哪些影响等问题进行了鉴定，鉴定认为：华荣大厦施工大量抽排地下水是造成某日报社胶印车间下沉开裂和胶印机不能正常运行、遭受损伤的直接原因。因此，二审法院亦认定为单一过错而不是混合过错。本案被告华厦公司违背"保护先建筑原则"，在开挖地层取土、抽地下水之前，四周没有打护栏桩，因而一、二审判决其赔偿原告的损失，是正确的。

四、关于民事诉讼与行政赔偿的关系

华荣大厦是经过政府规划管理部门和施工管理部门批准的工程项目，这是华厦公司请求本纠纷应当交由行政机关处理的依据。有些同志认为在这样的情况下，否决行政管理部门的批件是提起行政诉讼的前提条件。笔者不同意这一观点，理由如下：第一，在我国目前的客观条件下，尚无条件要求必须在完全不损害其他相邻各方利益的情况下进行工程建设，我国的城市规划标准也不是在这一基础上进行的。因此，在有些情况下，符合城市规划的工程项目会损害第三人的利益，此时，行政管理部门的许可只是解决可以进行工程建设的问题，而与受损害一方的民事赔偿问题只能通过民事纠纷的解决程序解决，如果不能通过其他渠道解决则可以通过诉讼程序解决。第二，行政管理部门的审查仅仅是程序上的，并无能力进行技术上的实质审查。以本纠纷为例，建设单位完全有可能通过采取其他的技术手段避免损害某日报社的权益。华厦公司有义务、有责任找到这一技术方案，如果没有采取适当的技术手段，则应当对被损害一方承担赔偿责任。

（二）债权

1. 债的概念。债是按照合同的约定或者按照法律规定，在当事人之间产生的特定的权利和义务关系。在这种法律关系中，享有权利的人是债权人，负有义务的人是债务人。债是特定当事人之间的法律关系，债权人只能向特定的人主张自己的权利，债务人也只需向享有该项权利的特定人履行义务。

2. 债的产生。债的产生，是指特定当事人之间债权债务关系的产生。引起债产生的一定的法律事实，就是债产生的根据。债产生的根据有：

（1）合同。在当事人之间因产生了合同法律关系，也就是产生了权利义务关系，设立了债的关系。任何合同关系的设立，都会在当事人之间发生债权债务的关系。合同引起债的关系是债发生的最主要、最普遍的依据。因合同产生的债被称为合同之债。

（2）侵权。侵权是指公民或法人没有法律依据而侵害他人的财产权利或人身权利的行为。侵权行为一经发生，即在侵权行为人和被侵权人之间形成的债的关系。因侵权行为产生的债被称为侵权之债。

（3）无因管理。无因管理是指管理人员和服务人员没有法律上的特定义务，也没有受到他人委托，自觉为他人管理事务或提供服务。无因管理在管理人员或服务人员与受益人之间形成了债的关系。因无因管理产生的债被称为无因管理之债。

（4）不当得利。不当得利是指没有法律上或者合同上的依据，有损于他人利益而自身取得利益的行为。由于不当得利造成他人利益的损害，因此在得利者与受害者之间形成债的关系。得利者应当将所得的不当利益返还给受损失的人。因不当得利产生的债被称为不当得利之债。

四、诉讼时效

（一）诉讼时效的概念

诉讼时效是指权利人在法定期间内不行使权利，法律规定消灭其胜诉权的制度。即公民或者法人在其民事权利受到侵害的时候，在诉讼时效期间内不行使权利，就丧失了请求法院依照诉讼程序强制义务人履行义务的权利。

（二）诉讼时效的作用

1. 维护社会关系的稳定。这是诉讼时效的最主要的作用。因为发生侵权行为后，侵权涉及的社会关系处于不稳定状态，而诉讼时效期满会导致该社会关系重归稳定。因此，诉讼时效能够避免社会关系长期不稳定的状态。

2. 督促当事人及时维护自己的合法权益。被侵权后，当事人不及时主张自己的权益，对自己、对社会都有一定的危害。长期不主张自己权利会导致胜诉权的消灭，这会督促当事人及时维护自己的合法权益。

3. 有利于人民法院对案件的审理。影响人民法院审理案件质量的因素中，最关键的是证据。而侵权案件证据收集的难度，是随着时间的推移而增加的。诉讼时效有利于人民法院对案件的审理。

（三）诉讼时效期间

法律另有规定的除外，诉讼时效期间为二年。但下列的诉讼时效期间为一年：

1. 身体受到伤害要求赔偿的；
2. 出售质量不合格的商品未声明的；
3. 延付或者拒付租金的；
4. 寄存财物被丢失或者损毁的。

也有其他法律对诉讼时效有其他特殊规定的，则按照这些特殊规定执行。如《合同法》规定，因国际货物买卖合同和技术进出口合同争议提起诉讼的期限为四年。

诉讼时效期间从权利人知道或者应当知道其权利受到侵害之日起开始计算。但是，从权利被侵害之日起超过二十年的，人民法院不予保护。

（四）诉讼时效的中止和中断

1. 诉讼时效的中止。诉讼时效的中止是指在诉讼时效期间的最后六个月内，由于不可抗力或其他障碍，权利人不能行使请求权，诉讼时效期暂停计算，从障碍消除之日起，诉讼时效继续计算。

2. 诉讼时效的中断。诉讼时效中断是指因提起诉讼、当事人一方提出要求或者同意履行义务，原来经过的时效期间统归无效，诉讼时效重新计算。诉讼时效因提起诉讼、当事人一方提出权利主张或者另一方同意履行义务而中断。

第五节　工程建设重要相关法律

在工程建设中，必然会产生多种法律关系，这是工程建设复杂性的重要体现。工程建设产生的多种法律关系决定了工程建设与许多法律都有直接的关系，如：进行工程建设必须首先取得土地使用权，应当遵守土地管理法；在工程建设过程中，涉及的保险问题必须遵守保险法。我们选择在工程建设中比较重要的部分法律进行介绍。

一、土地管理法

（一）土地的所有权和使用权

土地所有权是指土地所有人在法律规定的范围内享有对土地的占有、使用、收益和处分的权利。我国实行土地的社会主义公有制，即全民所有制和劳动群众集体所有制。全民所有即国家所有，国家所有土地的所有权由国务院代表国家行使。城市市区的土地属于国家所有；农村和城市郊区的土地，除法律规定属于国家所有的以外，属于农民集体所有；宅基地和自留地，自留山，属于农民集体所有。

土地使用权是指权利人根据法律或合同的规定所产生的使用土地的权利。国有土地和农民集体所有的土地，可以依法确定给单位或者个人使用。我国实行国有土地有偿使用制度，国有土地和集体所有的土地的使用权可以依法转让。国家为了公共利益的需要，可以依法对土地实行征收或者征用，并给予补偿。

（二）土地的利用和保护

十分珍惜、合理利用土地和切实保护耕地是我国的基本国策。国家实行土地用途管制制度。国家编制土地利用总体规划，规定土地用途，将土地分为农用地、建设用地和未利用地。严格限制农用地转为建设用地，实行建设用地总量控制。

国家实行占有耕地补偿制度。非农业建设经批准占用耕地的，按照“占多少，垦多少”的原则，由占用耕地的单位负责开垦与所占用耕地的数量和质量相当的耕地；没有条件开垦或者开垦的耕地不符合要求的，应当按照规定缴纳耕地开垦费，专款用于开垦新的耕地。

国家建立土地调查制度和土地统计制度。县级以上人民政府土地行政主管部门会同同级有关部门进行土地调查，并且根据土地调查成果、规划土地用途和国家制定的统一标准，评定土地等级。土地行政主管部门和统计部门共同发布的土地面积统计资料是各级人民政府编制土地利用总体规划的依据。

（三）建设用地

1. 建设用地概述。建设用地是指建造建筑物、构筑物的土地，包括城乡住宅和公共设施用地、工矿用地、交通水利设施用地、旅游用地、军事设施用地等。除兴办乡镇企业、村民建设住宅和乡（镇）村公共设施、公益事业建设外，任何单位和个人进行建设，需要使用土地的，必须依法申请使用国有土地。国有土地包括国家所有的土地和国家征收的原属于农民集体所有的土地。

2. 建设用地的批准。建设占用土地，涉及农用地转为建设用地的，应当办理农用地转用审批手续。征收下列土地的，由国务院批准：（1）基本农田；（2）基本农田以外的耕地超过 35 公顷的；（3）其他土地超过 70 公顷的。征收上述规定以外的土地，由省、自治区、直辖市人民政府批准，并报国务院备案。国家征收土地的，依照法定程序批准后，由县级以上地方人民政府予以公告并组织实施。

经批准建设项目需要使用国有建设用地的，建设单位应当持法律、行政法规规定的有关文件，向有批准权的县级以上人民政府土地行政主管部门提出建设用地申请，经土地行政主管部门审查，报本级人民政府批准。

3. 征收土地的补偿。征收土地的，按照被征收土地的原用途给予补偿。征收耕地的补偿费用包括土地补偿费、安置补助费以及地上附着物和青苗的补偿费。征收耕地的土地补偿费，为该耕地被征收前 3 年平均年产值的 6 倍至 10 倍。征收耕地的安置补助费，按照需要安置的农业人口数计算。需要安置的农业人口数，按照被征收的耕地数量除以征地前被征收单位平均每人占有耕地的数量计算。每一个需要安置的农业人口的安置补助费标准，为该耕地被征收前 3 年平均年产值的 4 至 6 倍。但是，每公顷被征收耕地的安置补助费，最高不得超过被征收前 3 年平均年产值的 15 倍。征地补偿安置方案确定后，有关地方人民政府应当公告，并听取被征地的农村集体经济组织和农民的意见。

4. 国有土地使用权的收回。有下列情形之一，由有关人民政府土地行政主管部门报经原批准用地的人民政府或者有批准权的人民政府批准，可以收回国有土地使用权：

（1）为公共利益需要使用土地的；

（2）为实施城市规划进行旧城区改建，需要调整土地使用土地的；

（3）土地出让等有偿使用合同约定的使用期限届满，土地使用者未申请续期或者申请续期未获批准的；

（4）因单位撤销、迁移等原因，停止使用原划拨的国有土地的；

（5）公路、铁路、机场、矿场等经核准报废的。其中，依照前两项规定收回国有土地使用权的，对土地使用权人应当给予适当补偿。

二、城乡规划法

（一）概述

城乡规划是指为了实现一定时期内城乡的经济和社会发展目标，确定城乡性质、规模和发展方向，合理利用城乡土地，协调城乡空间布局、各项建设的综合部署和具体安排等法定活动。城市规划必须坚持控制大城市规模、合理发展中等城市和小城市的方针，促进生产力和人口的合理布局。严格控制大城市规模，主要是控制市区人口与用地规模，一般不要在大城市市区新建和扩建大中型工业项目。

城乡规划，包括城镇体系规划、城市规划、镇规划、乡规划和村庄规划。城市规划、镇规划分为总体规划和详细规划。详细规划分为控制性详细规划和修建性详细规划。规划区，是指城市、镇和村庄的建成区以及因城乡建设和发展需要，必须实行规划控制的区域。规划区的具体范围由有关人民政府在组织编制的城市总体规划、镇总体规划、乡规划和村庄规划中，根据城乡经济社会发展水平和统筹城乡发展的需要划定。

城市和镇应当依照本法制定城市规划和镇规划。城市、镇规划区内的建设活动应当符合规划要求。县级以上地方人民政府根据本地农村经济社会发展水平，按照因地制宜、切实可行的原则，确定应当制定乡规划、村庄规划的区域。在确定区域内的乡、村庄，应当依法制订规划，规划区内的乡、村庄建设应当符合规划要求。县级以上地方人民政府鼓励、指导上述以外的区域的乡、村庄制定和实施乡规划、村庄规划。

（二）城乡规划的制定

1. 城镇体系规划的制定和内容。国务院城乡规划主管部门会同国务院有关部门组织编制全国城镇体系规划，用于指导省域城镇体系规划、城市总体规划的编制。全国城镇体系规划由国务院城乡规划主管部门报国务院审批。省、自治区人民政府组织编制省域城镇体系规划，报国务院审批。省域城镇体系规划的内容应当包括：城镇空间布局和规模控制，重大基础设施的布局，为保护生态环境、资源等需要严格控制的区域。

2. 城市、镇总体规划的制定和内容。城市人民政府组织编制城市总体规划。直辖市的城市总体规划由直辖市人民政府报国务院审批。省、自治区人民政府所在地的城市以及国务院确定的城市的总体规划，由省、自治区人民政府审查同意后，报国务院审批。其他城市的总体规划，由城市人民政府报省、自治区人民政府审批。县人民政府组织编制县人民政府所在地镇的总体规划，报上一级人民政府审批。其他镇的总体规划由镇人民政府组织编制，报上一级人民政府审批。城市总体规划、镇总体规划的内容应当包括：城市、镇的发展布局，功能分区，用地布局，综合交通体系，禁止、限制和适宜建设的地域范围，各类专项规划等。

规划区范围、规划区内建设用地规模、基础设施和公共服务设施用地、水源地和水系、基本农田和绿化用地、环境保护、自然与历史文化遗产保护以及防灾减灾等内容，应当作为城市总体规划、镇总体规划的强制性内容。城市总体规划、镇总体规划的规划期限一般为二十年。城市总体规划还应当对城市更长远的发展作出预测性安排。

3. 乡规划、村庄规划的制定和内容。乡规划、村庄规划应当从农村实际出发，尊重村民意愿，体现地方和农村特色。乡、镇人民政府组织编制乡规划、村庄规划，报上一级人民政府审批。村庄规划在报送审批前，应当经村民会议或者村民代表会议讨论同意。乡规划、村庄规划的内容应当包括：规划区范围，住宅、道路、供水、排水、供电、垃圾收集、畜禽养殖场所等农村生产、生活服务设施、公益事业等各项建设的用地布局、建设要求，以及对耕地等自然资源和历史文化遗产保护、防灾减灾等的具体安排。乡规划还应当包括本行政区域内的村庄发展布局。

4. 城市、镇详细规划的制定和内容。城市人民政府城乡规划主管部门根据城市总体规划的要求，组织编制城市的控制性详细规划，经本级人民政府批准后，报本级人民代表大会常务委员会和上一级人民政府备案。镇人民政府根据镇总体规划的要求，组织编制镇的控制性详细规划，报上一级人民政府审批。县人民政府所在地镇的控制性详细规划，由县人民政府城乡规划主管部门根据镇总体规划的要求组织编制，经县人民政府批准后，报本级人民代表大会常务委员会和上一级人民政府备案。

（三）城乡规划的实施

1. 选址意见书制度。选址意见书是指建设工程（主要指新建大、中型工业与民用项目）在立项过程中，上报的设计任务书必须附有由城乡规划行政主管部门提出的关于建设项目选在哪个城、镇或者选在哪个方位的意见。城乡规划区内的建设工程的选址和布局必须符合城乡规划。

2. 建设用地规划许可证制度。建设用地规划许可证是由建设单位和个人提出建设用地申请，城乡规划行政主管部门根据规划和建设项目的用地需要，确定建设用地位置、面积、界限的法定凭证。

3. 建设工程规划许可证制度。建设工程规划许可证是由城乡规划行政主管部门核发，用于确认建设工程是否符合城乡规划要求的法律凭证。建设单位或个人在取得建设工程规划许可证件和其他有关批准文件后，方可申请办理开工手续。

三、建筑法

（一）建筑法的概念和调整对象

建筑法是指调整在从事建筑活动和实施对建筑活动监督管理过程中所形成的社会关系的法律规范总称。建筑活动是建筑法所要规范的核心内容。建筑法所称的建筑活动是指各类房屋建筑及其附属设施的建造和与其配套的线路、管道、设备的安装活动。但建筑法中关于施工许可、建筑施工企业资质审查和建筑工程发包、承包、禁止转包，以及建筑工程监理、建筑工程安全和质量管理的规定，适用于其他专业建筑工程的建筑活动。

建筑法的调整对象主要有两种社会关系：一是从事建筑活动过程中所形成的一定的社会关系；二是在实施建筑活动管理过程中所形成的一定的社会关系。从性质上来看，前一种属于平等主体的民事关系，即平等主体的建设单位、勘察设计单位、建筑安装企业、监理单位、建筑材料供应单位之间在建筑活动中所形成的民事关系。后一种属于行政管理关系，即建设行政主管部门对建筑活动进行的计划、组织、监督的关系。

（二）建筑许可

国家实行建筑许可管理制度。建筑许可包括建筑工程施工许可和从业资格两种。

1. 建筑工程施工许可。建筑工程施工许可是指建筑行政主管部门依据法定程序和条件，对建筑工程是否具备施工条件进行审查，对符合条件者准许开始施工并颁发施工许可证的一种制度。

（1）施工许可证的申请。施工许可证的申请时间，应当在施工准备工作基本就绪之后，组织施工之前申请。施工许可证的申请者是建设单位（也可称业主或者项目法人），做好各项施工准备工作，是建设单位的义务。

（2）建筑工程施工许可证的审批。施工许可证由工程所在地县级以上人民政府建设行政主管部门审批。具体由哪一级建设行政主管部门审批，则要视工程的投资额大小和投资额来源的不同而定。建设行政主管部门应当在接到申请后的15日内，对符合条件的申请者颁发施工许可证。

（3）施工许可证的有效期限。建设单位应当在领取施工许可证后的3个月内开工。因故不能按期开工的，应当向原发证机关申请延期，延期以二次为限，每次不超过3个月；既不开工又不申请延期或者超过延期时限的，施工许可证自行废止。

（4）中止施工和恢复施工。在建的建筑工程因故中止施工，建设单位应当在中止施工之日起1个月内，向原发证机关报告，并按照规定做好建设工程的维护管理工作。建设工程恢复施工时，应当向原发证机关报告。中止施工1年以上的工程恢复施工前，建设单位应当报发证机关核验施工许可证。

（5）取得开工报告的建筑工程不能按期开工或者中止施工的处理。开工报告制度是我国建设领域长期实施的一项制度。按照国务院有关规定批准开工报告的建筑工程，因故不能按期开工或者中止施工的，应当及时向批准机关报告情况。因故不能按期开工超过6个月的，应当重新办理开工报告的批准手续。

2. 从业资格制度。从业资格制度是指国家对从事建筑活动的单位（企业）和人员实行资质或资格审查，并许可其按照相应的资质、资格条件从事相应的建筑活动的制度。从业资格制度包括从事建筑活动的单位资质制度和从事建筑活动的个人资格制度两类。从事建筑活动的单位资质制度，是指建设行政主管部门对从事建筑活动的建筑施工企业、勘察单位、设计单位和工程监理单位的人员素质、管理水平、资金数量、业务能力等进行审查，以确定其承担任务的范围，并发给相应的资质证书的一种制度。从事建筑活动的个人资格制度，是指建设行政主管部门及有关部门对从事建筑活动的专业技术人员，依法进行考试和注册，并颁发执业资格证书的一种制度。从业资格制度，是对从事建筑活动的主体实行资质和资格审查的制度。建筑业是一个专业性、技术性很强的行业，只有加强对从业者的管理，才能保障工程质量和施工安全，维护建筑市场秩序。从业资格制度的管理对象，单位主要包括建设工程总包单位、建设工程勘察设计单位、建筑业企业、建设工程监理单位，个人主要包括注册建筑师、注册监理工程师、造价工程师、注册结构工程师等。

（三）建筑工程发包与承包

1. 建筑工程发包。建设工程发包是指建筑单位采用一定的方式，在政府管理部门的监督下，遵循公开、公正、公平的原则，择优选定设计、勘察、施工等单位的活动。建筑工程发包分为招标发包和直接发包两类。政府投资大、中型和限额以上的工程项目，必须采用公开招标方式，国家投资或控股的大型公共建筑、住宅小区的设计，应当采用方案竞投的方式确定。应当实行招标但不宜公开招标或者邀请招标的保密工程、特殊专业工程等项目，可以采取协议方式发包，也可以直接发包。

2. 建筑工程承包。建筑工程承包是指承包单位（勘察、设计、施工安装单位）通过一定的方式取得工程项目建设合同的活动。

（四）建筑工程监理

建筑工程监理是指工程监理单位接受建设单位委托，依照法律、行政法规及有关的技术标准、设计文件和建设工程承包合同，对承包单位工程质量、建设进度和建设资金使用等方面，代表建设单位实施监督。

（五）建筑安全生产管理

国家对建筑活动实行建筑安全生产管理制度。建筑工程安全生产管理应当坚持安全第一、预防为主的方针，为了加强安全生产管理，国务院建设行政主管部门制订了一系列安全生产管理法规，建筑安全生产管理法律制度日趋完善。建筑法规定了安全责任制度、安全教育制度、安全检查制度、伤亡事故的报告、调查和处理制度。

（六）建筑工程质量管理

建筑工程质量是指国家现行的有关法律、法规、技术标准、设计文件和合同中，对工程安全、适用、经济、美观等特性的综合要求。建筑工程质量管理包括纵向和横向两个方面的管理。纵向方面的管理主要是指建设行政主管部门及其授权机构对建设工程质量的监督管理；横向方面的管理主要指建设工程各方如建筑单位、勘察设计单位、施工单位等的质量责任和义务。目前，我国工程质量管理法律制度体系已基本建立。

四、房地产法

（一）房地产和房地产法的概念

房地产是房屋财产和土地财产的总称。在形式上，房产与地产总是联系在一起的，因此人们习惯于将两者合称为房地产。目前，我国所称房地产是建设领域中比较彻底地按照市场规律运作的，从这一角度说，房地产的有关规定代表了工程建设管理将来的发展方向。

房地产法是调整房地产的开发、产权管理、交易、市场及产权转移过程中所产生的社会关系的法律规范的总称。其调整对象包括：（1）房地产行政管理关系；（2）房地产所有权关系；（3）与房地产所有权有关的其他财产关系；（4）房地产流转关系。

（二）土地使用权的取得

1. 土地使用权的出让和转让。土地使用权出让，是指国家将国有土地使用权在一定年限内让给土地使用者，由土地使用者向国家支付土地使用权出让金的行为。土地使用权出让，可以采取拍卖、招标或者双方协议的方式。土地使用权转让则是指土地使用者将土地使用权再转移的行为，包括出售、交换和赠与。

2. 土地使用权划拨。土地使用权划拨，是指县级以上人民政府依法批准，在土地使用者缴纳补偿、安置等费用后将该幅土地交付其使用，或者将土地使用权无偿交付给土地使用者使用的行为。下列建设用地的土地使用权，确属必要的，可以由县级以上人民政府依法批准划拨：

（1）国家机关用地和军事用地；

（2）城市基础设施用地和公益事业用地；

（3）国家重点扶持的能源、交通、水利等项目用地；

（4）法律、行政法规规定的其他用地。

（三）房地产开发

以出让方式取得土地使用权进行房地产开发的，必须按照土地使用权出让合同约定的土地用途、动工开发期限开发土地。房地产开发项目的设计、施工，必须符合国家的有关标准和规范。

依法取得土地使用权，可以依照法律规定，作价入股，合资、合作开发经营房地产。

（四）房地产交易

1. 房地产交易的概念。房地产交易是指房地产转让、抵押和房屋租赁行为的总称。房地产转让、抵押时，房屋的所有权和该房屋占用范围内的土地使用权同时转让、抵押。

2. 基准地价、标定地价和各类房屋的重置价格定期确定并公开。基准地价是指各城市按不同的土地级别、不同地段分别评估和测算的商业、住宅、工业等各类用地土地使用权的平均价格。在基准地价的基础上，根据地块大小、形状、微观区位、容积率、土地使用年限、市场情况、产业政策等制定标定地价。房屋重置价格是指前一年新建的同样房屋的价格。这三类价格由各城市的房地产管理部门和物价管理部门定期确定并公布。

3. 房地产价格评估制度。国家实行房地产价格评估制度。房地产价格评估，应当遵循公正、公平、公开的原则按照国家规定的技术规准和评估程序进行评估。房地产价格评估业务，由经依法设立的具有房地产估价资格的机构办理。

4. 房地产成交价格申报制度。房地产权利人转让房地产，应当向县级以上人民政府规定的部门如实申报成交价，不得瞒报或作不实申报。

五、保险法

（一）危险、保险和保险法的概念

危险是指人类无法控制与不能确定的事故的发生导致损失的不确定。不论事故发生与否，造成损失与否，都存在不确定性。正因为人类社会的危险事故是不确定但又是经常发生的，所以人们开始对危险管理越来越重视，而对危险进行管理的重要方法之一就是保险。

保险是指投保人根据合同的约定，向保险人支付保险费，保险人对于合同约定的可能发生的事故因其发生所造成的财产损失承担赔偿保险金责任，或者当被保险人死亡、伤残、疾病或者达到合同约定的年龄、期限时承担给付保险金责任的商业保险行为。

（二）保险公司

保险公司即保险人，是按照约定收取保险费，并于保险事故发生后，承担赔偿或者给付保险金责任的法人。保险公司的组织机构，适用公司法的规定，且只能采取下列组织形式：（1）股份有限公司；（2）国有独资公司。

保险公司的设立，必须经金融监督管理部门批准。并符合下列条件：有合法的公司章程；有符合规定的注册资本最低限额；有具备任职专业知识和业务工作经验的高级管理人员；有健全的组织机构和管理制度；有符合要求的营业场所和与业务有关的其他设施。

（三）保险合同

1. 保险合同的概念。保险合同是指投保人与保险人约定保险权利义务关系的协议。投保人是指与保险人订立保险合同，并按照保险合同负有支付保险费义务的人。保险人是指与投保人订立保险合同，并承担赔偿或者给付保险金责任的保险公司。保险公司在履行中还会涉及被保险人和受益人的概念。被保险人是指其财产或者人身受保险合同保障，享有保险金请求权的人，投保人可以为被保险人。受益人是指人身保险合同中由被保险人或者投保人指定的享有保险金请求权的人，投保人、被保险人可以为受益人。

2. 保险合同的分类。保险合同可以分为财产保险合同和人身保险合同。

（1）财产保险合同。财产保险合同是以财产及其有关利益为保险标的的保险合同。在财产保险合同中，保险合同的转让应当通知保险人，经保险人同意继续承保后，依法转让合同。在合同的有效期内，保险标的危险程度增加的，被保险人按照合同约定应当及时通知保险人，保险人有权要求增加保险费或者解除合同。建筑工程一切险和安装工程一切险即为财产保险合同。

（2）人身保险合同。人身保险合同是以人的寿命和身体为保险标的的保险合同。投保人应向保险人如实申报被保险人的年龄、身体状况。投保人于合同成立后，可以向保险人一次支付全部保险费，也可以按照合同规定分期支付保险费。人身保险的受益人由被保险人或者投保人指定。保险人对人身保险的保险费，不得用诉讼方式要求投保人支付。

3. 保险合同的履行。保险合同订立后，当事人双方必须严格地、全面地按保险合同订明的条款履行各自的义务。在订立保险合同前，当事人双方均应履行告知义务，即保险人应将办理保险的有关事项告知投保人；投保人应当按照保险人的要求，将主要危险情况告知保险人。在保险合同订立后，投保人应按照约定期限缴纳保险费，应遵守有关消防、安全、生产操作和劳动保护方面的法规及规定。保险人可以对被保险财产的安全情况进行检查，如发现不安全因素，应及时向投保人提出清除不安全因素的建议。在保险事故发生后，投保人有责任采取一切措施，避免扩大损失，并将保险事故发生的情况及时通知保险人。保险人对保险事故所造成的保险标的的损失或者引起的责任，应当按照保险合同的规定履行赔偿或给付责任。

保险事故发生后，保险人已支付了全部保险金额，并且保险金额相等于保险价值的，受损保险标的全部权利归于保险人；保险金额低于保险价值的，保险人按照保险金额与保险时此保险标的的价值取得保险标的的部分权利。

第六节　健全建设工程合同管理与招标投标制度

一、健全建设工程招标投标法律制度

建设工程的发包方式有招标发包和直接发包两种。但是，有大量的建设项目逃避招标或者是假招标，并且建设工程的招标投标制度本身也存在许多问题。全国人大常委会于1999年8月30日通过了《中华人民共和国招标投标法》（以下简称《招标投标法》），并于2000年1月1日起开始实施，对建设工程招标投标制度的建设具有重大的意义。《招标投标法》规定，下列工程建设项目必须进行招标：

（1）大型基础设施、公用事业等关系社会公共利益、公众安全的项目；

（2）全部或者部分使用国有资金投资或者国家融资的项目；

（3）使用国际组织或者外国政府贷款、援助资金的项目。

（一）应当在建设工程领域严格贯彻《招标投标法》

与工程建设的实际情况相比，我们还有大量的贯彻工作要做。如：应当招标的工程建设项目必须进行招标，招标投标的程序也应当严格按照法律的规定进行。《招标投标法》

规定的招标方式是公开招标和邀请招标，不应当再采用议标（邀请议标），因为议标（邀请议标）基本上没有竞争性；当然也不应当采用其他有违公平竞争的招标方式，比如歧视本行业外或者本地区外的投标人。特别是开标应当严格按照规定公开进行；评标委员会应当依法组成，任何单位和个人不得非法干预、影响评标的过程和结果。

（二）招标投标中尚需建立正确理念

建设工程招标都是为了通过竞争择优选择中标人。建设工程招标包括建设工程勘察招标、建设工程设计招标、建设工程监理招标、建设工程施工招标和建设工程物资采购招标。但是，应当说，建设工程招标主要是施工招标，也是国家对建设工程招标进行管理的重点和主要方面。不同的招标内容对投标人的要求也不同。如建设工程监理招标，对投标人主要是能力的要求，因此投标人的竞争主要是能力方面的竞争，而对报价则放在很次要的位置，因为能力强的监理单位可能为建设单位节省数倍、甚至数十倍的监理费；有的项目招标则主要要求投标人在报价方面展开竞争，因为招标人已对其他条件如资质、工程质量、工期、信誉等作了明确的规定。这个问题说起来是容易理解的，但实际上我国招标投标中缺少的正是这方面的理念。

根据建设部的规定，我国目前有三种主要的评标方法，分别是百分制法、评议法和合理低报价法。百分制法是将标书中的各项主要内容指标进行量化，合理分配成分值，如：工程报价、工期、质量、主要材料消耗量、企业社会信誉、施工方案及保证质量、安全进度措施、市场行为合理化建议等。招标单位事先根据招标文件制定统一的评标原则和标准，并在开标前公布于众，开标后由专家评委按照标书的内容和评分标准进行逐项分析，计分汇总后得分最高者为中标单位。在我国目前的评标实践中，大多数施工项目都采用这种评标方法，可以说百分制法是我国的主流评标方法。

在施工招标中采用百分制法，最大的问题在于，要求投标人竞争的内容不明确。我国目前采用的百分制法在对待报价上大都是越接近标底得分越高，而标底一般比市场行情要高15% ~20%。所有的施工企业在准备投标时都想尽一切办法（包括一些不正当的方法）获得标底，然后再按照标底进行报价。显然，价格不是施工企业在我国的百分制法中要竞争的内容，其他的内容，如质量、企业的资质、技术条件等则是招标人在招标文件中需要明确的内容，而非需要竞争的内容。正是这种评标方法中所需要竞争的内容不明确，导致某些人甚至是某个人的想法可以左右评标的整个过程。

我们需要建立这样的理念，在建设工程施工招标中，需要投标人竞争的是价格。而价格与质量并无必然的联系，价高并不一定质量好，质优价廉是招标活动追求的目标。经过市场经济长期考验，也是世界银行等国际金融机构采取的主流评标方法——合理低报价法，应当是施工招标中采用的主流评标方法。这种评标方法可以最大限度地节约建设单位的投资，也能够使评标更加公平。

二、健全建设工程合同管理制度

目前，我国的工程质量受到广泛的关注。近几年来，造成巨额财产损失和重大人员伤亡的恶性建设工程质量事故时有发生，这说明我国的工程建设质量保障体系存在严重的问题。目前国内对建设工程质量管理的研究侧重于在项目建设的各个阶段（设计、施工等）的具体质量控制手段，而实际上我国的建设工程质量事故主要不是施工技术水平低。从根本上说，我国的工程质量事故是由于合同管理制度不严造成的。

我国的工程质量标准大多是强制性的。因此，建设工程合同当事人订立的合同都是采用国家质量标准的，即使个别的建设项目在开始建设时尚未订立书面的建设工程合同，当事人以口头等形式完成的意思表示都是工程质量应符合国家质量标准。在市场经济条件下，我们必须强化当事人的合同意识，尊重当事人的意思自治。同时，强调当事人应当严格遵守合同。当事人约定的工程质量标准是建设工程合同的重要内容之一，而我国目前发生的一些严重的工程质量事故可以说都是当事人故意违约，当然，不论当事人是否有违约故意，发生质量事故的结果都可以说是违约了。对于这样一些事故，只要当事人有严格守约的意识，事故是完全可以避免的。

有人总结工程建设质量事故的原因是由于发包人（建设单位）支付的工程款太少，包括一些媒体也持这种观点。实际上这种观点助长了承包人（施工企业）的违约行为。在现实情况中，最先提出能够以一个低价完成承包任务的一般都是施工企业。即使最先不是施工企业提出来的，作为一个发包人（建设单位）希望能够以较少的投资完成同样的项目可以说是一个正常的心态。不论是哪一种情况，施工企业作为专门从事工程建设的单位最后认可了，在合同中签字了，便没有理由不履行合同。因为施工企业对于多少钱能够把施工任务完成下来，肯定是心中有数的。现在许多施工企业都是这么一种心态：先把合同签下，等任务到手，队伍进场，再提条件；如果建设单位不同意提高条件，则偷工减料，或者拖延工期。显然，这种心态和现象不应当受到鼓励。我们应当树立合同的权威性，对于体现当事人真实意思表示的合同应当严格执行。

工程建设的转包和分包也是影响工程质量的重要因素。因为经过层层转包和多次分包，最终承担施工任务的人员和单位的技术力量、设备情况往往不能够保证施工任务的顺利完成。目前，我国因为转包和分包影响工程质量的情况也是不严格履行合同的结果。许多同志（特别是施工企业的同志）都持这么一种观点，认为既然把工程建设的任务交给我了，只要我把任务完成了即可，我再找谁，发包人就不要干预了。这种观点与建设工程的合同理念不符，也给产生工程质量事故留下了隐患。因为，建设工程发包人不论是通过招标方式还是直接发包方式确定承包人，都意味着发包人不但对承包人所报价格、质量、工期等的同意，也意味着对承包人的信誉、技术力量等的信任。承包人所报价格、质量、工期等并非是某一承包人所固有的，但承包人的信誉、技术力量等则是该承包人所固有的，是不能进行转让的。因此，建设工程合同不能转包，承包人应当以自己的力量完成主要的承包任务。对于分包也应当有严格的限制，至少应当经过发包人的同意。如果能够严格履行合同，就不会发生转包现象，也不可能发生多次分包的现象。

三、推进工程建设领域的市场化改革

在我国的改革开放初期，工程建设领域曾经起到了突破口的作用。时至今日，进城的农民工主要的仍然是在建筑领域。但是，与其他许多领域相比，现在的工程建设领域的改革在许多方面已经落后了，特别是在价格的市场形成机制方面。有许多同志（包括领导同志、传媒）都认为，我国的国情尚不允许在建设工程领域进行价格竞争，因为这样必然会带来恶性竞争，施工企业偷工减料；或者施工企业低价中标后，开工后再逐步加码，而此时建设单位（招标人）已经无可奈何了。笔者认为，如果这样的现象无法避免的话，只能得出这样的结论：我国无法在建设工程领域实施市场经济。

在市场经济条件下，合同实际上是当事人之间的法律，是当事人必须遵守的规范。建设工程施工的招标投标结束后，双方应当根据招标文件和中标人的投标文件签订施工合同，施工合同会明确规定施工项目的价格、工期、质量。目前，我国建设领域存在的偷工减料、施工企业低价中标后再逐步加码等现象，归根到底是合同的权威和约束力不够。如果严格执行合同，这些现象很容易就会被克服。比如，监理单位或者发包人代表在对施工质量进行控制时，施工企业绝不能以价格因素而偷工减料，监理单位或者发包人代表也绝不能因为价格因素而对施工企业的偷工减料行为置之不理。如果监理单位或者发包人代表对施工企业的偷工减料行为无法控制的话，不论建设单位给施工企业多少钱，施工企业仍然会偷工减料，因为施工企业作为一个公司，最大限度地赢利是其唯一目的。我们不能指望施工企业良心发现，在没有不利后果的情况下也会主动降低自己的赢利水平去为建设单位服务。在建设工程领域，设置监理单位或者发包人代表对施工过程进行全过程的控制，目的就在于此。

在市场经济条件下，如果合同对当事人没有约束力，其结果必然是灾难性的，因为没有其他的有效手段对合同当事人的合同行为产生约束力。这样，只能回到计划经济时期，以行政手段管理干预具体的经济活动。所以，如果认为合同没有约束力是我国的国情，我们得出的必然结论是我国不能进行市场经济建设。目前，我国的市场经济改革已经不可逆转，我们唯一能走的道路只能是推进工程建设领域的市场化改革。为此，我们必须严格执行合同，加强全社会的合同意识。

在这方面，人民法院的审判工作至关重要。因为从最终的意义上说，审判判决是公民行为的指挥棒。在合同纠纷的审理过程中，如果合同没有违反法律和行政法规，则应当尊重当事人的约定。《中华人民共和国合同法》是合同纠纷的审理过程中的基本原则。但是，在建设工程合同的审理过程中，这一原则的贯彻是比较复杂的。这首先需要我们明确在建设工程合同中哪些内容是违反法律和行政法规的（绝不能认为所有违反政府有关部门规定的行为都是违反法律和行政法规的），除此之外，当事人的约定应当坚决支持。

但是，建设工程领域的合同管理制度和招标投标制度的健全与完善，其基础在建设工程领域本身。首先，建设领域中的法律制度的贯彻实施，主要依靠建设领域中的各方当事人，建设工程中的合同与招标投标都被视为民事行为，人民法院的干预是建立在当事人提出主张的基础上的；其次，对于建设工程领域中的许多技术问题，必须由建设工程的专业单位和专业人员解决，如建设工程的质量问题、工程造价问题，不能由人民法院直接判断。因此，不论是从招标投标制度和合同管理制度的贯彻实施，还是建设工程领域中争议的解决，都要求我们必须加强《合同法》和《招标投标法》的研究和学习。

第二章　合同法原理

第一节　合同法概述

一、合同的概念

合同是平等主体的自然人、法人、其他组织之间设立、变更、终止民事权利义务关系的协议。各国的合同法规范的都是债权合同，它是市场经济条件下规范财产流转关系的基本依据，因此，合同是市场经济中广泛进行的法律行为。而广义的合同还应包括婚姻、收养、监护等有关身份关系的协议，以及行政合同、劳动合同等，这些合同由其他法律进行规范。

合同作为一种协议，其本质是一种合意，必须是两个以上意思表示一致的民事法律行为。合同当事人作出的意思表示必须合法，这样才能具有法律约束力。

合同是当事人合法的行为。合同中所确立的权利义务，必须是当事人依法可以享有的权利和能够承担的义务，这是合同具有法律效力的前提。如果在订立合同的过程中有违法行为，当事人不仅达不到预期的目的，还应根据违法情况承担相应的法律责任。

二、合同法的概念和原则

（一）合同法的概念

合同法是调整平等主体的自然人、法人、其他组织之间在设立、变更、终止合同时所发生的社会关系的法律规范总称。

我国实行改革开放以来，一直十分重视合同法的立法工作。迄今为止，从计划经济向市场经济的过渡一直是我国改革的主旋律，这实际上也是从没有合同法到合同法逐步健全完善的过程。1981 年 12 月 13 日，第五届全国人大第四次会议通过了《中华人民共和国经济合同法》（第八届全国人大常委会第三次会议于 1993 年 9 月 2 日通过了《修改〈中华人民共和国经济合同法〉的决定》）；1985 年 3 月 21 日第六届全国人大常委会第十次会议通过了《中华人民共和国涉外经济合同法》；1987 年 6 月 23 日，第六届全国人大常委会第二十一次会议通过了《中华人民共和国技术合同法》。这三部法律调整的主体和范围各不相同，相互之间存在着不一致和不协调的地方，有违法律的公平性。

为了满足我国发展社会主义市场经济的需要，消除市场交易规则的分歧，1999 年 3 月 15 日，第九届全国人大第二次会议通过了《中华人民共和国合同法》，于 1999 年 10 月 1 日起施行，原有的三部合同法同时废止。

（二）合同法的原则

1. 平等原则。合同当事人的法律地位平等，即享有民事权利和承担民事义务的资格是平等的，一方不得将自己的意志强加给另一方。在订立合同中一方当事人的意思表示必须是完全自愿的，不能是在强迫和压力下所作出的非自愿的意思表示。因为合同是平等主体之间的法律行为，只有订立合同的当事人平等协商，才有可能订立意思表示一致的协议。

2. 自愿原则。合同当事人依法享有自愿订立合同的权利，不受任何单位和个人的非法干预。合同法中的自愿原则，是合同自由的具体体现。民事主体在民事活动中享有自主的决策权，其合法的民事权利可以抗御非正当行使的国家权力，也不受其他民事主体的非法干预。

合同法中的自愿原则有以下含义：第一，合同当事人有订立或者不订立合同的自由；第二，当事人有选择合同相对人、合同内容和合同形式的自由，即有权决定与谁订立合同、有权拟定或者接受合同条款、有权以书面或者口头的形式订立合同。

3. 公平原则。合同当事人应当遵循公平原则确定各方的权利和义务。在合同的订立和履行中，合同当事人应当正当行使合同权利和履行合同义务，兼顾他人利益，使当事人的利益能够均衡。在双务合同中，一方当事人在享有权利的同时，也要承担相应义务，取得的利益要与付出的代价相适应。

4. 诚实信用原则。合同当事人行使权利、履行义务应当遵循诚实信用原则。这是市场经济活动中形成的道德规则，它要求人们在交易活动（订立和履行合同）讲究信用，恪守诺言，诚实不欺。在行使权利时应当充分尊重他人和社会的利益，对约定的义务要忠实地履行。

5. 公序良俗原则。公序良俗从词意上理解就是公共秩序和善良风俗。善良风俗应当是以道德为核心的，是某一特定社会应有的道德准则。公序良俗原则要求当事人订立、履行合同时，不但应当遵守法律、行政法规，而且应当尊重社会公德，不得扰乱社会经济秩序，损害社会公共利益。这一原则在司法实践中体现为：如果出现了现行法律未能规定的情况或者按现行法律处理会损害社会公共利益，法官可据此进行价值补充。

三、合同的分类

从不同的角度可以对合同作不同的分类。

（一）合同法的基本分类

《合同法》分则部分将合同分为15类：买卖合同；供用电、水、气、热力合同；赠与合同；借款合同；租赁合同；融资租赁合同；承揽合同；建设工程合同；运输合同；技术合同；保管合同；仓储合同；委托合同；行纪合同；居间合同。这可以认为是合同法对合同的基本分类，合同法对每一类合同都作了较为详细的规定。

（二）其他分类

其他分类是侧重学理分析的，虽然合同法中也有涉及。

1. 计划合同与非计划合同。计划合同是依据国家有关计划签订的合同；非计划合同则是当事人根据市场需求和自己的意愿订立的合同。虽然在市场经济中，依计划订立的合同的比重降低了，但仍然有一部分合同是依据国家有关计划订立的。对于计划合同，有关法人、其他组织之间应当依照有关法律、行政法规规定的权利和义务订立合同。

2. 双务合同与单务合同。双务合同是当事人双方相互享有权利和相互负有义务的合同。大多数合同都是双务合同，如建设工程合同。单务合同是指合同当事人双方并不相互享有权利、负有义务的合同，如赠与合同。

3. 诺成合同与实践合同。诺成合同是当事人意思表示一致即可成立的合同。实践合同则要求在当事人意思表示一致的基础上，还必须交付标的物或者其他给付义务的合同。在现代经济生活中，大部分合同都是诺成合同。这种合同分类的目的在于确立合同的生效时间。

4. 主合同与从合同。主合同是指不依赖其他合同而独立存在的合同，从合同是以主合同的存在为存在前提的合同。主合同的无效、终止将导致从合同的无效、终止，但从合同的无效、终止不能影响主合同。担保合同是典型的从合同。

5. 有偿合同与无偿合同。有偿合同是指合同当事人双方任何一方均须给予另一方相应权益方能取得自己利益的合同，而无偿合同的当事人一方无须给予相应权益即可从另一方取得利益。在市场经济中，绝大部分合同都是有偿合同。

6. 要式合同与不要式合同。要式合同与不要式合同。如果法律要求必须具备一定形式和手续的合同，称为要式合同。反之，法律不要求具备一定形式和手续的合同，称为不要式合同。

第二节　合同的订立和效力

一、合同的形式

（一）合同形式的分类

一般认为，合同的形式可分为书面形式、口头形式和其他形式。书面形式是指合同书、信件和数据电文（包括电报、电传、传真、电子数据交换和电子邮件）等可以有形地表现所载内容的形式，公证、审批、登记等则是书面合同的特殊形式。

合同法颁布前，我国有关法律对合同形式的要求是以要式为原则的。而合同法规定，当事人订立合同，有书面形式、口头形式和其他形式。法律、行政法规规定采用书面形式，应当采用书面形式。当事人约定采用书面形式，应当采用书面形式。可以认为，合同法在合同形式上的要求是以不要式为原则的。

（二）合同形式应当以不要式为原则

我国合同法在一般情况下对合同形式并无要求，只要在法律、行政法规有规定和当事人有约定的情况下要求采用书面形式。这种合同形式的不要式原则符合市场经济的要求。

1. 合同本质对合同形式不作要求。奴隶社会和封建社会的合同法，普遍对合法形式有严格要求，这是由于当时的交易安全是人们最关注的。现代市场经济中，合同自由原则成为合同一切制度的核心，反映在合同订立形式上不再要求具有严格的形式。从合同的本质上看，合同是一种合意，这已为大陆法系国家和英美法系国家所共同接受。合同内容及法律效力的确定应当以当事人内在的真实意思为准，不能以其表现于外部的意志为准。

2. 市场经济要求不应对合同形式进行限制。现代市场交易活动要求商品的流转迅速、方便，而“要式原则”无法做到这一点。如：书面合同的要求将使分处两地的当事人无法通过电话订立合同（也不能通过电话办理委托）；标准合同形式或者要求书面签字盖章的合同无法通过电报、电传等方式订立。特别是通过竞争性方式订立的合同，“要式原则”更有无法克服的困难，如拍卖，在合同实质成立之前并无任何书面的形式。

3. 国际公约要求不应对合同形式进行限制。立法应当与市场经济的国际惯例一致，这已成为我国的共识。虽然目前许多国家对合同形式有要式要求，但大多数市场经济国家并未改变“不要式为主”的状况，要式仅是对不要式合同的一种例外要求。在国际公约中也存在着“不要式为主”的原则，如《联合国国际货物买卖合同公约》。虽然我国对国际公约的这方面的规定声明保留，但从有利于国际贸易的角度考虑，我国也应建立起合同形式以不要式为主的立法体系。

4. 电子技术对合同形式的革命。电子数据交换（Electronic Date Interchange）和电子邮件（E－mail）等电子技术的发展，使信息交流更为快捷，订货和履约更为迅速。并且电子技术实现了订立合同无纸化，在这种形势下对合同形式的严格要求无疑将极大地阻碍新技术的发展和应用。

二、要约与承诺

当事人订立合同，采用要约、承诺方式。合同的成立需要经过要约和承诺两个阶段，这是民法学界的共识，也是国际合同公约和世界各国合同立法的通行做法。

（一）要约

1. 要约的概念和条件。要约是希望和他人订立合同的意思表示。提出要约的一方为要约人，接受要约的一方为受要约人。要约应当符合以下规定：（1）内容具体确定；（2）表明经受要约人承诺，要约人即受该意思表示约束。具体地讲，要约必须是特定人的意思表示，必须是以缔结合同为目的。要约必须是对相对人发出的行为，必须由相对人承诺，虽然相对人的人数可能为不特定的多数人。另外，要约必须具备合同的主要条款。

2. 要约邀请。要约邀请是希望他人向自己发出要约的意思表示。要约邀请并不是合同成立过程中的必经过程，它是当事人订立合同的预备行为，在法律上无须承担责任。这种意思表示的内容往往不确定，不含有合同得以成立的主要内容，也不含相对人同意后受其约束的表示。比如价目表的寄送、招标公告、商业广告（如果商业广告的内容符合要约规定的，视为要约）、招股说明书等，即是要约邀请。

3. 要约的撤回和撤销。要约撤回，是指要约在发生法律效力之前，欲使其不发生法律效力而取消要约的意思表示。要约人可以撤回要约，撤回要约的通知应当在要约到达受要约人之前或同时到达受要约人。

要约撤销，是要约在发生法律效力之后，要约人欲使其丧失法律效力而取消该项要约的意思表示。要约可以撤销，撤销要约的通知应当在受要约人发出承诺通知之前到达受要约人。但有下列情形之一的，要约不得撤销：第一，要约人确定承诺期限或者以其他形式明示要约不可撤销；第二，受要约人有理由认为要约是不可撤销，并已经为履行合同做了准备工作。可以认为，要约的撤销是一种特殊的情况，且必须在受要约人发出承诺通知之前到达受要约人，因为承诺发出，合同即告成立。

（二）承诺

1. 承诺的概念和特征。承诺是受要约人作出的同意要约的意思表示。

承诺具有以下特征：

（1）承诺必须由受要约人作出。非受要约人向要约人作出的接受要约的意思表示是一种要约而非承诺。

（2）承诺只能向要约人作出。受要约人向非要约人作出的接受要约的意思表示也不是承诺，因为非要约人根本没有订立合同的意愿。

（3）承诺的内容应当与要约的内容一致。但是，近年来，国际上出现了允许受要约人对要约内容进行非实质性变更的趋势。受要约人对要约的内容作出实质性变更的，视为新要约。有关合同标的、数量、质量、价款和报酬、履行期限和履行地点和方式、违约责任和解决争议方法等的变更，是对要约内容的实质性变更。承诺对要约的内容作出非实质性变更的，除要约人及时反对或者要约表明不得对要约内容作任何变更以外，该承诺有效，合同以承诺的内容为准。

（4）承诺必须在承诺期限内发出。超过期限，除要约人及时通知受要约人该承诺有效外，为新要约。

2. 承诺的期限。承诺必须以明示的方式，在要约规定的期限内作出。要约没有规定承诺期限的，视要约的方式而定：

（1）要约以对话方式作出的，应当即时作出承诺，但当事人另有约定的除外；

（2）要约以非对话方式作出的，承诺应当在合理期限内到达。

这样的规定主要是表明承诺的期限应当与要约相对应。"合理期限"要根据要约发出的客观情况和交易习惯确定，应当注意双方的利益平衡。要约以信件或者电报作出的，承诺期限自信件载明的日期或者电报交发之日开始计算。信件未载明日期的，自投寄该信件的邮戳日期开始计算。要约以电话、传真等快速通信方式作出的，承诺期限自要约到达受要约人时开始计算。

受要约人在承诺期限内发出承诺，按照通常情形能够及时到达要约人，但因其他原因承诺到达要约人时超过承诺期限的，除要约人及时通知受要约人因承诺超过期限不接受该承诺的以外，该承诺有效。

3. 承诺的撤回。承诺的撤回是承诺人阻止或者消灭承诺发生法律效力的意思表示。承诺可以撤回，撤回承诺的通知应当在承诺通知到达要约人之前或者与承诺通知同时到达要约人。

（三）要约和承诺的生效

对于要约和承诺的生效，世界各国有不同的规定，但主要有投邮主义、到达主义和了解主义。对于投邮主义，在现代信息交流方式中可作广义的理解：要约和承诺发出以后，只要要约和承诺已处于要约人和受承诺人控制范围之外，要约、承诺即生效；到达主义则要求要约、承诺达到受要约人、要约人时生效；了解主义则不但要求对方收到要约、承诺的意思表示，而且要求真正了解其内容时，该意思表示才生效。目前，世界上大部分国家和《联合国国际买卖合同公约》都采用了到达主义，我国也采用了到达主义。要约、承诺的生效与合同成立的许多规定都有关联性，如：只有到达主义可以允许承诺撤回，而投邮主义则不可能撤回承诺。

我国合同法规定，要约到达受要约人时生效。采用数据电文形式订立合同，收件人指定特定系统接收数据电文的，该数据电文进入该特定系统的时间，视为到达时间；未指定特定系统的，该数据电文进入收件人任何系统的首次时间，视为到达时间。承诺应当以通知的方式作出，根据交易习惯或者要约表明可以通过行为作出承诺的除外。承诺的通知送达给要约人时生效。

三、合同的内容

合同的内容由当事人约定，这是合同自由的重要体现。合同法规定了合同一般应当包括的条款，但具备这些条款不是合同成立的必备条件，这与原《经济合同法》规定的主要条款有所不同。

（一）当事人的名称或者姓名和住所

明确合同主体，对了解合同当事人的基本情况、合同的履行和确定诉讼管辖具有重要的意义。合同主体包括自然人、法人、其他组织。自然人的姓名是指经户籍登记管理机关核准登记的正式用名。自然人的住所是指自然人有长期居住的意愿和事实的处所，即经常居住地。法人、其他组织的名称是指经登记主管机关核准登记的名称，如公司的名称以营业执照上的名称为准。法人和其他组织的住所是指它们的主要营业地或者主要办事机构所在地。

（二）标的

标的是合同当事人双方权利和义务共同指向的对象。标的的表现形式为物、劳务、行为、智力成果、工程项目等。没有标的的合同是空的，当事人的权利义务无所依托；标的不明确的合同无法履行，合同也不能成立。所以，标的是合同的首要条款，签订合同时，标的必须明确、具体，必须符合国家法律和行政法规的规定。

（三）数量

数量是衡量合同标的多少的尺度，是以数字和其他计量单位表示的尺度。没有数量或数量的规定不明确，当事人双方权利义务的多少，合同是否完全履行都无法确定。数量必须严格按照国家规定的度量衡制度确定标的物的计量单位，以免当事人产生不同的理解。

（四）质量

质量是标的的内在品质和外观形态的综合指标。签订合同时，必须明确质量标准。合同对质量标准的约定应当是准确而具体的，对于技术上较为复杂的和容易引起歧义的词语、标准，应当加以说明和解释。对于强制性的标准，当事人必须执行，合同约定的质量不得低于该强制性标准。对于推荐性的标准，国家鼓励采用。当事人没有约定质量标准，如果有国家标准，则依国家标准执行；如果没有国家标准，则依行业标准执行；没有行业标准，则依地方标准执行；没有地方标准，则依企业标准执行。

（五）价款或者报酬

价款或者报酬是当事人一方向交付标的的另一方支付的货币。标的物的价款由当事人双方协商，但必须符合国家的物价政策，劳务酬金也是如此。合同条款中应写明有关银行结算和支付方法的条款。

（六）履行的期限、地点和方式

履行的期限是当事人各方依照合同规定全面完成各自义务的时间，包括合同的签订期、有效期和履行期。履行的地点是指当事人交付标的和支付价款或酬金的地点，包括标的的交付、提取地点；服务、劳务或工程项目建设的地点；价款或劳务的结算地点。履行的方式是指当事人完成合同规定义务的具体方法，包括标的的交付方式和价款或酬金的结算方式。

履行的期限、地点和方式是确定合同当事人是否适当履行合同的依据，是合同中必不可少的条款。

（七）违约责任

违约责任是任何一方当事人不履行或者不适当履行合同规定的义务而应当承担的法律责任。当事人可以在合同中约定，一方当事人违反合同时，向另一方当事人支付一定数额的违约金，或者约定违约损害赔偿的计算方法。

（八）解决争议的方法

在合同履行过程中不可避免地会产生争议，为使争议发生后能够有一个双方都能接受的解决办法，应当在合同条款中对此作出规定。

四、合同的成立

（一）不要式合同的成立

合同成立是指合同当事人对合同的标的、数量等内容协商一致。如果法律法规、当事人对合同的形式、程序没有特殊的要求，则承诺生效时合同成立。因为承诺生效即意味着当事人对合同的内容达成了一致，对当事人产生约束力。

在一般情况下，要约生效的地点为合同成立的地点。采用数据电文形式订立合同的，收件人的主营业地为合同成立的地点；没有主营业地的其经常居住地为合同成立的地点；当事人另有约定的，按照其约定。

（二）要式合同的成立

当事人采用合同书形式订立合同的，自双方当事人签字或者盖章时合同成立。需要注意的是，合同书的表现形式是多样的，双方签字、盖章只要具备其中的一项即可。双方签字或者盖章的地点为合同成立的地点。

当事人采用信件、数据电文等形式订立合同的，可以在合同成立之前要求签订确认书，签订确认书时合同成立。

法律、行政法规规定或当事人约定采用书面形式订立合同，当事人未采用书面形式，但一方已经履行了主要义务，对方接受的，该合同成立。采用合同书形式订立合同的，在签字盖章之前，当事人一方已经履行主要义务，对方接受的，该合同成立。因为合同的形式只是当事人意思的载体，从本质上说，法律、行政法规在合同形式上的要求也是为了保障交易安全。如果在形式上不符合要求，但当事人已经有了交易事实，再强调合同形式就失去了意义。当然，在没有履行行为之前，合同的形式尚不符合要求，则合同未成立。

五、关于格式条款

格式条款是指当事人为了重复使用而预先拟定，并在订立合同时未与对方协商的条款。格式条款又被称为标准条款，提供格式条款的相对人只能在接受格式条款和拒签合同两者之间进行选择。格式条款既可以是合同的部分条款为格式条款，也可以是合同的所有条款为格式条款。在现代经济生活中，格式条款适应了社会化大生产的需要，提高了交易效率，在日常工作和生活中随处可见。但这类合同的格式条款提供人往往利用自己的有利地位，加入一些不公平、不合理的内容。因此，各国立法都对格式条款提供人进行一定的限制。

提供格式条款的一方应当遵循公平的原则确定当事人之间的权利义务关系，并采取合理的方式提请对方注意免除或限制其责任的条款，按照对方的要求，对该条款予以说明。提供格式条款一方免除其责任、加重对方责任、排除对方主要权利的，该条款无效。

对格式条款的理解发生争议的，应当按照通常的理解予以解释，对格式条款有两种以上解释的，应当作出不利于提供格式条款的一方的解释。在格式条款与非格式条款不一致时，应当采用非格式条款。

六、合同的生效

（一）合同生效的一般规定

一般说来，依法成立的合同，自成立时生效。具体地讲：口头合同自受要约人承诺时生效；书面合同自当事人双方签字或者盖章时生效；法律规定应当采用书面形式的合同，当事人虽然未采用书面形式但已经履行全部或者主要义务的，可以视为合同有效。合同中有违反法律或社会公共利益条款的，当事人取消或改正后，不影响合同其他条款的效力。

法律、行政法规规定应当办理批准、登记等手续生效的，依照其规定。

（二）附条件和期限合同的生效

当事人可以对合同生效约定附条件或者约定附期限。附条件的合同，包括附生效条件的合同和附解除条件的合同两类。附生效条件的合同，自条件成就时生效；附解除条件的合同，自条件成就时失效。当事人为了自己的利益不正当阻止条件成就的，视为条件已经成就；不正当促成条件成就的，视为条件不成就。附生效期限的合同，自期限界至时生效；附终止期限合同，自期限届满时失效。

附条件的合同一经成立，在条件成就前，当事人对于所约定的条件是否成就，应当听任其自然发展。

七、涉及代理的合同效力

合同具备生效条件，代理行为符合法律规定，授权代理人在授权范围内订立的合同当然有效。但在有些情况下，涉及代理的合同效力则十分复杂。

（一）限制民事行为能力人订立的合同

无民事行为能力人不能订立合同，限制行为能力人一般情况下不能独立订立合同。限制民事行为能力的人订立的合同，经法定代理人追认以后，合同有效。限制民事行为能力人的监护人是其法定代理人。但纯获利益的合同或与其年龄、智力、精神健康状况相适应而订立的合同，不必经法定代理人追认。相对人可以催告法定代理人在一个月内予以追认，法定代理人未作表示的，视为拒绝追认。合同被追认之前，善意相对人有撤销的权利。撤销应当以通知的方式作出。

（二）无权代理

行为人没有代理权、超越代理权或者代理权终止后以被代理人的名义订立的合同，未经被代理人追认，对被代理人不发生效力，由行为人承担责任。相对人可以催告被代理人在一个月内予以追认。被代理人末作表示的，视为拒绝追认。合同被追认之前，善意相对人有撤销的权利。撤销应当以通知的方式作出。行为人没有代理权、超越代理权或者代理权终止后以被代理人的名义订立的合同，相对人有理由相信行为人有代理权的，该代理行为有效。

（三）表见代理

表见代理是善意相对人通过被代理人的行为足以相信无权代理人具有代理权的代理。基于此项信赖，该代理行为有效。善意第三人与无权代理人进行的交易行为（订立合同），其后果由被代理人承担。表见代理的规定，其目的是保护善意的第三人。

表见代理一般应当具备以下条件：（1）表见代理人并未获得被代理人的授权，是无权代理；（2）客观上存在让相对人相信行为人具备代理权的理由；（3）相对人善意且无过失。

有些情况下，表见代理与无权代理的区分是十分困难的。最高人民法院曾经发布过一个案例，能够充分说明这种区分的困难。

【案例2—1】盗用单位公章签订的合同的效力问题

1995年3月，某市凌美装饰工程有限公司（以下简称凌美公司）向某省金源城市信用社（以下简称金源信用社）申请借款45万元，借款期限为6个月，从1995年3月1日至同年9月1日。为保障还款，凌美公司以自己所有的“神龙”、“大发”轿车各一辆作抵押。金源信用社提出还需担保单位，于是凌美公司总经理找自己的好友、时任某省汽车工业公司A公司（以下简称A公司）办公室主任的吴军帮忙。吴军怕领导不同意，便利用保管公章之便，擅自在凌美公司同金源信用社借款合同上加盖了A公司公章，同时还假冒经理签字在借款合同上签名。凌美公司将盖好章的借款担保合同交给金源信用社，金源信用社见是颇有实力的A公司担保，未加审核便如期贷给凌美公司45万元，但凌美公司到1995年底仅付利息2.7万元。

1996年4月1日，金源信用社向该市B区人民法院起诉，要求凌美公司偿还借款本息，A公司负连带责任。此时吴军已调离A公司，但为了掩盖事实，吴军进而变造原公司公章，伪造法人代表身份证明和授权委托书参加法庭调解，直到法院找A公司了解情况时，公司才了解此事。

B区人民法院审理认为，金源信用社与凌美公司和A公司签订的借款合同符合国家有关法律规定，应为有效。凌美公司和A公司未严格履行合同规定，至今未偿还借款本金及全部利息，应承担全部责任。关于A公司所称，保证行为系其单位一干部私自进行的行为，因其举证不足，不予认定。据此，依照《中华人民共和国经济合同法》第四十条第二款、《借款合同条例》第十六条之规定，以（1997）武白经初字第21号民事判决：一、被告某市凌美装饰工程有限公司应偿还原告借款45万元，给付借款利息9.2942万元（扣除已付的3.7054万元），两款合计54.2942万元。此款应在本判决书生效后30日内付清。二、如被告某市凌美装饰工程有限公司逾期不付，由被告某省汽车工业总公司A公司承担连带清偿责任。

一审判决后A公司不服，上诉至该市中级人民法院。1997年11月24日，该市中级人民法院审理认为，三方所签订的借款担保合同，合法有效，A公司与凌美公司未履行偿还借款本金及利息的义务，应承担全部责任。A公司签订合同时在担保栏中盖有公章，应负担保责任，A公司认为其担保是其单位职工的个人行为的理由不能成立。依照《中华人民共和国民事诉讼法》第一百五十三条第一款第一项之规定，以（1997）武经终字第872号民事判决驳回上诉，维持原判。

终审判决后，A公司仍不服，向某省该市人民检察院提出申诉。

该市人民检察院受理后审查认为，此案符合民事诉讼抗诉条件，遂提请某省人民检察院抗诉。

某省人民检察院审查认为，该市中级人民法院（1997）武经终字第872号民事判决认定事实不清，适用法律不当，判决确有错误。依照《中华人民共和国民事诉讼法》第一百八十五条第一款第一项和第二项之规定，于1998年4月13日向某省高级人民法院提出抗诉，其理由是：

1. 原判决认定“金源信用社、凌美公司、A公司三方所签订的借款担保合同有效”，有悖事实和法律。《中华人民共和国民法通则》第五十五条规定民事法律行为必须“意思表示真实”。吴军未经授权加盖公章的行为不能视为法人真实意思表示；其冒用A公司名义，伪造法定代表人签字所签订的担保合同应为无效。吴军擅自动用公司公章为他人提供担保属无权代理行为。《民法通则》第六十六条规定，没有代理权、超越代理权的行为，未经被代理人追认的行为，由行为人承担民事责任，本案应由吴军个人承担无权代理造成的经济损失。

2. 金源信用社未履行严格审查担保行为真实性的审查义务，应承担相应民事责任。金源信用社在进行贷款业务时，为确保贷款安全，应对担保行为的可行性、真实合法性进行审查，有义务核实担保人的意思表示是否真实。本案吴军冒用A公司名义提供担保过程中，金源信用社一直未与A公司联系核保考查，对吴军伪造法定代表人签字不加鉴别，使吴军冒用公司名义担保得逞，金源信用社应承担相应的过错责任，而不能简单认定担保有效，由A公司承担连带责任。

某省高级人民法院受理此案后，发回该市中级人民法院再审。1998年6月25日，该市中级人民法院再审认为，金源信用社与凌美公司所签借款合同合法有效，凌美公司未履行偿还借款本金及剩余利息的义务，应承担全部民事责任。借款合同担保栏中虽盖有A公司的印章和签有法定代表人的姓名，但所形成的事实虚假，非担保方的真实意思表示，贷款方也未认真审核，故该担保合同应认定无效，该公司不应承担担保责任。某省人民检察院抗诉有理，应予支持。原判决认定担保合同有效不妥，应予纠正。依照《中华人民共和国民事诉讼法》第一百八十四条、第一百五十三条第一款第二、三项之规定，判决如下：一、撤销本院（1997）武经终字第872号民事判决；二、撤销该市B区人民法院（1997）武白经初字21号民事判决第二项，即“如该市凌美装饰工程有限公司逾期不付，由某省汽车工业总公司A公司承担连带清偿责任。”

案例评析：

在表见代理中，最典型的案例是行为人（代理人）持有本人（被代理人）盖有公章的空白合同文本与第三人订立合同。此时，如果代理人订立的合同超过了被代理人的授权。合同仍然有效。而本案中，行为人属于盗用单位的公章、假冒单位法定代表人的签字，故而合同无效。但是，需要注意的是，在此类案件中，应当由被盗用单位承担举证责任，如不能举证则构成表见代理。在实践中这是一个十分困难的事情，特别是盗用人是本单位负有一定责任的人时。另外，在我国的司法实践中，如果是借用他人介绍信、合同专用章或盖有公章的空白合同书签订的合同，也不认定为表见代理，而是由出借人与借用人对无效合同的法律后果承担连带责任。

（四）法定代表人、负责人越权代表

法人或其他组织的法定代表人、负责人超越权限订立的合同，除相对人知道或应当知

道其超越权限以外，该代表行为有效。无处分权人处分他人财产，经权利人追认或者其通过订立合同取得处分权的合同有效。

八、订约责任

（一）订约过错责任

在合同的订立过程中，可能由于种种原因，合同最终没有成立。但不论合同成立与否，当事人如果违背诚实信用原则，在合同订立过程中有过错，给对方造成损失的，也应承担相应的赔偿责任。

当事人在订立合同过程中有下列情形之一，给对方造成损失的，应当承担损害赔偿责任：

1. 假借订立合同，恶意进行磋商；
2. 故意隐瞒与订立合同有关的重要事实或提供虚假情况；
3. 有其他违背诚实信用原则的行为。

（二）订约保密责任

当事人在订立合同过程中知悉的商业秘密，无论合同是否成立，不得泄露或者不正当使用。泄露或者不正当使用该商业秘密给对方造成损失的，应当承担损害赔偿责任。

九、无效合同和可变更、可撤销的合同

（一）无效合同

1. 无效合同的概念和合同无效的情形。无效合同是指当事人违反了法律规定的条件而订立的，国家不承认其效力、不给予法律保护的合同。无效合同从订立之时起就没有法律效力。有下列情形之一的合同无效：

（1）一方以欺诈、胁迫的手段订立合同，损害国家利益；

（2）恶意串通，损害国家、集体或第三人利益的；

（3）以合法活动掩盖非法目的；

（4）损害社会公共利益；

（5）违反法律、行政法规的强制规定。

2. 合同免责条款的无效。合同免责条款是指当事人约定免除或者限制其未来责任的合同条款。合同中的下列免责条款无效：

（1）造成对方人身伤害的；

（2）因故意或者重大过失造成对方财产损失的。

上述两种免责条款具有一定的社会危害性，双方即使没有合同关系也可追究对方的侵权责任。因此这两种免责条款无效。

3. 无效合同的确认

无效合同的确认权归人民法院或者仲裁机构，其他任何机构均无权确认合同无效。

（二）可变更、可撤销的合同

1. 可变更、可撤销合同的概念和种类。可变更、可撤销的合同，是指欠缺生效条件，但一方当事人可依照自己的意思使合同的内容变更或者使合同的效力归于消灭的合同。可

变更、可撤销的合同不同于无效合同，当事人提出请求是合同被变更、撤销的前提。当事人如果只要求变更，人民法院或者仲裁机构不得撤销其合同。

有下列情形之一的，当事人一方有权请求人民法院或者仲裁机构变更或者撤销其合同：

（1）因重大误解而订立的；

（2）在订立合同时显失公平的。

一方以欺诈、胁迫等手段或者乘人之危，使对方在违背真实意思的情况下订立的合同，受损害方有权请求人民法院或者仲裁机构变更或者撤销。

2. 合同撤销权的消灭。由于可撤销的合同只是涉及当事人意思表示不真实的问题，因此法律对撤销权的行使有一定的限制。有下列情形之一的，撤销权消灭：

（1）具有撤销权的当事人自知道或者应当知道撤销事由之日起 1 年内没有行使撤销权；

（2）具有撤销权的当事人知道撤销事由后明确表示或者以自己的行为放弃撤销权。

（三）无效合同和可撤销合同的效力

无效合同或者被撤销的合同自始没有法律约束力。合同部分无效，不影响其他部分效力的，其他部分仍然有效；合同无效、被撤销或者终止的，不影响合同中独立存在的有关解决争议方法的条款的效力。

（四）合同无效和被撤销后的法律后果

合同被确认无效和被撤销后，合同规定的权利义务即为无效。履行中的合同应当终止履行，尚未履行的不得继续履行。对因履行无效合同和被撤销合同而产生的财产后果应当依法进行处理。

1. 返还财产。由于无效合同或者被撤销的合同自始没有法律约束力，因此，返回财产是处理无效合同和可撤销合同的主要方式。合同被确认无效和被撤销后，当事人依据该合同所取得的财产，应当返还给对方；不能返还的，应当作价补偿。

2. 赔偿损失。合同被确认无效或者被撤销后，有过错的一方应赔偿对方因此而受到的损失。如果双方都有过错，应当根据过错的大小各自承担相应的责任。

3. 追缴财产，收归国有。双方恶意串通，损害国家或者第三人利益的，应将双方取得的财产收归国库或者返还第三人。无效和被撤销合同不影响善意第三人取得合法权益。

【案例 2—2】因超越代理权限导致合同无效的纠纷

甲施工企业在某条公路的施工过程中，需要购买一批水泥，甲施工企业的采购员张某持介绍信到乙建材公司要求购买一批 B 标号的水泥。由于乙公司与甲施工企业有长期的业务关系，双方未签订书面的买卖合同乙公司就发货了。但乙公司发货后甲施工企业拒付货款，甲施工企业提出的理由是让张某购买的水泥是 A 标号而非 B 标号。

判断此纠纷的责任应由谁承担的重要依据是甲施工企业的介绍信是如何写的。因为这种情况下的介绍信可以视为授权委托书，张某则是甲施工企业的代理人。如果甲施工企业开的介绍信是“介绍张某购买水泥”，则张某的行为是合法的代理行为。双方的口头合同是有效的，应当继续履行，则甲施工企业应当付款。如果甲施工企业开的介绍信是“介绍张某购买 A 标号水泥”，则张某的行为超越了代理权限，与乙公司订立的口头合同无效。合同被确定无效后，其首要的法律后果是返还财产，甲施工企业可以退货、拒付货款。

第三节 合同的履行、变更和转让

一、合同的履行

（一）合同履行的概念

合同履行，是指合同各方当事人按照合同的规定，全面履行各自的义务，实现各自的权利，使各方的目的得以实现的行为。合同依法成立，当事人就应当按照合同的约定，全部履行自己的义务。签订合同的目的在于履行，通过合同的履行而取得某种权益。合同的履行以有效的合同为前提和依据，因为无效合同从订立之时起就没有法律效力，不存在合同履行的问题。合同履行是该合同具有法律约束力的首要表现。

（二）合同履行的原则

1. 全面履行的原则。当事人应当按照约定全面履行自己的义务。即按合同约定的标的、价款、数量、质量、地点、期限、方式等全面履行各自的义务。按照约定履行自己的义务，既包括全面履行义务，也包括正确适当履行合同义务。

合同有明确约定的，应当依约定履行。但是，合同约定不明确并不意味着合同无须全面履行，不意味着约定不明确部分可以不履行。实际上，合同约定不明确时应当如何履行，是合同法需要解决的一个重要问题。

合同生效后，当事人就质量、价款或者报酬、履行地点等内容没有约定或者约定不明的，可以协议补充，不能达成补充协议的，按照合同有关条款或者交易习惯确定。按照合同有关条款或者交易习惯确定，一般只能适用于部分常见条款欠缺或者不明确的情况，因为只有这些内容才能形成一定的交易习惯。如果按照上述办法仍不能确定合同如何履行的，适用下列规定进行履行：

（1）质量要求不明的，按国家标准、行业标准履行，没有国家、行业标准的，按通常标准或者符合合同目的的特定标准履行；

（2）价款或报酬不明的，按订立合同时履行地的市场价格履行；依法应当执行政府定价或政府指导价的，按规定履行；

（3）履行地点不明确的，给付货币的，在接收货币一方所在地履行；交付不动产的，在不动产所在地履行；其他标的在履行义务一方所在地履行；

（4）履行期限不明确的，债务人可以随时履行，债权人也可以随时要求履行，但应当给对方必要的准备时间；

（5）履行方式不明确的，按照有利于实现合同目的的方式履行；

（6）履行费用的负担不明确的，由履行义务一方承担。

合同在履行中既可能是按照市场行情约定价格，也可能执行政府定价或政府指导价。如果是按照市场行情约定价格履行，则市场行情的波动不应影响合同价，合同仍执行原价格。

如果执行政府定价或政府指导价的，在合同约定的交付期限内政府价格调整时，按照交付时的价格计价。逾期交付标的物的，遇价格上涨时按照原价格执行；遇价格下降时，按新价格执行。逾期提取标的物或者逾期付款的，遇价格上涨时，按新价格执行；价格下降时，按原价格执行。

2. 诚实信用原则。当事人应当遵循诚实信用原则，根据合同性质、目的和交易习惯履行通知、协助和保密的义务。当事人首先要保证自己全面履行合同约定的义务，并为对方履行创造条件。当事人双方应关心合同履行情况，发现问题应及时协商解决。一方当事人在履行过程中发生困难，另一方当事人应在法律允许的范围内给予帮助。在合同履行过程中应信守商业道德，保守商业秘密。

（三）合同履行中的抗辩权

抗辩权是指在双务合同的履行中，双方都应当履行自己的债务，一方不履行或者有可能不履行时，另一方可以据此拒绝对方的履行要求。

1. 同时履行抗辩权。当事人互负债务，没有先后履行顺序的，应当同时履行。同时履行抗辩权包括：一方在对方履行之前有权拒绝其履行要求；一方在对方履行债务不符合约定时，有权拒绝其相应的履行要求。

同时履行抗辩权的适用条件是：

（1）由同一双务合同产生互负的对价给付债务；

（2）合同中未约定履行的顺序；

（3）对方当事人没有履行债务或者没有正确履行债务；

（4）对方的对价给付是可能履行的义务。所谓对价给付是指一方履行的义务和对方履行的义务之间具有互为条件、互为牵连的关系并且在价格上基本相等。

2. 先履行抗辩权。先履行抗辩权也包括两种情况：当事人互负债务，有先后履行顺序的，先履行的一方未履行的，后履行的一方有权拒绝其履行要求；先履行的一方履行债务不符合规定的，后履行的一方也有权拒绝其相应的履行要求。

先履行抗辩权的适用条件为：

（1）由同一双务合同产生互负的对价给付债务；

（2）合同中约定了履行的顺序；

（3）应当先履行的合同当事人没有履行债务或者没有正确履行债务；

（4）应当先履行的对价给付是可能履行的义务。

3. 不安抗辩权。不安抗辩权是指合同中约定了履行的顺序，合同成立后发生了应当后履行合同一方财务状况恶化的情况，应当先履行合同一方在对方未履行或者提供担保前有权拒绝先为履行。设立不安抗辩权的目的在于预防合同成立后情况发生变化而损害合同另一方的利益。

应当先履行合同的一方有确切证据证明对方有下列情形之一的，可以中止履行：

（1）经营状况严重恶化；

（2）转移财产、抽逃资金，以逃避债务的；

（3）丧失商业信誉；

（4）有丧失或者可能丧失履行债务能力的其他情形。

当事人中止履行合同的，应当及时通知对方。对方提供适当的担保时应当恢复履行。中止履行后，对方在合理的期限内未恢复履行能力并且未提供适当的担保，中止履行一方可以解除合同。当事人没有确切证据就中止履行合同的应承担违约责任。

【案例 2—3】不安抗辩权纠纷

在某省的一条公路建设过程中，招标投标工作已经完成，B 施工单位中标，施工合同也已经签订。但中标后，B 施工企业的另一施工项目（Y 项目）发生很大的变化，B 施工企业将原准备用于该公路项目的大部分设备、人员调至 Y 项目。由于签订施工合同到正式开工有较长一段时间，至少在开工前 B 施工企业在该公路项目没有违约。但是，如果等到 B 施工企业有违约行为再解除施工合同（解除施工合同必须有严重违约行为），必须在开工后的相当一段时间之后，到时将会给建设单位带来不可挽回的损失。这时，建设单位即可以 B 施工企业“有丧失或者可能丧失履行债务能力的其他情形”为由主张不安抗辩权，要求 B 施工企业提供担保。如果 B 施工企业不提供担保，建设单位可以与 B 施工企业解除施工合同。

二、合同不当履行的处理

（一）因债权人致使债务人履行困难的处理

合同生效后，当事人不得因姓名、名称的变更或法定代表人、负责人、承办人的变动而不履行合同义务。债权人分立、合并或者变更住所应当通知债务人。如果没有通知债务人，会使债务人不知向谁履行债务或者不知在何地履行债务，致使履行债务发生困难。出现这些情况，债务人可以中止履行或者将标的物提存。

中止履行是指债务人暂时停止合同的履行或者延期履行合同。提存是指由于债权人的原因致使债务人无法向其交付标的物，债务人可以将标的物交给有关机关保存以此消灭合同的制度。

（二）提前或者部分履行的处理

提前履行是指债务人在合同规定的履行期限到来之前就开始履行自己的义务；部分履行是指债务人没有按照合同约定履行全部义务而只履行了自己的一部分义务。提前或者部分履行会给债权人承受权利带来困难或者增加费用。

债权人可以拒绝债务人提前或部分履行债务，但不损害债权人利益的除外，由此增加的费用由债务人承担。

（三）合同不当履行中的保全措施

保全措施是指为防止因债务人的财产不当减少而给债权人的债权带来危害时，允许债权人为确保其债权的实现而采取的法律措施，这些措施包括代位权和撤销权两种。

1. 代位权。代位权是指因债务人怠于行使其到期债权，对债权人造成损害，债权人可以向人民法院请求以自己的名义代位行使债务人的债权。但该债权专属于债务人时不能行使代位权。代位权的行使范围以债权人债权为限，其发生的费用由债务人承担。

2. 撤销权。撤销权是指因债务人放弃其到期债权或者无偿转让财产，对债权人造成损害的，债权人可以请求人民法院撤销债务人的行为。债务人以明显不合理低价转让财产，对债权人造成损害，并且受让人知道该情形的，债权人可以请求人民法院撤销债务人的行为。撤销权的行使范围以债权人债权为限，其发生的费用由债务人承担。

撤销权自债权人知道或者应当知道撤销事由之日起一年内行使。自债务人的行为发生之日起五年内没有行使撤销权的，该撤销权消灭。

三、合同的变更

合同变更是指当事人对已经发生法律效力，但尚未履行或者尚未完全履行的合同，进行修改或补充所达成的协议。合同法规定，当事人协商一致可以变更合同。我们在这里讲的合同变更是狭义的，仅指合同内容和客体的变更，不包括合同主体的变更。

合同变更必须针对有效的合同，协商一致是合同变更的必要条件，任何一方都不得擅自变更合同。由于合同签订的特殊性，有些合同需要有关部门的批准或登记，对于此类合同的变更需要重新登记或审批。合同的变更一般不涉及已履行的内容。

有效的合同变更必须要有明确的合同内容的变更。如果当事人对合同的变更约定不明确，视为没有变更。

合同变更后原合同债消灭，产生新的合同债。因此，合同变更后，当事人不得再按原合同履行，而须按变更后的合同履行。

四、合同的转让

合同转让是指合同一方将合同的权利、义务全部或部分转让给第三人的法律行为。《民法通则》规定："合同一方将合同的权利、义务全部或者部分转让给第三人的，应当取得合同另一方的同意，并不得牟利。依照法律规定应当由国家批准的合同，需经原批准机关批准。但是，法律另有规定或者原合同另有约定的除外。"合同的权利、义务的转让，除另有约定外，原合同的当事人之间以及转让人与受让人之间应当采用书面形式。转让合同权利、义务约定不明确的，视为未转让。合同的权利义务转让给第三人后，该第三人取代原当事人在合同中的法律地位。合同的转让包括债权转让和债务承担两种情况，当事人也可将权利、义务一并转让。

（一）债权转让

债权转让是指合同债权人通过协议将其债权全部或者部分转让给第三人的行为。债权人可以将合同的权利全部或者部分转让给第三人。法律、行政法规规定转让权利应当办理批准、登记手续的，应当办理批准、登记手续。但下列情形债权不可以转让：

（1）根据合同性质不得转让；

（2）根据当事人约定不得转让；

（3）依照法律规定不得转让。

债权人转让权利的，应当通知债务人。未经通知的，该转让对债务人不发生效力。且转让权利的通知不得撤销，除经受让人同意。受让人取得权利后，同时拥有与此权利相对应的从权利，除此从权利与债权人不可分割。债务人对债权人的抗辩同样可以针对受让人。

（二）债务承担

债务承担是指债务人将合同的义务全部或者部分转移给第三人的情况。债务人将合同的义务全部或部分转移给第三人的必须经债权人的同意，否则，这种转移不发生法律效力。法律、行政法规规定转移义务应当办理批准、登记手续的，应当办理批准、登记手续。

债务人转移义务的，新债务人可以主张原债务人对债权人的抗辩。债务人转移义务的，新债务人应当承担与主债务有关的从债务，但该从债务专属于原债务人自身的除外。

（三）权利和义务同时转让

当事人一方经对方同意，可以将自己在合同中的权利和义务一并转让给第三人。

当事人订立合同后合并的，由合并后的法人或者其他组织行使合同权利，履行合同义务。当事人订立合同后分立的，除债权人和债务人另有约定外，由分离的法人或其他组织对合同的权利和义务享有连带债权，承担连带债务。

第四节　合同的终止

一、合同终止概述

合同权利义务的终止，也称合同终止，是指当事人之间根据合同确定的权利义务在客观上不复存在，据此合同不再对双方发生作用。合同终止是随着一定法律事实发生而发生的，与合同中止不同之处在于，合同中止只是在法定的特殊情况下，当事人暂时停止履行合同，当这种特殊情况消失以后，当事人仍然承担继续履行的义务；而合同终止是合同关系的消灭，不可能恢复。

二、合同终止的原因

（一）债务已按照约定履行

债务已按照约定履行即是债的清偿，是按照合同约定实现债权目的的行为。其含义与履行相同，但履行侧重于合同动态的过程，而清偿则侧重于合同静态的实现结果。

清偿是合同的权利义务终止的最主要和最常见的原因。清偿一般由债务人为之，但不以债务人为限，也可能由债务人的代理人或者第三人进行合同的清偿。清偿的标的物一般是合同规定的标的物，但如果债权人同意，也可用合同规定的标的物以外的物品来清偿其债务。

（二）合同解除

合同解除是指对已经发生法律效力、但尚未履行或者尚未完全履行的合同，因当事人一方的意思表示或者双方的协议而使债权债务关系提前归于消灭的行为。合同解除可分为约定解除和法定解除两类。

合同一经成立即具有法律约束力，任何一方都不得擅自解除合同。但是，当事人在订立合同后，由于主观和客观情况的变化，有时会发生原合同的全部履行或部分履行成为不必要或不可能的情况，需要解除合同，以减少不必要的经济损失，或收到更好的经济效益，以有利于稳定和维护正常的社会主义市场经济秩序。因此，在符合法定条件下，允许当事人依照法定程序解除合同。

合同解除后，尚未履行的，终止履行。合同解除可以溯及既往地消灭基于合同的债权债务关系，如果已经履行的，根据履行情况和合同性质，当事人可以请求恢复原状，采取其他补救措施，并有权要求赔偿损失。

1. 约定解除。约定解除是当事人通过行使约定的解除权或者双方协商决定而进行的合同解除。当事人协商一致可以解除合同，即合同的协商解除。当事人也可以约定一方解除合同的条件，解除合同条件成就时，解除权人可以解除合同，即合同约定解除权的解除。

合同的这两种约定解除有很大的不同。合同的协商解除一般是合同已开始履行后进行的约定，且必然导致合同的解除；而合同约定解除权的解除则是合同履行前的约定，它不一定导致合同的真正解除，因为解除合同的条件不一定成就。

2. 法定解除。法定解除是解除条件直接由法律规定的合同解除。当法律规定的解除条件具备时，当事人可以解除合同。它与合同约定解除权的解除都是具备一定解除条件时，由一方行使解除权，区别则在于解除条件的来源不同。

有下列情形之一的，当事人可以解除合同：

（1）因不可抗力致使不能实现合同目的；

（2）在履行期限届满之前，当事人一方明确表示或者以自己的行为表明不履行主要债务；

（3）当事人一方延迟履行主要债务，经催告后在合理的期限内仍未履行；

（4）当事人一方延迟履行债务或者有其他违法行为，致使不能实现合同目的；

（5）法律规定的其他情形。

（三）债务相互抵消

债务相互抵消是指两个人彼此互负债务，各以其债权充当债务的清偿，使双方的债务在等额范围内归于消灭。债务抵消可以分为法定债务抵消和约定债务抵消两类。

1. 法定债务抵消。法定债务抵消是指当事人互负到期债务，该债务标的物的种类、品质相同的，任何一方可以将自己的债务与对方的债务抵消。法定债务抵消的条件是比较严格的，要求必须是互负到期债务，且债务标的物的种类、品质相同。符合这些条件的互负债务，除了法律规定或者合同性质决定不能抵消的以外，当事人都可以互相抵消。

当事人主张抵消的，应当通知对方。通知自到达对方时生效。抵消不得附条件或者附期限。

2. 约定债务抵消。约定债务抵消是指当事人经协商一致而发生的抵消。约定债务抵消的债务要求不高，标的物的种类、品质可以不相同，但要求当事人必须协商一致。

（四）债务人依法将标的物提存

1. 标的物提存的概念。标的物提存是指由于债权人的原因致使债务人无法向其交付标的物，债务人可以将标的物交给有关机关保存以此消灭合同的制度。因为债务的履行往往要有债权人的协助，如果由于债权人的原因致使债务人无法向其交付标的物，仅仅要求债权人承担违约责任，将使债务人长期处于合同不合理的约束之下。提存制度正是为了解决这一问题。债务人可以将标的物提存后，合同的权利义务即告终止。我国目前的提存机构为公证机构。

2. 标的物提存的适用情况。有下列情况，难以履行债务的，债务人可以将标的物提存：

（1）债权人无正当理由拒绝领受；

（2）债权人下落不明；

（3）债权人死亡未确定继承人或者丧失民事行为能力未确定监护人；

（4）法律规定的其他情形。

标的物不适用于提存，或提存费用过高的，债务人依法可以拍卖或变卖标的物，提存所得的价款。标的物提存后，除债权人下落不明外，债务人应当及时通知债权人或其继承人、监护人。

3. 提存标的物的处理。标的物提存后，毁损、灭失的风险由债权人承担。提存期间标的物的孳息归债权人所有，提存费用由债权人承担。

债权人可随时提取提存物，但必须以偿还债务人的到期债务或提供担保为基础。否则，提存部门根据债务人的要求拒绝其领取提存物。债权人领取提存物的权利，自提存之日起五年内不行使而消灭，提存物扣除提存费用后，归国家所有。

（五）债权债务同归一方

债权债务同归一方也称混同，是指债权债务同归于一人而导致合同权利义务归于消灭的情况。但是，在合同标的物上设有第三人利益的，如债权上设有抵押权，则不能混同。混同是一种事实，无须任何意思表示。

混同成立的原因有概括承受和特定承受两种。概括承受是混同发生的主要原因，如两个合并的企业相互之间有债权债务关系，企业合并后，债权债务因同归于合并后的企业而消灭。特定承受，即债务人受让债权人的债权，债权人承受债务人的债务。

（六）债权人免除债务

债权人免除债务人的债务，即债权人以消灭债务人的债务为目的而抛弃债权的意思表示。债权人免除债务人部分或者全部债务的，合同的权利义务部分或者全部终止。因债务消灭的结果，从债务如利息债务、担保债务等也同时归于消灭。

免除债务是一种民事法律行为，必须有抛弃的意思表示而不能以事实行为的方式作出。免除是一种无偿行为，必须以债权债务关系消灭为内容。

（七）合同的权利义务终止的其他情形

除了上述原因外，法律规定或者当事人约定合同终止的其他情形出现时，合同也告终止。如时效（取得时效）的期满、合同的撤销、作为合同主体的自然人死亡而其债务又无人承担等。

第五节　合同的担保

一、担保与担保法的概念

（一）担保的概念

担保是指当事人根据法律规定或者双方约定，为促使债务人履行债务实现债权人的权利的法律制度。担保通常由当事人双方订立担保合同。担保合同是被担保合同的从合同，被担保合同是主合同，主合同无效，从合同也无效。但担保合同另有约定的按照约定。

担保活动应当遵循平等、自愿、公平、诚实信用的原则。

（二）担保法的概念

担保法是指调整因担保关系而产生的债权债务关系的法律规范的总称。为促进资金融通和商品流通，保障债权的实现，发展社会主义市场经济，1995 年 6 月 30 日第八届全国人民代表大会常务委员会第十四次会议通过《中华人民共和国担保法》，自 1995 年 10 月 1 日起施行。

《担保法》规定的担保方式为保证、抵押、质押、留置和定金。

二、保证

（一）保证的概念和方式

1. 保证的概念。保证是指保证人和债权人约定，当债务人不履行债务时，保证人按照约定履行债务或者承担责任的行为。保证法律关系至少必须有三方参加，即保证人、被保证人（债务人）和债权人。

2. 保证的方式。保证的方式有两种，即一般保证和连带责任保证。在具体合同中，担保方式由当事人约定，如果当事人没有约定或者约定不明确的，则按照连带责任保证承担保证责任，这是对债权人权利的有效保护。

（1）一般保证是指当事人在保证合同中约定，债务人不能履行债务时，由保证人承担责任的保证。一般保证的保证人在主合同纠纷未经审判或者仲裁，并就债务人财产依法强制执行仍不能履行债务前，对债权人可以拒绝承担担保责任。

（2）连带责任保证是指当事人在保证合同中约定保证人与债务人对债务承担连带责任的保证。连带责任保证的债务人在主合同规定的债务履行期届满没有履行债务的，债权人可以要求债务人履行债务，也可以要求保证人在其保证范围内承担保证责任。

（二）保证人的资格

具有代为清偿债务能力的法人、其他组织或者公民，可以作为保证人。但是，以下组织不能作为保证人：

1. 企业法人的分支机构、职能部门。企业法人的分支机构有法人书面授权的，可以在授权范围内提供保证；

2. 国家机关。经国务院批准为使用外国政府或者国际经济组织贷款进行转贷的除外；

3. 学校、幼儿园、医院等以公益为目的的事业单位、社会团体。

（三）保证合同的内容

保证合同应包括以下内容：

1. 被保证的主债权种类、数额；
2. 债务人履行债务的期限；
3. 保证的方式；
4. 保证担保的范围；
5. 保证的期间；
6. 双方认为需要约定的其他事项。

（四）保证责任

保证合同生效后，保证人就应当在合同规定的保证范围和保证期间承担保证责任。

保证担保的范围包括主债权及利息、违约金、损害赔偿金及实现债权的费用。保证合同另有约定的，按照约定。当事人对保证担保的范围没有约定或者约定不明确的，保证人应当对全部债务承担责任。一般保证的保证人未约定保证期间的，保证期间为主债务履行期届满之日起6个月。

保证期间债权人与债务人协议变更主合同或者债权人许可债务人转让债务的，应当取得保证人的书面同意，否则保证人不再承担保证责任。保证合同另有约定的按照约定。

三、抵押

（一）抵押的概念

抵押是指债务人或者第三人向债权人以不转移占有的方式提供一定的财产作为抵押物，用以担保债务履行的担保方式。债务人不履行债务时，债权人有权依照法律规定以抵押物折价或者从变卖抵押物的价款中优先受偿。其中债务人或者第三人称为抵押人，债权人称为抵押权人，提供担保的财产称为抵押物。

（二）抵押物

1. 抵押物的种类。债务人或者第三人提供担保的财产为抵押物。由于抵押物是不转移占有的，因此能够成为抵押物的财产必须具备一定的条件。这类财产轻易不会灭失，且其所有权的转移应当经过一定的程序。下列财产可以作为抵押物：

（1）抵押人所有的房屋和其他地上定着物；

（2）抵押人所有的机器、交通运输工具和其他财产；

（3）抵押人依法有权处置的国有土地使用权、房屋和其他地上定着物；

（4）抵押人依法有权处置的国有机器、交通运输工具和其他财产；

（5）抵押人依法承包并经发包方同意抵押的荒山、荒沟、荒丘、荒滩等荒地的土地使用权；

（6）依法可以抵押的其他财产。

2. 不能抵押的财产。下列财产不得抵押：

（1）土地所有权；

（2）耕地、宅基地、自留地、自留山等集体所有的土地使用权；

（3）学校、幼儿园、医院等以公益为目的的事业单位、社会团体的教育设施、医疗卫生设施和其他社会公益设施；

（4）所有权、使用权不明或者有争议的财产；

（5）依法被查封、扣押、监管的财产；

（6）依法不得抵押的其他财产。

3. 抵押物登记。当事人以土地使用权、城市房地产、林木、航空器、船舶、车辆等财产抵押的，应当办理抵押物登记，抵押合同自登记之日起生效；当事人以其他财产抵押的，可以自愿办理抵押物登记，抵押合同自签订之日起生效。当事人未办理抵押物登记的，不得对抗第三人。

办理抵押物登记，应当向登记部门提供主合同、抵押合同、抵押物的所有权或者使用权证书。

（三）抵押合同的内容

抵押人与抵押权人应当以书面形式订立抵押合同。订立抵押合同时，抵押权人和抵押人在合同中不得约定在债务履行期届满抵押权人未受清偿时，抵押物的所有权转移为债权人所有。抵押合同应当包括以下内容：

1. 被担保的主债权种类、数额；

2. 债务人履行债务的期限；

3. 抵押物的名称、数量、质量、状况、所在地、所有权权属或者使用权权属；

4. 抵押担保的范围；

5. 当事人认为需要约定的其他事项。

抵押合同的条款不完备的，当事人可以补正。

（四）抵押的效力

抵押担保的范围包括主债权及利息、违约金、损害赔偿金和实现抵押权的费用，当事人也可以约定抵押担保的范围。

抵押人有义务妥善保管抵押物并保证其价值。抵押期间，抵押人转让已办理登记的抵押物，应当通知抵押权人并告知受让人转让物已经抵押的情况，否则，该转让行为无效。抵押人转让抵押物的价款，应当向抵押权人提前清偿所担保的债权或者向与抵押权人约定的第三人提存。超过债权的部分归抵押人所有，不足部分由债务人清偿。转让抵押物的价款不得明显低于其价值。抵押人的行为足以使抵押物价值减少的，抵押权人有权要求抵押人停止其行为。

抵押权与其担保的债权同时存在，抵押权不得与债权分离而单独转让或者作为其他债权的担保。

（五）抵押权的实现

债务履行期届满抵押权人未受清偿的，可以与抵押人协议以抵押物折价或者以拍卖、变卖该抵押物所得的价款受偿；协议不成的，抵押权人可以向人民法院提起诉讼。抵押物折价或者拍卖、变卖后，其价款超过债权数额的部分归抵押人所有，不足部分由债务人清偿。

同一财产向两个以上债权人抵押的，拍卖、变卖抵押物所得的价款按照以下规定清偿：

1. 抵押合同已登记生效的，按抵押物登记的先后顺序清偿；顺序相同的，按照债权比例清偿；

2. 抵押合同自签订之日起生效的，如果抵押物未登记的，按照合同生效的先后顺序清偿，顺序相同的，按照债权比例清偿。抵押物已登记的先于未登记的受偿。

四、质押

（一）质押的概念

质押，是指债务人或者第三人将其动产或权利移交债权人占有，用以担保债权履行的担保。质押后，当债务人不能履行债务时，债权人依法有权就该动产或权利优先得到清偿。债务人或者第三人为出质人，债权人为质权人，移交的动产或权利为质物。质权是一种约定的担保物权，以转移占有为特征。

（二）质押的分类

质押可分为动产质押和权利质押。

1. 动产质押。动产质押是指债务人或者第三人将其动产移交债权人占有，将该动产作为债权的担保。能够用作质押的动产没有限制。

2. 权利质押。权利质押一般是将权利凭证交付质押人的担保。可以质押的权利包括：

（1）汇票、支票、本票、债券、存款单、仓单、提单；

（2）依法可以转让的股份、股票；

（3）依法可以转让的商标专用权、专利权、著作权中的财产权；

（4）依法可以质押的其他权利。

以载明兑现或者提货日期的汇票、支票、本票、债券、存款单、仓单、提单出质的，汇票、支票、本票、债券、存款单、仓单、提单兑现或者提货日期先于债务履行期的，质权人可以在债务履行期届满前兑现或者提货，并与出质人协议将兑现的价款或者提取的货物用于提前清偿所担保的债权或者向与出质人约定的第三人提存。

股票出质后不得转让，但经出质人与质权人协商同意的可以转让。出质人转让股票所得的价款应当向质权人提前清偿所担保的债权或者向与质权人约定的第三人提存。

出质人以依法可以转让的商标专用权、专利权、著作权中的财产权出质后，出质人不得转让或者许可他人使用该权利，但经出质人与质权人协商同意的可以转让或者许可他人使用。出质人所得的转让费、许可费应当向质权人提前清偿所担保的债权或者向与质权人约定的第三人提存。

（三）质押责任

质押担保的范围包括主债权及利息、违约金、损害赔偿金、质押保管费和实现质权的费用。质押合同另有约定的，按照约定。质权人有权收取质物所生的孳息。质押合同另有约定的，按照约定。

质物有损坏或者价值明显减少的可能，足以危害质权人权利的，质权人可以要求出质人提供相应的担保。出质人不提供的，质权人可以拍卖质物，并与出质人协议将拍卖或者变卖所得的价款用于提前清偿所担保的债权或者向与出质人约定的第三人提存。

质权人负有妥善保管质物的义务。因保管不善致使质物灭失或者毁损的，质权人应当承担民事责任。质权人不能妥善保管质物可能致使其灭失或者毁损的，出质人可以要求质权人将质物提存，或者要求提前清偿债权而返还质物。债务履行期届满债务人履行债务的，或者出质人提前清偿所担保的债权的质权人应当返还质物。为债务人质押担保的第三人，在质权人实现质权后，有权向债务人追偿。质权与其担保的债权同时存在。

五、留置

（一）留置的概念

留置，是指债权人按照合同约定占有对方（债务人）的财产，当债务人不能按照合同约定期限履行债务时，债权人有权依照法律规定留置该财产并享有处置该财产得到优先受偿的权利。留置权以债权人合法占有对方财产为前提，并且债务人的债务已经到了履行期。比如，在承揽合同中，定作方逾期不领取其定作物的，承揽方有权将该定作物折价、拍卖、变卖，并从中优先受偿。

由于留置是一种比较强烈的担保方式，必须依法行使，不能通过合同约定产生留置权。依担保法规定，能够留置的财产仅限于动产，且只有因保管合同、运输合同、承揽合同发生的债权，债权人才有可能实施留置。

（二）留置权的消灭

留置权因下列原因消灭：

1. 债权消灭；

2. 债务人另行提供担保并被债权人接受。

（三）留置责任

留置担保的范围包括主债权及利息、违约金、损害赔偿金、留置物保管费用和实现留置权的费用。留置担保一般用于因保管合同、运输合同、加工承揽合同发生的债权的担保。

债权人与债务人应当在合同中约定，债权人留置财产后，债务人应当在不少于两个月的期限内履行债务。未约定的，债权人留置债务人的财产后，应当确认两个月以上的期限，通知债务人在该期限内履行债务。债务人逾期不履行的，债权人可以与债务人协议以留置物折价，也可以依法拍卖、变卖留置物。

债权人应妥善保管留置物，因保管不善致使留置物灭失或者毁损的，留置权人应当承担民事责任。

六、定金

定金，是指当事人双方为了保证债务的履行，约定由当事人一方先行支付给对方一定数额的货币作为担保。定金的数额由当事人约定，但不得超过主合同标的额的20%。定金合同要采用书面形式，并在合同中约定交付定金的期限，定金合同从实际交付定金之日生效。债务人履行债务后，定金应当抵作价款或者收回。给付定金的一方不履行约定的债务的，无权要求返还定金；收受定金的一方不履行约定的债务的，应当双倍返还定金。

【案例2—4】担保人、注册资金不到位的出资人应当对公司债务承担的责任

A公路建设公司与B有限责任公司共同出资设立了注册资本为80万元人民币的C有限责任公司。A的协议出资额为70万元，但未到位；B的出资额为10万元人民币，已经到位。C公司成立后与D银行订立了一个借款合同，借款额为50万元人民币，期限为一年。该借款合同由E公司作为担保人，E公司将其一块评估价为60万元的土地使用权抵押给了D银行。C公司在经营中亏损，借款到期后无力还款。作为D银行，希望能够直接要求A公路建设公司承担责任，因为A公路建设公司有较强的经济实力。但从理论上说，D银行必须先要求债务人C公司承担责任，而E公司的担保合同作为借款合同的从合同，附属于借款合同，如果C公司不能还款，应当首先处理抵押物。如果抵押物的处理结果能够偿还借款，则无权要求A公路建设公司承担连带责任。如果抵押物的处理结果不足以偿还借款，则D银行有权要求A公路建设公司承担注册资金不到位的连带责任。

第六节　违约责任

一、违约责任的概念和作用

违约责任，是指当事人任何一方不能履行或者履行合同不符合约定而应当承担的法律责任。违约行为的表现形式包括不履行和不适当履行。不履行是指当事人不能履行或者拒绝履行合同义务。不能履行合同的当事人一般也应承担违约责任。不适当履行则包括不履行以外的其他所有违约情况。当事人一方不履行合同义务，或履行合同义务不符合约定的，应当承担继续履行、采取补救措施或者赔偿损失等违约责任。当事人双方都违反合同的，应各自承担相应的责任。

对于预期违约的，当事人也应当承担违约责任。当事人一方明确表示或者以自己的行为表明不履行合同的义务，对方可以在履行期限届满之前要求其承担违约责任。这是我国合同法严格责任原则的重要体现。

违约责任制度，在合同法律制度中具有重要地位。我国合同法对此作了详细的规定，其目的在于用法律强制力督促当事人认真地履行合同，保护当事人的合法权益，维护社会经济秩序。

（一）加强合同当事人履行合同的责任心

违约责任的规定，是运用国家强制力保障合同法律效力最有力的手段。合同订立后，当事人如果不履行或者不完全履行合同，国家的审判机关或仲裁机构就会依法追究其经济责任，并强制违约方向对方支付违约金、赔偿金或承担其他的法律责任。通过这种法制手段，促使合同当事人全面履行合同，避免违约行为的发生。

（二）保护当事人的合法权益

违约责任制度规定，依法追究违约方的经济责任，对违约方进行经济惩罚，以补偿受害方的经济损失，从而使被侵权者的合法权益得到保护，维护社会经济秩序。

（三）预防和减少违反合同现象的发生

对违约责任者以法律制裁，对当事人签订和履行合同的行为有着严厉的警示和制约作用。它要求当事人在签订合同时要严肃认真，既要考虑到所签合同的合法性、真实性，更要注意到履约的可能性，任何一方到期不能履行合同义务，都要承担违约责任，促使当事人慎重签约，减少违反合同现象的发生。

二、承担违约责任的条件和原则

（一）承担违约责任的条件

当事人承担违约责任的条件，是指当事人承担违约责任应当具备的要件。在这个问题上争论最多的是应当采用过错原则还是严格责任原则。过错责任原则要求违约人承担违约责任的前提是违约人必须有过错，而严格责任原则不要求以违约人有过错为承担违约责任的前提，只要违约人有违约行为就应当承担违约责任。

我国合同法采用了严格责任原则，只要当事人有违约行为，即当事人不履行合同或者履行合同不符合约定的条件，就应当承担违约责任。但对缔约过失、无效合同和可撤销合同依然适用过错原则。

当然，违反合同而承担的违约责任，是以合同有效为前提的。无效合同从订立之时起就没有法律效力，所以谈不上违约责任问题。但对部分无效合同中有效条款的不履行，仍应承担违约责任。所以，当事人承担违约责任的前提，必须是违反了有效的合同或合同条款的有效部分。

（二）承担违约责任的原则

我国合同法规定的承担违约责任是以补偿性为原则的。补偿性是指违约责任旨在弥补或者补偿因违约行为造成的损失。对于财产损失的赔偿范围，我国合同法规定，赔偿损失额应当相当于因违约行为所造成的损失，包括合同履行后可获得的利益。

但是，违约责任在有些情况下也具有惩罚性。如：合同约定了违约金，违约行为没有造成损失或者损失小于约定的违约金；约定了定金等。

三、承担违约责任的方式

（一）继续履行

继续履行是指违反合同的当事人不论是否承担了赔偿金或者违约金责任，都必须根据对方的要求，在自己能够履行的条件下，对合同未履行的部分继续履行。因为订立合同的目的就是通过履行实现当事人的目的，从立法的角度，应当鼓励和要求合同的实际履行。承担赔偿金或者违约金责任不能免除当事人的履约责任。

特别是金钱债务，违约方必须继续履行，因为金钱是一般等价物，没有别的方式可以替代履行。因此，当事人一方未支付价款或者报酬的，对方可以要求其支付价款或者报酬。

当事人一方不履行非金钱债务或者履行非金钱债务不符合约定的，对方也可以要求继续履行。但有下列情形之一的除外：

（1）法律上或者事实上不能履行；

（2）债务的标的不适于强制履行或者履行费用过高；

（3）债权人在合理期限内未要求履行。

当事人就迟延履行约定违约金的，违约方支付违约金后，还应当履行债务。

（二）采取补救措施

所谓的补救措施主要是指我国民法通则和合同法中所确定的，在当事人违反合同的事实发生后，为防止损失发生或者扩大，而由违反合同一方依照法律规定或者约定采取的修理、更换、重新制作、退货、减少价格或者报酬等措施，以给权利人弥补或者挽回损失的责任形式。采取补救措施的责任形式，主要发生在质量不符合约定的情况下。

（三）赔偿损失

当事人一方不履行合同义务或者履行合同义务不符合约定，给对方造成损失的，应当赔偿对方的损失。损失赔偿额应当相当于因违约所造成的损失，包括合同履行后可以获得的利益，但不得超过违反合同一方订立合同时预见或应当预见的因违反合同可能造成的损失。这种方式是承担违约责任的主要方式。因为违约一般都会给当事人造成损失，赔偿损失是守约者避免损失的有效方式。

当事人一方不履行合同义务或履行合同义务不符合约定的，在履行义务或采取补救措施后，对方还有其他损失的，应承担赔偿责任。当事人一方违约后，对方应当采取适当措施防止损失的扩大，没有采取措施致使损失扩大的，不得就扩大的损失请求赔偿，当事人因防止扩大而支出的合理费用，由违约方承担。

（四）支付违约金

当事人可以约定一方违约时应当根据违约情况向对方支付一定数额的违约金，也可以约定因违约产生的损失额的赔偿办法。约定违约金低于造成损失的，当事人可以请求人民法院或仲裁机构予以增加；约定违约金过分高于造成损失的，当事人可以请求人民法院或仲裁机构予以适当减少。

（五）定金罚则

当事人可以约定一方向对方给付定金作为债权的担保。债务人履行债务后定金应当抵作价款或收回。给付定金的一方不履行约定债务的，无权要求返还定金；收受定金的一方不履行约定债务的，应当双倍返还定金。

当事人既约定违约金，又约定定金的，一方违约时，对方可以选择适用违约金或定金条款。但是，这两种违约责任不能合并使用。

四、因不可抗力无法履约的责任承担

因不可抗力不能履行合同的，根据不可抗力的影响，部分或全部免除责任。当事人延迟履行后发生的不可抗力，不能免除责任。当事人因不可抗力不能履行合同的，应当及时通知对方，以减轻给对方造成的损失，并应当在合理的期限内提供证明。

当事人可以在合同中约定不可抗力的范围。为了公平的目的，避免当事人滥用不可抗力的免责权，约定不可抗力的范围是必要的。在有些情况下还应当约定不可抗力的风险分担责任。

第三章 招标投标法概论

第一节 招标投标的概念、产生与发展

一、招标投标的概念

（一）招标投标的界定

招标投标的概念有不同的表述。首先，在国际上，一般是将招标投标作为一个行为整体处理的，如世界银行①发布的《国际复兴开发银行贷款和国际开发协会信贷采购指南》（Guidelines for Procurement under IBRD Loans and IDA Credits）就是如此处理的，该文件中招标和投标都是使用的“Bidding”，如遇必须将这两阶段分开时，仍是将这两阶段视为“Bidding”下的两个阶段，如“招标与投标的时间间隔”称为“Time Interval between Invitation and Submission of Bids”②。亚洲开发银行也有类似的规定③。第二种表述方式则是将招标与投标分开进行界定，这是我国学术界主要的表述方式，如“所谓招标，是指招标人为购买物资、发包工程或进行其他活动，根据公布的标准和条件，公开或书面邀请投标人前来投标，以便从中择优选定中标人的单方行为”④，“所谓投标，是指符合招标文件规定资格的投标人按照招标文件的要求，提出自己的报价及相应条件的书面回答行为”⑤。第三种表述方式则是采用列举式，界定具体的招标方式，但不对招标作直接的概念规定，如我国《招标投标法》的规定。

考察招标投标概念的不同表述方式，以及我们日常生活中使用的招标投标概念，笔者认为第一种表述方式与第二种表述方式的区别在于：第一种表述方式把招标投标看成一个完整的交易行为；而第二种表述方式则分别把招标和投标看成交易行为的“买”和“卖”两个方面。在英语中这一完整的交易行为由“Bidding”来表示，而汉语中目前并无表示这一交易行为的词。由于招标在招标投标中处于主动的地位，在现实生活中我们有时是使用“招标”一词来代表完整的招标投标过程，如各地方的建设工程招标管理办公室，实际上管理的是招标投标的全过程。但是，这种理解不为我国规范的汉语和立法所认可。权威的汉语词典对招标的解释是“兴建工程或进行大宗商品交易时，公布标准和条件，招

---

① 世界银行（World Bank）是世界银行集团的简称，由国际复兴开发银行（International Bank for Reconstruction and Development—IBRD）、国际开发协会（International Development Association—IDA）和国际金融公司（International Finance Corporation—IFC）组成。

② World Bank. Model Bidding Documents for Projects Financed by World Bank. 1995.

③ Asian Development Bank. Sample Bidding Documents Procument of Civil Work（Second Edition）. 1993.

④ 张培田．招标投标法律指南［M］．北京：中国政法大学出版社，1992：1.

⑤ 张培田．招标投标法律指南［M］．北京：中国政法大学出版社，1992：1.

人承包或承买”[1]，投标则被解释为“承包建筑工程或承购大宗商品时，承包人或买主按照招标公告的标准和条件提出价格，填写标书”[2]。当然，从法律的角度看这样的解释不够严谨，但无疑招标与投标被理解为交易行为的两个方面。我国的《招标投标法》也把招标与投标理解为交易行为的两个方面。事实上，招标投标首先是一个完整的交易行为，我们首先应当对招标投标作一个整体的定义（因为目前汉语中尚无一个词来代表完整的招标投标，因此，只能把招标投标理解为一个词），然后再分别对招标和投标进行界定，这样才能对招标投标有一个全面的理解。

笔者认为应当对招标投标作如下的界定：招标投标是在市场经济条件下进行大宗货物的买卖、工程建设项目的发包与承包，以及服务项目的采购与提供时，愿意成为卖方（提供方）者提出自己的条件，采购方选择条件最优者成为卖方（提供方）的一种交易方式。招标与投标是相互对应的一对概念，是一个问题的两个方面。具体地说，招标是指招标人对货物、工程和服务事先公布采购的条件和要求，以一定的方式邀请不特定或者一定数量的自然人、法人或者其他组织投标，而招标人按照公开规定的程序和条件确定中标人的行为；而投标则是指投标人响应招标人的要求参加投标竞争的行为。

在这种交易方式下，通常是由项目采购（包括货物的购买、工程的发包和服务的采购）的采购方作为招标人，通过发布招标公告或者向一定数量的特定供应商、承包商发出招标邀请等方式发出招标采购信息，提出所需采购项目的性质及其数量、质量、技术要求、交货期、竣工期或提供服务的时间，以及对供应商、承包商的资格要求等招标采购条件，表明将选择最能够满足采购要求的供应商、承包商与之签订采购合同的意向，由各有意提供采购所需货物、工程或服务项目的供应商、承包商作为投标人，向招标人书面提出自己拟提供的货物、工程或服务的报价及其他响应招标要求的条件，参加投标竞争。经招标人对各投标人报价及其他条件进行审查比较后，从中择优选定中标者，并与其签订采购合同。

需要说明的是，在《招标投标法》出台以前，人们理解（甚至是立法规定）的招标投标范围很广，不仅可用于采购，也可用于出卖，即所谓的“标卖”。如采用招标方式出让土地使用权[3]、经营权的出卖、以招标方式分配出口商品的配额指标等。这样的理解给某些交易行为的法律适用带来了困难。但作为《招标投标法》规定的招标投标，只适用于采购的招标投标。1999 年《招标投标法》颁布后，全国人大法工委、原国家计委（现国家发展改革委员会，是招标投标的指导、协调部门）等编写的几本释义、问答的书，均认为招标是一种采购方式。国际上使用的招标概念也均是在采购中：如世界各国的招标程序均是规定在政府采购法中的，对我国招标采购制度产生重要影响的世界银行、亚洲开发银行的招标程序也是规定在采购指南中的。2009 年 9 月 29 日，国务院法制办公室发布的《中华人民共和国招标投标法实施条例（征求意见稿）》第 2 条规定：“［适用范围］招标投标法第二条所称的招标投标活动，是指采用招标方式采购工程、货物和服务的活动。”但在 2011 年 12 月 20 日正式发布的《招标投标法实施条例》中，这一条被删除。将招标限于一种采购方式没有被《招标投标法实施条例》明确，是因为有些上位法已经

① 中国社会科学院语言研究所词典编辑室．现代汉语词典［M］．6 版．北京：商务印书馆，2012：1643.

② 中国社会科学院语言研究所词典编辑室．现代汉语词典［M］．6 版．北京：商务印书馆，2012：1313.

③ 《城市房地产管理法》第 12 条。

确认招标不仅限于采购。

（二）招标投标的宗旨

1. 提高经济效益。招标投标首要的宗旨在于提高经济效益，这主要是针对招标人而言的。有些人认为招标投标重要的目的是为了提高招标项目的质量[①]，在《招标投标法》颁布后仍有人持类似的看法，认为招标投标“有利于保障工程质量或采购质量”[②]，笔者认为这是对招标投标宗旨的误解。因为在一般情况下，招标项目的质量在招标文件中都有明确规定，如果投标文件中的项目质量不能达到其要求，则该投标文件不具有响应性，应当被淘汰。至于招标文件、投标文件中规定的质量标准如何实现，则是在招标投标结束后合同订立和履行的问题，与招标投标并无直接的关系。招标项目的期限等也是如此。当招标项目的质量、期限明确后，招标人最为关注的价格。因此，绝大多数招标项目都是要求投标人主要在价格方面展开竞争。因此，提高经济效益是招标投标需要实现的首要宗旨。世界银行认为采购首先应当考虑经济性（Economy）[③]，也是这一原因。

2. 提高交易效率。在小型的交易活动中，人们很少考虑交易本身的效率。但在大型的交易活动中，交易效率却是人们必须考虑的问题。招标投标能够较好地提高交易效率，这也是规范的招标投标直至资本主义社会才产生的原因所在。如果不采用招标投标，要提高经济效益，必须有大量的询价或者大量的逐一谈判过程，与招标投标相比，其交易效率显然要低得多。

（三）招标投标的标的

招标投标的标的，是指招标人和投标人双方权利义务所指向的对象。对招标人而言，它是采购的对象；对投标人而言，则是出卖的对象。我国《招标投标法》对此未作明确的规定。但根据招标投标法的立法精神及国际上有关招标投标的规定看，招标投标的标的应当包括货物、工程、服务三类。《招标投标法》第3条规定了必须招标的工程建设项目。《招标投标法实施条例》第2条规定：“招标投标法第三条所称工程建设项目，是指工程以及与工程建设有关的货物、服务。”

1. 货物。货物是指具有一定的物质形态、占有一定空间、具有一定价值和使用价值、用于交易的物质。货物从不同的角度有不同的分类：生活资料和生产资料；种类物和特定物；原物和孳息物；动产和不动产等。《招标投标法实施条例》第2条规定，与工程建设有关的货物，是指构成工程不可分割的组成部分，且为实现工程基本功能所必需的设备、材料等。作为货物的不动产与工程不同，是指已经成为成品的建筑产品。招标投标制度是起源于货物招标的，时至今日，货物招标仍是最主要的招标标的。其表现有以下两点：第一，由于世界上大多数国家的招标投标制度都是由政府采购法规范的，而在市场经济国家中，政府采购的对象主要是货物；第二，即使是工程的招标投标，其中也含有大量的货物招标投标，因为，材料设备的采购能够占到工程造价的60%左右。

2. 工程。工程是指“土木建筑或其他生产、制造部门用比较大而复杂的设备来进行的工作，如土木工程、机械工程、化学工程、采矿工矿、水利工程等”[④]，因此，建设领

---

① 余杭．招标投标通论［M］．北京：经济日报出版社，1993：3.

② 全国人大法工委研究室．中华人民共和国招标投标法释义［M］．北京：人民法院出版社，1999：1.

③ The World Bank：Guildlines for Procurement under IBRD Loans and IDA Credits. May 1985.

④ 中国社会科学院语言研究所词典编辑室．现代汉语词典［M］．6版．北京：商务印书馆，2012：446－447.

域中所指工程仅指施工工程和安装工程两类工程[①]，但以施工为主[②]。《招标投标法实施条例》第2条规定，工程是指建设工程，包括建筑物和构筑物的新建、改建、扩建及其相关的装修、拆除、修缮等。在我国，工程建设的支出在政府总支出中所占的比重非常大，在我国的招标投标实践中，也是以工程招标执行得最为普遍。

3. 服务。服务在汉语中的含义为"为集体（或别人）的利益或为某种事业而工作"[③]。但是，不同国家、不同的国际机构对服务的理解有很大的差别。世界银行和亚洲开发银行将咨询（包括设计、监理）列入服务范围，而《招标投标法》则规定工程建设项目招标包括勘察、设计、监理。笔者的观点，勘察、设计、监理确实与作为建设工程招标的主要部分——施工招标有许多不同之处，认为列入服务类更为合适。《招标投标法实施条例》第2条规定，与工程建设有关的服务是指为完成工程所需的勘察、设计、监理等服务。国家财政部2000年发布的《政府采购品目分类表》将服务类采购内容概括为：（1）印刷、出版；（2）专业咨询、工程监理、工程设计；（3）信息技术、信息管理软件的开发设计；（4）维修，包括一般设备、专用设备、建筑物的维修以及其他维修；（5）保险；（6）租赁，包括办公用房、宿舍用房、仓库、设备和机械的租赁以及其他租赁；（7）交通工具的维护保障，包括车辆保险、车辆加油、车辆维修；（8）会议，包括大型会议、一般会议；（9）培训，包括国内培训、国外培训；（10）物业管理；（11）其他服务。

二、招标投标的产生与发展

（一）招标投标的产生

招标投标作为一种交易方式，与商品经济的产生和发展有着密切的联系。在早期的商品经济时期，个别买主为了获得更多的利润，在开展某项购买业务时，有时会有意识地邀请多个卖主与他接触，借以选出供货价格和质量比较理想的成交对象，这可以说是招标投标的萌芽。招标投标可以说是对这样的交易方式进行规范的结果。比较规范的招标活动首次出现于较大规模的投资项目或大宗物品的购买活动中。一方面是由于只有较大规模的投资商或买主才愿意采用招标这种比普通交易更为规范而严密的方式；另一方面，是由于只有在那些较大规模的投资项目或大宗货品交易中，才会使招标方感到采用招标方式节省成本和建设费用。19世纪上半叶属于自由资本主义的上升时期，机器大规模生产的应用从生产方式上为买方经济创造了供给条件，同时，社会专业化分工协作的发展也达到了前所未有的发达程度。这一时期成为现代成熟而独立的招标方式正式产生和发展的历史起点。

从历史上看，各国的招标投标制度往往都起始于政府采购，其原因有以下两点：一是政府采购的规模比较大，并且政府也有能力将政府各部门分散的采购集中起来；二是政府的采购需要给供应商平等的竞争机会，政府的采购也需要监督，招标投标制度能够较好地实现这一目的。因此，法治国家一般都要求通过招标的方式进行政府采购，也往往是在政

① 这里所称"工程"不包括被广义化的"工程"，如"希望工程"、"'五个一'工程"等。由于我国存在的部门分割，对于装饰装修是否属于工程，国家建设部和轻工总会存在争议，因为这涉及如何确定主管部门的问题，最后的结果是各管一块，以是否涉及主体变动为界。

② 国家住房城乡建设部和国家工商行政管理总局发布的《建设工程施工合同（示范文本）》（GF－2013－0201）包括了设备安装。

③ 中国社会科学院语言研究所词典编辑室．现代汉语词典［M］．6版．北京：商务印书馆，2012：399.

府采购制度中规定招标投标的程序。1782年，英国政府首先设立文具公用局，作为特别负责政府部门所需办公用品采购的机构，该局在设立之初就规定了招标投标的程序，该局以后发展为物资供应部，专门采购政府各部门所需物资。美国联邦政府的招标投标历史可以追溯到1792年，当时有关招标投标的第一个立法确定了政府采购责任人为美国联邦政府的财政部长；1861年，美国国会制定的一项法案要求每一项采购至少要有三个投标人。1868年，美国国会通过立法确立公开开标和公开授予合同的程序。

（二）招标投标的发展

自第二次世界大战以来，招标投标制度影响力不断扩大，先是西方发达国家，接着世界银行在货物采购、工程承包中大量推行招标方式，近二三十年来，发展中国家也日益重视和采用设备采购、工程建设招标。招标作为一种成熟而高级的交易方式，其重要性和优越性在国内、国际经济活动中日益为各国和各种国际经济组织所广泛认可，进而在相当多的国家和国际组织中得到立法推行。

从制度建设上看，已经有相当多的国家建立了招标投标制度，有的国家甚至有专门的法律，如我国的《招标投标法》、埃及的《公共招标法》[①]、科威特的《公共招标法》[②]（笔者认为这两个法律翻译为“公共招标投标法”更为妥当一些）。当然，更多的国家是在政府采购法中规定了明确的招标投标制度。世界银行、亚洲开发银行等国际金融机构也都有严格的招标投标制度的规定。

从招标投标的实际操作上看，招标竞争成为政府采购的核心原则，许多国家都有招标投标的详细规定。在美国，1997年联邦政府采购额达1900亿美元（不含工资支出），占当年GDP的比重约为3%，加上地方政府采购额约为5%，联邦政府从事政府采购的人员达45000人。新加坡1995年的政府采购支出占GDP的比重约为13%。英国1997年的政府采购额为3000亿英镑，占全部财政支出的24%，占GDP的比重为12%。绝大多数国家的政府采购支出占本国当年GDP的比重一般在10%左右，占年度财政支出的比重一般在30%以上[③]。由于各国规定的必须招标的金额都较低，因此，大部分政府采购都是通过招标完成的。据统计，发展中国家全部进口物资和劳务的20%～40%（按价值计算）是国家机构通过国际招标输入的[④]。

在国际贸易中，也越来越多地采用招标方式进行。最具有代表性的是世界贸易组织的《政府采购协议》。世界贸易组织的《政府采购协议》是加入世界贸易组织的国家和地区需要签署的诸边协议之一（虽然不是必须加入的）。我国在与欧盟谈判时，欧盟就提出了我国应开放政府采购市场的要求。1996年，我国政府向亚太经济合作组织提交的单边行动计划明确提出，中国政府最迟于2020年开放政府采购市场。联合国贸易法委员会（简称贸法会）在1986年第十九届会议上决定对政府采购问题进行统一规范。在1993年第二十六届会议上通过了《贸易法委员会货物和工程采购示范法》及其《立法指南》，作为各国和地区评价和更新其政府采购法及惯例时参考的范本，对尚未建立政府采购法的国家和地区，则作为拟定政论采购立法时的参照范本。鉴于服务的采购与货物和工程的采购有所

---

① 佚名．埃及公共招标法［J］．国际工程与劳务．2001（8）：32.

② 汤礼智．国际工程承包实务［M］．中国对外经济贸易出版社，1990：41.

③ 张通（原财政部国库司副司长）：《提高认识，加快我国政府采购制度建设步伐》，2000年10月27日在财政部国库司与部干部教育中心联合举办政府采购培训研讨班上的讲话。

④ 赵雷．中华人民共和国招标投标法通论及适用指南［M］．北京：中国建材工业出版社，1999：25.

不同，在1993年的范本中没有包括服务采购，而只拟定了货物和工程采购的示范立法规定。由于服务采购既是国家贸易中的一个重要领域，也是各国政府采购的内容之一，因此，有必要进行规范。贸法会在1994年第二十七届会议上讨论了对货物和工程采购示范法规定的补充和修改问题，并将服务采购纳入其中，随后通过了《贸易法委员会货物、工程和服务采购示范法》（简称《示范法》，下同），并同时通过了《示范法》的配套文件《立法指南》，但并没有废止先前的示范法文本。在国际贸易中也会越来越多地采用招标投标方式进行。

（三）我国招标投标的沿革

1. 我国招标投标的肇端。由于我国的商品经济一直没有得到很好发展，而招标投标实际是成熟商品经济中的一种交易方式，因此，招标投标在我国的起步较晚。但有人认为是改革开放的产物①，则有失公允。据史料记载，我国最早采用招商比价（招标投标）方式承包工程的是1902年张之洞创办的湖北制革厂，五家营造商参加开价比价，结果张同升以1270.1两白银的开价中标，并签订了以质量保证、施工工期、付款办法为主要内容的承包合同②。这是目前可查的我国的最早的招标投标活动。嗣后，1918年汉阳铁厂的两项扩建工程曾在汉口《新闻报》刊登广告，公开招标。到1929年，当时的武汉市采办委员会曾公布招标规则，规定公有建筑或一次采购物料大于3000元以上者，均须通过招标决定承办厂商。应当说，在清末和民国时期，并没有形成全国性的招标投标制度。

新中国成立到改革开放，由于商品经济都基本被窒息，招标投标也不可能被采用。

2. 改革开放后招标投标的产生和发展。党的十一届三中全会之后，经济改革和对外开放揭开了我国招标发展历史的新篇章。1979年，我国土木建筑企业最先参与国际市场竞争，以投标方式在中东、亚洲、非洲和港澳地区开展国际承包工程业务，取得了国际工程投标的经验与信誉。国务院在1980年10月颁布了《关于开展和保护社会主义竞争的暂行规定》，指出"对一些适宜于承包的生产建设项目和经营项目，可以试行招标、投标的办法"。世界银行在1980年提供给我国的第一笔贷款，即第一个大学发展项目时，便以国际竞争性招标方式在我国（委托）开展其项目采购与建设活动。自此之后，招标活动在我国境内得到了重视，并获得了广泛的应用与推广。国内建筑业招标于1981年首先在深圳试行，进而推广至全国各地。国内机电设备采购招标于1983年首先在武汉试行，继而在上海等地广泛推广。1985年，国务院决定成立中国机电设备招标中心，并在主要城市建立招标机构，招标投标工作正式纳入政府职能。从那时起，用招标投标方式就迅速在各个行业发展起来。

3. 建设工程招标投标的产生和发展。在《招标投标法》颁布以前，各个行业的招标投标制度基本上是各自发展，不同行业的招标投标的规定都有所不同，发展的完善程度也有所不同。在所有的行业中，以建设工程领域对招标投标制度建设的重视程度为最。其大致的发展过程如下：

20世纪80年代，我国招标投标经历了试行——推广——兴起的发展过程，招标投标

---

① 国家计委政策法规司，国务院法制办财政金融法制司．中华人民共和国招标投标法释义［M］．北京：中国计划出版社，1999：1.

② 《中华人民共和国招标投标法》起草小组，国家发展计划委员会政策法规司．中华人民共和国招标投标法全书．北京：中国检察出版社，1999：118.

主要侧重在宣传和实践，还处于社会主义计划经济体制下的一种探索。80 年代中期，招标管理机构在全国各地陆续成立，有关招标投标方面的法规建设开始起步。1984 年 11 月 20 日原国家计委、建设部发布《建设工程招标投标暂行规定》，提出改变行政手段分配建设任务，实行招标投标，大力推行工程招标承包制，随后，各地也相继制定了适合本地区的招标管理办法，开始探索我国建设工程的招标投标管理和操作程序。但在招标投标制度的初创期间，招标方式基本以议标为主，在纳入招标管理项目当中约 90% 是采用议标方式发包的，这种招标方式很大程度上违背了招标投标的宗旨，不能充分体现竞争机制。招标投标在很大程度上还流于形式，招标的公正性得不到有效监督，工程大多形成私下交易，暗箱操作，缺乏公开公平竞争。

20 世纪 90 年代初期到中后期，全国各地普遍加强对建设工程招标投标的管理和规范工作，也相继出台一系列法规和规章，招标方式已经从以议标为主转变到以邀请招标为主，这一阶段是我国招标投标发展史上重要的阶段，招标投标制度得到了长足的发展，全国的建设工程招标投标管理体系基本形成，为完善我国的招标投标制度打下了坚实的基础。其具体表现有：

（1）全国各省、自治区、直辖市、地级以上城市和大部分县级市都相继成立了招标投标监督管理机构，工程招标投标专职管理人员不断壮大，全国已初步形成招标投标监督管理网络，招标投标监督管理水平不断地提高。

（2）招标投标法制建设步入正轨，从 1992 年建设部第 23 号令《工程建设施工招标投标管理办法》的发布到 1998 年正式施行《建筑法》，从部分省的《建筑市场管理条例》和《工程建设招标投标管理条例》到各市制定的有关招标投标的政府令，都对全国规范建设工程招标投标行为和制度起到极大的推动作用，特别是有关招标投标程序的管理细则也陆续出台，为招标投标在公开、公平、公正下的顺利开展提供了有力保障。

（3）建设工程交易中心，自 1995 年起在全国各地陆续开始建立，它把管理和服务有效地结合起来，初步形成以招标投标为龙头，相关职能部门相互协作的具有“一站式”管理和“一条龙”服务特点的建筑市场监督管理新模式，为招标投标制度的进一步发展和完善开辟了新的道路。工程交易活动已由无形转为有形，隐蔽转为公开，信息公开化和招标程序规范化，已有效遏制了工程建设领域的腐败行为，为在全国推行公开招标创造了有利条件。

4. 招标投标新的发展时期。2000 年 1 月 1 日，《中华人民共和国招标投标法》正式施行，招标投标进入了一个新的发展阶段。《招标投标法》颁布后，有关部委又相继出台了与之配套的部门规章，招标投标的体制不断完善，招标投标制在各地方、各部门得到了进一步的推广。2005 年国务院建立了招标投标部际协调机制，国家发展改革委员会发布的《招标投标部际协调机制暂行办法》规定，招标投标部际协调机制由国家发展改革委、监察部、财政部、建设部、铁道部、交通部、信息产业部、水利部、商务部、民航总局、国务院法制办共 11 个部门组成。国家发展改革委员会为招标投标部际协调机制牵头单位。

2011 年 11 月 30 日国务院常务会议通过了《中华人民共和国招标投标法实施条例》，自 2012 年 2 月 1 日起施行。《招标投标法实施条例》总结吸收了招标投标实践中的成熟做法，增强了可操作性。《招标投标法实施条例》不仅对《招标投标法》中一些重要概念和原则性规定进行了明确和细化，如明确了建设工程的定义和范围界定、细化了招标投标工作的监督主体和职责分工、补充规定了可以不进行招标的五种法定情形、建立了招标职业资格制度等，而且对招标投标的具体程序和环节进行了明确和细化，使招投标过程中各环节的时间节点更加清晰，条件和要求更加严格、具体，缩小了招标人，招标代理机构、评标专家等不同主体在操作过程中的自由裁量空间。《招标投标法实施条例》还细化并补充完善了许多关于预防和惩治腐败、维护招投标公开、公平、公正性的规定。

三、招标与拍卖的区别

（一）问题的提出

由于在《招标投标法》颁布以前，立法对招标含义界定模糊不清，因此，在实践中更是将招标的理解扩大化，甚至有时将所有的竞争性交易方式都称为“招标”。事实上，市场经济中的竞争性交易方式主要有招标和拍卖，两者有各自的适用范围和法律规范。全国人大常委会1996年7月5日通过了《拍卖法》，自1997年1月1日实施。因此，必须严格区分两者的含义，并为两者找到各种适用的法律规范。现实生活中已经出现了许多应当区分两者含义的案例。

【案例3—1】丁某等人串通投标案①

某镇政府为改造集镇，将某中心街南侧的14间危房旧房委托县拍卖行拍卖。1995年12月中旬，县拍卖行将上述14间危房旧房分成7个标的物公开拍卖。开拍前夕，登记参加竞拍者及其家属聚集在一起，商议如何互不竞价，尽量压低报价，使参加竞拍者都能以低价位成交。丁某当场扬言，“任何人不许竞价，谁竞价中标，今后造好房子，我也要将它拆掉”，同时将参加竞拍的21人的“旧房竞拍保证金收据”收集起来，进行编号，以3人为一组，分成7个小组，分别对应7个标的物，并在每组的头号单上标上“五角星”记号，以示每组只有此记号的人才可以举牌。丁某还自作规定：参加举牌的人最高到25000元标价就停止举牌，使举牌者能以25000元中标，但中标人须交出50000元，其中25000元由另外两个不举牌的人分配。由于上述串通行为，造成第二、三两个标的物在拍卖时出现只有一人举牌的局面，以致丁某以23700元、朱某以23500元中标，低于其他标的物中标价的一半以下。

工商行政管理机关认为，丁某等人的行为构成了串通投标行为，作出以下处理决定：丁某、朱某中标无效，免予罚款。

孔祥俊先生认为当事人的行为应当是串通拍卖行为，而不是串通投标行为，虽然两者在性质上大同小异②。

在刑事案件中也遇到了类似的情况。

【案例3—2】徐淑华等串通投标案

1998年4月3日，A省B县矿产资源管理局对县矿山公司所属的大塘口砷矿采矿权出让进行招投标。参加竞标的有B县的徐淑华、周爱马、周万生、洪震林及C市的陈献省、付佩伦等6人。徐淑华虽认为80万元标底太高，无意竞标，却在投标数日前与周爱

---

① 孔祥俊．反不正当竞争法的适用与完善．北京：法律出版社，1998：610－611.

② 孔祥俊．反不正当竞争法的适用与完善．北京：法律出版社，1998：610－611.

马、周万生、洪震林等人商议让C市人中标，其余人向中标者拿所谓的“香烟钱”。投标日的上午，徐淑华与周爱马等人商定后，即打电话与陈献省取得联系。到中午，陈献省、付佩伦等人即到徐淑华办公室，数人商定由陈献省中标，由陈分给每个参加投标人3万元人民币。下午，陈献省以81.088万元中标。随后，由陈献省的亲戚郑桂良将15万元现金送到徐淑华办公室。徐淑华、周爱马、周万生、洪震林以及付佩伦各分得3万元人民币。

1998年5月16日，B县矿产资源管理局对县矿山公司所属的剃刀畈砩矿承包权进行竞价投标。徐淑华、胡荣达以及陈献省等人参加投标。上午，投标人员到达后，胡荣达、叶天荣曾与C市的投标者协商串通投标而无结果。开始竞标后，竞价主要在胡荣达与C市人陈献省之间进行，从180万元一直竞到220万元。期间，叶天荣、周建荣等人已多次在胡荣达与陈献省之间牵线，要其中一方放弃竞标，另一方出钱付给其他人。当陈献省之亲戚郑桂良等人答应出钱后，叶天荣即向胡荣达传话：“C市人愿意出钱了。”当竞价至228万元，胡荣达遂停止报价，陈献省则以228.1万元中标。此后胡荣达遂叫叶天荣去问一下C市人说话是否算数。次日上午，郑桂良拿了8万元人民币与叶天荣一起送给胡荣达。胡荣达将8万元作了分配，其中叶天荣分得2万元，胡荣达、徐淑华各分得8000元。

1998年6月14日上午，B县桐琴镇倪桥村委会在村办公室进行村沙场承包招投标，胡兴春前去投标。领到标票后，胡兴春招呼13名有标票的人在操场上集中，并向大家提出要承包这个沙场，愿以800元买下每个人手中的标票。当听到方新、陈天顺愿以5000元买标时，胡兴春十分恼火，分别抱住方新和陈天顺的头将他们带到操场上，并用手拍打了陈的头部。其他投标人见状都将票交出。到下午，由汤关其一人填写了标价，最终胡兴春以高于底价800元的标价中标。事后，胡兴春拿出2万元分发给其他投标人。

1998年6月16日，B县矿山公司决定对所属的后树砩矿进行内部投标，经审查确定19位内部职工有投标资格，徐淑华、叶天荣、胡荣达、胡兴春、陶福坤、钟建月、胡荣达等人即在矿山公司经过你来我往的多次协商串通，初步决定由钟建月与陶福坤等人合伙以30万元多一点的标额中标，并拿出18万元分给其余参与投标者，其余参与投标者放弃中标。徐淑华对胡荣达说钟建月愿意拿出18万元钱买标了，我们就不要投标了。胡答：“那就算了。”此后，徐淑华、叶天荣、胡兴春和徐淑华威胁、利诱迫使季海法、季军扬父子拿回标票改为低标上交。当天下午，投标开始，陶福坤得知还有人标价高时，立即找到叶天荣、胡兴春等人，叶天荣、胡兴春等人即上三楼，通过辱骂、威逼，迫使何春银、董子根放弃投标，使范舍木将标额改写成30万。钟建月首先以35万元标价上交，后听人提醒后拿回标票改写成42.08万元上交，开标后，第一中标人陈启勤标价68.88万元。胡荣达听后说：“不是说已经通好了？怎么还这么高投出来，还通个屁!”并随即离开矿山公司。当陈启勤走出投标现场与合伙人商议时，叶天荣、胡兴春、陶福坤以及周建荣等人均上前以讨欠款或语言威胁等方法对陈施加压力。陈启勤无奈，回到现场向主持人李宝康表示弃权。李宝康开出第二个标，郑林军以63.88万元中标。郑林军走出现场，到二楼就被胡兴春拦住，当众用语言威胁、讥讽。郑林军最终对合伙人张时风说弃标算了。郑回到三楼退了标后从现场出来，胡兴春还敲打其背部、胸部。郑说：“我已退标了，你还要怎样?”此时徐淑华则当众讲：“只有建月中标可以包，别人中标是包不到的。”最终钟建月以标价42.08万元中标。中标后，钟建月离开会场，徐淑华、叶天荣、胡兴春等人围住钟欲拿出18万元来，钟则以公司保留价太高为由只肯出13万元。双方经过讨价还价，最终定为14万元，由钟建月从周建荣处借14万元，由徐淑华为钟担保。14万元由叶天荣与徐淑华之子徐浪带到胡荣达经营的三联干粉厂，与胡兴春一道将钱分掉。其中叶天荣分得3.6万元，徐淑华、徐浪父子分得2万元，胡荣达分得8000元，胡兴春分得1.9万元，陶福坤分得5000元。次日晚，陶福坤等人又退出合伙，钟建月等人付给他们3万元人民币，其中陶福坤又分得1.5万元。

分歧意见

检察院以串通投标罪对被告人徐淑华、叶天荣、胡兴春、陶福坤、钟建月、胡荣达提起公诉。在法院审理过程中，对本案的定性等产生了意见分歧：

第一种意见认为，被告人徐淑华、叶天荣、胡兴春、陶福坤、钟建月、胡荣达的行为不构成串通投标罪。理由是：

(1) 被告人徐淑华、叶天荣、胡兴春、陶福坤、胡荣达不符合串通投标罪的主体要件。根据刑法第二百二十三条的规定，串通投标罪的主体是特殊主体，即招标人或投标人，而本案中上列五被告人不能进入投标现场，不属于投标人。因此上列五被告人不具备串通投标罪的主体资格。

(2) 认定被告人徐淑华、叶天荣、胡兴春、陶福坤、钟建月、胡荣达的行为属情节严重没有法律依据。根据刑法第二百二十三条第一款之规定，串标行为只有情节严重的才构成犯罪。而对于何为“情节严重”，法律没有规定，立法及司法也均未作出解释。因此，认定六被告人的行为构成情节严重缺乏相应的法律依据。

综上所述，公诉机关指控六被告人的行为构成串通投标罪不能成立。

第二种意见认为，本案六被告人在大塘口硐矿、倪桥沙场等招投标过程中，主观上以获取非法经济利益为目的（即以非法占有为目的），客观上实施了以暴力或语言相威胁，迫使他人拿出钱财的行为，符合敲诈勒索罪的构成性特征，应定敲诈勒索罪。

第三种意见认为，本案应认定六被告人的行为构成串通投票罪。理由是：

(1) 被告人徐淑华、叶天荣、胡兴春、陶福坤、胡荣达为了达到使钟建月低价中标，各被告人也同时获取非法经济利益的目的，实施了相互串通投标报价的行为，损害了招标人及其他投标人的利益。

(2) 六被告人的串标行为情节严重。在本案中，被告人为了达到非法目的，不惜采用暴力及以暴力相威胁等手段，迫使他人填写低标，并胁迫高价中标者弃标或退标，串标手段较为恶劣；被告人的串标行为不仅使其他投标人丧失了公正竞争的机会，而且也给招标人造成了26余万元的可得利益的损失，严重扰乱了本地投标市场的秩序，在群众中造成了恶劣的影响。

判案理由和定案结论：

法院经审理后，在定性问题上采纳了第三种意见，认为：

1. 六被告人违反国家投标市场管理法规，在投标过程中相互串通投标报价，损害了招标人和其他投标人的利益，情节严重，其行为已触犯刑法第二百二十三条第一款之规定，构成串通投标罪。

2. 根据刑法第二百二十三条第一款之规定，犯串通投标罪的，应处三年以下有期徒刑或者拘役，并处或单处罚金。被告人叶天荣系累犯，依法应予从重处罚；被告人陶福坤在缓刑考验期限内重新犯罪，依法应撤销缓刑，把前罪与后判处的刑罚予以数罪并罚。鉴于本案被告人在案发后认罪态度较好，依法可对各被告人酌情从轻处罚。

法院结合本案案情及各被告人在本案中所起的作用等，根据刑法第二百二十三条第一款、第二十五条第一款、第六十五条第一款、第七十七条第一款、第六十九条、第五十二条、第五十三条之规定，判决：

一、被告人徐淑华犯串通投标罪，判处有期徒刑一年零六个月，并处罚金20000元。

二、被告人叶天荣犯串通投标罪，判处有期徒刑二年，并处罚金20000元。

三、被告人胡兴春犯串通投标罪，判处有期徒刑一年零六个月，并处罚金20000元。

四、被告人陶福坤犯串通投标罪，判处有期徒刑六个月，并处罚金10000元，连同原判有期徒刑二年零六个月，决定执行有期徒刑二年零六个月，并处罚金10000元。

五、被告人钟建月犯串通投标罪，判处有期徒刑六个月，并处罚金1000元。

六、被告人胡荣达犯串通投标罪，判处拘役五个月，并处罚金20000元。

宣判后，被告人徐淑华、叶天荣、胡兴春、陶福坤、钟建月等五被告人表示服判，被告人胡荣达不服上述判决，在法定期限内提出上诉。经二审审理，驳回上诉，维持原判。

案例评析：

笔者认为，本案的判决仍然没有分清招标与拍卖的区别。招标与拍卖的区别并不在于交易人对交易方式的命名，在《招标投标法》与《拍卖法》同时生效的今天，两者有着巨大的区别。笔者认为上述案例中的交易方式都是拍卖而非招标。

（二）招标与拍卖的具体区别

招标与拍卖的具体区别有以下几点：

1. 招标与拍卖的性质不同。招标与拍卖是性质不同的两种交易方式，这是两者最根本的区别。如前所述，招标是一种采购行为，产生于买方市场中。《拍卖法》第3条对拍卖的界定是："拍卖是指以公开竞价的形式，将特定物品或者财产权利转让给最高应价者的买卖方式。"显然，拍卖委托人是出卖人，即拍卖是一种出卖行为，产生于卖方市场中，即某一个将特定物品或者财产权利的拍卖其前提是有多个潜在的买受人存在。从标的的流转看，拍卖是由委托人向竞买人流转，竞买人支付货币；而招标是由投标人向招标人流转、招标人支付货币。按照这样的性质定位，上述案例实际都是拍卖而非招标，但上述案例都没有对招标与拍卖进行区分，原因有以下两点：（1）长期以来人们没有区分招标与拍卖，很多人实际是将两者等同起来的，认为只要是竞争性的交易行为就是招标（或者拍卖），两者的区别在于交易量的大小；（2）在《招标投标法》和《拍卖法》以前的立法也确实没有注意两者的区别，在涉及对市场交易行为规范的《反不正当竞争法》和《刑法》都对不正当的招标投标行为作出了规定，但没有对不正当的拍卖行为作出规定，而不正当的拍卖行为对市场正常交易行为的破坏是同样的，因此，最终都按照不正当招标投标（串通投标）进行了处理。

2. 招标与拍卖的标的不同。拍卖的标的是物品或者财产权利；招标投标的标的（即合同的权利义务所指向的对象，不同于招标投标的"标底"），世界银行、亚洲开发银行等金融机构都明确规定为货物（Goods）、工程（Wors）和服务（Services），我国《招标投标法》虽然没有明确规定，但权威的解释还是应当包括这三个方面[①]。应当说，招标的标的范围比拍卖的更大。

3. 招标与拍卖适用的程序不同。招标与拍卖适用的程序分别由《招标投标法》和《拍卖法》作了详细的规定，最主要的区别在于：拍卖是将特定物品或者财产权利转让给最高应价者的买卖方式；而招标虽有不同的评标方式，但主要的方法是以低报价者中标。这一区别与两者的目的不同有关：拍卖是为了将同样的物品或者财产权利卖得更高的价格；而招标则是为了以更低的价格买得同样的货物、工程或者服务。

对于串通拍卖行为，《拍卖法》第 65 条规定，即“违反本法第 37 条的规定，竞买人之间、竞买人与拍卖人之间恶意串通，给他人造成损害的，拍卖无效，应当依法承担赔偿责任。由工商行政管理部门对参与恶意串通的竞买人处最高应价 10% 以上 30% 以下的罚款；对参与恶意串通的拍卖人处 10% 以上 50% 以下的罚款”。

在实践中，已经出现了一些由于没有对招标与拍卖进行区别而产生严重后果的例子。如：2012 年 2 月，武汉地铁广告招标引起轩然大波。2012 年 1 月 12 日，武汉地铁运营有限公司公开招标地铁 2 号线一期站内平面广告媒体代理经营权，但出价最高（出价 10 亿多）的深圳报业集团未中标，中标的是出价最低的广东省广告股份有限公司（出价 7 亿多元）。这一招标结果遭到质疑，并引发广泛关注，包括中央电视台在内的众多影响力巨大的媒体给予了关注。案件被媒体曝光后，武汉地铁集团据此认定此次招标结果无效。《长江日报》报道，2012 年 5 月 5 日，武汉地铁广告招标涉案人邓宏武受贿 30 万被批捕。最后，邓宏武被追究刑事责任。这一案例中，之所以会出现“招标人”敢于让出价最低者中标，将这种非采购交易（实际是出让交易）称为“招标”是关键，我们可以想象，如果是进行拍卖，绝不可能出现这一结果。

（三）分清招标与拍卖后相关法律的修改问题

招标与拍卖是市场经济中最主要的竞争性交易方式，随着市场经济的发展，这两种交易方式被使用得越来越多，两者都出现了许多不规范的甚至是犯罪的行为。但是，在认定和处理不规范的市场竞争行为的两部重要法律《反不正当竞争法》和《刑法》中，都没有对不正当的拍卖行为作出规定，只是对不正当的招标投标行为作出了规定。不论当时是基于什么考虑，长期以来的立法和司法实践没有对招标和拍卖进行区分是一个不争的事实。笔者认为造成这一情况的原因有以下两点：

第一，拍卖这种方式在人们中的形象并不太好，似乎卖不出去的东西才需要拍卖，如《现代汉语词典》对“拍卖”的解释有两种，其中第二种解释为“减价抛售；甩卖”[②]；即使是接近于《拍卖法》界定的第一种解释也被限定在“以委托寄售为业的商行当众出卖寄售的货物，由许多顾客出价争购，到没有人再出更高的价时，就拍板或击槌，表示成交”[③]。

第二，长期以来人们没有区分招标与拍卖，很多人实际是将两者等同起来的，认为只要是竞争性的交易行为就是招标（或者拍卖），两者的区别在于交易量的大小，如果交易量较大，就称为招标，反之，则称为拍卖。

---

① 全国人大法工委研究室．中华人民共和国招标投标法释义［M］．北京：人民法院出版社，1999：4.

② 中国社会科学院语言研究所词典编辑室．《现代汉语词典》［M］.6 版．北京：商务印书馆，2012：965.

③ 中国社会科学院语言研究所词典编辑室．《现代汉语词典》［M］.6 版．北京：商务印书馆，2012：965.

因此，在我国的竞争性交易方式中，即使是出卖行为，只要交易量比较大（或者是单位的交易行为），往往被称为招标。如目前中央电视台广告时间的出售，被称为招标；采矿权的出让也被称为招标。在司法实践中，则不论当事人称之为招标还是拍卖，只要是竞争性的交易方式，对不正当的竞争行为一律适用招标投标的有关规定进行处理。

在《招标投标法》和《拍卖法》同时实施的今天，我们必须严格区分招标与拍卖。特别是对拍卖的观念必须改变。拍卖与招标都是市场经济中的竞争性交易方式，都能够实现公开、公平、公正的目的。从我国市场经济的发展看，越来越多的交易是通过拍卖实现的。这种交易方式与交易人的性质无关，如有国家机关拍卖土地使用权的；也与交易量无关，如有的交易量高达数亿元人民币。因此，涉及招标与拍卖的法律如与《招标投标法》和《拍卖法》不符的，必须进行修改。

1. 城市房地产管理法的修改。《城市房地产管理法》第12条规定："土地使用权出让，可以采取拍卖、招标或者双方协议的方式。"而土地使用权出让，"是指国家将国有土地使用权在一定年限内出让给土地使用者，由土地使用者向国家支付土地使用权出让金的行为"①。土地使用权出让是将财产权利转让给他人的买卖方式，无疑可以适用拍卖这一交易方式，但却不能适用招标方式进行交易。

在实际生活中，土地使用权的竞争性交易，主要是通过拍卖方式进行的。即使采用招标方式的，我们也很难区分出两者的区别。大多数地方的土地使用权出让并没有规定拍卖和招标的适用范围，而是规定了拍卖竞得人和招标中标人的条件。以我国土地使用权出让制度实施的较早和较好的深圳市和广东省为例，《深圳经济特区土地使用权招标、拍卖规定》第3条规定，"竞得人，是指按本规定所规定的程序和条件以最高应价取得土地使用权的竞买人"；而招标则应当为标价最高者或综合评分最高者中标②。《广东省城镇国有土地使用权公开招标拍卖管理办法》③ 规定土地拍卖，以最后应出最高价者为竞得人；而土地管理部门进行土地招标，可选用一项条件确定中标人：（1）在竞投期内出价最高者；（2）根据竞投出价与规划设计方案等，经评标小组综合评定最优者；（3）在竞投期内最先付清规定的标价款者；（4）在竞投期内实际交付地价款最多者。可见，在深圳市和广东省的土地使用权招标中，主要也是以出价最高者为中标人。广东省规定的中标人条件较为明确，但后三个条件实际上并不合理。首先，从招标的理念看，招标应当对投标提出明确要求，不符合要求的投标应当视为不具有响应性而淘汰；其次，付款的时间和数量也应当由招标人首先提出，中标后应当按照规定履行，否则应当视为违约而承担相应违约责任；第三，规划与设计是完全不同的两个阶段，规划应当由政府组织编制④，与土地使用人无关，设计则应当由土地使用人完成，其好坏的评价与政府无关。

也有些地方的土地使用权出让规定拍卖和招标的适用范围，如济南市。《济南市出让国有土地使用权招标拍卖办法》第14条规定："有下列情形之一的，应当以招标方式出让国有土地使用权：（1）除获取较高出让金外，还具有其他综合目标或特定的社会、公益建设条件的；（2）土地用途受严格限制，仅少数单位或个人可能有受让意向的⑤。"第

---

① 《城市房地产管理法》第7条。

② 《深圳经济特区土地使用权招标、拍卖规定》第12条。

③ 《广东省城镇国有土地使用权公开招标拍卖管理办法》第11条。

④ 《城市规划法》第11条。

⑤ 《济南市出让国有土地使用权招标拍卖办法》第14条。

31 条规定："有下列情形之一的，应当以拍卖方式出让国有土地使用权：（1）以获取最高出让金为主要目标，以出价最高为条件确定受让人的；（2）对土地使用者资格没有特殊限制，一般单位和个人均可能有受让意向的；（3）对土地用途无特殊限制及要求的[①]。"这样的区分也是无法令人信服的。因为我们无法找出只为"获取较高出让金"，不"具有其他综合目标或特定的社会、公益建设条件"的土地；也不能认为竞争激烈的土地使用权应当通过拍卖出让，竞争不激烈的土地使用权应当通过招标出让。

总之，从招标与拍卖的区别看，土地使用权不能通过招标出让；从各地的土地使用权出让实践看，也无法严格区分土地使用权的招标出让与拍卖出让。

2. 反不正当竞争法的修改。《反不正当竞争法》第 15 条规定："投标者不得串通投标，抬高标价或者压低标价。投标者和招标者不得互相勾结，以排挤竞争对手的公平竞争。"该法没有对拍卖中的不正当竞争行为作出规定。但目前在拍卖中也出现了许多不正当竞争行为，如【案例 3—1】中丁某等的行为。虽然《反不正当竞争法》没有、也不需要对招标投标进行定义，但从上述规定看，该法对招标含义的理解显然过宽，这主要体现在投标者通过压低标价串通投标的规定上。如果对招标有了正确理解的话，招标应当仅仅限于采购，投标者作为出卖者是不可能压低标价的，只可能是抬高标价。

因此，《反不正当竞争法》的修改包括两个方面：（1）在对招标投标正确理解的基础上，明确投标者串通投标的行为只包括抬高标价；（2）明确规定拍卖中的不正当竞争行为。增加对拍卖中的不正当竞争行为的规定是当务之急。目前，已经出现了一些当事人明确是拍卖的行为，但工商行政管理部门以串通投标予以处罚的情况，如【案例 3—1】。更多的是当事人虽然称为招标，但实际是拍卖的行为，工商行政管理部门更是按照串通投标予以处罚。出现这样的问题，主要原因是《反不正当竞争法》缺乏拍卖中不正当竞争行为的规定。拍卖中的不正当竞争行为符合《反不正当竞争法》对不正当竞争的定义，即"经营者违反本法规定，损害其他经营者的合法权益，扰乱社会经济秩序的行为"[②]。拍卖中的不正当竞争行为也可以分为两类：一类是竞买人串通竞买，以压低应价的；一类是拍卖人、委托人与竞买人互相勾结，以排挤竞争对手的公平竞争。

3. 刑法的修改。《刑法》第 223 条规定："投标人相互串通投标报价，损害招标人或者其他投标人利益，情节严重的，处三年以下有期徒刑或者拘役，并处或者单处罚金。投标人与招标人串通投标，损害国家、集体、公民的合法利益的，依照前款的规定处罚。"

虽然《刑法》对串通投标的规定更为原则，但刑法学家对招标的理解和刑法的司法实践存在与《反不正当竞争法》同样的问题。如有学者认为，"串通投标具体表现为：①投标人之间互相约定，一致抬高投标报价；②投标人之间相互约定，一致压低投标报价"[③]。也有过某土地局公开拍卖土地使用权，竞买人串通而构成串通投标罪的例子[④]。当然，实践中更有当事人称为招标而实际应当为拍卖的竞争性交易方式中，按照串通投标罪处理的例子，如【案例 3—2】。对于拍卖中串通竞买的行为，如果情节严重的，则有严重的社会危害性（与串通投标类似），应当构成犯罪是没有问题的。因为这样的行为同样危

---

① 《济南市出让国有土地使用权招标拍卖办法》第 31 条。

② 《反不正当竞争法》第 2 条。

③ 卢铁峰. 重点新罪名适用精解［M］. 北京：中国检察出版社，2000：206.

④ 卢铁峰. 重点新罪名适用精解［M］. 北京：中国检察出版社，2000：206.

害了国家的市场管理秩序。而目前的《刑法》中的串通投标罪不能包括这方面行为，因此，应当增加“串通竞买罪”。该罪的表现也可以分为两类：一类是竞买人串通竞买，以压低应价的；一类是拍卖人、委托人与竞买人互相勾结，以排挤竞争对手的公平竞争。当然，该罪的构成也必须是行为人故意且情节严重的行为。

第二节　招标投标法概述

一、招标投标法的概念和调整对象

（一）招标投标法的概念

招标投标法是调整在招标投标活动中产生的社会关系的法律规范的总称。狭义的招标投标法指《中华人民共和国招标投标法》，已由第九届全国人大常委会第十一次会议于1999年8月30日通过，自2000年1月1日起施行。凡在我国境内进行招标采购项目的采购活动，必须依照该法的规定进行。广义的招标投标法则包括所有调整招标投标活动的法律规范。除《招标投标法》外，还包括《合同法》、《反不正当竞争法》、《刑法》、《建筑法》等法律中有关招标投标的规定，也包括《评标专家和评标专家库管理暂行办法》、《工程建设项目施工招标投标办法》、《工程建设项目货物招标投标办法》、《评标委员会和评标方法暂行规定》等部门规章。

（二）招标投标法的调整对象

1. 招标投标中的民事关系。招标投标作为一种民事法律行为，无疑会产生相应的民事关系，这是招标投标法最主要的调整对象。招标投标中的民事关系主要发生在招标人与投标人之间，也会在招标人与招标代理人、招标人与评标委员会、投标人与投标人之间发生，对这些民事关系，招标投标法都要进行调整。在这些民事关系中，如果一方违反招标投标法的规定，给对方造成损失的，应当承担相应的民事赔偿责任。

2. 招标投标中的行政关系。招标投标虽然是一种民事行为，但这种民事行为需要接受行政管理部门的监督，这种行政监督会产生相应的行政关系。这种行政关系主要发生在行政管理部门与招标人、投标人之间，也可能发生在行政管理部门与招标代理人、评标委员会之间。如果招标人、投标人、招标代理人、评标委员会等民事主体违反招标投标法的规定，行政管理部门有权对其进行行政处罚，包括没收财产、罚款、取消招标代理资格、取消投标资格、取消担任评标委员会成员的资格等。

二、招标投标法的立法模式

世界各国招标投标法的立法模式有两种。一种是单独立法，即颁布独立的招标投标法；另一种则是在其他法律中规定招标投标制度。

（一）单独立法

采用单独立法的国家很少，主要是埃及和科威特，颁布有《公共招标法》，都是只规范政府的招标项目。以埃及的《公共招标法》为例，1998年第89号法令（新的招标法）的实施取代了关于进行经济发展计划的1962年第147号法令和1983年第9号法令（旧的招标法）。新的招标法对于同埃及政府部门达成的所有供货、服务和建设合同均有效。通常，政府合同的订立必须通过公开招标或经过政府和承包商之间公开谈判。有关部门列出了某些特殊情况，在这些情况下签约可以采用以下方式：

（1）有限范围招标，在合同性质要求特定的国内或国外的供应商、承包商、咨询人员、技术人员或其他专家的情况下；

（2）当地招标，所有额度不超过20万埃磅的合同都被限定在当地供应商的范围内；

（3）有限范围谈判，在所生产的项目仅能被特定的承包商提供或要求特定的生产场所，技术工作需要特定的专家或需要保守国家机密的情况下；

（4）在特殊情况下直接签订合同。

通常，没有标准的政府合同文本，每个政府部门各有其自己的合同形式（但这些合同形式必须符合新公开招标法的规定）。公开招标和直接谈判必须根据合同的性质刊登在当地或国外的日报上，并且必须保证机会的均等和竞争的自由。

尽管政府合同必须给予提供最优质量和最低报价的承包商，但如果埃及国内承包商的报价不超过外国最低报价的15%，则享有优先权。

每份标书必须支付不超过2%的临时保证金，这一保证金将返还给没有中标的投标商，中标后10天内必须支付不超过5%的最终保证金。如果没有支付最终保证金，合同可以被取消，由此直接引起的损失应予以赔偿。

耽误工期或延迟交货时，最多可以向承包商收取不超过建筑合同的金额10%或不超过供货合同金额3%的罚金。

新的公开招标法允许政府部门在投标商有欺诈行为、宣布破产或贿赂政府官员违反新公开招标法规定时中止合同。

另外，在下列情况下标书可以被拒绝：

（1）出于公共利益和福利的原因；

（2）仅有一份标书被提交；

（3）标书的最低价格超出预计的合同金额。

如果签约方违反规定的条款和条件，合同可以在任何时候中止，所引起的损失可以要求赔偿。

通常，在耽误工期或未进行施工的情况下，不可抗力的概念依照埃及民法的原则确定。某些事件（例如物质不完备、罢工和船期延误）如要被视作不可抗力，则必须在合同中明确标明。

（二）在其他法律中规定招标投标制度

大多数国家都没有对招标投标法进行独立的立法，而是在其他法律中（主要是政府采购法中）规定招标投标制度。其基本理念是：对于采购而言，国家和公众需要监督的是政府采购行为，对于私人采购，国家和公众是无须干预的。对于政府采购，因为花的是公众的钱，因此，国家和公众要监督采购机构尽量少花钱，而且应当给公众公平的机会。而招标投标制度能够有效地达到以上两个目的。

三、招标投标法与政府采购法的关系

我国的《招标投标法》规定了招标投标应当遵循的程序，也规定了违反这些程序应当承担的民事责任，并规定在中华人民共和国境内的招标投标活动都应当遵守该法的规定，当然也包括政府的招标采购行为。这就决定了《招标投标法》与《政府采购法》存在着密切的联系。从国际上看，世界各国都很重视《政府采购法》的立法，在《政府采购法》中规定一般情况下政府采购应当招标采购，并且规定招标的具体程序，不再单独制定《招标投标法》。对我国《招标投标法》产生重大影响的世界银行招标程序也是这样处理的，规范世界银行招标行为的最高文件是《世界银行贷款项目采购指南》，该指南规定世界银行贷款项目采购可以采用的方法，当然，一般情况下应当采用国际竞争性招标（International Competition Bidding－ICB）进行采购，并且具体规定了招标的程序。因此，《招标投标法》与《政府采购法》确实容易产生混淆。但我国采用了《招标投标法》与《政府采购法》分别立法的模式，使两个法产生了较大的区别，因此，我们必须分清两者的关系。

（一）规范的主体不同

《政府采购法》规范的主体是政府机关及公共服务性企业。政府部门用于自身消费的采购和政府投资用于公共事业的采购都应当由《政府采购法》规范。具体讲，"政府部门自身消费"指中央政府、地方政府、政府建立的各类组织、机构及服务性企业对办公设施和物品的购买。"用于公共事业的采购"指由政府投资兴建的基础设施和经营的项目、企业等，如电站、供水、供电、通信等企业的开办和经营。在西方国家，以上部分被划分为公共市场的范围，主要受行政法的约束。因此，一旦政府采购制度开始施行，被划在政府部门范围内的机构就必须按照所规定的方式进行采购。1999财政部发布的《中华人民共和国财政部政府采购管理暂行办法》（财预字［1999］139号）第2条规定："各级国家机关、实行预算管理的事业单位和社会团体（以下统称采购机关）使用财政性资金办理的政府采购，适用本办法。本办法另有规定的除外。前款所称财政性资金，包括财政预算内资金和预算外资金。"因此，《政府采购法》规范的主体主要是政府机关，如果事业单位和社会团体使用财政性资金则也应受该法规范。

而《招标投标法》规范的主体则无限制，任何主体在进行货物、工程、服务采购时都可以采用招标投标的方式。依照《招标投标法》的规定，"招标人是依照本法规定提出招标项目、进行招标的法人或者其他组织"。因此，凡是在我国境内进行的招标投标活动，包括政府机构、国有企事业单位、集体企业、私人企业、外商投资企业以及其他非法人组织等，都可以成为招标人，受《招标投标法》的规范。我国《招标投标法》虽然对强制招标作了规定，但应当认为强制招标是一种特殊的情况。除强制招标的项目以外，采购行为是否采用招标方式，由采购人自己决定。因此，所有强制采用招标的建设项目管理单位和自愿采用招标采购的其他民事组织都受《招标投标法》的规范；并且，《招标投标法》不但规范采购（招标）主体，也规范销售（投标）主体，这也与《政府采购法》规范的主体不同。

（二）规范的行为不同

《政府采购法》规范的是政府采购行为，而《招标投标法》规范的是招标投标行为。两者的区别有以下几点：

1. 行为的性质不同。政府采购，是指采购机关以购买、租赁、委托或雇用等方式获取货物、工程和服务的行为。而招标投标，是在市场经济条件下进行大宗货物的买卖、工程建设项目的发包与承包，以及服务项目的采购与提供时，愿意成为卖方（提供方）者提出自己的条件，采购方选择条件最优者成为卖方（提供方）的一种交易方式（《招标投标法》中的招标仅指"标买"，不包括"标卖"，这与我国以前颁布的其他法律，如《城市房地产管理法》中所称土地使用权的"招标"出让的含义有所不同）。政府采购行为是一种行政行为，虽然学术界对于政府采购合同是否是一种行政合同存在争议，但如果把政府采购合同中一个方面的政府采购行为单独列出，则无疑是一种行政行为。在一般情况下，招标投标行为被视为民事行为（因为政府的招标采购被视为一种特殊的招标行为），政府的干预应当是非常有限的，我国《招标投标法》对此有许多规定。

2. 行为的范围不同。《政府采购法》只规范政府的采购行为；而《招标投标法》则规范所有的招标投标行为，包括政府的招标采购行为，也包括投标的销售行为。《政府采购法》规范的采购行为，也包括采取其他的采购方式，如询价采购、竞争性谈判采购、单一来源采购等。因为招标虽然是政府采购制度要求的最主要程序，但是，它并不是政府采购唯一的程序。事实上，哪种方式最为经济有效，哪种方式就应成为政府采购的方式，但需要规范和限定，同时以法规的形式确定下来。

3. 行为的运行过程不同。招标行为的起点是发出招标公告（或者投标邀请书），通过投标、评标和中标，授予合同标志着中标过程的结束。而政府采购行为从管理采购计划开始，通过规范采购计划的审批，合同条件的审查，采购方式的确定和采购程序的操作，签署合同，履行合同，最终到采购结果的审查。因此，政府采购制度所涉及的范围更广，管理的时间更长，对政府采购管理部门的要求也就更高。

（三）强调的法律责任不同

虽然《政府采购法》与《招标投标法》都涉及民事责任、行政责任和刑事责任的规定，但两者的侧重点是不同的。由于《政府采购法》规范的是政府的采购行为，强调政府机关如何管理规范政府采购行为，因而它强调的是行政责任；而《招标投标法》将招标投标行为视为是民事行为，因而强调的是民事责任。

四、招标投标活动的基本原则

（一）公开原则

招标投标活动的公开原则，首先要求进行招标活动的信息要公开。采用公开招标方式，应当发布招标公告；依法必须进行招标的项目的招标公告，必须通过国家指定的报刊、信息网络或者其他公共媒介发布。无论是招标公告、资格预审公告，还是招标邀请书，都应当载明能大体满足潜在投标人决定是否参加投标竞争所需要的信息。另外开标的程序、评标的标准和程序、中标的结果等都应当公开。

（二）公平原则

招标投标活动的公平原则，要求招标人严格按照规定的条件和程序办事，同等地对待每一个投标竞争者，不得对不同的投标竞争者采用不同的标准。招标人不得以任何方式限制或者排斥本地区、本系统以外的法人或者其他组织参加投标。

（三）公正原则

在招标投标活动中招标人行为应当公正。对所有的投标竞争者都应平等对待，不能有特殊。特别是在评标时，评标标准应当明确、严格，对所有在投标截止日期以后送到的投标书都应拒收，与投标人有利害关系的人员都不得作为评标委员会的成员。招标人和投标人双方在招标投标活动中的地位平等，任何一方不得向另一方提出不合理的要求，不得将自己的意志强加给对方。

（四）诚实信用原则

诚实信用是民事活动的一项基本原则，招标投标活动是以订立采购合同为目的的民事活动，当然也适用这一原则。诚实信用原则要求招标投标各方都要诚实守信，不得有欺骗、背信的行为。

第三节　招标投标的性质

一、招标投标是民事行为

民事行为是与行政行为相对应的。我国在《招标投标法》颁布前的长期招标投标实践中，招标投标实际上被视为了行政行为，人们普遍把招标投标管理视为政府的事情。《招标投标法》强调了招标投标的民事行为属性，政府则只是对招标投标进行监督。

招标投标的目的是为了签订合同，或者说招标投标仅仅是合同订立过程中的环节。在法律上，合同的成立可分为要约和承诺两个阶段。要约是希望和他人订立合同的意思表示，这种意思表示必须具备下列条件：（1）内容具体明确；（2）表明经受要约人承诺，要约人即受该意思表示约束。要约内容具体明确的程度，是必须具有足以使合同成立的主要条件。而承诺则为受要约人同意接受要约的意思表示。有些合同在要约之前还需要经过要约邀请，要约邀请是希望他人向自己发出要约的意思表示。要约邀请的内容往往是不明确的，要约邀请也不是合同成立必须经过的阶段。要约邀请对行为人不具有合同意义上的约束力。

法学界一般认为，招标是要约邀请，而投标则是要约，中标通知书是承诺。我国《合同法》也明确规定，招标公告是要约邀请[①]。但在我国工程领域，对招标的法律性质存在着长期的争论。有的学者认为招标是要约[②]，也有一些同志认为招标是要约邀请[③]。这种争论在《合同法》颁布后仍然存在。

认为招标是要约，其重要的依据就是招标者应受招标文件约束。我们并不能从招标者应受招标文件约束中得出招标是要约的结论。但是，如何理解招标者应受招标文件约束这一情况呢？对这一情况我们应当考虑到以下两个问题：一是招标行为应受市场的有关法规约束，不能利用招标进行欺诈；二是投标单位的投标书是在假设招标文件真实可靠的条件下作出的。这样，我们就不难理解招标者之所以要受招标文件的约束了，它并非合同意义上的约束力，与招标是否是要约无关。

虽然招标文件对招标项目有详细介绍，但它缺少合同成立的重要条件——价格，在招标中，项目成交的价格是有待于投标者提出的。因而，招标不具备要约的条件，不是要约。它实际上是邀请其他人（投标人）来对其提出要约（报价），是一种要约邀请。

笔者认为投标是一种要约。投标符合要约的所有条件：它具有缔结合同的主观目的；一旦中标，投标人将受投标书的拘束；投标书的内容具有足以使合同成立的主要条件。而招标人向中标的投标人发出的中标通知书，则是招标人同意接受中标的投标人的投标条件，即同意接受该投标人的要约的意思表示，属于承诺。

综上所述，施工招标是要约邀请，而投标则是要约，中标通知书是承诺。

---

① 《中华人民共和国合同法》第15条。

② 全国监理工程师培训教材编写委员会．工程建设合同管理［M］．北京：中国建筑工业出版社，1997：46.

③ 何红锋，陈杭君．简析房地产开发项目招标投标的法律性质［J］．中国房地产，1996（3）：62－63.

确定招投标的性质，便对招投标中的许多做法能够理解了。例如：招标人可以拒绝所有投标。又如：投标时应交纳一定数额的保证金或履约保函。在美国和加拿大，担保金额最高可达投标报价的10%。银行承担投标担保的担保金额一般在投标报价的5%以下。世界银行贷款项目投标担保金额由借款人和世界银行协商决定，在贷款协定中明确规定。担保金额不宜过高，以免使有些投标人望而却步，一般不超过投标报价的2%。但以报价一定的百分比作为投标保证金额有可能导致泄漏报价，因此较好的办法是规定对所有投标人都一样的固定金额。在下列情况下可以没收投标保证金或要求承保的担保公司或银行支付投标保证金：（1）投标人在投标有效期内撤回标书；（2）投标人在业主已正式通知他的投标已被接受中标后，在投标有效期内未能或拒绝按《投标人须知》规定，签订合同协议或递交履约保函。

也正是因为招标仅仅是一种要约邀请，招标人可以拒绝所有投标，包括由于招标人的原因导致的问题。

【案例3—3】由于前期条件没有落实而导致的重新招标

为满足铁路建设的需要，原铁道部委托某国际招标公司以招标的方式采购一批通信器材。1995年下半年，该公司开始了英文标书的送审工作，1996年上半年陆续登报招标。目前，以下项目的招标采购已经处于合同的执行阶段：

（1）站场通信200万；

（2）会议电视600万；

（3）程控交换机3000万；

（4）卫星通信700万；

（5）数据通信（扩容）400万；

（6）无线列调200万；

（7）仪表1、2、3和4包600万；

（8）数据通信1200万。

但是，以下项目由于招标前期条件没有得到落实，导致了重新招标：

（1）仪表3包，100万；

（2）电源150万；

（3）数据通信1200万；

（4）光传输200万。

其具体原因为：

第一，是采购时间过长。由于用户内部对技术总是意见不统一，在评标初步完成之后对一些技术问题长期争论不下，导致时间拖延。世界银行认为过长的采购将导致设备技术落后和采购价格与现行价格相比偏高，大大影响性能价格比，建议重新招标。

第二，是采购范围被调整。由于采购时间过长，赶上了原铁道部全国结构调整（主要指铁路局分局的增减），原铁道部全国结构调整又导致了原采购范围的调整。这些在评标报告中反映出业主的调整是世界银行决定重新招标的直接原因。

当然，作为招标人不应当轻易重新招标或者是拒绝所有投标。首先，招标行为应当受招标市场规范约束，不能进行虚假招标，而轻易宣布招标作废容易产生虚假招标之嫌。其次，招标人的信誉也要求招标人不能轻易宣布招标作废。

【案例3—4】建筑公司诉房地产开发公司招标投标纠纷案

原告：安徽省B建筑公司

被告：安徽省A房产公司

2000年11月22日安徽省A房产公司就一住宅建设项目进行公开招标，安徽省B建筑公司与其他三家建筑公司共同参加了投标。结果由B建筑公司中标。2000年12月14日，A房产公司就该项工程建设向B建筑公司发出中标通知书。该通知书载明：工程建筑面积74781平方米，中标造价人民币8000万元，要求12月25日签订工程承包合同，12月28日开工。中标通知书发出后，B建筑公司按A房产公司的要求提出，为抓紧工期，应该先做好施工准备，后签工程合同。A房产公司也就同意了这个意见，之后，开进了施工队伍，平整了施工场地，将打桩桩架运入现场，并配合A房产公司在12月28日打了两根桩，完成了项目的开工仪式。

但是，工程开工后，还没有等到正式签订承包合同，双方就因为对合同内容的意见不一而发生了争议。A房产公司要求B建筑公司将工程中的一个专项工程分包给自己信赖的C公司，而B建筑公司以招标文件没有要求必须分包而拒绝。2001年3月1日，A房产公司明确函告B建筑公司“将另行落实施工队伍”。

无可奈何的B建筑公司只得诉至安徽省甲市中级人民法院，在法庭上B建筑公司指出，A房产公司既已发出中标通知书，就表明招投标过程中的要约已经承诺，按招投标文件和《施工合同示范文本》的有关规定，签订工程承包合同是A房产公司的法定义务。因此，B建筑公司要求A房产公司继续履行合同，并赔偿损失560万元。但A房产公司辩称：虽然已发了中标通知书，但这个文件并无合同效力，且双方的合同尚未签订，因此双方还不存在合同上的权利义务关系，A房产公司有权另行确定合同相对人。

一审法院依据认定A房产公司违约，并判决由A房产公司补偿B建筑公司经济损失196万元。判决后，双方都没有上诉。

案例评析：

一、法律责任归属分析

分析这一案例首先需要解决的问题是谁应当对此承担法律责任？《招标投标法》第45条规定：“中标通知书对招标人和中标人具有法律效力。中标通知书发出后，招标人改变中标结果的，或者中标人放弃中标项目的，应当依法承担法律责任。”第46条规定：“招标人和中标人应当自中标通知书发出之日起30日内，按照招标文件和中标人的投标文件订立书面合同。”因此，如果双方最终没有签订合同，则应当有一方对此承担法律责任。

在正常的情况下，合同的内容都应当在招标文件和投标文件中体现出来。但是，在这一过程中，招标人处于主动地位，投标人只是按照招标文件的要求编制投标文件。如果投标文件不符合招标文件的要求，则应当是废标。因此，一旦出现招标文件和投标文件都没有约定合同内容的情况，应当属于招标文件的缺陷。笔者认为，此时的处理原则可以适用

《合同法》第61条和第62条的规定：第一，双方协议补充；第二，按照合同有关条款或者交易习惯确定。就本案而言，一般情况下，承包人（B建筑公司）应当自己完成发包的全部工作内容，承包的内容进行分包则为特殊情况；况且，我国立法并不鼓励发包人（A房产公司）指定分包。因此，不进行分包是一般的理解。从另一角度看，一般情况下不进行分包是交易习惯。因此，如果A房产公司拒绝签订合同则应当承担法律责任。

如果没有其他交易习惯，也不能按照其他方式达成合意，笔者认为应当按照格式条款的规定来理解这一内容。因为除了招标文件中要求投标人明确的内容，合同其他内容都可以认为是招标人拟定的。一般情况下，合同文本应当作为招标文件的组成部分，当然，要求投标人明确的内容应当是空缺的。并且招标文件确实有可能重复使用，因为对于房地产开发商而言，有可能开发多处项目，此时的施工合同完全可能采用同一合同文本。因此，双方对条款内容的理解发生争议的，应当按照通常理解予以解释；如果有两种以上解释的，应当作出不利于提供条款内容一方的解释。因此，如果因为双方在这一条款的理解上发生争议而致合同无法订立，应当作出不利于房地产开发商的解释，最终由A房地产开发商承担法律责任。

二、投标行为的责任性质

我国《合同法》对招标公告的性质作出了明确的规定，是一种要约邀请。虽然《合同法》未作明确规定，但学界对投标性质的理解基本一致，应当是一种要约。[①] 在上述案例中，投标人中标后不能放弃中标项目，不能拒绝与招标人订立合同，否则也应当承担法律责任。投标人对自己的投标行为应承担何种责任呢？要约生效以后，即对要约人产生约束，自开标之日起至确定中标人之前，投标人不得补充、修改或撤回投标文件，否则将会承担法律责任，此处责任的性质，笔者认为应属于缔约过失责任。

缔约过失责任一直是立法及学术上讨论的一个重要问题。缔约过失责任是指缔约一方当事人故意或者过失地违反依诚实信用原则所应承担的先合同义务，而造成对方信赖利益的损失时依法承担的民事赔偿责任。而所谓先合同义务是自缔约双方为签订合同而互相接触磋商开始逐渐产生的注意义务，包括互相协助、互相照顾、互相保护、互相通知、诚实信用等义务。[②] 先合同义务一般存在于要约生效后，合同成立之前。因此，缔约过失也只能在此阶段产生。根据《合同法》第15条规定："承诺生效时合同成立。"在此之前，行为尚处于要约邀请阶段，不需承担法律责任；在此之后，合同已经成立，当事人行为性质变为违约行为，应承担违约责任。在招标投标过程中，投标即为要约，中标通知书即为承诺，而开标之后至确定中标人之前的期间即为要约生效后，合同成立之前的期间。所以，招标人与投标人对在此期间内因为故意或过失而导致对方当事人损失的行为，如假借订立合同，恶意进行磋商，故意隐瞒与订立合同有关的重要事实或者提供虚假情况，投标人相互串通投标或与招标人串通投标，投标人弄虚作假，骗取中标等，应该承担缔约过失责任。

缔约过失责任一般以损害事实的存在为成立条件，只有缔约一方违反先合同义务造成相对方损失时，才能产生缔约过失责任。一般认为，缔约过失责任中的损失主要是信赖利益的损失，即当事人因信赖合同的成立和有效，但合同却不成立或无效而遭受

---

① 何红锋．工程建设相关法律实务［M］．北京：人民交通出版社，2000：122－124.

② 崔建远．新合同法原理与案例评释［M］．长春：吉林大学出版社，2000：110.

的损失。[①] 其赔偿范围也主要是与订约有关的费用支出。因此，招标人和投标人在开标至定标期间所应承担责任的范围也应以此为限。例如制作招标、投标文件等进行招标或投标行为所发生的费用。在招标投标实践中，招标人一般都要求投标人在投标时提交投标保证金或者投标保函，这时的保证金数额我们可以看成双方对预期损失的约定。

总之，B 建筑公司中标后，不能主动放弃这一项目，否则应当承担相应的法律责任。

三、发出中标通知书后的责任性质

在我国目前的招标投标领域中，定标行为的责任性质并不明确，许多招标项目在发出中标通知书以后，招标人拒绝与中标人签订合同或者改变中标结果，还有一些中标人放弃中标项目，但却均未受到任何制裁，而受损失一方当事人也找不到相应的法律依据来维护自己的合法权益，因此，应对发出中标通知书的行为进一步剖析，以明确其责任性质。

由于投标人投标的过程为要约，那么招标人在对各投标人的投标文件进行严格评审，确定某一投标人为中标人之后，向其发出的中标通知书即为对投标人要约的承诺。因为中标通知书的发出意味着招标人接受了投标人的投标文件，而投标文件又意味着对招标文件的接受，两者的内容构成了明确具体的合同内容。

关于承诺生效时间的规则，理论上有两种不同的观点：一是发信主义，认为承诺一经发出即生效；另一种是到达主义，认为承诺的通知应于到达要约人时生效。根据《合同法》规定，我国采用到达主义的规则，按此规则中标人收到中标通知书的时间即为承诺生效的时间。但《招标投标法》第 45 条第 2 款规定："中标通知书对招标人和中标人具有法律效力。中标通知书发出后，招标人改变中标结果的，或者中标人放弃中标项目的，应当依法承担法律责任。"根据此规定，承诺生效的时间似乎又变成了发出中标通知书的时间。因此，就产生了法律之间的冲突。对于这一点，有些同志认为，在定标过程中，如果采用到达主义的规则，则很可能出现并非由于招标人的过错而导致中标人未能在投标有效期内收到中标通知书的情况，而此时招标人便丧失了对中标人的约束权。因此，为了避免出现这种情况，《招标投标法》采取的是发信主义，即发出中标通知书的时间为承诺生效的时间。[②] 我们认为，《合同法》为普通法，《招标投标法》为特别法，根据特别法优于普通法的原则，这种规定也是行之有据的。

中标通知书发出后，招标人或者中标人承担的法律责任是违约责任还是缔约过失责任，也是一个非常值得探讨的问题。违约责任与缔约过失责任的责任方式有所不同，缔约过失责任的方式只限于赔偿责任，不包括其他责任形式，而违约责任除赔偿责任外，还包括支付违约金、继续履行以及其他补救措施等责任方式，而且违约责任的赔偿范围也远大于缔约过失责任的赔偿范围，缔约过失责任的赔偿范围为信赖利益的损失，而违约责任的赔偿范围通常为实际损失和可得利益的损失。这也是区分招标投标过程中不同阶段责任性质的实践意义之所在。

持违约责任观点的依据是：中标通知书发出以后承诺生效，即发生合同成立的法律效力，此后招标人与中标人因故意或过失造成对方损害的行为则应视为不履行合同义务或履行

---

① 郭明瑞，房绍坤．新合同法原理［M］．北京：中国人民大学出版社，2000：151.

② 国家计委政策法规司，国务院法制办财政金融法制司．中华人民共和国招标投标法释义［M］．北京：中国计划出版社，1999：88.

合同义务不符合约定，即为违约行为，其所承担的责任也应为违约责任而非缔约过失责任。此时，招标人改变中标结果或者变更中标人，实质上是一种单方面撕毁合同的行为；投标人放弃中标项目的，则是一种不履行合同的行为。这两种都属于违约行为，所以应当承担违约责任。①

持缔约过失责任的依据是：一般情况下，合同于承诺生效时成立，但根据《合同法》第32条规定："当事人采用合同书形式订立合同的，自双方当事人签字或者盖章时合同成立。"采用招标投标方式订立的合同，往往是法律要求采用书面形式的。例如，《合同法》第270条规定："建设工程合同应当采用书面形式。"由此可知，在招标投标过程中，中标通知书的发出即承诺的生效并不意味着合同的成立，只有在招标人与中标人签订书面合同后，合同方成立。因此，在双方当事人签订合同之前，合同尚未成立。既然合同尚未成立，那么也就谈不上违约责任，根据缔约过失责任的发生条件，在发出中标通知书后签订合同之前的期间内，招标人与投标人所承担的责任应该为缔约过失责任而非违约责任。

笔者认为，中标通知书发出后，招标人或者中标人承担的法律责任是违约责任。至于法律要求采取书面形式的合同，合同成立的时间涉及如何看待法律规定的书面形式的法律效力问题。合同的法定形式未遵守的法律效力有不同的观点和立法：有的国家立法采用的是证据效力，认为法定形式为合同的证明；有的是采用成立效力，认为法定形式为合同的成立要件；有的则采用的是生效效力，认为法定形式为合同的生效要件。②我国《合同法》采证据效力说，最主要的依据是，《合同法》第36条规定："法律、行政法规规定或者当事人约定采用书面形式订立合同，当事人未采用书面形式但一方已经履行主要义务，对方接受的，该合同成立。"因此，即使法律规定应当采取书面形式的合同，在没有订立书面合同前，有其他证据证明合同成立的，合同也已经成立。而在招标投标中，中标通知书是合同成立的有效证明。因此，在中标通知书发出以后，如果招标人拒绝与中标人签订合同或者改变中标结果，除应承担违约责任，应当赔偿中标人的所有损失，包括中标人可得利益的损失。如果中标人放弃中标项目，招标人则有权没收其投标保证金，如果保证金不足以弥补招标人损失的，招标人有权继续要求赔偿损失。

综上所述，笔者同意人民法院对A房产公司违约的认定，判决由A房产公司补偿B建筑公司经济损失。但笔者认为，人民法院没有判决双方继续履行合同，不妥。因为B建筑公司主要的主张是继续履行合同，双方没有解除合同的理由，将来在合同履行中的合作困难，不是解除合同的理由。

二、强制招标的规定

虽然招标投标被视为民事行为，但是，由于招标这种采购方式能够提高资金的使用效益和使用效率，在采购过程中能够实现公开、公平和公正，能够择优选择供应商（承包商），因此，对于使用公共资金（由招标人代表公共利益使用的资金）或者对质量关系社会公共利益、公众安全的项目，国家有强制招标的要求。

---

① 国家计委政策法规司，国务院法制办财政金融法制司．中华人民共和国招标投标法释义［M］．北京：中国计划出版社，1999：89.

② 王家福．中国民法学民法债权［M］．北京：法律出版社，1991：304－305.

（一）强制招标的建设项目

在我国境内进行下列工程建设项目，包括项目的勘察、设计、施工、监理以及与工程建设有关的重要设备、材料等的采购，必须进行招标：

（1）大型基础设施、公用事业等关系社会公共利益、公众安全的项目；

（2）全部或者部分使用国有资金投资或者国家融资的项目；

（3）使用国际组织或者外国政府贷款、援助资金的项目。

对上述必须进行招标的建设项目，任何个人或者单位不得将其化整为零或者以其他任何方式规避招标。建设项目的勘察、设计，采用特定专利或者专有技术的，或者其建筑艺术造型有特殊要求的，经项目主管部门批准，可以不进行招标。

2000 年 4 月 4 日国务院批准、2000 年 5 月 1 日原国家发展计划委员会发布了《工程建设项目招标范围和规模标准规定》，规定了上述项目的具体范围和规模标准。

1. 关系社会公共利益、公众安全的基础设施项目的范围：

（1）煤炭、石油、天然气、电力、新能源等能源项目；

（2）铁路、公路、管道、水运、航空以及其他交通运输业等交通运输项目；

（3）邮政、电信枢纽、通信、信息网络等邮电通信项目；

（4）防洪、灌溉、排涝、引（供）水、滩涂治理、水土保持、水利枢纽等水利项目；

（5）道路、桥梁、地铁和轻轨交通、污水排放及处理、垃圾处理、地下管道、公共停车场等城市设施项目；

（6）生态环境保护项目；

（7）其他基础设施项目。

2. 关系社会公共利益、公众安全的公用事业项目的范围：

（1）供水、供电、供气、供热等市政工程项目；

（2）科技、教育、文化等项目；

（3）体育、旅游等项目；

（4）卫生、社会福利等项目；

（5）商品住宅，包括经济适用住房；

（6）其他公用事业项目。

3. 使用国有资金投资项目的范围：

（1）使用各级财政预算资金的项目；

（2）使用纳入财政管理的各种政府性专项建设基金的项目；

（3）使用国有企业事业单位自有资金，并且国有资产投资者实际拥有控制权的项目。

4. 国家融资项目的范围：

（1）使用国家发行债券所筹资金的项目；

（2）使用国家对外借款或者担保所筹资金的项目；

（3）使用国家政策性贷款的项目；

（4）国家授权投资主体融资的项目；

（5）国家特许的融资项目。

5. 使用国际组织或者外国政府资金的项目的范围：

（1）使用世界银行、亚洲开发银行等国际组织贷款资金的项目；

（2）使用外国政府及其机构贷款资金的项目；

（3）使用国际组织或者外国政府援助资金的项目。

6. 强制招标的建设项目的规模标准。强制招标的建设项目的规模标准的含义是：对于上述建设项目，如果规模达不到一定程度，仍然不是必须招标的项目；必须是规模达到一定程度的上述建设项目才是必须进行招标的项目。对于上述各类工程建设项目，包括项目的勘察、设计、施工、监理以及与工程建设有关的重要设备、材料等的采购，达到下列标准之一的，必须进行招标：

（1）施工单项合同估算价在200万元人民币以上的；

（2）重要设备、材料等货物的采购，单项合同估算价在100万元人民币以上的；

（3）勘察、设计、监理等服务的采购，单项合同估算价在50万元人民币以上的；

（4）单项合同估算价低于第(1)、(2)、(3)项规定的标准，但项目总投资额在3000万元人民币以上的。

7. 强制招标中的例外。根据《招标投标法》和《招标投标法实施条例》的规定，在必须招标的建设项目中，有下列情形的，可以不招标：

（1）涉及国家安全、国家秘密的项目。因为这些项目有严格的保密规定，这与招标的公开性有冲突。

（2）抢险救灾项目。因为这些项目都是紧急的，招标的时限要求不能满足项目要求。

（3）属于利用扶贫资金实行以工代赈、需要使用农民工的项目。这些项目的承担主体有限制，这与招标的竞争性相冲突。

（4）需要采用不可替代的专利或者专有技术的项目。需要采用不可替代的专利或者专有技术，这意味着项目无法进行竞争，这与招标的竞争性相冲突。

（5）采购人依法能够自行建设、生产或者提供的项目。符合这种情况时，采购人自行建设、生产或者提供即可。但需要注意的是，法律上的自行，仅指采购人自身，不包括与采购人相关的母公司、子公司等。

（6）已通过招标方式选定的特许经营项目投资人依法能够自行建设、生产或者提供的项目。

（7）需要向原中标人采购工程、货物或者服务，否则将影响施工或者功能配套要求的项目。

（8）国家规定的其他特殊情形。

（二）强制招标的具体范围和规模标准应由国家统一规定

在国务院法制办发布的《中华人民共和国招标投标法实施条例（征求意见稿）》中，第四条第2款内容："省、自治区、直辖市人民政府根据实际情况，可以规定本行政区域内必须进行招标的具体范围和规模标准，但不得缩小国务院确定的必须进行招标的范围，不得提高国务院确定的规模标准，也不得授权下级人民政府自行确定必须进行招标的范围和规模标准。"在征求意见阶段，笔者给国家发改委和国务院法制办提交了删除这一条款的建议。这一条款与《工程建设项目招标范围和规模标准规定》（2000年4月4日国务院批准，2000年5月1日以国家发展计划委员会第3号令发布）第十条的规定是一致的，该条规定为："省、自治区、直辖市人民政府根据实际情况，可以规定本地区必须进行招标的具体范围和规模标准，但不得缩小本规定确定的必须进行招标的范围。"由于有这一规定，各地普遍扩大了必须招标的范围，或者降低了规模标准。如施工项目，发改委要求的必须招标的规模标准是200万，但各地普遍都规定50万是必须招标的规模标准。

最终发布的《招标投标法实施条例》取消了各省、自治区、直辖市人民政府规定必须进行招标的具体范围和规模标准的权力。《招标投标法实施条例》第三条规定："依法必须进行招标的工程建设项目的具体范围和规模标准，由国务院发展改革部门会同国务院有关部门制订，报国务院批准后公布施行。"未来将由国家统一规定强制招标的工程建设项目的具体范围和规模标准。笔者对此十分赞成。理由有以下两点：

第一，《招标投标法》第三条规定："前款所列项目的具体范围和规模标准，由国务院发展计划部门会同国务院有关部门制订，报国务院批准。"这一规定表明：法律把必须招标的具体范围和规模标准的制订，授权给了国家发改委会同国务院有关部门，报国务院批准。获得授权的机构，不宜再把这一权力转授给其他部门。《立法法》第十条规定："被授权机关应当严格按照授权目的和范围行使该项权力。被授权机关不得将该项权力转授给其他机关。"从立法角度看，在必须招标项目的具体范围和规模标准这一问题上，国务院属于被授权的单位，因此，即使是国务院颁布的行政法规，也无权再进行授权。

第二，在实践中，各地普遍扩大了必须招标的范围，或者降低了规模标准。但是，法律规定、学界和司法实践都认为合同只有违反法律、行政法规的约定才是无效的。对于违反"国务院发展计划部门会同国务院有关部门制订，报国务院批准"的规定，如必须招标而不招标，订立的合同应当是无效的。因为，这样的行为应当是视为违反《招标投标法》的规定的。例如：一个属于必须招标项目范围，合同额为500万的施工合同，没有招标，看似违反的是《工程建设项目招标范围和规模标准规定》，而这一规定不属于行政法规；实际上，这一行为违反的是《招标投标法》。因此，订立的合同无效。但是，如果仅仅违反的是地方政府的规定，如一个100万的施工项目，如果当地规定必须招标，但国家的规定不属于必须招标，双方约定不招标，这种约定是否无效？按照法律规定和学理，都不应当无效，因为这只违反了地方的规定。如果不认定无效，这样的地方规定就没有意义了。

（三）关于强制招标的数额标准

有学者（张马林）对用固定金额标准确定强制标准的方法提出了批评，认为应当借鉴合同法上缓期合同的利益调整机制、侵权法关于人身损害赔偿标准计算、刑法上量刑的时空均衡原则，建立强制招标规模标准的函数机制，具体方案是：在上一年度国家统计机构公布的若干经济数据中，合理选定一个数据作为参数，再乘以一个事先合理厘定的系数，以确定具体案件发生时应当适用的当年度的具体数额标准①。笔者认为，这一方案是理想化的方案，但这一方案在法律上有操作的困难。如要考虑各地经济发展的不平衡问题，只能将这一数额确定的权力交给地方政府，这与目前的法律规定冲突。并且，这样的方案，数额标准需要经常变动，这既增加行政管理成本，也增加招标人、投标人的商业成本。因此，强制招标的门槛价，在国际上也都是用具体的数额标准确定的。

但随着经济的发展以及物价的上涨，2000年制定的具体数额标准的增加已经是势在必行了。国家发展改革委组织《工程建设项目招标范围和规模标准规定》修改课题组提出：根据测算及综合考量，我们认为目前我国的工程建设项目必须招标标准过低，建议将工程建设项目招标规模调整为单项施工合同规模为500万元，与工程建设有关的货物采购合同规模调整为200万元，而与工程建设有关的服务采购合同规模调整为100万元，而总投资额则调整为5000万元。理由：从历史动态发展方面看，3号令中所确定的规模标准

---

① 张马林．工程强制招标法律制度研究［M］．北京：法律出版社，2013：177－196.

形成于十多年前。自2000年至今价格指数、GDP等反映我国经济发展与货币实际购买力等的因素均发生了重大的变化，依法必须招标项目的规模标准应随之上调。从国际比较方面看，加拿大、欧盟、香港、日本、韩国、新加坡、美国等在工程建设项目方面的中央政府实体采购门槛价均为5000万元人民币，而次中央政府采购实体、其他采购实体的工程建设项目采购门槛价还有部分高于5000万元①。

（四）强制招标的项目未经招标订立合同的效力

强制招标的项目未经招标订立合同的效力，在理论上和实践中都存在很多争议。虽然最高人民法院2004年发布的《关于审理建设工程施工合同纠纷案件适用法律问题的解释》第1条规定：建设工程必须进行招标而未招标或者中标无效的，建设工程施工合同认定无效。但在实践中，仍然存在争议。

笔者曾经与多位法官进行过交流，他们普遍认为：《招标投标法》、《招标投标法实施条例》并没有具体规定必须招标的项目，因此到了具体的项目，是否必须招标，要看国家发改委或者各地方的规定，而这些规定并不是法律或者行政法规，违反这些规定不应该导致合同无效。因为按照《合同法》的规定，合同只有违反法律、行政法规中的强制性规定才能判定其无效，最高人民法院《关于适用（合同法）若干问题的解释（一）》第4条进一步规定：人民法院确认合同无效，应当以全国人大及常委会制定的法律和国务院制定的行政法规为依据，不得以地方性法规、行政规章为依据。按照《立法法》的规定，部门规章规定的事项应当属于执行法律或者国务院的行政法规、决定、命令的事项。根据部门规章的这一作用，结合部门规章的实际内容，应该把部门规章中产生的强制性规定分为两类，一类是为了适用法律法规而另外新制定的强制性规定；另一类则是为了解释、实施法律法规中的强制性规定而将该规定进一步细化的强制性规定。对于前者，由于其没有法律法规中强制性规定的上位法依据，属于部门规章新设定的强制性规定，所以它不应该成为判定合同效力的依据。对于后者，由于其有法律法规中强制性规定的上位法依据，只是为了适用上位法中强制性规定而具体化的强制性规定，故虽存在于部门规章中，但应视为法律、行政法规的强制性规定，可以作为判定合同效力的依据。否则，很多强制性规定，如国家建筑标准、食品卫生标准等，具体都是由有关部委制定的，当然也不是法律、行政法规，都无法得到强制性执行。对于强制招标的建设项目的具体范围和标准，更是由《招标投标法》直接规定由国家发改委制定。这时候，违反国家发改委的具体规定，应当等同于违反《招标投标法》。

在实践中，还存在大量这样的情况：法律规定必须公开招标的项目，建设单位进行了所谓的邀请招标，或者招标程序严重不合法。这样订立的合同是否有效？这里的分歧在于：如果仅仅是招标存在瑕疵（这个瑕疵可能也是违法的），不会导致合同无效；而一旦认定没有招标，合同应当无效。笔者认为：如果必须公开招标的项目，建设单位进行了邀请招标，订立的合同应当是无效的。因为按照规定，必须公开招标的项目部进行公开招标，要经过相应的审批程序。至于其他的招标程序严重不合法，也要看是否违反了相关的审批规定，如果违反了相关的审批规定，也应当认定合同无效。

---

① 《工程建设项目招标范围和规模标准规定》修改课题组. 工程建设项目招标范围和规模标准规定修改研究报告内容摘要［N］. 中国经济导报，2014－01－07（B8）.

第四章　建设项目招标

第一节　概　　述

一、建设工程招标的种类

（一）建设工程项目总承包招标

建设工程项目总承包招标又叫建设项目全过程招标，在国外称之为“交钥匙”承包方式。它是指从项目建议书开始，包括可行性研究报告、勘察设计、设备材料询价与采购、工程施工、生产准备、投料试车，直到竣工投产、交付使用全面实行招标；工程总承包企业根据建设单位提出的工程使用要求，对项目建设书、可行性研究、勘察设计、设备询价与选购、材料订货、工程施工、职工培训、试生产、竣工投产等实行全面报价投标。

（二）建设工程勘察招标

建设工程勘察招标是指招标人就拟建工程的勘察任务发布通告，以法定方式吸引勘察单位参加竞争，经招标人审查获得投标资格的勘察单位按照招标文件的要求，在规定的时间内向招标人填报标书，招标人从中选择条件优越者完成勘察任务。

（三）建设工程设计招标

建设工程设计招标是指招标人就拟建工程的设计任务发布通告，以吸引设计单位参加竞争，经招标人审查获得投标资格的设计单位按照招标文件的要求，在规定的时间内向招标人填报投标书，招标人从中择优确定中标单位来完成工程设计任务。设计招标主要是设计方案招标，工业项目可进行可行性研究方案招标。

（四）建设工程施工招标

建设工程施工招标，是指招标人就拟建的工程发布公告或者邀请，以法定方式吸引建筑施工企业参加竞争，招标人从中选择条件优越者完成工程建设任务的法律行为。

（五）建设工程监理招标

建设工程监理招标，是指招标人为了委托监理任务的完成，以法定方式吸引监理单位参加竞争，招标人从中选择条件优越者的法律行为。

（六）建设工程材料设备招标

建设工程材料设备招标，是指招标人就拟购买的材料设备发布公告或者邀请，以法定方式吸引建设工程材料设备供应商参加竞争，招标人从中选择条件优越者购买其材料设备的法律行为。

二、对招标人的要求

招标人是指提出招标项目、进行招标的主体。招标人就是采购人，在招标结束后，一般就成为招标项目的所有人。但在我国目前的体制下，招标人是国有主体时，则对项目没有所有权，但国有招标人对招标项目拥有经营管理权。

哪些主体能够成为招标人？这是一个有一定争议的问题。我国《招标投标法》要求招标人必须是法人或者其他组织，该法第8条规定："招标人是依照本法规定提出招标项目、进行招标的法人或者其他组织。"

（一）法人

法人作为招标人是招标投标活动中最为常见的。法人是具有民事权利能力和民事行为能力，依法独立享有民事权利和承担民事义务的组织。

法人应当具备以下条件：

（1）依法成立；

（2）有必要的财产或者经费；

（3）有自己的名称、组织机构和场所；

（4）能够独立承担民事责任。

法人包括企业法人、事业单位法人、机关法人和社会团体法人。各类法人都可以成为招标人。

（二）法人以外的其他组织

在一些特殊的情况下，法人以外的其他组织也可以成为招标人，主要包括：法人的分支机构，不具备法人资格的联营体、合伙企业、个人独资企业等。这些组织应当是合法成立、有一定的组织机构和财产，但又不具备法人资格的组织。其他组织与法人相比，其复杂性在于其民事责任的承担较为复杂。

关于法人以外的其他组织作为招标人的情况，有一点需要澄清：个体工商户、农村承包经营户等是否属于其他组织？有的同志作出了肯定的回答①。依照《民法通则》的规定，个体工商户、农村承包经营户属于公民而非组织，个体工商户、农村承包经营户能够作为招标人，说明招标人不应当仅仅限于法人或者其他经济组织。

（三）对招标人的其他要求

除了主体本身应当符合法律的要求，招标人是否还有其他要求呢？《招标投标法》没有规定，但《招标投标法》颁布前的许多规定则对招标人提出了一些其他条件，如建设部规定："建设单位招标应当具备下列条件：（1）是法人、依法成立的其他组织；（2）有与招标工程相适应的经济、技术管理人员；（3）有组织编制招标文件的能力；（4）有审查投标单位资质的能力；（5）有组织开标、评标、定标的能力。"② 但这样的规定很难说是招标人应当具备的条件，因为该条规定同时说明："不具备上述二至五项条件的，须委托具有相应资质的咨询、监理等单位代理招标。"也就是说，缺乏上述二至五项条件的招标人并不是不能招标，而是应当委托代理招标。因此，《招标投标法》没有对招标人的其他条件作出规定，是符合目前招标市场的实际情况的。

三、资金条件

《招标投标法》对项目招标条件的规定，重点放在了资金条件上，要求：招标人应当

① 国家计委政策法规司，国务院法制办财政金融法制司．中华人民共和国招标投标法释义［M］．北京：中国计划出版社，1999：22.

②《工程建设施工招标投标管理办法》（建设部第23号令，1992年12月30日发布）第10条。

有进行招标项目的相应资金或者资金来源已经落实，并应当在招标文件中如实载明。而《招标投标法》颁布前的许多规定则对建设项目提出了一些其他条件，如建设部规定："建设项目招标应当具备下列条件：（1）概算已经批准；（2）建设项目已正式列入国家、部门或地方的年度固定资产投资计划；（3）建设用地征用工作已经完成；（4）有能够满足施工需要的施工图纸及技术资料；（5）建设资金和主要建设材料、设备的来源已经落实；（6）已经建设项目所在地规划部门批准，施工现场的'三通一平'已经完成或一并列入施工招标范围。"[①] 而《招标投标法》没有对项目本身的条件规定得那么具体，其原因有以下两点：第一，目前的投资体制决定了，有的项目是不需要经过审批程序的；第二，建设项目的其他准备工作更多的是看成招标人自己的民事行为，作为国家不进行更多的干预。但作为招标项目的相应资金或者资金来源必须落实，并应当在招标文件中如实载明，这样的要求是符合国际惯例的，也只有这样才能让投标人对招标项目有信心。如世界银行要求在招标邀请书、投标人须知等招标文件的重要组成部分中都必须写明资金来源，投标人须知中的中国贷款项目的表述为："中华人民共和国（以下简称中国）已从世界银行获得一笔以多种货币计算的相当于'投标人须知前附表'第1项所述美元金额的贷款/信贷，用于支付'投标人须知前附表'第1项所述项目的费用，并计划将一部分贷款/信贷的资金用于支付本次招标后所签订的合同项下的合格款项"[②]，英文表述为："The People's Republic of China (the PRC) has received a loan/credit from the International Bank of Reconstruction and Development and/or International Development Association (hereinafter called 'the World Bank') in various currencies equivalent to the amount in US Dollars listed in line No. 1 of the Cover Sheet for Instructions to Bidders towards the cost of the project indicated in line No. 1 of the Cover Sheet for Instructions to Bidders and intends to apply a portion of this loan/credit to eligible payments under the Contract for which this Invitation for Bid is issued."[③]

招标项目所需资金的落实，是招标人对项目进行招标并最终完成该项目的物质保证。它不仅关系到招标项目能否顺利实施，而且对投标人关系重大。投标人为了完成项目，通常进行了大量的准备工作，在资金上也有较多的投入，中标后如果没有资金保证，势必造成不能开工或开工后中途停工。这既是招标人的违约行为，也会损害投标人的利益。如果是涉及大型基础设施、公共事业等工程，还会给公共利益造成损害。招标人利用自己在合同订立过程中的有利地位[④]，要求投标人进行垫资，是我国建设领域普遍存在的情况。有许多项目，特别是市场化的房地产项目，招标人属于"空手套白狼"，基本没有资金，完全是靠关系推动项目的进行，这给项目的顺利进行带来了巨大的风险。极端恶劣的情况，甚至有人假借招标对投标人进行诈骗。这些现象给我国招标投标制度造成了极大的危害。

当然，要求招标项目的资金保障并不是要求招标人必须用自己的资金来保障。按照我国目前的投资体制，招标项目的资金来源包括：招标人的自有资金、国家和地方政府的财政拨款、银行贷款以及其他融资、外国政府和有关国际组织的贷款等。招标人在招标时必

---

① 《工程建设施工招标投标管理办法》（建设部第23号令，1992年12月30日发布）第11条。

② 中华人民共和国财政部．世界银行贷款项目招标文件范本——货物采购国内竞争性招标文件［M］．北京：清华大学出版社．1997：11.

③ Ministry of Finance People's Republic of China. Chinese Model Bidding Documents-Proeurement of Goods (National Competitive Bidding [M]. Beijing: Tsinghua University Press, 1997: 13.

④ 这是由招标投标的性质决定的，成熟的建设市场必然如此。

须确实拥有相应的资金或者有能力证明其资金来源已经落实的合法性文件为保证。

四、关于招标项目的审批问题

《招标投标法》第9条规定："招标项目按照国家有关规定需要履行项目审批手续的，应当先履行审批手续，取得批准。"这一规定包含了两个方面的含义：其一，如果国家法律、行政法规或者国务院规定需要对项目进行立项审批的，如国家重点项目和地方重点项目，必须在招标前履行审批手续；其二，如果国家对项目没有审批手续的，则无须经过国家的批准。

在《招标投标法》颁布以前，我国的许多规定都将招标项目必须经过批准视为当然的和必需的，甚至批准的内容非常具体。如建设部规定，施工项目招标，概算已经批准①，设计招标必须具有经过审批机关批准的设计任务书②。虽然我国目前大多数招标项目，包括大型基础设施、公用事业等关系社会公共利益、公众安全的项目，全部或者部分使用国有资金投资或者国家融资的项目，以及使用国际组织或者外国政府贷款、援助资金的项目，都是关系国计民生，涉及全社会固定资产投资规模的重要项目，大多数项目根据国家有关规定需要立项审批。但是，《招标投标法》的规定，在理念上与以前的规定有重大的差别：以前的规定实际上是把招标投标看成是国家的事，因此，需要经过审批是当然的事；而《招标投标法》则将招标投标看成是一种民事行为，只有有规定的时候才需要经过批准。

当然，对于必须经过审批的项目，则该审批工作应当在招标前完成。一般来说，国家重点建设项目需要由省级人民政府发展改革主管部门和国务院有关主管部门提出，由国务院发展改革主管部门批准，有些还需要报国务院批准；国家试行的特许权试点项目，由所在省（区、市）的发展改革部门会同行业主管部门提出项目预可行性研究报告，经行业主管部门初审后由国家发展改革委员会批准，必要时由国家发展改革委员会初审后报国务院审批；地方重点建设项目根据其重要性和规模分别由省级人民政府和省级人民政府的发展改革主管部门审批。

第二节　招标方式

一、招标方式概述

招标投标在国际上有了数百年的实践，也产生了许多招标方式。对招标方式可以从不同的角度进行分类。

（一）从竞争的程度进行划分

从竞争的程度进行划分，可以把招标分为公开招标与邀请招标，也可以称为无限竞争性招标（Unlimited Competitive Bidding）与有限竞争性招标（Limited Competitive Bidding）。两者的区别在于：前者允许所有符合条件的潜在的投标人参加投标，而后者只允许接到投标邀请的潜在投标人参加投标。这种划分方式可以说是招标方式的基本划分方法，也是我国《招标投标法》规定的招标方式。

（二）从招标的范围进行划分

从招标的范围进行划分，可以分为国际招标（International Bidding）与国内招标（Local

① 《工程建设施工招标投标管理办法》（建设部第23号令，1992年12月30日发布）第11条。

② 《工程设计招标投标暂行办法》（国家计委、建设部1985年6月14日发布）第8条。

Bidding)。国际招标是允许所有国家的潜在投标人参加投标的招标方式，当然也包括国内的潜在投标人；而国内招标则是只允许国内的潜在投标人参加投标的招标方式。如果在国际招标中采用无限竞争性招标，则成为被广泛采用的国际竞争性招标（International Competitive Bidding—ICB）。国家经贸委将国际招标界定为“是指符合招标文件规定的国内、国外法人或其他组织，单独或联合其他法人或其他组织参加投标，并按招标文件规定的币种结算的招标活动”；国内投标则“是指符合招标文件规定的国内法人或其他组织，单独或联合其他国内法人或其他组织参加投标，并用人民币种结算的招标活动”[①]。从世界各国的立法看，成熟的招标投标市场都没有将国内再按照地区进行划分，进行地区内招标的情况。因此，从招标的范围进行划分，只能分为国际招标与国内招标。

（三）从招标的阶段进行划分

从招标的阶段进行划分，招标可以分为一阶段招标（One-stage Bidding）与两阶段招标（Two-stage Bidding），两者的区别在于招标是按照一个阶段进行的还是分为两个阶段进行的。两阶段招标一般都是要求投标人先投技术标（第一阶段），技术标合格者，再投商务标（第二阶段）。两阶段招标有不同的运作方式，有的招标人审查技术标后，往往与投标人进行讨论，以建立一个对不同的技术方案进行比较的依据，招标人有可能对招标文件的技术要求进行修改，然后将修改后的技术要求以附件形式散发给投标人。投标人可以修改自己的技术标，不符合修改后技术要求的技术标应当被淘汰。在两阶段招标中，直到第二阶段投标人投送了修改后的技术标和价格标后，投标才具有法律约束力。这种招标方式适用于技术复杂且要求较高的招标项目。当然，在各类立法、规定及著作中，从没有提出一阶段招标的概念的，而只是介绍两阶段招标。这是由于人们将一阶段招标视为一般的情况，适用于一般的招标程序，无须进行特别的介绍；而将两阶段招标视为特殊的情况，因此，需要作特殊的规定和解释。但许多学者将两阶段招标与其他的分类标准并列起来，如何伯森教授将招标方式分为公开招标、邀请招标、两阶段招标和议标四种[②]；郎荣燊教授则将招标方式分为公开招标、限制性招标和两阶段招标三种[③]。笔者认为不妥，因为两阶段招标与公开招标等是从不同的角度进行的分类，并不是互斥的关系。如亚洲开发银行将两阶段招标的程序规定在国际竞争性招标的“开标、评标和授予合同”（Bid Opening Evaluation and Award of Contract）这部分内容中[④]，从逻辑关系上可以认为是评标的具体做法。当然，笔者认为并不是除国际竞争性招标以外的其他招标方式不能采用两阶段招标，而是由于亚洲开发银行对国际竞争性招标以外的其他招标方式都介绍得非常简略，因而没有在其他招标方式中介绍。

国际上有些招标项目采用的是两信封招标（Two-envelopment Bidding）。两信封招标与两阶段招标是十分类似的，但它要求投标人同时将技术标与商务标投出。招标人首先对技术标进行评审，技术标评审合格再开启商务标；如果技术标不合格，则应当将商务标原封（不开启）退回。我们可以将两信封招标视为两阶段招标的特殊情况，所以亚洲开发银行将两信封招标规定在两阶段招标的标题之下[⑤]。两信封招标主要适用于机械或者设备的采购中，如果这些采购的技术要求是一定的，确实会有若干份投标完全符合招标文件的要求

---

① 全国人大法工委研究室．中华人民共和国招标投标法释义［M］．北京：人民法院出版社，1999：179.

② 何伯森．国际工程招标与投标［M］．北京：水利水电出版社，1994：16－17.

③ 郎荣燊．国际工程承包与招标投标［M］．北京：中国人民大学出版社，1995：33－36.

④、⑤ Asian Development Bank. Guidelines for Procurement under Asian Development Bank Loans, Revised January 1994 (Renrinted 1995), Page15－16.

而无须做任何修改，这时可以采用两信封招标。亚洲开发银行认为两信封招标只能适用于极个别的情况①。

（四）关于议标

在《招标投标法》颁布以前，我国的许多规范性文件都规定议标是招标方式之一，如建设部1992年11月6日发布的《工程建设施工招标投标管理办法》第13条规定的招标方式包括公开招标、邀请招标和议标三种，其他部委、地方也有类似的规定。而在建设领域的招标实践中，议标所占的比重非常大。议标是由招标人直接与投标人通过协商议定标价及有关事宜的合同订立方式。国家发展计划委员会主任曾培炎在全国人大常委会所作的《关于〈中华人民共和国招标投标法（草案）〉的说明》中特别对议标作了如下说明："议标是通过协商达成交易的一种方式，通常是在非公开状态下采取一对一谈判方式进行的，是不是一种招标方式，至今仍有很大争议，其本身的概念也不甚明确，实践中存在的问题比较多。在征求意见过程中，多数部门和专家不赞成将议标作为一种招标方式。因此，草案仅规定了公开招标和邀请招标两种招标方式（第九条），没有规定议标。"② 笔者赞成这一说明，严格地讲，议标不是一种招标方式而是一种谈判方式。有些同志认为议标是世界银行规定的招标方式之一，这实际上是对世界银行采购指南（Guidelines for Procurement under IBRD Loans and IDA Credits）的误解。该指南规定的是采购方式，其范围要比招标方式宽得多。世界银行规定的采购方式包括国际和国内询价采购（International and Local Shopping）、直接签订合同（Direct Contracting）、自营工程（Force Account）等方式，显然不能把世界银行规定的采购方式一概地视为招标方式。

从我国在议标方面的实际实施效果看，也没有达到预期的效果。幕后交易、暗箱操作的情况很多，许多腐败与议标有关。据有些省的统计，在所有的经济犯罪案件中有40%与招标投标有关，而这类犯罪案件的绝大部分又与招标方式采用议标有关③。

综上所述，《招标投标法》没有把议标规定为招标方式，这对我国招标投标制度的完善和健全有积极的意义。

二、公开招标

（一）公开招标的含义

公开招标，是指招标人以招标公告的方式邀请不特定的法人或者其他组织投标。它是一种由招标人按照法定程序，在公开出版物上发布或者以其他公开方式发布招标公告，所有符合条件的承包商都可以平等参加投标竞争，从中择优选择中标者的招标方式。由于这种招标方式对竞争没有限制，因此，又被称为无限竞争性招标。公开招标最基本的含义是：（1）招标人以招标公告的方式邀请投标；（2）可以参加投标的法人或者其他组织是不特定的。从招标的本质来讲，这种招标方式是最符合招标宗旨的，因此，应当尽量采用

① 亚洲开发银行中心项目服务办公室．亚洲开发银行贷款项目采购手册［M］．刘芳玉，扬丹，译．北京：中国金融出版社，1991：121.

② 全国人大常委会法制工作委员会经济法室．中华人民共和国招标投标法实用问答［M］．北京：中国建材工业出版社，1999：159－160.

③ 全国人大常委会法制工作委员会经济法室．中华人民共和国招标投标法实用问答［M］．北京：中国建材工业出版社，1999：37.

公开招标方式进行招标。

（二）公开招标的优点

关于公开招标的优点，在我国较早翻译的一本招标投标著作中，美国的法学专家曾将其归纳为以下三点："第一，在涉及使用公共基金时，政府代理机构必然对所有与公共基金有直辖或间接捐款关系的潜在投标人提供均等的机会；第二，竞争的结果有利于最经济地利用公共基金；第三，公开竞争性招标的方法可以起到防止浪费、贪污和偏袒的保证作用。"[①] 美国学者总结的三个优点，直至今日，仍然是公开招标的主要优点。但考虑到我国的实际情况，其顺序应当改变，即：

1. 有效地防止腐败。我国的招标投标市场，存在着严重的腐败问题，其根源在于招标过程的暗箱操作。而公开招标要求招标的过程应当公开、公正、公平，并且在"三公"的程度上要求很高，因此，与邀请招标相比，能更有效地防止腐败。当然，为了达到这一目的，需要有其他制度的配合，也需要完善公开招标的一些具体程序。

2. 能够最好地达到经济性的目的。达到经济性的目的是招标制度最原始的目的。因为公开招标允许所有合格的投标人参加投标，因此能够让最有竞争力、条件最优厚的潜在投标人参加投标，因此，公开招标能够最好地达到经济性的目的。

3. 能够为潜在的投标人提供均等的机会。邀请招标只有接到投标邀请书的潜在投标人才有资格参加投标，这对于招标人不了解的潜在投标人或者新产生、新发展起来的潜在投标人是不公平的，特别对于政府投资的项目，这种公平性是十分重要的。

（三）公开招标的缺点

公开招标虽然有许多优点，但也存在着一些缺点。正是这些缺点才使其他招标方式能够存在。

1. 完全以书面材料决定中标人本身的缺陷。公开招标只能以书面材料决定中标人，这本身就有一定缺陷。撇开有些投标人有弄虚作假的特殊情况，有时书面材料并不能反映投标人真实的水平和情况。

2. 招标成本较高。公开招标对招标文件的发布有一定要求，一般也会导致投标人较多。这样，从招标的总成本（包括招标人的成本和投标人的成本）看，必然是比较高的，招标人的评标成本也较高。

3. 招标周期较长。从理论上说，公开招标应当要求招标信息能够流到所有的潜在投标人处，这就导致其时间必然长于由招标人直接向潜在投标人发出投标邀请书的邀请招标，故相对于邀请招标，公开招标的周期较长。

三、邀请招标

邀请招标，是指招标人以投标邀请书的方式邀请特定的法人或者其他组织投标。邀请招标是由接到投标邀请书的法人或者其他组织才能参加投标的一种招标方式，其他潜在的投标人则被排除在投标竞争之外，因此，也被称为有限竞争性招标。邀请招标必须向三个以上的潜在投标人发出邀请，并且被邀请的法人或者其他组织必须具备以下条件：（1）具备承担招标项目的能力，如施工招标，被邀请的施工企业必须具备与招标项目相应的施工资质等级；（2）资信良好。

① 斯特门德．本书翻译组，译．国际经济知识：招标与承包［M］．上海社会科学院出版社，1988：69.

在公开招标之外规定邀请招标方式的原因在于，公开招标虽然最符合招标的宗旨，但也存在着一些缺陷。但是，公开招标的缺点是次要的，其优点则是主要的，因此，邀请招标只有在招标项目符合一定的条件时才可以采用。一般情况下，以下项目可以考虑采用邀请招标：第一，技术要求较高、专业性较强的招标项目。对于这类项目而言，由于能够承担招标任务的单位较少，且由于专业性较强，招标人对潜在的投标人都较为了解，新进入本领域的单位也很难较快具有较高的技术水平，因此，这类项目可以考虑采用邀请招标。第二，合同金额较小的招标项目。由于公开招标的成本较高，如果招标项目的合同金额较小，则不宜采用。第三，工期要求较为紧迫的招标项目。公开招标周期较长，这也决定了工期要求较为紧迫的招标项目不宜采用。

由于邀请招标是特殊情况下才能采用的招标方式，因此，《招标投标法》规定，国务院发展计划部门确定的国家重点项目和省、自治区、直辖市人民政府确定的地方重点项目不适宜公开招标的，经国务院或者省、自治区、直辖市人民政府批准，才可以进行邀请招标。

第三节　建设项目招标程序

一、招标活动的准备工作

项目在招标前，有大量的工作需要完成。招标人应当办理有关的审批手续、确定招标方式和合同类型、划定标段等。

（一）确定招标方式

按照《招标投标法实施条例》的规定，国有资金占控股或者主导地位的依法必须进行招标的项目，应当公开招标。这意味着非国有资金占控股或者主导地位的依法必须进行招标的项目，招标人可以自行决定采用公开招标或者邀请招标。国有资金占控股或者主导地位，是指国有资金出资额占有限责任公司资本总额百分之五十以上或者国有的股份占股份有限公司股本总额百分之五十以上。出资额或者持有股份的比例虽然不足百分之五十，但依其出资额或者持有的股份所享有的表决权已足以对股东会、股东大会的决议产生重大影响的，或者国有企事业单位通过投资关系、协议或者其他安排，能够实际支配公司行为的，也属于国有资金占控股或者主导地位。需要注意的是，国有企事业单位的自有和自筹资金均属于国有资金①。

《招标投标法实施条例》规定，国有资金占控股或者主导地位的依法必须进行招标的项目，有下列情形之一的，可以邀请招标：（1）技术复杂、有特殊要求或者受自然环境限制，只有少量潜在投标人可供选择；（2）采用公开招标方式的费用占项目合同金额的比例过大。

（二）标段的划分

招标项目需要划分标段的，招标人应当合理划分标段（也可称为合同数量的划分）。在一般情况下，一个项目应当作为一个整体进行招标。但是，对于大型的项目，作为一个

---

① 国家发展和改革委员会法规司，国务院法制办公室财金司，监察部执法监察司．中华人民共和国招标投标法实施条例释义［M］．北京：中国计划出版社，2012：23.

整体进行招标将大大降低招标的竞争性，因为符合招标条件的潜在投标人数量太少。这样就应当将招标项目划分成若干个标段分别进行招标。但也不能将标段划分得太小，太小的标段将失去对实力雄厚的潜在投标人的吸引。如建设项目的施工招标，一般可以将一个项目分解为单位工程及特殊专业工程分别招标，但不允许将单位工程肢解为分部、分项工程进行招标。标段的划分是招标活动中较为复杂的一项工作，应当综合考虑各方面的因素。

在划分标段时主要应当考虑到以下因素：

1. 招标项目的专业要求。如果招标项目的几部分内容专业要求接近，则该项目可以考虑作为一个整体进行招标。如果该项目的几部分内容专业要求相距甚远，则应当考虑划分为不同的标段分别招标。如对于一个项目中的土建和设备安装两部分内容就应当分别招标。

2. 招标项目的管理要求。有时一个项目的各部分内容相互之间干扰不大，方便招标人进行统一管理，这时就可以考虑对各部分内容分别进行招标。反之，如果各个独立的承包商之间的协调管理是十分困难的，则应当考虑将整个项目发包给一个承包商，由该承包商进行分包后统一进行协调管理。

3. 对工程投资的影响。标段划分对工程投资也有一定的影响。这种影响是由多方面的因素造成的，但直接影响是由管理费的变化引起的。一个项目作为一个整体招标，则承包商需要进行分包，分包的价格在一般情况下不如直接发包的价格低；但一个项目作为一个整体招标，有利于承包商的统一管理，人工、机械设备、临时设施等可以统一使用，又可能降低费用。因此，应当具体情况具体分析。

4. 工程各项工作的衔接。在划分标段时还应当考虑到项目在建设过程中时间和空间的衔接。应当避免产生平面或者立面交接工作责任的不清。如果建设项目的各项工作的衔接、交叉和配合少，责任清楚，则可考虑分别发包；反之，则应考虑将项目作为一个整体发包给一个承包商，因为，此时由一个承包商进行协调管理容易做好衔接工作。

5. 应当合法。招标人对招标项目划分标段的，应当遵守招标投标法的有关规定，不得利用划分标段限制或者排斥潜在投标人。依法必须进行招标的项目的招标人不得利用划分标段规避招标。

（三）确定是否使用《标准文件》

2007 年 11 月 1 日，国家发展和改革委员会、财政部、建设部、铁道部、交通部、信息产业部、水利部、民用航空总局、广播电影电视总局联合发布了《标准施工招标资格预审文件》和《标准施工招标文件》（以下统一简称为《标准文件》），自 2008 年 5 月 1 日起试行。

《标准文件》在政府投资项目中试行，国务院有关行业主管部门可根据《标准施工招标文件》并结合本行业施工招标特点和管理需要，编制行业标准施工招标文件。行业标准施工招标文件重点对“专用合同条款”、“工程量清单”、“图纸”、“技术标准和要求”作出具体规定。招标人应当根据项目的性质确定是否使用《标准文件》。

《招标投标法实施条例》规定：编制依法必须进行招标的项目的资格预审文件和招标文件，应当使用国务院发展改革部门会同有关行政监督部门制定的标准文本。

二、招标公告与投标邀请书

（一）招标公告与投标邀请书的概念

1. 招标公告。招标公告是指采用公开招标方式的招标人（包括招标代理机构）向所有潜在的投标人发出的一种广泛的通告。招标公告的目的是使所有潜在的投标人都具有公平的投标竞争的机会。招标人采用公开招标方式的，应当发布招标公告。招标公告必须通过一定的媒介进行传播。

发布招标公告的媒介包括报刊（报纸、杂志等）、信息网络等，对于比较小的一些项目也可以通过广播、通告牌、布告栏等发布。但是，依法必须进行招标项目的招标公告，应当通过国家指定的报刊、信息网络或者其他媒介发布招标公告。国家指定媒介的目的是为了保证招标公告传播范围足够广泛。

2. 投标邀请书。投标邀请书是指采用邀请招标方式的招标人，向三个以上具备承担招标项目的能力、资信良好的特定法人或者其他组织发出的参加投标的邀请。

（二）招标公告和投标邀请书的事项

招标公告和投标邀请书的事项就是招标公告和投标邀请书的内容，按照《招标投标法》的规定，招标公告与投标邀请书应当载明同样的事项，具体包括以下内容：

（1）招标人的名称和地址；

（2）招标项目的性质；

（3）招标项目的数量；

（4）招标项目的实施地点；

（5）招标项目的实施时间；

（6）获取招标文件的办法。

【案例4—1】某公路建设项目招标公告

1. ________（建设单位名称）的________工程，建设地点在________，结构类型________，建设规模为：________，该工程报建和招标申请已得到有关行政主管部门批准，现通过公开招标选定承包单位。

2. 工程质量要求达到国家施工验收规范合格标准。计划开工日期为________年________月________日，计划竣工日期为________年________月________日，工期________天（日历天）。

3. ________受建设单位委托作为招标代理人，现邀请合格的施工单位进行密封投标，以得到必要的劳动力、材料、设备和服务来建设和完成________工程。

4. 投标人的施工资质等级须是________级以上的施工企业，愿意参加投标的施工企业，可携带营业执照、施工资质等级证书向招标人领取招标文件。

5. 该工程的发包方式为（包工包料或者包工不包料）________，招标范围为________。

6. 招标工作的安排：

（1）发放招标文件单位：________。

（2）发放招标文件时间：________年________月________日起至________年

________月________日止，每日上午：________，下午：________（节假日除外）。

（3）投标地点及时间：

（4）现场踏勘时间：

（5）投标预备会时间：

（6）投标截止时间：________年________月________日________时；

（7）开标时间：________年________月________日________时；

（8）开标地点：

招标人：（盖章）

法定代表人：（签字、盖章）

地址：

邮政编码：

联系人：

电话：

日期：　年　月　日

（三）强制招标项目招标公告的发布

发布招标公告，是保证潜在的投标人获取招标信息的首要工作。为了规范招标公告发布行为，保证潜在投标人平等、便捷、准确地获取招标信息，国家发展计划委员会发布、自2000年7月1日起生效实施的《招标公告发布暂行办法》，对强制招标项目招标公告的发布作出了明确的规定。

1. 对招标公告发布的监督。国家发展计划委员会根据国务院授权，按照相对集中、适度竞争、受众分布合理的原则，指定发布依法必须招标项目招标公告的报纸、信息网络等媒介（以下简称指定媒介），并对招标公告发布活动进行监督。

指定媒介的名单由国家发展计划委员会另行公告。

2. 对招标人的要求。依法必须招标项目的招标公告必须在指定媒介发布。招标公告的发布应当充分公开，任何单位和个人不得非法限制招标公告的发布地点和发布范围。招标人或其委托的招标代理机构发布招标公告，应当向指定媒介提供营业执照（或法人证书）、项目批准文件的复印件等证明文件。

招标人或其委托的招标代理机构在两个以上媒介发布的同一招标项目的招标公告的内容应当相同。

3. 对指定媒介的要求。招标人或其委托的招标代理机构应至少在一家指定的媒介发布招标公告。指定媒介发布依法必须招标项目的招标公告，不得收取费用，但发布国际招标公告的除外。

在指定报纸免费发布的招标公告所占版面一般不超过整版的四十分之一，且字体不小于六号字。指定报纸在发布招标公告的同时，应将招标公告如实抄送指定网络。指定报纸和网络应当在收到招标公告文本之日起七日内发布招标公告。

指定媒介应与招标人或其委托的招标代理机构就招标公告的内容进行核实，经双方确认无误后在规定的时间内发布。指定媒介应当采取快捷的发行渠道，及时向订户或用户传递。

拟发布的招标公告文本有下列情形之一的，有关媒介可以要求招标人或其委托的招标代理机构及时予以改正、补充或调整：

（1）字迹潦草、模糊，无法辨认的；

（2）载明的事项不符合本办法第六条规定的；

（3）没有招标人或其委托的招标代理机构主要负责人签名并加盖公章的；

（4）在两家以上媒介发布的同一招标公告的内容不一致的。

指定媒介发布的招标公告的内容与招标人或其委托的招标代理机构提供的招标公告文本不一致，并造成不良影响的，应当及时纠正，重新发布。

三、资格预审

（一）资格预审的概念

资格预审，是指招标人在招标开始之前或者开始初期，由招标人对申请参加投标的潜在投标人进行资质条件、业绩、信誉、技术、资金等多方面的情况进行资格审查。只有在资格预审中被认定为合格的潜在投标人（或者投标人），才可以参加投标。如果国家对投标人的资格条件有规定的，依照其规定。

（二）资格预审的作用

1. 排除不合格的投标人。对于许多招标项目来说，投标人的基本条件对招标项目能否完成具有极其重要的意义。如工程建设，必须具有相应条件的承包人才能按质按期完成。招标人可以在资格预审中设置基本的要求，将不具备基本要求的投保人排除在外。

2. 降低招标人的采购成本，提高招标工作效率。如果招标人对所有有意参加投标的人都允许投标，则招标、评标的工作量势必会增大，招标的成本也会增大。经过资格预审程序，招标人对想参加投标的潜在投标人进行初审，对不可能中标和没有履约能力的投标人进行筛选，把有资格参加投标的投标人控制在一个合理的范围内，既有利于选择到合适的投标人，也节省了招标成本，可以提高正式开始的招标的工作效率。

3. 可以吸引实力雄厚的投标人。实力雄厚的潜在的投保人有时不愿意参加竞争过于激烈的招标项目，因为编写投标文件费用较高，而一些基本条件较差的投标人往往会进行恶性竞争。资格预审可以确保只有基本条件较好的投标人参加投标，这对实力雄厚的潜在的投标人是一个吸引。

（三）资格预审的程序

1. 资格预审通告。资格预审通告，是指招标人向潜在投保人发出的参加资格预审的广泛邀请。就建设项目招标而言，可以考虑由招标人在一家全国或者国际发行的报刊和国务院为此目的随时指定的这类其他刊物上发表邀请资格预审的公告。资格预审公告至少应包括下述内容：招标人的名称和地址；招标项目名称；招标项目的数量和规模；交货期或者交工期；发售资格预审文件的时间、地点以及发放的办法；资格预审文件的售价；提交申请书的地点和截止时间以及评价申请书的时间表；资格预审文件送交地点、送交的份数以及使用的文字等。

2. 发出资格预审文件。资格预审公告后，招标人向申请参加资格预审的申请人发放或者出售资格审查文件。资格预审的内容包括基本资格审查和专业资格审查两部分。基本资格审查是指对申请人的合法地位和信誉等进行的审查，专业资格审查是对已经具备基本资格的申请人履行拟定招标采购项目能力的审查。

资格预审文件发售期不得少于5日。招标人发售资格预审文件收取的费用应当限于补偿印刷、邮寄的成本支出，不得以营利为目的。

3. 对潜在投标人资格的审查和评定。投标人在规定时间内，按照资格预审文件中规定的标准和方法，对提交资格预审申请书的潜在投标人资格进行审查。审查的重点是专业资格审查，内容包括：（1）施工经历，包括以往承担类似项目的业绩；（2）为承担本项目所配备的人员状况，包括管理人员和主要人员的名单和简历；（3）为履行合同任务而配备的机械、设备以及施工方案等情况；（4）财务状况，包括申请人的资产负债表、现金流量表等。

国有资金占控股或者主导地位的依法必须进行招标的项目，招标人应当组建资格审查委员会审查资格预审申请文件。资格审查委员会及其成员应当遵守有关评标委员会及其成员的规定。

四、编制和发售招标文件

招标人应当根据招标项目的特点和需要编制招标文件。招标文件是投标人准备投标文件和参加投标的依据，也是招标投标活动当事人的行为准则和评标的重要依据。因此，招标文件在招标活动中具有重要的意义。

（一）招标文件的内容

按照我国《招标投标法》的规定，招标文件应当包括招标项目的技术要求、对投标人资格审查的标准、投标报价要求和评标标准等所有实质性要求和条件以及拟签订合同的主要条款。我们可以将招标文件分为以下几大部分内容：第一部分包括投标须知、合同条件及协议书格式等；第二部分则是技术规范；第三部分是对投标文件格式的要求，包括投标书格式、工程量清单、辅助资料表、投标保函的格式、履约担保的格式等；第四部分是图纸。

在招标文件中，投标须知具有重要的意义。投标须知一般都有前附表，将投标须知中最主要的内容以列表的方式表示出来。投标须知大致包括以下内容：

1. 总则。包括工程说明、资金来源、资质与合格条件的要求、投标费用的声明（招标管理单位对投标人应承担的编制投标文件与递交投标文件所涉及的一切费用不负责任）；

2. 招标文件。包括招标文件的组成、招标文件的澄清、招标文件的修改；

3. 投标报价说明。包括投标价格采用的方式和投标价格、投标货币等；

4. 投标文件的编制。包括投标文件的语言、投标文件的组成、投标有效期、投标保证金、对投标预备会及勘察现场的说明、投标文件的份数和签署等；

5. 投标文件的递交。包括投标文件的密封与标志、投标截止期、投标文件的修改与撤回；

6. 开标与评标。应当对开标的时间、地点及开标过程作出明确的规定。对于未经过资格预审的投标项目一般应当在评标前进行资格审查。对评标内容的保密、投标文件的澄清、投标文件的符合性鉴定、错误的修正、投标文件的评价与比较等内容也应在这一部分中作出规定；

7. 授予合同。包括合同授予标准、中标通知书、合同协议书的签署、履约担保的提交等内容。

（二）招标文件的发售

招标文件一般按照套数发售。招标文件的发售期不得少于 5 日。向投标人供应招标文件套数的多少可以根据招标项目的复杂程度等来确定，一般都是一个投标人一套。对于大型或者结构复杂的建设工程，招标文件篇幅较大，招标人根据文件的不同性质，可分为若干卷次。招标人发售招标文件收取的费用应当限于补偿印刷、邮寄的成本支出，不得以营利为目的。招标活动中的其他费用（如发布招标公告）不能打入该成本。招标文件的定价应当合理，目的是为了避免阻碍有资格的供应商或者承包商参与投标。当然，投标人应当负担自己投标的所有费用，购买招标文件及其他有关文件的费用不论中标与否都不予退还。

（三）招标文件的澄清和修改

招标人对已发出的招标文件进行必要的澄清或者修改，应当在招标文件要求提交投标文件截止时间至少15天前，以书面形式通知所有招标文件收受人。该澄清或者修改的内容为招标文件的组成部分。为了使招标人能够满足其招标需要，招标人拥有修改招标文件的权利是必要的，也符合招标投标活动的基本原则。但对招标人而言，对招标文件作出必要的澄清或者修改后，以书面形式通知所有招标文件收受人是一项必须履行的义务，因为招标文件收受人没有一种独立的方法可以了解到招标人对招标文件所作的必要的澄清或者修改。同时，提前15天以书面形式通知所有投标人的要求，也能确保投标人对招标人提出的对招标文件的澄清和修改及时作出回应。

（四）对招标文件的其他要求

招标文件是招标活动公平、公正的重要体现，招标文件不得要求或者标明特定的生产供应者以及含有倾向或者排斥潜在投标人的其他内容。

国家对招标项目的技术、标准和投标人的资格条件有规定的，应当按照规定在招标文件中载明。国家在这方面的要求一般都是强制性的，不允许当事人通过协议方式降低这方面的要求。

招标人有下列行为之一的，属于以不合理条件限制、排斥潜在投标人或者投标人：

（1）就同一招标项目向潜在投标人或者投标人提供有差别的项目信息；

（2）设定的资格、技术、商务条件与招标项目的具体特点和实际需要不相适应或者与合同履行无关；

（3）依法必须进行招标的项目以特定行政区域或者特定行业的业绩、奖项作为加分条件或者中标条件；

（4）对潜在投标人或者投标人采取不同的资格审查或者评标标准；

（5）限定或者指定特定的专利、商标、品牌、原产地或者供应商；

（6）依法必须进行招标的项目非法限定潜在投标人或者投标人的所有制形式或者组织形式；

（7）以其他不合理条件限制、排斥潜在投标人或者投标人。

第四节　建设工程开标、评标和中标

一、开标

（一）开标的时间和地点

招标投标活动经过了招标阶段、投标阶段，就进入了开标阶段。所谓开标，是指招标人将所有投标人的投标文件启封揭晓。我国《招标投标法》规定，开标应当在招标文件确定的提交投标文件截止时间的同一时间公开进行。这样的规定是为了避免投标中的舞弊行为。我国以前对有关招标投标的规定，往往是提交投标文件截止时间与开标的时间不是同一时间，两者之间有一段时间间隔，这样容易给投标行为舞弊造成了可乘之机。例如，在指定开标时间之前泄露投标文件的内容，尤其是投标报价。

另外，开标应当公开进行，即应当向所有投标人公开投标文件，其行为完全是在投标人及有关方面的监督下进行。

在有些情况下可以暂缓或者推迟开标时间：

（1）招标文件发售后对原招标文件做了变更或者补充；

（2）开标前发现有影响招标公正性的不正当行为；

（3）出现突发事件等。

（二）开标地点

开标地点应当为招标文件中预先确定的地点。招标人应当在招标文件中对开标地点作出明确、具体的规定，以便投标人及有关方面按照招标文件规定的开标时间到达开标地点。

（三）出席开标

开标由招标人或者招标代理人主持，邀请所有投标人参加。评标委员会委员和其他有关单位的代表也应当邀请出席开标。投标人或者他们的代表则不论是否被邀请，都有权参加开标。

【案例4—2】不能要求投标人法定代表人必须参加开标

一个单位进行某基础设施建设项目施工招标，准备在招标文件中规定，要求投标人的法定代表人必须参加开标。他们的理由是：第一，招标的建设项目比较大，即使对于一个较大的施工企业也是大项目，施工企业应该对这个项目有足够的重视，法定代表人参加开标是重视的体现；第二，要求法定代表人参加开标，能够有效避免挂靠、借照（指借资质证书等）等情况。

案例评析：

招标文件不能要求投标人法定代表人必须参加开标。理由有以下几点：

第一，参加开标是投标人的权利，不是投标人的义务。如果是投标人的权利，即意味着投标人可以放弃；只有义务，才意味着投标人必须参加。参加开标是投标人的权利而非义务的原因是，投标人参加开标是为了了解开标的情况，确保自己的投标文件不被替换、泄密，维护自己的合法权益，也是为了对招标人或者招标代理机构进行监督。如果投标人对招标人有充分的信任，相信自己的权益不会被侵犯，也可以不去参加开标。正是在这样的指导思想下，国家发展改革委等七部委联合发布的《工程建设项目货物招标投标办法》第40条规定："投标人或其授权代表有权出席开标会，也可以自主决定不参加开标会。"如果是否参加开标都是可以由投标人自主决定的，派谁去参加开标就更是投标人自己的事情了。

有些同志认为投标人参加开标不仅仅是权利，还是义务，因为如果投标人不参加开标，《招标投标法》规定的“评标委员会可以要求投标人对投标文件中含义不明确的内容作必要的澄清或者说明”，评标委员会要求澄清或者说明时，投标人将无法澄清或者说明。这样的理解不妥。首先，如果投标文件出现了含义不明确的内容，评标委员会要求澄清或者说明，这一定是对该投标人有利的，因为如果没有澄清或者说明，评标委员会很可能会按照对投标人不利的解释去理解（这样才是对招标人负责的态度），因此，澄清或者说明本身也是投标人的权利，是评标委员会给投标人的一次机会，投标人可以不解释或者澄清，更何况，即使投标人参加了开标，也经常会有无法解释或者澄清的情况，这并不会导致评标工作无法进行。总之，出现评标委员会要求澄清或者说明的情况，投标人不澄清、说明，不会影响招标程序的继续进行。

第二，招标文件作出高于法律规定的内容应该有一定的限制。《工程建设项目货物招标投标办法》直接规定了投标人可以自由决定是否参加开标，但施工项目招标并不直接适用该办法的规定，施工项目招标直接应该适用的《工程建设项目施工招标投标办法》没有作出这样明确的规定，所有招标项目都应该遵守的《招标投标法》、《招标投标法实施条例》也没有作出这样明确的规定。而一份招标文件作出高于法律法规规定的要求是正常的。但笔者认为，招标文件仍然不应该规定投标人的法定代表人必须参加开标。首先，我们要明确，实际上，各类招标项目其实有很多共性的指导思想，我们很难说清楚，为什么在投标人或者招标人法定代表人参加开标的问题上，货物招标与施工招标有何区别。其次，招标文件作出高于法律规定的内容应该有一定的限制，有时候这种限制并不是直接来自于招标投标法这个体系，而是其他的规定和原则。现行的《公司法》第13条规定，“公司法定代表人依照公司章程的规定，由董事长、执行董事或者经理担任，并依法登记”。这意味着由谁担任法定代表人是完全由公司章程决定的，参加某一项经营活动，是否由法定代表人亲自参加，更应该由公司自行决定，这是公司经营自主权的重要体现。特别是必须招标的项目，更不宜轻易增加投标人的负担。企业面对的很多活动的相对方，往往都会认定自己的活动很重要，但具体的判断权和决定权仍然应该由投标人自行决定。比如诉讼，在改革开放初期，很多诉讼案件，如果法定代表人不出庭，往往会让主审法官很生气，认为是对案件不重视，现在都没有这样的现象了。最后，这样的规定，对于有些企业是不公平的。如大企业，法定代表人参加开标可能会很困难，但小企业，法定代表人参加开标就容易得多，更何况，还存在着另外有些企业，法定代表人已经按照公司章程完成变更程序，但公司营业执照由于种种原因没有及时变更，这时候，公司章程上面的法定代表人已经不参加公司的经营活动了，这样的公司将无法参加投标。

第三，这样的规定无法避免挂靠、借照等现象。要求法定代表人参加开标，并不能避免挂靠、借照等情况，因为一般情况下，挂靠、借照等情况，都是经过被挂靠、被借照的单位同意的，即使法定代表人知道，也不会反对，只要挂靠、借照的实际投标人付出足够的代价，让法定代表人参加开标还是有可能的。虽然这增加了串通投标、挂靠、借照等不法行为的成本，但这样的要求投标人增加成本的方法，应该有法律依据才可以实施。

（四）开标程序

1. 检查投标文件的密封情况。开标时，首先由投标人或者其推选的代表检查投标文件的密封情况，确认投标文件密封完好，封套书写明招标人的规定，没有其他标记或者字样。然后，由开标主持人以招标文件递交的先后顺序逐个开启投标文件。招标人在招标文件要求提交投标文件的截止时间前收到的所有投标文件，开标时都应当众予以拆封、宣读。对于在招标文件要求提交投标文件的截止时间后送达的投标文件，招标人应当拒收。

2. 拆封、宣读投标文件。开标主持人在开标时，要高声朗读每个投标人的名称、投标价格和投标文件的其他主要内容。在宣读的同时，开标主持人对开标所读的每一项内容，都应当按照开标时间的先后顺序进行记录。

二、评标概述

评标是招标投标过程中非常核心的环节。从某个角度说，评价招标投标的成功与否，只需考察其评标即可。因为招标的直接目的是确定一个优秀的承包人，投标的目的也是为了中标，而决定这两个目标能否实现的关键都是评标。对于评标，《招标投标法》作出了原则的规定，但各地方、各部门对这些原则规定的理解各不相同。为了规范评标过程，2001 年 7 月 5 日，国家计委、国家经贸委、建设部、铁道部、交通部、信息产业部、水利部联合发布了《评标委员会和评标方法暂行规定》。

（一）评标的保密性和独立性

按照我国《招标投标法》的规定，招标人应当采取必要的措施，保证评标在严格保密的情况下进行。评标是招标投标活动中一个十分重要的阶段，如果对评标过程不进行保密，则影响公正评标的不正当行为有可能发生。如果这类情况出现，则评标以前的所有招标投标活动都没有任何实质意义。

评标委员会成员名单一般应于开标前确定，而且该名单在中标结果确定前应当保密。评标委员会在评标过程中是独立的，任何单位和个人都不得非法干预、影响评标过程和结果。

（二）评标委员会的组建

评标委员会由招标人负责组建，负责评标活动，向招标人推荐中标候选人或者根据招标人的授权直接确定中标人。

评标委员会由招标人或其委托的招标代理机构熟悉相关业务的代表，以及有关技术、经济等方面的专家组成，成员人数为五人以上的单数，其中技术、经济等方面的专家不得少于成员总数的三分之二。评标委员会设负责人的，负责人由评标委员会成员推举产生或者由招标人确定，评标委员会负责人与评标委员会的其他成员有同等的表决权。

评标委员会的专家成员应当从省级以上人民政府有关部门提供的专家名册或者招标代理机构专家库内的相关专家名单中确定。确定评标专家，可以采取随机抽取或者直接确定的方式。一般项目，可以采取随机抽取的方式；技术特别复杂、专业性要求特别高或者国家有特殊要求的招标项目，采取随机抽取方式确定的专家难以胜任的，可以由招标人直接确定。

（三）对评标委员会成员的要求

1. 评标委员会中的专家成员应符合下列条件：

（1）从事相关专业领域工作满八年并具有高级职称或者同等专业水平；

（2）熟悉有关招标投标的法律法规，并具有与招标项目相关的实践经验；

（3）能够认真、公正、诚实、廉洁地履行职责。

2. 有下列情形之一的，不得担任评标委员会成员：

（1）投标人或者投标人主要负责人的近亲属；

（2）项目主管部门或者行政监督部门的人员；

（3）与投标人有经济利益关系，可能影响对投标公正评审的；

（4）曾因在招标、评标以及其他与招标投标有关活动中有违法行为而受过行政处罚或刑事处罚的。

评标委员会成员有上述情形之一的，应当主动提出回避。

3. 评标委员会成员的基本行为要求。评标委员会成员应当客观、公正地履行职责，遵守职业道德，对所提出的评审意见承担个人责任。

评标委员会成员不得与任何投标人或者与招标结果有利害关系的人进行私下接触，不得收受投标人、中介人、其他利害关系人的财物或者其他好处。

评标委员会成员和与评标活动有关的工作人员不得透露对投标文件的评审和比较、中标候选人的推荐情况以及与评标有关的其他情况。

（四）评标委员会与招标人的关系

评标委员会是为招标人选择合格的中标人的，从这个角度说，评标委员会是为招标人工作的，这是没有分歧的。但评标委员会与招标人的关系，从法律角度如何界定，有不同的看法。有人认为是“法定代理”①，有人认为是“雇佣关系”②，有人认为是“法定咨询”③。

笔者认为，招标人无法与评标委员会建立法律关系，只能与评标委员会的成员建立法律关系。以“法定代理”说为例，该观点认为评标委员会是招标人的法定代理人。但法定代理人应当以代理人为民事主体为前提，但评标委员会不是民事主体。按照《民法通则》的规定，我国的民事主体包括公民和法人，公民包括了个体工商户，农村承包经营户和个人合伙，联营体也属于民事主体。后来颁布的法律又规定法人以外的其他组织可以成为民事主体。如《民事诉讼法》第3条规定：“人民法院受理公民之间、法人之间、其他组织之间以及他们相互之间因财产关系和人身关系提起的民事诉讼，适用本法的规定。”1992年最高人民法院发布了《关于适用〈中华人民共和国民事诉讼法〉若干问题的意见》，第40条规定，《民事诉讼法》第49条规定的其他组织是指合法成立、有一定的组织机构和财产，但又不具备法人资格的组织，从该意见列举的9条情形来看，评标委员会均不符合。虽然评标委员会是依法组建的，但并非“合法成立、有一定的组织机构和财产”，且具有临时性和不稳定性，这也是其成为民事主体的障碍。

评标委员会没有承担法律责任的能力。评标委员会由于没有组织机构，也没有财产，也就没有了承担法律责任的能力。虽然《民法通则》第63条规定，代理人在代理权限内，以被代理人的名义实施民事法律行为。被代理人对代理人的代理行为，承担民事责

① 陈川生．论评标委员会的地位、作用和法律责任［J］．中国招标，2010（11）：10－13.

② 张志军．评标委员会的性质和法律责任初探［J］．中国招标，2010（48）：16－19.

③ 高子正．“评标委员会”的“法定咨询”说（上）［EB/OL］．［2014－01－24］．http：//www. chinabidding. com/zxzx－detail－203732666. html.

任。但这种情况下代理人不承担法律责任，并不是代理人没有承担法律责任的能力，只是在一定条件下不承担法律责任而已。如果代理人在代理过程中违约或者越权，都应当对被代理人承担法律责任。《民法通则》中有多条代理人承担法律责任的规定。如第65条规定，委托书授权不明的，被代理人应当向第三人承担民事责任，代理人负连带责任。因此，代理人一定应当具备承担民事责任的能力。而评标委员会不具备承担法律责任的条件。这也是《招标投标法》在涉及评标法律责任的规定时都是针对评标委员会成员的原因所在。

笔者的看法，招标人与评标委员会中的专家是一种咨询关系，但这种咨询关系不是法定的。因为从法律角度说，法定与约定的区别在于，法定不需要合同，权利义务也由法律规定。但在评标委员会专家的工作中，具体的要求需要双方约定，如招标人可以授权评标委员会直接确定招标人，也可以不授权。“雇佣关系”与“法定咨询”并不冲突。因为广义的雇佣，可以包括要求被雇佣者从事各种工作，而不是仅限于劳务性工作。也正是这种咨询关系，导致评标委员会的专家不对评标中的错误对招标人承担赔偿责任，这与我国评标的实践一致，也与我国其他领域的咨询一致，如咨询机构给投资人出具可行性研究报告的咨询。

三、评标的准备与初步评审

（一）评标的准备

评标委员会成员应当编制供评标使用的相应表格，认真研究招标文件，至少应了解和熟悉以下内容：

1. 招标的目标；

2. 招标项目的范围和性质；

3. 招标文件中规定的主要技术要求、标准和商务条款；

4. 招标文件规定的评标标准、评标方法和在评标过程中考虑的相关因素。

招标人或者其委托的招标代理机构应当向评标委员会提供评标所需的重要信息和数据。

招标人设有标底的，标底应当保密，并在评标时作为参考。

评标委员会应当根据招标文件规定的评标标准和方法，对投标文件进行系统地评审和比较。招标文件中没有规定的标准和方法不得作为评标的依据。因此，评标委员会成员还应当了解招标文件规定的评标标准和方法，这也是评标的重要准备工作。

（二）涉及外汇报价的处理

评标委员会应当按照投标报价的高低或者招标文件规定的其他方法对投标文件排序。以多种货币报价的，应当按照中国银行在开标日公布的汇率中间价换算成人民币。

招标文件应当对汇率标准和汇率风险作出规定。未作规定的，汇率风险由投标人承担。

（三）初步评审的内容

初步评审的内容包括对投标文件的符合性评审、技术性评审和商务性评审。

1. 投标文件的符合性评审。投标文件的符合性评审包括商务符合性和技术符合性鉴定。投标文件应实质上响应招标文件的所有条款、条件，无显著的差异或保留。所谓显著的差异或保留包括以下情况：对工程的范围、质量及使用性能产生实质性影响；偏离了招标文件的要求，而对合同中规定的业主的权力或者投标人的义务造成实质性的限制；纠正这种差异或者保留将会对提交了实质性响应要求的投标书的其他投标人的竞争地位产生不公正影响。

2. 投标文件的技术性评审。投标文件的技术性评审包括：方案可行性评估和关键工序评估；劳务、材料、机械设备、质量控制措施评估以及对施工现场周围环境污染的保护措施评估。

3. 投标文件的商务性评审。投标文件的商务性评审包括：投标报价校核，审查全部报价数据计算的正确性，分析报价构成的合理性，并与标底价格进行对比分析。修正后的投标报价经投标人确认后对其起约束作用。

（四）投标文件的澄清和说明

评标委员会可以要求投标人对投标文件中含意不明确的内容作必要的澄清或者说明，但是澄清或者说明不得超出投标文件的范围或者改变投标文件的实质性内容。对招标文件的相关内容作出澄清和说明，其目的是有利于评标委员会对投标文件的审查、评审和比较。澄清和说明包括投标文件中含义不明确、对同类问题表述不一致或者有明显文字和计算错误的内容。

投标文件中的大写金额和小写金额不一致的，以大写金额为准；总价金额与单价金额不一致的，以单价金额为准，但单价金额小数点有明显错误的除外；对不同文字文本投标文件的解释发生异议的，以中文文本为准。

（五）投标文件应当被否决的情形

《招标投标法》没有使用“废标”一词。2001 年发布的《评标委员会和评标方法暂行规定》使用的“废标”一词，是指否决单个的投标文件。但 2002 年颁布的《政府采购法》使用的“废标”是指整个招标项目失败。由于法律规定的效力高于行政法规和部门规章，因此，2011 年颁布的《招标投标法实施条例》没有使用“废标”一词。2013 年修改后的《评标委员会和评标方法暂行规定》也删除了“废标”一词，代之以“否决投标”。

否决投标的权力归评标委员会。有下列情形之一的，评标委员会应当否决其投标：

（1）投标文件未经投标单位盖章和单位负责人签字；

（2）投标联合体没有提交共同投标协议；

（3）投标人不符合国家或者招标文件规定的资格条件；

（4）同一投标人提交两个以上不同的投标文件或者投标报价，但招标文件要求提交备选投标的除外；

（5）投标报价低于成本或者高于招标文件设定的最高投标限价；

（6）投标文件没有对招标文件的实质性要求和条件作出响应；

（7）投标人有串通投标、弄虚作假、行贿等违法行为。

（六）投标偏差

评标委员会应当根据招标文件，审查并逐项列出投标文件的全部投标偏差。投标偏差分为重大偏差和细微偏差。

1. 重大偏差。下列情况属于重大偏差：

（1）没有按照招标文件要求提供投标担保或者所提供的投标担保有瑕疵；

（2）投标文件没有投标人授权代表签字和加盖公章；

（3）投标文件载明的招标项目完成期限超过招标文件规定的期限；
（4）明显不符合技术规格、技术标准的要求；
（5）投标文件载明的货物包装方式、检验标准和方法等不符合招标文件的要求；
（6）投标文件附有招标人不能接受的条件；
（7）不符合招标文件中规定的其他实质性要求。

2. 细微偏差。细微偏差是指投标文件在实质上响应招标文件要求，但在个别地方存在漏项或者提供了不完整的技术信息和数据等情况，并且补正这些遗漏或者不完整不会对其他投标人造成不公平的结果。细微偏差不影响投标文件的有效性。

评标委员会应当书面要求存在细微偏差的投标人在评标结束前予以补正。拒不补正的，在详细评审时可以对细微偏差作不利于该投标人的量化，量化标准应当在招标文件中规定。

（七）有效投标过少的处理

投标人数量是决定投标有竞争性的最主要的因素。但是，如果投标人数量很多，但有效投标很少，则仍然达不到增加竞争性的目的。因此，《评标委员会和评标方法暂行规定》规定，如果否决不合格投标后，因有效投标不足三个使得投标明显缺乏竞争的，评标委员会可以否决全部投标。投标人少于三个或者所有投标被否决的，招标人在分析招标失败的原因并采取相应措施后，应当依法重新招标。

《评标委员会和评标方法暂行规定》的这一规定具有重要的实际意义。因为，目前在招标投标的实践中，已经出现了这样的情况：由某一个投标人找来“陪标”的几个投标人，故意把投标文件做得有许多毛病而成为无效投标，结果只有该投标人的投标文件为有效标。这种情况仅仅按照《招标投标法》的规定，招标投标的监督机关是无能为力的。但是，该规定实际上是对《招标投标法》的扩大化解释。

（八）对低于成本报价的处理

由于投标人竞争的激烈，低价格成为投标人重要的竞争手段。但是，正常的交易价格是不能低于成本的。《反不正当竞争法》第11条规定：“经营者不得以排挤对手为目的，以低于成本的价格销售商品。”《反不正当竞争法》所称“商品”包括服务。《招标投标法》第33条规定：“投标人不得以低于成本的报价竞标，也不得以他人名义投标或者以其他方式弄虚作假，骗取中标。”第41条：“中标人的投标应当符合下列条件之一：（1）能够最大限度地满足招标文件中规定的各项综合评价标准；（2）能够满足招标文件的实质性要求，并且经评审的投标价格最低；但是投标价格低于成本的除外。”

1. 评判成本是评标委员会的权利而非义务。如上所述，所有低于成本的价格销售商品（包括服务）的行为都是违法的，在招标投标中也是如此。因此，评标委员会有权利评判成本，如果投标人的报价低于成本，评标委员会有权淘汰该供应商。国家发改委等七部委发布的《评标委员会和评标方法暂行规定》第21条也规定：“在评标过程中，评标委员会发现投标人的报价明显低于其他投标报价或者在设有标底时明显低于标底，使得其投标报价可能低于其个别成本的，应当要求该投标人作出书面说明并提供相关证明材料。投标人不能合理说明或者不能提供相关证明材料的，由评标委员会认定该投标人以低于成本报价竞标，其投标应作废标处理。”

但是，笔者认为：评判成本只是评标委员会的权利，不是评标委员会的义务。我国招标投标制度给予评标委员会评判成本权利的原因在于：

第一，我国目前市场的诚信状况较差，投标人低于成本报价，往往会偷工减料或者无法履行合同，在我国目前合同违约追究制度和企业破产制度不够健全的情况下，采购人可能将承担巨大的风险。

第二，在招标活动中，投标人的投标或者报价行为是要约，但是否接受的权利在招标人手中，即招标人有废标权[①]。这与我们作为消费者到市场上采购商品，经营者报价后，消费者有权不买，其学理是一样的。招标人的这一权利将转化为评标委员会评判成本的权利。

因此，评判成本的目的是为了避免影响工程质量和不能诚信履约。

但是，在招标活动中，评判成本不可能成为招标人的义务。因为《反不正当竞争法》的理论认为，消费者一般不了解商家的进货价格[②]，事实上，工程、商品或者服务的成本判断是非常困难的，因此，任何国家的《反不正当竞争法》都不对低于成本交易中的采购人一方进行处罚，只是处罚供应商，我国《反不正当竞争法》也是如此。这意味着招标人在招标中没有评判成本的义务，如果招标人有此义务，则招标人也是这种不正当竞争行为的行为人，也应当承担法律责任。《招标投标法》在低于成本交易的规定上是源出《反不正当竞争法》的，因此，招标人也没有评判成本的义务。因此，评标委员会也没有评判成本的义务。

2. 有权对低于成本报价的投标人进行追究的主体。如上所述，如果低于成本报价的合同能够顺利履行，质量、履行期限都能够得到保障，招标人实际是低于成本报价合同的获益人，评判成本是其权利而非义务，因此，一般不会追究投标人低于成本报价的责任。事实上《反不正当竞争法》是不考虑低于成本报价合同不能履行的情况的。但是，低于成本报价既然是一种违法行为，应当由谁对其进行追究呢？笔者认为，应当由以下两个主体对低于成本报价的投标人进行追究：

第一，参与竞争的其他投标人。《反不正当竞争法》的理论认为，低于成本报价的“实质是经济实力雄厚的经营者为了霸占市场，滥用竞争优势，故意暂时将某类商品的价格压低到成本以下抛售，以此手段搞垮竞争对手”[③]。因此，这种行为的受害者首先是参与投标竞争的其他投标人。其他投标人首先可以通过质疑、投诉等手段，由招标、招标代理机构、招标监督机构维护自己的合法权益。也可以通过民事诉讼，直接向人民法院起诉低于成本报价的投标人，要求民事赔偿。

第二，招标监督机构。由于这种不正当竞争行为有社会危害性，行政机关可以追究其行政责任。低于成本报价可以理解为采取不正当手段排挤其他投标人，招标监督机构和工商行政管理机关都可以追究该投标人的行政责任。但笔者倾向于由工商行政管理机关追究行政责任，理由是考察成本，招标监督机构缺乏有效的手段。如前所述，考察成本是非常困难的事情，工商行政管理机关根据《反不正当竞争法》第 17 条的规定，有权行使下列职权：（1）按照规定程序询问被检查的经营者、利害关系人、证明人，并要求提供证明材料或者与不正当竞争行为有关的其他资料；（2）查询、复制与不正当竞争行为有关的

---

① 何红锋. 招标投标法研究［M］. 天津：南开大学出版社，2004：147－149.

② 邵建东. 竞争法教材［M］. 北京：知识产权出版社，2005：151.

③ 种明钊. 竞争法［M］. 北京：法律出版社，2002：190.

协议、账册、单据、文件、记录、业务函电和其他资料。

3. 如何处理。如果投标人的报价有可能低于成本，评标委员会有权考察投标人报价成本。考察的目的是为了确保工程质量和诚信履约；考察的方式主要是要求投标人在规定的期限内提供书面文件予以解释说明，并提交相关证明材料。工程质量和诚信履约都没有问题，比如投标人可以提供高额担保，则可以不考察成本。在考察中，投标人能够给予合理的解释，可以保留其中标的资格。其他投标人为维护自己的利益，提起民事诉讼，或者质疑、投诉，则与投标人或者投标代理机构无关。

四、详细评审

（一）概述

经初步评审合格的投标文件，评标委员会应当根据招标文件确定的评标标准和方法，对其技术部分和商务部分做进一步评审、比较。中标人的投标应当符合下列条件之一：（1）能够最大限度地满足招标文件中规定的各项综合评标标准；（2）能够满足招标文件的实质性要求，并且经评审的投标价格最低，但是投标价格低于成本的除外。

设有标底的招标项目，评标委员会在评标时应当参考标底。评标委员会完成评标后，应当向招标人提出书面评标报告，并推荐合格的中标候选人。招标人根据评标委员会提出的书面评标报告和推荐的中标候选人确定中标人，投标人也可以授权评标委员会直接确定中标人。评标只对有效投标进行评审。

评标方法包括经评审的最低投标价法、综合评估法或者法律、行政法规允许的其他评标方法。

（二）经评审的最低投标价法

1. 经评审的最低投标价法的含义。根据经评审的最低投标价法，能够满足招标文件的实质性要求，并且经评审的最低投标价的投标，应当推荐为中标候选人。这种评标方法是按照评审程序，经初审后，以合理低标价作为中标的主要条件。合理的低标价必须是经过终审，进行答辩，证明是实现低标价的措施有力可行的报价。但不保证最低的投标价中标，因为这种评标方法在比较价格时必须考虑一些修正因素，因此也有一个评标的过程。世界银行、亚洲开发银行等都是以这种方法作为主要的评标方法。因为在市场经济条件下，投标人的竞争主要是价格的竞争，而其他的一些条件如质量、工期等已经在招标文件中规定好了，投标人不得违反，否则将无法构成对招标文件的实质性响应。而信誉等因素则应当是资格预审中应当解决的因素，即信誉不好的应当在资格预审时淘汰。

2. 最低投标价法的适用范围。按照《评标委员会和评标方法暂行规定》的规定，经评审的最低投标价法一般适用于具有通用技术、性能标准或者招标人对其技术、性能没有特殊要求的招标项目。结合该规定的精神，我们可以理解为，这种评标方法应当是一般项目的首选评标方法。

3. 最低投标价法的评标要求。采用经评审的最低投标价法的，评标委员会应当根据招标文件中规定的评标价格调整方法，对所有投标人的投标报价以及投标文件的商务部分作必要的价格调整。在这种评标方法中，需要考虑的修正因素包括：一定条件下的优惠（如世界银行贷款项目对借款国国内投标人有 7.5% 的评标价优惠）；工期提前的效益对报价的修正；同时投多个标段的评标修正等。所有的这些修正因素都应当在招标文件中有明确的规定。对同时投多个标段的评标修正，一般的做法是，如果投标人的某一个标段已被确定为中标，则在其他标段的评标中按照招标文件规定的百分比（通常为4%）乘以报价额后，在评标价中扣减此值。

采用经评审的最低投标价法的，中标人的投标应当符合招标文件规定的技术要求和标准，但评标委员会无须对投标文件的技术部分进行价格折算。

根据经评审的最低投标价法完成详细评审后，评标委员会应当拟定一份“标价比较表”，连同书面评标报告提交招标人。“标价比较表”应当载明投标人的投标报价、对商务偏差的价格调整和说明以及经评审的最终投标价。

【案例4—3】运用经评审的最低投标价法进行评标

使用世界银行贷款建设的两段互相衔接的公路施工招标，招标人在招标时将这两段公路分为两个甲、乙两个标段。招标文件规定：国内投标人有7.5%的评标价优惠；同时投两个标段的投标人如果第一个标段中标，第二个标段有4%的评标扣减；投标工期以24～30个月内为合理工期，评标时两个标段都以24个月为基准，每增加1个月在评标时加上0.1百万元。有A、B、C、D、E五个承包商的投标文件是合格的，其中A、B两投标人同时对两个标段进行投标，B、D、E为国内承包商。承包商的投标情况如下：

投标人	报价（百万元）		投标工期（月）	
	甲段	乙段	甲段	乙段
A	10	10	24	24
B	9.7	10.3	26	28
C		9.8		24
D	9.9		25	
E		9.5		30

评标结果如下：

甲段为：

投标人	报价（百万元）	修正因素		评标价（百万元）
		工期因素（百万元）	本国优惠（百万元）	
A	10		+0.75	10.75
B	9.7	+0.2		9.9
D	9.9	+0.1		10

因此，甲段的中标人应为投标人B。

乙段为：

投标人	报价（百万元）	修正因素			评标价（百万元）
		工期因素（百万元）	两个标段优惠（百万元）	本国优惠（百万元）	
A	10			+0.75	10.75
B	10.3	+0.4	-0.412		10.288
C	9.8			+0.735	10.535
E	9.5	+0.6			10.1

因此，乙段的中标人应为投标人E。

（三）综合评估法

1. 综合评估法。不宜采用经评审的最低投标价法的招标项目，一般应当采取综合评估法进行评审。

根据综合评估法，最大限度地满足招标文件中规定的各项综合评价标准的投标，应当推荐为中标候选人。衡量投标文件是否最大限度地满足招标文件中规定的各项评价标准，可以采取折算为货币的方法、打分的方法或者其他方法。需量化的因素及其权重应当在招标文件中明确规定。

在综合评估法中，最为常用的方法是百分法。这种方法是将评审各指标分别在百分之内所占比例和评标标准在招标文件内规定。开标后按评标程序，根据评分标准，由评委对各投标人的标书进行评分，最后以总得分最高的投标人为中标人。这种评标方法长期以来一直是建设工程领域采用的主流评标方法。在实践中，百分法有许多不同的操作方法，其主要区别在于：这种评标方法的价格因素的比较需要有一个基准价（或者被称为参考价），主要的情况是以标底作为基准价；但是，为了更好地符合市场或者为了保密，基准价的确定有时加入投标人的报价。

无论如何，综合评估法应当保留，特别是对于设计、监理等的招标，需要竞争的不是投标人的价格，不能以报价作为唯一或者主要的评标内容。但是，对于建设工程招标的主要内容—施工招标，则不应当以此种评标方法作为主要的评标方法，否则无法反映出施工招标需要投标人竞争的主要内容是投标报价这一要求。

2. 综合评估法的评标要求。评标委员会对各个评审因素进行量化时，应当将量化指标建立在同一基础或者同一标准上，使各投标文件具有可比性。

对技术部分和商务部分进行量化后，评标委员会应当对这两部分的量化结果进行加权，计算出每一投标的综合评估价或者综合评估分。

根据综合评估法完成评标后，评标委员会应当拟定一份“综合评估比较表”，连同书面评标报告提交招标人。“综合评估比较表”应当载明投标人的投标报价、所作的任何修正、对商务偏差的调整、对技术偏差的调整、对各评审因素的评估以及对每一投标的最终评审结果。

【案例 4—4】运用综合评估法进行评标

有一工程施工项目采用邀请招标方式，经研究考察确定邀请五家具备资质等级的施工企业参加投标，各投标人按照技术、经济分为两个标书，分别装订报送，经招标领导小组研究确定评标原则为：

（1）技术标占总分 30%。

（2）经济标占总分 70%，其中报价占 30%、工期占 20%、企业信誉占 10%、施工经验占 10%。

（3）各单项评分满分均为 100 分，计算中小数点后取一位。

（4）报价评分原则为：以标底的正负 3% 为合理报价，超过认为是不合理报价，计分以合理报价的下限为 100 分，标价上升 1% 扣 10 分。

（5）工期评分原则为：以定额工期为准提前 15% 为 100 分，每延后 5% 扣 10 分，超过定额工期者被淘汰。

（6）企业信誉评分原则为：企业近三年工程优良率为准，100% 为满分，如有国家级获奖工程，每项加 20%，如有省市优良工程奖每项加 10%。

（7）施工经验的评分原则为：企业近 3 年承建的类似工程与承建总工程百分比计算，100% 为 100 分。

下面是五家投标单位投标报表及技术标的评标情况：

技术方案标：经专家对各投标单位所报方案比较，针对总平面布置、施工组织网络、施工方法及工期、质量、安全、文明施工措施、机具设备配置、新技术、新工艺、新材料推广应用等项综合评定打分为：A 单位为 95 分、B 单位为 87 分、C 单位为 93 分、D 单位为 85 分、E 单位为 80 分。

经济标汇总表如下：

投标单位	报价（万元）	工期（月）	企业信誉	施工经验
A	5970	36	50%，获省优工程一项	30%
B	5880	37	40%	30%
C	5850	34	55%，获鲁班奖工程一项	40%
D	6150	38	40%	50%
E	6090	35	50%	20%
标底	6000	40		

要求按照评标原则进行评标，以获得最高分的单位为中标单位。

评标得分为：

（1）各投标单位相对报价及得分：

投标单位	A	B	C	D	E
标底（万元）	6000	6000	6000	6000	6000
报价（万元）	5970	5880	5850	6150	6090
相对报价（万元）	99.5%	98%	97.5%	102.5%	101.5%
得分	75	90	95	45	55

（2）各投标单位工期提前率及得分：

投标单位	A	B	C	D	E
定额工期（月）	40	40	40	40	40
投标工期（月）	36	37	34	38	35
工期提前率	10%	7.5%	15%	5%	12.5%
得分	90	85	100	80	95

（3）各投标单位企业信誉及得分：

投标单位	A	B	C	D	E
	50% +10%	40%	55% +20%	40%	50%
得分	60	40	75	40	50

（4）各投标单位各项得分及总分：

投标单位	A	B	C	D	E
技术标综合得分	28.5	26.1	27.9	25.5	24
报价综合得分	22.5	27	28.5	13.5	16.5
工期综合得分	18	17	20	16	19
企业信誉综合得分	6	4	7.5	4	5
施工经验综合得分	3	3	4	5	2
总得分	78	77.1	87.9	64	66.5

评标结果：C 单位中标。

【案例 4—5】运用综合评估法进行招标

某省长江干流江岸堤防加固整治工程是全国的重点工程，为保证以一流的队伍、一流的施工和一流的质量搞好此项工程，工程指挥部根据水利部有关招标投标的规定以及省政府令，在总结过去工程招标工作经验教训的基础上，制定了一套完整的有关长江整治工程的招标投标办法，内容包括招标领导小组的组成、招标时段安排、招标程序、招标方式、评标委员会组成、评标原则、标底确定、评标方法、定标方法等。

具体招标程序如下：第一步，编制招标文件和评标办法；第二步，向省重点办报送招标申请书；第三步，向施工企业发出投标邀请书，并发售招标文件和评标办法；第四步，施工企业递交投标书；第五步，按招标文件中规定的时间、地点开标；第六步，评标委员会评标，写出评标报告，并向招标领导小组推荐 2 ~ 3 名施工企业作为中标候选人；第七步，招标领导小组决标；第八步，工程指挥部发出中标通知书；第九步，与中标企业签订合同。

截止到 1999 年 4 月 2 日，需在今年汛期前完成的应急工程的招标工作已全部完成，共计 16 个标段。总体而言，在招标领导小组的领导下，在纪检监察部门的监督下，经过评标委员会认真、负责的工作，整个招标工作按照“三公”原则进行，未发现相互串通、哄抬报价、非法获取标底信息和泄露标底等违法行为，中标的企业全部具有水利一级施工资质。此次招标的主要特点是：

（1）独创招标标底。在全省水利工程建设招标工作中，率先采用了 A + B 的评标标底确定方法，即在所有投标单位的报价中，去掉二个最高价和一个最低价，得出平均值，然后与招标单位编制的标底进行平均，得出的数值将作为评标标底。在这种方法中，所有投标单位的报价均为有效报价，所有投标单位都不可能事先知道标底，极大地保证了招标和评标过程中的公平、公正。

（2）量化评标办法。具体做法是：先将投标书的有关内容分为工程技术和经济两部分，再把各部分具体细化为施工方法、工艺、质量、进度、安全措施及检测方法，施工布置，管理和技术负责人配备，施工机械设备，企业资质、信誉及财务状况，投标文件和递交资料的完整性，对招标文件的响应程度，报价的准确性和合理性，工程单价的准确性和单价分析合理性，并按不同的标准设定分数，评标采用分项打分的方法，参加评标的全体成员评分，统计后按得分多少排序，推荐得分多的前 2 ~ 3 名报招标领导小组决标。

（3）突出工程单价。在评分标准中，把经济部分的 60 分总分分解为：报价 25 分，工程单价的准确性和单价分析的合理性为 20 分，资质、信誉、财务状况和响应标书程度为 15 分。通过这种办法，使报价在评分标准中的比例大大低于一般招标项目（一般不低于 50 分）；工程单价准确性和单价分析合理性占 20 分（一般招标项目没有此项分数），采用投标单价与标底单价误差绝对值作为衡量标准。这样做的好处在于能更准确地反映投标商的整体业务素质，使最优秀的投标商更有机会中标。

（4）引入监督制。为使招标工作充分体现“三公”原则，防止违法、违规行为的发生，工程指挥部特地邀请了纪检、监督部门的同志参加，从标底的编制、开标、评标到招标领导小组决标，进行全过程的检查。在开标会上，投标人被告知可向纪检监察部门反映有关人员在招标过程中的违法、违规、违纪和显失公平行为。每次招标活动结束，纪检监察部门都要作出结论性意见并存档。这种做法在该省重点工作招标投标过程中实行了多年，对规范招投标工作、遏制腐败行为起到了积极作用。

（四）其他评标方法

在法律、行政法规允许的范围内，招标人也可以采用其他评标方法。如建设部在1996年发布的《建设工程施工招标文件范本》中规定，可以采用评议法。评议法不量化评价指标，通过对投标人的能力、业绩、财务状况、信誉、投标价格、工期、质量、施工方案（或施工组织设计）等内容进行定性的分析和比较，进行评议后，选择投标人在各指标都较优良者为中标单位，也可以用表决的方式确定中标人。当然，评议法是一种比较特殊的评标方法，只有在特殊情况下方可采用。

（五）评标中的其他要求

1. 关于投备选标问题。如果招标项目中的技术问题尚不十分成熟或者某些要求尚不十分明确，则可以考虑允许投标人投备选标。但如果允许投备选标，必须在招标文件中作出规定。根据招标文件的规定，允许投标人投备选标的，评标委员会可以对排名中标人所投的备选标进行评审，以决定是否采纳备选标。不符合中标条件的投标人的备选标不予考虑。

2. 关于同时投多个标段问题。对于划分有多个单项合同（即多个标段）的招标项目，招标文件允许投标人为获得整个项目合同而提出优惠的，评标委员会可以对投标人提出的优惠进行审查，以决定是否将招标项目作为一个整体合同授予中标人。将招标项目作为一个整体合同授予的，整体合同中标人的投标应当最有利于招标人。

3. 评标的期限和延长投标有效期的处理。评标和定标应当在投标有效期结束日30个工作日前完成。不能在投标有效期结束日30个工作日前完成评标和定标的，招标人应当通知所有投标人延长投标有效期。拒绝延长投标有效期的投标人有权收回投标保证金。同意延长投标有效期的投标人应当相应延长其投标担保的有效期，但不得修改投标文件的实质性内容。因延长投标有效期造成投标人损失的，招标人应当给予补偿，但因不可抗力需延长投标有效期的除外。

招标文件应当载明投标有效期。投标有效期从提交投标文件截止日起计算。

（六）编制评标报告和推荐中标候选人

评标完成后，评标委员会应当向招标人提交书面评标报告和中标候选人名单。中标候选人应当不超过3个，并标明排序。评标报告应当由评标委员会全体成员签字。对评标结果有不同意见的评标委员会成员应当以书面形式说明其不同意见和理由，评标报告应当注明该不同意见。评标委员会成员拒绝在评标报告上签字又不书面说明其不同意见和理由的，视为同意评标结果。评标报告一般包括以下内容：

1. 评标公告刊登的时间、购买招标文件的单位名称；
2. 开标日期、开标汇率；
3. 投标人名单；
4. 投标报价以及调整后的价格；
5. 价格评标基础；
6. 评标的原则、标准和方法；
7. 授标建议。

（七）否决所有投标

评标委员会经评审，认为所有投标都不符合招标文件要求，可以否决所有投标。可以否决所有投标的学理原因在于招标行为（公告或者邀请）仅仅是要约邀请。即使是完全由于招标人的原因造成的投标不符合建设项目要求的，招标人也可以否决所有投标，如开标时发现项目设计有重大错误需要重新设计。当然，招标人不能轻易否决所有投标，这涉及招标人在社会公众（特别是投标人）中的信誉问题，也因为招标活动要有相当的投入及时间消耗。如因下列原因之一将导致部分或全部完成了招标程序而无一投标人中标，造成招标人被迫宣告招标失败：

（1）无合格的投标人前来投标或投标单位数量不足法定数；

（2）标底在开标前泄密；

（3）各投标人的报价均成为不合理标；

（4）在定标前发现标底有严重漏误而无效；

（5）其他在招标前未预料到，但在招标过程中发生并足以影响招标成功的事由。

所有投标被否决的，招标人应当按照《招标投标法》的规定重新招标。在重新招标前一定要分析所有投标都不符合招标文件要求的原因，因为没有任何变化的重新招标获得的仍然是相同的结果。导致所有投标都不符合招标文件要求的原因，往往是招标文件的要求过高（不符合实际），投标人无法达到要求。在这种情况下，一般需要修改招标文件后再进行重新招标。

五、中标

依法必须进行招标的项目，招标人应当自收到评标报告之日起 3 日内公示中标候选人，公示期不得少于 3 日。投标人或者其他利害关系人对依法必须进行招标的项目的评标结果有异议的，应当在中标候选人公示期间提出。招标人应当自收到异议之日起 3 日内作出答复；作出答复前，应当暂停招标投标活动。

国有资金占控股或者主导地位的依法必须进行招标的项目，招标人应当确定排名第一的中标候选人为中标人。排名第一的中标候选人放弃中标、因不可抗力不能履行合同、不按照招标文件要求提交履约保证金，或者被查实存在影响中标结果的违法行为等情形，不符合中标条件的，招标人可以按照评标委员会提出的中标候选人名单排序依次确定其他中标候选人为中标人，也可以重新招标。

中标人确定后，招标人应当向中标人发出中标通知书，并同时将中标结果通知所有未中标的投标人。中标通知书对招标人和中标人具有法律效力。中标通知书发出后，招标人改变中标结果的，或者中标人放弃中标项目的，应当依法承担法律责任。

在招标投标实践中，经常会产生以下三个问题：第一，是否应当通知未中标的投标人未中标的结果？应当说，从《招标投标法》的规定来看是明确的，因为将中标结果通知所有未中标的投标人也就是通知了其未中标的结果。但是，在法理上会产生这样一个问题，如果招标人未通知未中标的投标人，会产生什么样的结果呢？投标人是否有权要求赔偿损失呢？笔者认为，没有通知未中标显然不能认为产生中标的结果，因为从法理上看，既然中标通知书是一种承诺，这种承诺发出才能生效，不通知即意味着没有中标。因此，笔者认为招标人没有义务将中标结果通知所有未中标的投标人，至少未通知未中标的投标人，招标人不应当承担赔偿责任。第二，招标人是否应当向未中标的投标人解释未中标的原因？笔者的答案是否定的。有的同志认为，既然投标人花了钱了，招标人与投标人就是经营者与消费者的关系，不解释未中标的原因损害了投标人的知情权。首先，这种观点是对消费者的误解，因为消费者在交易过程中是弱者，才有了《消费者权益保护法》对消费者的特别保护，该法并不适用所有的交易活动，该法第 2 条明确规定："消费者为生活消费需要购买、使用商品或者接受服务，其权益受本法保护"，招标投标活动显然不能适用《消费者权益保护法》。其次，招标投标活动应当适用《合同法》的规定（当然，如果《招标投标法》有规定的，则应当适用《招标投标法》的规定），按照《合同法》的规定，受要约人（招标人）不想订立合同的，无须向要约人（投标人）解释理由，否则将构成对合同自由的严重限制，人们将不敢轻易发出要约邀请，比如不敢轻易在交易市场询价（这也是《合同法》意义上的邀约邀请），这对市场经济是不可想象的。第三，未中标的投标人是否可以要求退还其购买的招标文件？有人认为：因为招标文件是一件有价值的商品，在招标文件中要求不能退回这也是一种不合适的做法。笔者对此的回答也是否定的，因为招标文件提供的是一种特定的信息，这种信息只有在提交投标文件的截止日期前才有价值，对于投标人而言，阅读招标文件后其购买招标文件的价值就实现了。因此，未中标的投标人不能要求退还其购买的招标文件。

依法必须进行招标的项目，招标人应当自确定中标人之日起 15 日内，向有关行政监督部门提交招标投标情况的书面报告。

第五节　招标的异议与投诉

一、招标的异议和质疑

招标的异议，是指投标人认为招标文件、招标过程和中标结果使自己的权益受到损害的，以书面形式向招标人或招标代理机构提出疑问主张权利的行为。《招标投标法》第 65 条规定，投标人和其他利害关系人认为招标投标活动不符合本法有关规定的，有权向招标人提出异议。

（一）招标异议的当事人

在招标投标活动中有权提出异议的是投标人、潜在投标人或者其他利害关系人。被异议人是招标人。

（二）招标异议的内容

投标人和其他利害关系人认为招标投标活动不符合法律、行政法规规定的，有权向招标人提出异议。

（三）招标异议的程序

投标人或者其他利害关系人认为招标投标活动不符合法律、行政法规规定的，可以自知道或者应当知道之日起 10 日内向有关行政监督部门投诉。投诉应当有明确的请求和必要的证明材料。

但是，对资格预审文件或招标文件、开标、评标结果三个方面提出异议，是对这些内容提出投诉的前置程序。对这些内容提出质疑，《招标投标法实施条例》规定了特别的程序。

对资格预审文件或招标文件的异议。潜在投标人或者其他利害关系人对资格预审文件有异议的，应当在提交资格预审申请文件截止时间2日前提出；对招标文件有异议的，应当在投标截止时间10日前提出。招标人应当自收到异议之日起3日内作出答复；作出答复前，应当暂停招标投标活动。投标人、潜在投标人或者其他利害关系人未在《招标投标法实施条例》规定的期限内提出异议的，招标人不予受理。

对开标的异议。投标人对开标有异议的，应当在开标现场提出，招标人应当当场作出答复，并制作记录。

对评标结果的异议。投标人或者其他利害关系人对依法必须进行招标的项目的评标结果有异议的，应当在中标候选人公示期间提出。招标人应当自收到异议之日起3日内作出答复；作出答复前，应当暂停招标投标活动。

二、招标的投诉

招标投诉，是指投标人和其他利害关系人认为招标投标活动不符合法律、法规和规章规定，依法向有关行政监督部门提出意见并要求相关主体改正的行为。建立招标投诉制度的目的是为了保护国家利益、社会公共利益和招标投标当事人的合法权益，公平、公正处理招标投诉的基本要求。

《招标投标法实施条例》规定，对资格预审文件或招标文件、开标、评标结果等事项投诉的，应当先向招标人提出异议。异议答复期间不计算在相应期限内。

（一）招标投诉受理的程序和要求

1. 招标投诉人。有权提出投诉的主体是投标人和其他利害关系人。投标人和其他利害关系人认为招标投标活动不符合法律、法规和规章规定的，有权依法向有关行政监督部门投诉。

2. 招标投诉受理人。招标投诉受理人是招标投标的行政监督部门。各级发展改革、建设、水利、交通、铁道、民航、工业与信息产业（通信、电子）等招标投标活动行政监督部门，依照国务院和地方各级人民政府规定的职责分工，受理投诉并依法作出处理决定。对国家重大建设项目（含工业项目）招标投标活动的投诉，由国家发展改革委受理并依法作出处理决定。对国家重大建设项目招标投标活动的投诉，有关行业行政监督部门已经受理的，应当通报国家发展改革委，国家发展改革委不再受理。投诉人就同一事项向两个以上有权受理的行政监督部门投诉的，由最先收到投诉的行政监督部门负责处理。

3. 投诉人提交投诉书。投诉应当有明确的请求和必要的证明材料。投诉人投诉时，应当提交投诉书。投诉书应当包括下列内容：

（1）投诉人的名称、地址及有效联系方式；

（2）被投诉人的名称、地址及有效联系方式；

（3）投诉事项的基本事实；

（4）相关请求及主张；

（5）有效线索和相关证明材料。

投诉人是法人的，投诉书必须由其法定代表人或者授权代表签字并盖章；其他组织或者个人投诉的，投诉书必须由其主要负责人或者投诉人本人签字，并附有效身份证明复印件。投诉书有关材料是外文的，投诉人应当同时提供其中文译本。由于投诉有高效的原则要求，因此，对投诉人提交投诉书有严格的时限要求，投诉人认为招标投标活动不符合法律、行政法规规定的，可以自知道或者应当知道之日起10日内向有关行政监督部门投诉。

投诉人可以直接投诉，也可以委托代理人办理投诉事务。代理人办理投诉事务时，应将授权委托书连同投诉书一并提交给行政监督部门。授权委托书应当明确有关委托代理权限和事项。

4. 行政监督部门决定是否受理投诉。行政监督部门应当自收到投诉之日起 3 个工作日内决定是否受理投诉。行政监督部门收到投诉书后，应当视情况分别作出以下处理决定：

（1）不符合投诉处理条件的，决定不予受理，并将不予受理的理由书面告知投诉人。有下列情形之一的投诉，不予受理：

1）投诉人不是所投诉招标投标活动的参与者，或者与投诉项目无任何利害关系；

2）投诉事项不具体，且未提供有效线索，难以查证的；

3）投诉书未署具投诉人真实姓名、签字和有效联系方式的；

4）以法人名义投诉的，投诉书未经法定代表人签字并加盖公章的；

5）超过投诉时效的；

6）已经作出处理决定，并且投诉人没有提出新的证据的；

7）投诉事项已进入行政复议或者行政诉讼程序的。

（2）对符合投诉处理条件，但不属于本部门受理的投诉，书面告知投诉人向其他行政监督部门提出投诉。

（3）对于符合投诉处理条件并决定受理的，收到投诉书之日即为正式受理。

（二）招标投诉处理的程序和要求

1. 关于回避的规定。投诉受理后，首先要确定具体的工作人员负责处理。行政监督部门负责投诉处理的工作人员，有下列情形之一的，应当主动回避：

（1）近亲属是被投诉人、投诉人，或者是被投诉人、投诉人的主要负责人；

（2）近三年内本人曾经在被投诉人单位担任高级管理职务；

（3）被投诉人、投诉人有其他利害关系，可能影响对投诉事项公正处理的。

2. 对投诉进行调查取证。调查取证是对投诉进行处理的基础，行政监督部门在进行调查取证时，应当正确行使权力。

（1）调取、查阅有关文件。按照《招标投标法实施条例》的规定，行政监督部门处理投诉，有权查阅、复制有关文件、资料，调查有关情况，相关单位和人员应当予以配合。必要时，行政监督部门可以责令暂停招标投标活动。行政监督部门受理投诉后，应当调取、查阅有关文件，调查、核实有关情况。对情况复杂、涉及面广的重大投诉事项，有权受理投诉的行政监督部门可以会同其他有关的行政监督部门进行联合调查。

（2）询问相关人员。行政监督部门可以对相关人员进行询问，但应当由两名以上行政执法人员进行，并做笔录，交被调查人签字确认。

（3）听取被投诉人的陈述和申辩。在投诉处理过程中，行政监督部门应当听取被投诉人的陈述和申辩，必要时可通知投诉人和被投诉人进行质证。

（4）应当遵守保密规定。行政监督部门负责处理投诉的人员应当严格遵守保密规定，对于在投诉处理过程中所接触到的国家秘密、商业秘密应当予以保密，也不得将投诉事项透露给与投诉无关的其他单位和个人。

（5）相关人员的配合义务。对行政监督部门依法进行的调查，投诉人、被投诉人以及评标委员会成员等与投诉事项有关的当事人应当予以配合，如实提供有关资料及情况，不得拒绝、隐匿或者伪报。

3. 对投诉人要求撤回投诉的处理。投诉处理决定作出前，投诉人要求撤回投诉的，应当以书面形式提出并说明理由，由行政监督部门视以下情况，决定是否准予撤回：

（1）已经查实有明显违法行为的，应当不准撤回，并继续调查直至作出处理决定。

（2）撤回投诉不损害国家利益、社会公共利益或者其他当事人合法权益的，应当准予撤回，投诉处理过程终止。投诉人不得以同一事实和理由再提出投诉。

4. 投诉处理决定的作出。行政监督部门应当依法对投诉作出处理决定，程序上也应当符合规定。

（1）投诉处理决定的时限和通知要求。行政监督部门自受理投诉之日起30个工作日内作出书面处理决定；需要检验、检测、鉴定、专家评审的，所需时间不计算在内。负责受理投诉的行政监督部门作出处理决定，应当以书面形式通知投诉人、被投诉人和其他与投诉处理结果有关的当事人。情况复杂，不能在规定期限内作出处理决定的，经本部门负责人批准，可以适当延长，并告知投诉人和被投诉人。对情况复杂、涉及面广的重大投诉事项，有权受理投诉的行政监督部门会同其他有关的行政监督部门进行联合调查，共同研究后，仍由受理部门作出处理决定。

（2）投诉处理决定的结果。行政监督部门应当根据调查和取证情况，对投诉事项进行审查，按照下列规定作出处理决定：A 投诉缺乏事实根据或者法律依据的，驳回投诉；B 投诉情况属实，招标投标活动确实存在违法行为的，依据《中华人民共和国招标投标法》及其他有关法规、规章作出处罚。

（3）投诉处理决定的主要内容。投诉处理决定应当包括下列主要内容：A 投诉人和被投诉人的名称、住址；B 投诉人的投诉事项及主张；C 被投诉人的答辩及请求；D 调查认定的基本事实；E 行政监督部门的处理意见及依据。

（4）当事人对投诉处理决定不服的。行政监督部门的投诉处理决定不是终局的，因此，当事人对行政监督部门的投诉处理决定不服或者行政监督部门逾期未做处理的，可以依法申请行政复议或者向人民法院提起行政诉讼。

（5）投诉处理的费用。行政监督部门对投诉处理中需要的费用，全部由财政支出，行政监督部门在处理投诉过程中，不得向投诉人和被投诉人收取任何费用。

第六节　世界银行贷款项目采购程序

一、概述

（一）世界银行集团简介

世界银行集团（The World Bank Group）共包括五个成员组织：国际复兴开发银行（The International Bank For Reconstruction and Development）、国际开发协会（The International Development Association）、国际金融公司（The International Finance Cooperation）、解决投资争端中心（The International Centre for the settlement of Investment Dispute）和多边投资担保机构（The Multilateral Investment Agency）。国际复兴开发银行成立于 1945 年 12 月，是世界银行集团中最早成立的机构，它主要向发展中国家提供中、长期贷款，贷款利率低于市场利率。国际开发协会成立于 1960 年，国际金融公司成立于 1956 年，解决投资

争端中心成立于1965年，多边投资担保机构成立于1988年。现在人们把世界银行集团简称为“世界银行”，但在世界银行集团业务活动中，“世界银行”是国际复兴开发银行和国际开发协会的统称。

（二）我国与世界银行的合作

我国是世界银行的创始成员国之一，但在中华人民共和国成立后的31年都未能行使代表权，1980年我国的代表权才被恢复。1980年以来，我国一直与世界银行在经济调研、项目贷款、技术援助等三个领域进行着富有成效的合作。在经济调研方面，世界银行于1981年和1984年分别对我国进行了两次大规模的宏观经济考察，并从1985年始至1992年底与我国先后制订了六个经济调研计划。在项目贷款方面，我国至今已获得总额200多亿美元的世界银行贷款。在技术援助方面，我国也与世界银行进行了大量的合作。

利用世界银行贷款是我国与世界银行合作的核心内容。利用世界银行贷款是借款国政府与世界银行共同的投资行为，项目的选择必须充分反映双方的政策要求。世界银行贷款并不支付项目的全部投资，一般只支付项目所需的外汇资金或项目总投资的35%～50%，其余投资由国内配套资金承担。利用世界银行贷款应当积极做好国内配套资金的筹措，做好建设项目国内的政策、程序、管理体制与世界银行的衔接。

（三）世界银行贷款项目的采购原则

世界银行贷款项目的采购原则和采购程序是由《国际复兴开发银行贷款和国际开发协会信贷采购指南》（简称《采购指南》）规定的，其基本原则有以下三条：

（1）在项目采购中，必须注意经济性和效率性；

（2）世界银行贷款项目为合格的投标人承包项目提供平等的竞争机会，不论投标人来自发达国家还是发展中国家；

（3）世界银行作为一个开发机构，其贷款项目应促进借款国的制造业和承包业的发展。

世界银行贷款项目的采购程序既适用于土建工程，也适用于货物和咨询服务，它们适用同一个程序和原则，即：《国际复兴开发银行贷款和国际开发协会信贷采购指南》规定的采购原则和采购程序。

二、国际竞争性招标

国际竞争性招标（International Competitive Bidding——ICB），是指邀请世界银行成员国的承包商参加投标，从而确定最低评标价的投标人为中标人，并与之签订合同的整个程序和过程。世界银行认为：在大多数情况下，实现经济、有效率、公平竞争的要求和意愿的最好办法是通过管理得当的国际竞争性招标。在实践中，国际竞争性招标采购的金额占贷款采购总金额的80%左右，在我国的世界银行贷款项目中，国际竞争性招标采购的金额也占贷款采购总金额的70%以上。因此，国际竞争性招标是世界银行贷款项目采购程序的主要程序。

（一）总采购公告

及时将投标机会通知国际社会，在国际竞争性招标中是很重要的。这不但是为了使投标人能及早了解投标机会，并为此做好准备；而且对业主/购货人也有好处。因为，这样做可以促进竞争，并使业主/购货人能进一步了解市场供应情况，有助于经济、有效地达到采购的目的。公开通告投标机会也是世界银行及其他国际开发机构所要求的，目的是使所有合格而有能力、符合要求的投标人有不受歧视、公平的投标机会。

世界银行要求，贷款项目中心以国际竞争性方式采购的货物和工程，借款人必须准备并交世界银行一份总采购公告。当某一项目的资金来源已经初步确定（如已初步确定由世界银行提供贷款，本国配套资金也已基本落实），项目初步设计已经完成，项目评估已经或接近完成，在项目评估阶段已经确定了须以国际竞争性招标方法进行采购的那部分设备和工程，就可以准备这样一份总采购通告，并及早送交世界银行，安排免费在联合国出版的《发展商务报》上刊登。送交世界银行的时间最迟不应迟于招标文件已经准备好、将向投标人公开发售之前60天，以便及早安排刊登，使可能的投标人有时间考虑，并表示他们对这项采购的兴趣。

（二）资格预审和资格定审

凡采购大而复杂的工程，以及在例外情况下，采购专为用户设计的复杂设备或特殊服务，在正式投标前宜先进行资格预审，对投标人是否有资格和能力承包这项工程或制造这种设备先期进行审查，以便缩小投标人的范围。这样做也可以使不能胜任的厂商避免因准备投标而花费巨大的人力财力。一个项目的具体采购合同是否要进行资格预审，应由借款人和世界银行充分协商后，在贷款协定中明确规定。资格预审首先要确定投标人是否有投标资格（Eligibility），在有优惠待遇的情况下，也可确定其是否有资格享受本国或地区优惠待遇。

除了确定投标资格外，资格预审的目的是为了审定可能的投标人是否有能力承担该项采购任务。资格预审应预先规定评审标准及合格要求，并应将合同的规模和合格要求通知愿意参加预审的厂商。经过评审后，凡符合标准的，都应准予投标，而不应限定预审合格的投标人的数量。资格预审一结束，就应将招标文件发给预审合格的投标人，且时间间隔不宜太长。因为相距时间太长，时过境迁，原来已合格的可能不再合格，原来不合格的可能又具备了合格条件，这样，正式投标时将不得不重新进行资格预审或至少再进行资格定审。如果在投标前未进行过资格预审，则应在评标后对标价最低并拟授予合同的标书的投标人进行资格定审，以便审定他是否有足够的人力财力资源有效地实施采购合同。资格定审的标准应在招标文件中明确规定，其内容与资格预审的标准相同。如果评标价最低的投标人不符合资格要求，就应拒绝这一投标，而对次低标的投标人进行资格定审。

（三）准备招标文件

招标文件是评标及签订合同的依据，它向未来的投标人提供与所需采购的货物或工程有关的一切情况、投标应注意的一切事项和评标的具体标准，还规定了业主与投标人之间的权利和义务，并提出了授予合同后业主与供货人/承包商之间的权利义务关系，作为今后签订正式合同的基础。招标文件的各项条款应符合《采购指南》的规定。世界银行虽然并不“批准”招标文件，但需其表示“无意见”（NO objection）后招标文件才可以公开发售。在准备招标文件或世界银行审查过程中，也可能有忽略或产生错误。但招标文件一经制定，世界银行也已表示“无意见”，并已公开发售后，则除非有十分严重的不妥之处或错误，即使其中有些规定不符合《采购指南》，评标时也必须以招标文件为准。例如，世界银行要求，投标保证金可以采用存入现金、开出支票或由银行开具保函、开出不可收回的信用证的方式。如果是后者，则保函或信用证的开出行应位于业主所在国境内，或虽位于国外但为业主所接受者。也有经世界银行表示“无意见”的招标文件规定，开具投标保证金保函的银行必须位于业主所在国内。这一规定不符合世界银行要求，但既已作为招标文件正式规定，就应按此实行。

招标文件的内容必须明白确切，应说明工程内容、工程所在地点、所需提供的货物、交货及安装地点、交货或竣工进程表、保修和维修要求以及其他有关的条件和条款。如有必要，招标文件还应规定将采用的测试标准及方法，用以测定交付使用的设备是否符合规格要求。图纸与技术说明书内容必须一致。

招标文件还应说明在评标时除报价以外需考虑的其他因素，以及在评标时如何计量或用其他方法评定这些因素。如果允许对设计方案、使用原材料、支付条件、竣工日程等提出替代方案，招标文件应明确说明可以接受替代方案的条件和评标方法。招标文件发出后如有任何补充、澄清、勘误或更改，包括对投标人提出的问题所作出的答复，都必须在距招标截止期足够长的时间以前，发送原招标文件的每一个收件人。

招标文件所用的语言应为国际商业通用的语言，即英、法、西班牙文三者之一，并以该种文字的文本为准。但根据世界银行 1985 年 12 月新规定，如果借款人愿意，也可以在以英、法或西班牙文发出招标文件外，同时发出本国文字的招标文件。

（四）具体合同招标广告（投标邀请书）

除了总采购通告外，借款人应将具体合同的投标机会及时通知国际社会。为此，应及时刊登具体合同的招标广告，即投标邀请书。与总采购通告有所不同，这类具体合同招标广告不要求，但鼓励刊登在联合国《发展商务报》上。至少应刊登在借款人国内广泛发行的一种报纸上；如有可能，也应刊登在官方公报上。招标广告的副本，应转发给有可能提供所需采购的货物或工程的合格国家的驻当地代表（如使馆的商务处），也应发给那些看到总采购通告后表示感兴趣的国内外厂商。如系大型、专业性强或重要的合同，世界银行也可要求借款人把招标广告刊登在国际上发行很广的著名技术性杂志、报纸或贸易刊物上。

从发出广告到投标人作出反应之间应有充分时间，以便投标人进行准备。一般来说，从刊登招标广告或发售招标文件（两个时间中以较晚的时间为准）算起，给予投标商准备投标的时间不得少于 45 天。

对大型工程和复杂的设备，为了使预期的投标人熟悉情况，便于准备投标，应鼓励业主在投标前召集投标准备会议，组织现场考察，以使投标更切合实际。

（五）开标

在招标文件《投标人须知》中应明确规定投交标书地址、投标截止时间和开标时间及地点。投交标书的方式不得加以限制（如规定必须寄交某邮政信箱），以免延误，应该允许投标人亲自或派代表投交标书。开标时间一般应是投标截止时间或紧接在截止时间之后，招标人应规定时间当众开标，应允许投标人或其代表出席开标会议，对每份标书都应当众读出其投标人、报价和交货或完工期；如果要求或允许提出替代方案，也应读出替代方案的报价及完工期。标书是否附有投标保证金或保函也应当众读出，不能因为标书未附投标保证金或保函而拒绝开启。标书的详细内容是不可能也不必全部读出的。开标应作出记录，列明到会人员及会宣读的有关标书的内容。如果世界银行有要求，还应将记录的副本送交世界银行。开标时一般不允许提问或作任何解释，但允许记录和录音。

在投标截止期以后收到的标书，尤其是已经开始宣读标书以后收到的标书，不论出于何种原因，一般都可加以拒绝。

上述公开开标的程序是竞争性招标最常采用的开标程序，也是世界银行要求其贷款项目采用国际竞争性招标方法时必须遵循的程序。公开开标也有其他变通办法，一个办法是所谓“两个信封制度”（Two envelope system），即要求投标书的技术性部分密封装入一个信封，而将报价装入另一个密封信封。第一次开标会时先开启技术性标书的信封，然后将各投标人的标书交评标委员会评比，评价是否在技术方面符合要求。这一步骤所需时间短至几小时，长至几个星期。如标书在技术上不符合要求，即通知该标书的投标人。第二次开标会时再将技术上符合要求的标书报价公开读出。技术上不符合要求的标书，其第二个信封不再开启。如果采购合同简单，两个信封也可能在一次会议上先后开启。

（六）评标

评标主要有审标、评标、资格定审三个步骤。

1. 审标。审标是先将各投标人提交的标书就一些技术性、程序性的问题加以澄清并初步筛选。如投标人是否具备投标资格、是否附有要求交纳的投标保证金、是否已按规定签字、是否在主要方面均符合招标文件提出的要求、是否有重大的计算错误、其他方面是否都符合规定等。

2. 评标。按招标文件所明确规定的标准和评标方法评定各标书的评标价，评比时既要考虑报价，也要考虑其他因素。投标书如有各种与招标文件所列要求不重大的偏离者，应按招标文件规定办法以在评标中加以计算。有些问题则可以通过双方一同举行澄清会议，寻求一致意见加以解决。然后按评标价高低，由低至高，评定各标书的评标次序。

3. 资格定审。如果未经资格预审，则应对评标价最低标书的投标人进行资格定审。定审结果，如果认定他有资格，又有足够的人力、财力资源承担合同任务，就应报送世界银行，建议授予合同。如发现他不符合要求，则再对评标价次低标书的投标人进行资格定审。

评标只是对标书的报价和其他因素以及标书是否符合招标程序要求和技术要求进行评比，而不是对投标商是否具备实施合同的经验、财务能力和技术能力的资格进行评审。对投标商的资格审查应在资格预审或定审中进行。评标考虑的因素中，不应把属于资格审查的内容包括进去。

（七）授予合同或拒绝所有投标

按照招标文件规定的标准，对所有符合要求的标书进行评标，得出结果后，应将合同授予其标书评标价最低并有足够的人力财力资源的投标人。在正式授予合同之前，借款人应将评标报告连同授予合同的建议，送交世界银行审查，征得其同意。

招标文件一般都规定借款人有拒绝所有投标的权利，借款人在采取这样的行动之前应先与世界银行磋商。借款人不能仅仅为了希望以更低价格采购到所需设备或工程而拒绝所有投标，再以同样的技术规格要求重新招标。但如果评标价最低的投标报价也大大超出了原来的预算，则可以废弃所有投标而重新招标。或者作为替代办法，可在废弃所有投标后再与最低标的投标人谈判协商，以求取得协议；如不成功，可与次低标的投标人谈判。

如果所有投标均有重大方面不符合要求，或招标缺乏有效的竞争，借款人也可废弃所有投标而重新招标。但不能任意这样做，例如，某项目通过国际竞争性招标采购水泵，有两家厂商投标，其中一家的投标在技术上不符合要求。由于符合要求的投标只剩下一份，因而借款人预备重新招标，符合要求的唯一的那一家厂商则认为他已为原投标花了不少时间和金钱，他的投标报价合理，符合要求，应被授予合同。而且如果重新投标，由于他的报价已为人所共知，将使他处于不利地位。世界银行认为该投标人所持理由充分，因而不同意借款人重新招标。

（八）合同谈判和签订合同

中标人确定后，应尽快通知中标的投标商准备谈判，在正式通知授予合同后，业主/购货人就须与承包商/供应商进行合同谈判。但合同谈判并不是重新谈判投标价格和合同双方的权利义务，因为对投标价格的必要的调整已在评标的过程中确定；双方间的权利义务以及其他有关商务条款，招标文件中都已明确规定。而且《采购指南》还规定：“不应要求投标人承担技术规格书中没有规定的工作责任，也不得要求其修改投标内容作为授予合同的条件”，这就是说，合同价格是不容谈判的，也不得在谈判中要求投标人承担额外的任务。但有些技术性或商务性的问题是可以而且应该在谈判中确定的，如：（1）原招标文件中规定采购的设备、货物或工程的数量可能有所增减，合同总价也随之可按单价计算而有增减；（2）投标人的投标，对原招标文件中提出的各种标准及要求，总会有一些非重大性的差异，如技术规格上某些重大的差别、交货或完工时间提前或推迟、工程预付款的多少及支付条件、损失赔偿的具体规定、价格调整条款及所依据的指数的确定等，都应在谈判中进一步明确。

合同谈判结束，中标人接到授标信后，即应在规定时间内提交履约担保。双方应在投标有效期内签署合同正式文本，一式两份，双方各执一份，并将合同副本送世界银行。

（九）采购不当（Mis-Procurement）

如果借款人不按照借款人与世界银行在贷款协定中商定的采购程序进行采购，世界银行的政策就认为这种采购属于“采购不当”，世界银行将不支付货物或工程的采购价款，并将从贷款中取消原分配给此项采购的那一部分贷款额。

三、国际竞争性招标以外的其他招标方式

世界银行贷款项目的采购并非一概排斥其他招标（采购）方式。有限国际招标（LIB）、国内竞争性招标（LCB）、国际及国内询价采购等采购方式，在一定条件下也可采用，但往往有较严格的限制，如世界银行规定，对一般借款国而言，10 万～25 万美元以上的货物采购合同、大中型的工程采购合同，都应采用国际竞争性招标。我国由于贷款项目金额一般都比较大，因而世界银行的国际竞争性招标采购限额也放宽一些。

（一）有限国际招标

有限国际招标是采用不公开刊登招标广告而直接邀请供应商或承包商进行投标的一种采购方式。这种采购方式主要用于以下情况：采购金额较小；能够提供货物或服务的供应商数目有限；有其他特殊理由证明不能完全按照国际竞争性招标方式进行采购。

（二）国内竞争性招标

国内竞争性招标是指在借款国范围内进行的招标采购，招标通告只在国内主要报纸刊登，招标文件一般也只采用本国文字书写。但是，如果外国公司有兴趣投标，也应允许其参加投标。这种采购方式主要用于不可能吸引外国竞争的采购活动。

（三）国际和国内询价采购

询价采购是对国外或国内（通常至少三家）几家供应商的报价进行比较为根据的一种采购方式。这种采购方式主要用于采购现货或价值较小的标准规格设备，或者用于小型、简单的土建工程。

（四）直接采购和自营工程

1. 直接采购。直接采购是指不通过招标或者货比三家等方式，而是由项目单位直接和供货单位进行谈判而签订的合同。

2. 自营工程。自营工程是指土建工程项目中采用的一种采购方式，它是由借款人直接使用自己国内的施工队伍来承建的土建工程。

【案例4—6】小浪底水利枢纽主体土建工程国际招标

小浪底水利枢纽位于河南省洛阳市以北40km黄河中游最后一段峡谷的出口处，坝址以上控制流域面积69.4万km^2，占黄河流域面积的92.3%。水库总库容126.5亿m^3，其中后期有效库容51亿m^3，是黄河干流在三门峡水库以下唯一能够取得较大库容的控制性工程，在黄河治理开发中具有重要战略地位。

小浪底水利枢纽部分资金利用世界银行贷款。从1988年起，世界银行先后15次组团对小浪底水利枢纽建设项目进行考察和评估。1993年5月，小浪底水利枢纽工程项目顺利通过世界银行的正式评估。1994年6月，世界银行董事会正式决定为小浪底工程提供10亿美元的贷款，其中一期贷款5.7亿美元，二期贷款4.3亿美元。在世界银行贷款中，其中1.1亿美元软贷款用于移民安置。

小浪底水利枢纽工程按照世界银行采购导则的要求面向世界银行所有成员国进行竞争性国际招标。小浪底主体工程的土建国际合同分为三个标：一标是大坝工程标（Ⅰ标），二标是泄洪排沙系统标（Ⅱ标），三标是引水发电系统标（Ⅲ标）。小浪底水利枢纽主体工程三个国际土建标严格按照世界银行的要求和国际咨询工程师联合会（FIDIC）推荐的招标程序进行招标。

一、资格预审

1992年2月，业主（黄河水利水电开发总公司）通过世界银行刊物《发展论坛》（Development Business）刊登了发售小浪底水利枢纽主体工程三个土建国际标资格预审文件的消息。资格预审邀请函于1992年7月22日同时刊登在《人民日报》和《中国日报》上。

业主发出资格预审邀请函后，总共有13个国家的45个土建承包商（公司）购买了资格预审文件。在截止递交资格预审申请书日期35天前，承包商如对资格预审文件中的内容有疑问，可以向业主提出书面询问，业主在截止日21天前作出答复，并通知所有承包商。到截止日期10月31日时，共有9个国家的37家公司递交了资格预审申请书，其中单独报送资格预审文件的有2家承包商，其他的35家公司组成了9个联营体，这些承包商或联营体分别申请投独立标或投联合标的资格预审。

为了进行资格评审工作，业主成立了“资格预评审工作组”和“资格预评审委员会”。资格评审分两个阶段进行，第一阶段由评审工作组组成三个小组：第一小组审查资格预审申请者法人地位合法性、手续完整性及合法签字、表格填写是否完整，商业信誉及过去的施工业绩等；第二小组根据承包商提供的近两年的财务报告审查其财务状况，核查用于本工程流动资产总额是否符合要求，以及其资金来源、银行信用证、信用额度和使用期限等；第三小组为技术组，对照资格预审要求和承包商填写表格，评价承包商的施工经验、人员能力和经验、组织管理经验以及施工设备的状况等。最后，汇总法律、财务和技术资格分析报告，由“资格评审委员会”评审决定。评审时按预审文件中承包商的资格作出分析。评审标准分以下两类：

1. 必须达到的标准，若达不到，申请会被拒绝（即“及格或不及格”标准）；

2. 计分标准，用以确定申请人资格达到工程项目要求的何种程度。

根据评审结果，9 个联营体和 1 个单独投标的承包商资格预审合格。1993 年 1 月 5 日业主向世行提交了预审评审报告。世行于 1993 年 1 月 28、29 日在华盛顿总部召开会议，批准了评审报告。

二、招标和投标

（一）招标文件

小浪底水利枢纽工程招标文件由黄河委员会设计院和加拿大国际工程管理公司（CIPM）从 1991 年 6 月开始编制。

一、二、三标招标文件的基本结构和组成是一样的，主要包括四卷共十章：第一卷，包括投标邀请书、投标须知和合同条款；第二卷，技术规范；第三卷，投标书格式和合同格式，包括投标书格式、投标担保书格式及授权书格式、工程量清单、补充资料细目表、合同协议书格式、履约担保书格式与预付款银行保函格式；第四卷：图纸和资料。

招标文件是严格按照世行招标采购指南的要求和格式编制的。其中对有关世行要求的编制内容，如投标的有效期和投标保证金、合同条款、招标文件的确切性、标准、商标的使用、支付的限制、货币规定（包括投标所用的货币、评标中货币的换算、支付所用的货币等）、支付条件和方法、价格调整条款、预付款、履约保证金、运输和保险、损失赔偿和奖励条款、不可抗力以及争端的解决等，都有详细和明确的规定。下面对各章的主要内容作简要介绍。

招标文件经水利部审查后于 1993 年 1 月提交世行，并于 1993 年 2 月 4 日获世行批准。

1993 年 3 月 8 日，业主向预审合格的各承包商发出招标邀请函并开始发售标书，所有通过资格预审的承包商均购买了招标文件。投标截止日定于 1993 年 7 月 13 日。

（二）现场考察与标前会

现场考察是土建工程项目招标和投标过程中的一个重要环节。通过考察，投标人可以在报价前认真、全面、仔细地调查、了解项目所在地及其周围的政治、经济、地理、水文、地质和法律等方面的情况。这些不可能全部包括在招标文件之内，条款规定，投标人提出的投标报价一般被认为是在审核招标文件后并在对现场全面而深入了解的基础上编制的，一旦投标，投标人就无权因现场情况不了解而提出修改标价或补偿等要求。

标前会议是在开标日期以前就投标人对招标文件所提出问题或业主关于招标文件中的某些不当地方作修改而举行的会议。

小浪底土建工程国际标的各家投标商代表于 1993 年 5 月 7 日至 12 日参加了黄河水利水电开发公司组织的现场考察、标前会和答疑。根据惯例，由业主准备了标前会和答疑的会议纪要，并分发各投标商。

（三）招标文件的修改

在小浪底土建国际招标过程中，业主对各投标商提出的疑问作了必要澄清，并将三次澄清通信分送给各投标商。

此外，黄河水利水电开发总公司还通过四份补遗发出了补充合同条款及其他修改内容，这些补遗都是构成合同的一部分。根据多数投标商要求，有一份补遗通知将投标截止日期推迟到1993年8月31日。

（四）投标和开标

根据世行招标采购指南，准备投标和送交标书之间需留出适当的时间间隔，以便使预期的投标人有足够的时间进行调查研究和准备标书。这个时间一般从邀请投标之日或发出招标文件之日算起，根据项目的具体情况及合同的规模和复杂性进行确定，对大型项目一般不应少于90天。鉴于小浪底工程的规模和复杂性，从1993年3月8日开始发售标书，至原来预定的在7月31日开标，投标准备历时149天。后来由于投标商普遍要求推迟，所以业主决定将开标日期推迟至1993年8月31日。

所有通过资格预审的投标人都投了标。按照国际竞争性招标程序的要求，开标以公开的方式进行。业主于1993年8月31日下午2点（北京时间）在中国技术进出口总公司的北京总部举行开标仪式，开标时各投标商代表均在场。

在投标截止日期后收到的标书，一概不予考虑。同时，一般情况下不应要求或允许任何投标人在第一个投标书开启后再进行任何变更，除非出于评标的需要，业主可以要求任何投标人对其标书进行澄清，但在开标后，不能要求或允许任何投标人修改其标书的实质性内容或价格。

三、评标、合同谈判及授予合同

根据世界银行的招标采购指南，评标的目的是为了能在标书评标价的基础上对各投标书进行比较，以确定业主对每份投标所需的费用。选择的原则是将合同授予评标价最低的标书，但不一定是报价最低的标书。

小浪底土建工程国际招标的评标工作从1993年9月开始，至1994年1月上旬结束，历时4个多月，主要分为初评和终评两个阶段。初评即全面审阅各投标商的标书，并提出重点评审对象，确定短名单；终评包括问题澄清、详细评审，在对中标商的初步建议和意见的基础之上完成评标报告并报送世界银行审批。

（一）初步评审

1. 初步评审的主要内容。初步评审的主要内容包括：（1）投标书的符合性检验；（2）投标书标价的算术性校验和核对，即对那些能符合招标文件全部条款和技术规范的规定、无重大修改和保留土建的投标书（所谓有重大修改和保留土建的投标书，是指投标人对招标文件所描述和要求的工程在价格、范围、质量和完整性以及工期和管理施工方式等方面有了重大改变；或是业主和投标人在责任和义务等方面有了重大改变和受到了重大限制），评标工作组将对其标价进行细致的算术性校核。当数字金额与大写金额有差异时，以大写金额为准，除非评标组认为单价的小数点明显错位，在这种情况下则应以标价的总额为准。按以上程序进行调整和修改并经投标人确认的投标价格，才对投标具有约束力。如果投标人不接受经正确修改的投标价格，其投标书将不予接受并没收其投标保证金。

在以上两项工作的基础上，将符合要求的投标书按标价由低到高进行排队，从而挑选出在标底以下或接近标底的、排在最前面的数家有竞争性的投标人进入终评。

2. 评标标准。对小浪底土建三个标的评标标准已按世行采购导则确定并在招标文件中作出了规定，因此在对各投标书评审时，均按以下原则进行考虑：

（1）标书均按人民币进行评价，报价外币按投标截止到日前28天资格银行公布外汇售价的汇率折合成人民币；

（2）与招标要求不符的任何标书均不予受理；

（3）工程量清单或招标书格式中的计算错误按招标文件中规定的程序予以更正；

（4）评标时对关税不予考虑，因为投标商所报关税仅供参考，评标时仅保留工程量表总价和计日工费；

（5）评标时对任何拟用财务或技术替代方案均不予考虑，只有当投标商中标后，黄河水利水电开发总公司才在签订合同前考虑其拟用替代方案（若有的话），但黄河水利水电开发总公司并没有义务采纳此替代方案；

（6）个别偏差如改变预付款的支付条件等，适当时可以考虑，但评标时应采用一个合适的改正计算值。

另外，业主还邀请各标预审合格的投标商报出联合中标后的降价，以便降价后的联合报价与相应的最低单个标的标价总和相比较。但是，业主并没有义务一定要授联合标。

3. 初步评审结果。开标后，首先对各投标书按照要求逐条进行符合性检查。经过检查，所有投标书基本上符合要求。

随后在对投标书进行算术性校验和核对时，发现不少投标书都存在一些错误，主要是小的计算错误，包括工程量清单中的乘法与加法错误。还有些投标商未按招标文件规定将关税打进开标价。对计算错误按投标商须知中的有关规定进行了更正。

关于附加条件及保留条件，在商务方面有几家投标商提出了商务附加或保留条件，主要涉及：预付款支付方法；进、出场费支付方法；滞留金之有关规定；调价条款的实施；保险风险；出口信贷先决条件；关税；合同终止；地质条件变化；黄河水利水电开发总公司提供的营地设施等。这些附加或保留条件的要求虽尚未构成断然否决任一投标书的理由，但投标商应予撤销。

另外，还发现有些标书有下列情况，比如，在补充资料细目表中有些内容没有或者不全；有些地方，中国关税没有适当指明；调价公式（外币部分）有些系数没有提供或者不完整；在总报价中有些分项与工程量汇总表中所列分项不符等，这些情况均要求投标商作了澄清。

评标工作组校对计算结果并作出商务、技术分析后，在初步评审的基础上汇总了有关材料，并于1993年10月18日向评标委员会报告。初步评审报告主要概括了对标书的分析结果，并列出在商务和投标书附加和保留条件方面需要投标商澄清的问题。

经评标委员会评议后，确定了各标的投标商短名单。

（二）最终评审

1. 澄清会。对投标书中与招标文件不符或不明确的地方，以及投标商的附加和保留条件，业主将其列了出来，于1993年11月15日向列入短名单前三名的投标商发出书面澄清函，随后各投标商均作了书面答复，由业主于1993年11月23日至30日在郑州举行了澄清会。

在澄清会上，投标商对所有要求澄清的问题作了澄清。大多投标商主动放弃了附加和保留条件。

会议形成的纪要随后也成为合同的一部分。

2. 技术和进度评审。对投标书的施工组织方案、采取的主要措施、派往现场的主要管理和工作人员、提供的主要施工机械设备等进行了详细的审阅。同时，对施工方案、主要技术措施以及进度的可靠性、合理性、科学性和先进性进行深入具体的分析，主要包括：

（1）分析设备数量、能力、适应性和可靠性是否满足工程实际需要；

（2）对投标人现场机构及人员的经验、资历和数量进行审核；

（3）投标人对劳务、材料及临时设施是否作出了详细计算和安排；

（4）确定施工进度、完工日期是否满足招标文件的要求；

（5）审查主要的施工方案和方法，并确定是否有切实可行的措施保证，分析投标商的施工布置是否符合招标文件的要求；

（6）审查分包商的资格和能力；

（7）检查投标人的质量保证体系和措施。

除了按以上内容评审投标书以外，对一些投标书在技术方面提出的小的技术偏离和或保留条件，大多涉及个别工程项目的拟用施工方法、拟用施工公差、拟选择的料场等，也均要求承包商对这些偏离和保留予以澄清。

为了更好地评标，业主还要求投标商提供某些补充资料，尤其是以下几方面的情况：

（1）某些施工任务的施工方法报告（如防护工程、坝料运输与填筑、防渗墙、材料加工、基础处理、地下工程等）；

（2）个别施工任务之计划施工进度；

（3）计划生产强度；

（4）更详细的施工设备之更详细的情况；

（5）拟用的混凝土温控措施；

（6）拟用现场设施等。

3. 确定评估价。按照世行的授标原则，合同将授予那些评估标价最低的投标人，而不是投标标价最低的投标人。根据世行采购导则，其评估标价一般由以下因素构成：① 基本标价，即经评审小组进行算术校核后并已被投标人所认可的标价；② 汇率引起的差价；③ 现金流动不同而引起的利差；④ 预付款的利息；⑤ 投标书所规定的国内优惠；⑥ 扣除暂定费用和应急费，但须计入计日工费用。

如上所述，在投标书审查过程中发现，多数投标书提出了某些与投标文件规定不符的附加和保留条件。但经过澄清后，除了有两个联营体对二标和三标仍坚持某些附加和保留条件需完全撤销外，其余各标的投标商均撤销了各自所提出的附加和保留条件。个别偏离条件按世行导则和招标文件规定，可考虑予以适当的接受，但在计算评标价时应按招标书规定，计入合适的定量修正值。所以，在确定小浪底土建三个标的评标价时，对承包商提出的预付款支付与扣还以及滞留金扣除等两项偏离招标书要求的条件，以贴现方式进行了定量计算并计入了评标价。

4. 评审报告。在最终评审的基础上，评标委员会准备了评审报告，经招标领导小组审定和国家有关部门批准，确定了中标意向，并报世界银行审核确认。

（三）合同谈判和授标

根据评审报告，业主于1994年2月发出了中标意向性通知，从1994年2月12日至1994年6月28日进行了合同谈判。

小浪底土建国际标的合同谈判分两步进行。第一步是预谈判，即就终评阶段的澄清会议所未能解决的一些遗留问题，再次以较为正式的方式与拟定的中标商进行澄清和协商，为正式合同谈判扫清障碍；第二步即正式合同谈判和签订合同协议书。在小浪底的合同谈判中，除了形成合同协议书外，还签署了合同协议备忘录及一系列附件，这个备忘录及其附件也是合同的一个重要组成部分。备忘录的主要目的是明确某些合同条款的具体执行和操作办法和对合同条款作必要的补充，其主要内容是澄清会议所澄清的主要问题，附件主要是一些补充协议。

业主分别于1994年4月30日和1994年6月8日与Ⅰ标、Ⅱ标及Ⅲ标正式签订了合同。中标单位如下：

项目	Ⅰ标大坝标	Ⅱ标泄洪工程标	Ⅲ标引水发电系统标
联营体	黄河承包商 YRC	中德意联营体 CGIC	小浪底联营体 XJV
责任公司及所占股份	英波吉罗（意大利）IM-PREGILOS. P. A（36.5%）	旭普林（德）Z-BLIN（26%）	杜美兹（法）DU-MEZ（44%）
成员公司及所占股份	HochtiefA. G（德）（36.5%） ItalsfradeS. P. A（意）	Strabag（德）（18%） Wagss&Freytag A. G（德）（15%）＊Del Favero S. P. A（意）（15%）	Hdzmann（德）（44%）中国水电6局（12%）
	（14%）中国水电14局（13%）	Salini S. P. A（意）（14%）中国水电7局（6%）中国水电11局（6%）	
中标时间	1994. 4. 30	1994. 6. 8	1994. 4. 30
草签协议时间	1994. 5. 28	1994. 6. 28	1994. 5. 28
正式签约时间	1994. 7. 16	1994. 7. 16	1994. 7. 16
中标金额	5.6亿人民币	10.9亿人民币	3.16亿人民币
	2.16亿美元	5.06亿德国马克	8421万美元
合同工期	91个月	84个月	74个月
完工日期	2001. 12. 31	2001. 6. 30	2000. 7. 31
进场时间	1994. 6	1994. 7	1994. 6

（＊1995年经业主批准，Ⅱ标成员公司之一的意大利 Del Favero S. P. A 公司退出联营体，由法国 Spie 公司代替进入联营体）

第五章 建设项目投标

第一节 投标前的准备

一、投标人及其资格要求

投标人是响应招标、参加投标竞争的法人或者其他组织。响应招标，是指投标人应当对招标人在招标文件中提出的实质性要求和条件作出响应。我国《招标投标法》对投标人的要求与招标人相同，从宏观上看，也存在与招标人同样的问题。但与招标人不同的是，自然人不能作为建设工程项目的投标人。这是由于我国的有关法律、法规对建设工程投标人的资格有特殊要求。在建设工程中，投标人一般应当是法人，其他组织投标的主要是联合体投标。

投标人应当具备以下条件：

（一）投标人应当具备承担招标项目的能力

投标人应当具备与投标项目相适应的技术力量、机械设备、人员、资金等方面的能力，具有承担该招标项目的能力。参加投标项目是投标人的营业执照中的经营范围所允许的，并且投标人要具备相应的资质等级。因为我国要求，承包建设项目的单位应当持有依法取得的资质证书、并在其资质等级许可的范围内承揽工程，禁止超越本企业资质等级许可的业务范围或者以任何形式用其他企业的名义承揽建设项目。

（二）投标人应当符合招标文件规定的资格条件

招标人可以在招标文件中对投标人的资格条件作出规定，投标人应当符合招标文件规定的资格条件，如果国家对投标人的资格条件有规定的，则依照其规定。对于参加建设项目设计、建筑安装、监理以及主要设备、材料供应等投标的单位，必须具备下列条件：

1. 具有招标条件要求的资质证书，并为独立的法人实体；
2. 承担过类似建设项目的相关工作，并有良好的工作业绩和履约记录；
3. 财产状况良好，没有处于财产被接管、破产或其他关、停、并、转状态；
4. 在最近三年没有骗取合同以及其他经济方面的严重违法行为；
5. 近几年有较好的安全记录，投标当年内没有发生重大质量和特大安全事故。

招标人都会对投标人的资格条件提出一定的要求。在国际工程领域中，投标人一般都没有政府颁发的资质证书，但招标人同样会有很严格的要求。

【案例 5—1】小浪底主体工程对投标人的要求

小浪底主体工程的土建国际合同分为三个标：一标是大坝工程标（Ⅰ标）；二标是泄洪排沙系统标（Ⅱ标）；三标是引水发电系统标（Ⅲ标）。在招标时对投标人提出了技术标准（公司经验、管理人员及施工设备）、财务标准（反映申请人的财力）和与联营体有关的标准。在资格预审时对投标人的这些方面的情况进行了预审，并且对投标人进行了评分。

具体标准和评分规则：

一、工程经验

（一）承包商必须达到以下硬性指标，才能通过资格预审

1. 对于大坝工程标：

（1）联营体责任方建设过造价超过 3 亿美元的堆石坝；

（2）完成过至少一个填筑量大于 2500 万 m^3 的工程，或两个大于 1900 万 m^3 的工程；

（3）直接或通过其分包商完成水泥灌浆（三座大坝）、旋喷灌浆（至少 30m 深）、岩石钻孔（一个工程 7800m）。

2. 对于泄洪排沙系统标：

（1）完成 9m 内径混凝土砌隧洞 2000m 和 6m 内径隧洞超过 6000m；

（2）至少完成一个混凝土方量超过 60 万 m^3 的水工建筑物（混凝土坝、进水塔、消力塘和溢洪道）；

（3）安装过类似小浪底工程闸门尺寸的弧形门和平板门。

3. 对于引水发电系统标：

（1）完成过一个跨度大于 17m 的地下厂房；

（2）完成过 9m 内径混凝土衬砌隧洞 1000m 或内径 5m 的隧洞 5000m；

（3）安装过类似小浪底工程尺寸的压力钢管和闸门。

（二）评分标准

（1）最近 20 年的公司总营业额：

分数 = 总营业额（以万美元计）×0.001

（2）最近 20 年的水电工程营业额：

分数 = 水电工程营业额（以万美元计）×0.001

（3）完成水电项目数目 n_i：

$$分数 = \sum n_i \cdot W_i$$

加权系数见下表：

工程造价（亿美元）	加权系数 W_i
<1	1
<2	2
<3	4
<4	6
>4	10

(4) 混凝土衬砌隧洞累计总长 L_i（Ⅱ、Ⅲ标）：

$$分数 = \sum L_i \cdot W_i \times 0.0005$$

加权系数见下表：

隧洞内径（m）	加权系数 W_i
<4	1
<6	2
<8	4
<10	6
>10	10

(5) 坝高及大坝数目 n_i（Ⅰ标）：

$$分数 = \sum n_i \cdot W_i$$

加权系数见下表：

坝高（m）	加权系数 W_i
<60	2
<80	4
<100	6
>100	10

(6) 堆石坝填筑方量及大坝数目 n_i（Ⅰ标）：

$$分数 = \sum n_i \cdot W_i 22$$

加权系数见下表：

填筑方量（万 m^3）	加权系数 W_i
<1500	2
<1900	4
<2500	6
>2500	10

(7) 填筑月进度及大坝数目 n_i（Ⅰ标）：

$$分数 = \sum n_i \cdot W_i$$

加权系数见下表：

填筑月进度（万 m^3）	加权系数 W_i
<40	2
<60	4
<100	6
>100	10

（8）混凝土防渗墙（Ⅰ标）：

$$分数 = A/1000 + D/2$$

式中　A——防渗墙面积（m^2）；

D——墙最大深度（m）。

（9）混凝土水工建筑物方量就数目 n_i（Ⅱ标）：

$$分数 = \sum n_i \cdot W_i$$

加权系数见下表：

混凝土方量（万 m^3）	加权系数 W_i
<30	1
<50	2
<75	6
<100	8
>100	10

（10）地下厂房开挖方量及其数目 n_i（Ⅲ标）：

$$分数 = \sum n_i \cdot W_i \times 5$$

加权系数见下表：

开挖方量（万 m^3）	加权系数 W_i
<10	1
<20	2
<30	4
<40	6
<50	8
>50	10

二、技术人员（Ⅰ、Ⅱ、Ⅲ标)

对技术人员的能力从以下几个方面进行评价。

（一）人员 P_i

（1）文化程度15%；

（2）工作年限50%；

（3）在现单位工作年限10%；

（4）国外工作经历20%；

（5）在中国工作经历5%。

（二）加权系数 W_i

（1）项目经理0.5；

（2）高级施工工程师0.25；

（3）高级技师0.25。

分数 $\sum P_i \cdot W_i$

三、施工设备

在资格评审阶段，由于施工设备还是一个不稳定变量，没有采用上述标准。只是根据承包商申请人提交设备清单及陈述，大致评定承包商设备“够”或“不够”，待评标时再作详细分析。

四、财力评估

（一）“及格或不及格”标准（Ⅰ、Ⅱ、Ⅲ标均相同)

（1）投标资格是否符合世行采购导则；

（2）是否满足工程周转资金规定金额，即Ⅰ标大于4千万美元；Ⅱ标大于6千万美元；Ⅲ标大于1.5千万美元。

（二）评分标准

（1）年营业额稳定/不稳定；

（2）担保能力够/不够；

（3）诉讼往史可接受/不可接受；

（4）利润赢/亏。

根据评审结果，九个联营体和一个单独投标的承包商资格预审合格。1993年1月5日，业主向世行提交了预审评审报告，世行于1993年1月28、29日在华盛顿总部召开会议，批准了评审报告。

二、调查研究，收集投标信息和资料

调查研究主要是对投标和中标后履行合同有影响的各种客观因素、工程业主和监理工程师的资信以及工程项目的具体情况等进行深入细致的了解和分析。具体包括以下内容：

（一）政治和法律方面

投标人首先应当了解在招标投标活动中以及在合同履行过程中有可能涉及的法律，也应当了解与项目有关的政治形势、国家政策等，即国家对该项目采取的是鼓励政策还是限制政策。

（二）自然条件

自然条件包括工程所在地的地理位置和地形、地貌，气象状况，包括气温、湿度、主导风向、年降水量等，洪水、台风及其他自然灾害状况等。

（三）市场情况

投标人调查市场情况是一项非常艰巨的工作，其内容也非常多，主要包括：建筑材料、施工机械设备、燃料、动力、水和生活用品的供应情况、价格水平，还包括过去几年在批发物价和零售物价指数以及今后的变化趋势和预测，劳务市场情况如工人技术水平、工资水平、有关劳动保护和福利待遇的规定等，金融市场情况如银行贷款的难易程度以及银行贷款利率等。

对材料设备的市场情况尤需详细了解。包括原材料和设备的来源方式，购买的成本，来源国或厂家供货情况；材料、设备购买时的运输、税收、保险等方面的规定、手续、费用；施工设备的租赁、维修费用；使用投标人本地原材料、设备的可能性以及成本比较。

（四）工程项目方面的情况

工程项目方面的情况包括工作性质、规模、发包范围；工程的技术规模和对材料性能及工人技术水平的要求；总工期及分批竣工交付使用的要求；施工场地的地形、地质、地下水位、交通运输、给排水、供电、通信条件等情况；工程项目资金来源；对购买器材和雇佣工人有无限制条件；工程价款的支付方式、外汇所占比例；监理工程师的资历、职业道德和工作作风等。

（五）业主情况

包括业主的资信情况、履约态度、支付能力、在其他项目上有无拖欠工程款的情况、对实施的工程需求的迫切程度等。

（六）投标人内部情况

投标人对自己内部情况、资料也应当进行归纳整理。这类资料主要用于招标人要求的资格审查和本企业履行项目的可能性。

（七）竞争对手资料

掌握竞争对手的情况，是投标策略中的一个重要环节，也是投标人参加投标能否获胜的重要因素。投标人在制定投标策略时必须考虑到竞争对手的情况。

三、建立投标机构

投标人应当建立投标机构，负责投标的整体工作。投标机构的人员应当经过特别选拔，工作人员应当由市场营销、工程科研、生产和施工、采购、财务等各方面的人员组成。

四、对是否参加投标的决策

（一）投标决策应当考虑到的问题

承包商在进行是否参加投标的决策时，应考虑到以下几个方面的问题：

1. 承包招标项目的可行性与可能性。如：本企业是否有能力（包括技术力量、设备机械等）承包该项目，能否抽调出管理力量、技术力量参加项目承包，竞争对手是否有明显的优势等；

2. 招标项目的可靠性。如：项目的审批程序是否已经完成、资金是否已经落实等；

3. 招标项目的承包条件。如果承包条件苛刻，自己无力完成施工，则也应放弃投标。

对于是否参加投标的决策，承包商的考虑务求全面，有时很小的一个条件未得到满足都可能招致投标和承包的失败。

（二）运用综合评价法进行投标决策

投标人应当在分析掌握所有资料的前提下，对是否参加投标以及投什么样的标进行决策。在投标决策当中，较常采用的方法是综合评价法，即由有关单位在决定是否参加某工程项目投标时，将影响其投标决策的主客观因素用某些具体的指标表示出来，并定量地对此作出综合评价，以此作为投标决策的依据。我们以建设项目施工投标为例说明其具体步骤。

1. 确定影响投标的指标。一个施工企业在决定是否参加具体工程投标时所应考虑的因素是不同的，但一般都要考虑到能源、技术、资金、竞争对手、企业的发展等多方面的影响因素，考虑的指标一般有：

（1）国家对该项目的鼓励或限制；

（2）管理条件：能否抽出足够的、水平相应的管理人员参加该工程；

（3）技术人员条件：能否有足够的技术人员参加该工程；

（4）工人条件：职工的技术水平、工种、人数能否满足该工程要求；

（5）机械设备条件：能否满足该工程所需要的施工机械设备要求；

（6）类似工程的经验；

（7）业主的资金情况；

（8）市场情况；

（9）项目的工期要求及交工条件；

（10）对该项目有关情况的熟悉程度；

（11）竞争对手情况；

（12）今后在该地区对企业带来的影响与机会。

2. 确定各指标的权重。上述各项指标对企业参加投标的影响程度是不同的，为了在评价中能反映出各指标的相对重要程度，应当对各指标赋予不同的权重。各指标权重为 W_i，W_i 之和应当等于1。

3. 各指标的评分。用上述各指标对口项目进行衡量。可以向各标准划分为好、较好、一般、较差、差五个等级，各等级赋予定量数值（U），如可按1.0、0.8、0.6、0.4、0.2打分。

4. 计算综合评价总分。在上述各步骤完成以后，将各指标权重与等级分相乘，求出该指标得分。各项指标得分之和即为此工程投标机会总分。

5. 决定是否投标。将总得分与过去其他投标情况进行比较或者与公司事先确定的准备接受的最低分数相比较，决定是否参加投标。如果有多个投标机会进行选择，则最高的总分值为优先投标的项目。

表5-1是运用该方法决策的一个实例。

表 5-1　综合评价法投标决策示例

投标考虑的指标	权重（W）	等级（U）					$W \cdot U$
		1.0	0.8	0.6	0.4	0.2	
政策鼓励	0.10	√					0.10
管理条件	0.10			√			0.06
技术人员条件	0.05		√				0.04
工人条件	0.10				√		0.04
机械设备条件	0.05			√			0.03
类似工程经验	0.05					√	0.01
业主资金情况	0.15				√		0.06
市场情况	0.10					√	0.02
交工要求	0.15		√				0.12
相关情况熟悉	0.05			√			0.03
竞争对手情况	0.05	√					0.05
今后的机会	0.05	√					0.05
合计	1.00						0.61

五、投标策略

投标策略是投标人（承包商）对投标进行管理的内容，是指投标人为了中标而采用的措施。投标策略的确定应当全面考虑工程项目和市场供求情况，并在做好投标管理的基础上进行。

（一）不平衡报价法

不平衡报价法也叫前重后轻法，是指一个工程项目的投标报价，在总价基本确定后，如何调整内部各个项目的报价，以使其既不提高总价、不影响中标，又能在结算时得到更理想的经济效益。

能够早日结账收款的项目可以报得较高，以利资金周转，后期工程项目可适当降低。经过工程量核算，预计今后工程量会增加的项目，单价适当提高，这样在最终结算时可多赚钱，而将工程量完不成的项目单价降低，工程结算时损失不大。

设计图纸不明确，估计修改后工程量要增加的，可以提高单价，而工程内容说不清楚的，则可降低一些单价。

当然，采用这一投标策略应当适度。

（二）多方案报价法

对于一些招标文件，如果发现工程范围不很明确，条款不清楚或很不公正，或技术规范要求过于苛刻时，则可在充分估计投标风险的基础上，按多方案报价法处理。即按原招标文件报一个价，然后再提出：“如某条款（如某规范规定）作某些变动，报价可降低多少……”

（三）增加建议方案

有时招标文件中规定，可以提一个建议方案，即可以修改原设计方案，提出投标者自己的方案。在招标文件允许的情况下，这一方法可以增加中标的可能性。

（四）突然降价法

报价是一件保密的工作，但是对手往往通过各种渠道、手段来刺探情况，因此在报价时可以采取迷惑对方的手法。即先按一般情况报价或表现出自己对该工程兴趣不大，到快截止投标时再突然降价。

采用这种方法时，一定在准备投标报价的过程中考虑好降价的幅度，在临近投标截止日期前，根据情报信息与分析判断，作出最后决策。

（五）先亏后盈法

为了打进某一地区，有的承包商，依靠国家、某财团或自身的雄厚资本实力，而采取一种不惜代价、只求中标的低价投标方案。应用这种手法的承包商必须有较好的资信条件，提出的施工方案也应先进可行，同时要加强对公司情况的宣传，否则即使报价低，也不一定被选中。

六、准备相关的资料

（一）准备资格预审材料

如果招标项目要求进行资格预审，投标人应当按照招标人的要求认真编制并递交资格预审材料。

（二）准备投标担保

一般情况下，招标人还要求投标人交纳投标保证金或者出具投标保函。为减少占压流动资金，投标人一般都是采取出具投标保函的方式提供投标担保。投标担保的作用是投标人保证其投标被接受后，对投标文件规定的责任不得撤销或者反悔。开具投标保函的单位一般是银行或者担保公司，其担保责任是：

1. 投标人在招标文件规定的投标有效期内撤回其投标；

2. 投标人在投标有效期内收到招标人的中标通知后：①不能或拒绝按投标须知的要求签署合同协议书；②不能或拒绝按投标须知的规定提交履约保证金。

出现上述情况的，招标人有权要求投标保函的出具人支付投标保函规定的数额之内的金额。投标保证金的金额可以为投标报价的某个百分比，也可以是一个固定的数额。

第二节　编制和送达投标文件

一、投标文件的组成

不同的招标项目，其投标文件的组成也会有一定的区别。对于建设施工项目招标，投标文件的内容应当包括拟派出的项目负责人与主要技术人员的简历、业绩和拟用于完成招标项目的机械设备等。可以将这些文件分为投标证明文件、投标书、工程量清单与报价表、辅助资料表、资格审查表等。

（一）投标证明文件

投标证明文件包括营业执照、投标人章程和简介、管理人员名单、资产负债表、委托书、银行资信证明、注册证书及交税证明等。对这些证明文件，投标人应当按照规定的形式和内容提交。

（二）投标书

招标人对投标书的编写有格式的要求，投标人应当按照招标人的要求填写投标项目名称、投标人名称、地址、投标保函、投标总价、投标人签名、盖章等。投标书附录还应将合同专用条款中提出的一些要求予以明确，投标担保也应作为投标书的附件。

（三）工程量清单与报价表

工程量清单应当与投标须知、合同通用条款、合同专用条款、技术规范和图纸一起使用。对于采用综合单价的投标报价，工程量清单所列工程量是招标人估算的和临时的，作为投标报价的共同基础，但不作为付款的依据。付款以实际完成的工程量为依据，由承包单位计量、监理工程师核准的工程量作为实际完成工程量。工程量清单中的第一单项均需填写单价和合价，对没有填写单价或合价的项目的费用，应视为已包括在工程量清单的其他单价或合价之中。工程量清单中所填入的单价和合价，应包括人工费、材料费、机械费、其他直接费、间接费、有关文件规定的调价、利润、税金以及现行取费中的有关费用、材料的差价以及采用固定价格的工程所测算的风险金等全部费用。

设备清单及报价表，材料清单及材料差价，现场因素、施工技术措施及赶工措施费用报价表等也应填写清楚。

（四）辅助资料表

辅助资料表包括项目经理的简历表、主要施工管理人员表、主要施工机械设备表、项目拟分包情况表、劳动力计划表、施工方案或施工组织设计、计划开竣工日期和施工进度表、临时设施布置及临时用地表等。其中施工方案和施工组织设计应当说明各分部分项工程的施工方法和布置，提交包括临时设施和施工道路的施工总布置图及其他必需的图表、文字说明书等资料，至少应包括：

1. 各分部分项工程的完整的施工方案，保证质量的措施；
2. 施工机械的进场计划；
3. 工程材料的进场计划；
4. 施工现场平面布置图及施工道路平面图；
5. 冬、雨季施工措施；
6. 地下管线及其他地上地下设施的加固措施；
7. 保证安全生产、文明施工、减少扰民、降低环境污染和噪声的措施。

在项目拟分包情况表中，应当明确在中标后将中标项目拟分包的部分非主体、非关键性工作。

（五）资格审查表

如果招标项目未经过资格预审，投标人还应准备资格审查表。资格审查表的内容包括投标人企业概况、近三年来承建工程情况一览表、目前正在承建的工程情况一览表、目前剩余劳动力和施工机械设备情况、财务状况等。

二、投标文件的编制

（一）编制投标文件的准备

为了编制投标文件，除了应当搜集有关资料外，还应当参加投标预备会和勘察现场。

投标预备会是由招标人召集主持、为投标做准备的会议，会议的目的是为了澄清、解答投标人提出的问题和组织投标人考察现场、了解情况。投标人提出的与投标有关的任何问题必须在投标预备会召开的一定时间前（如7天，具体时间在投标文件中说明），以书面形式送达招标人。

投标人可能被邀请对工程施工现场和周围环境进行勘察，以获取须投标人自己负责的有关编制投标文件和签署合同所需的所有资料。勘察现场一般是投标预备会的重要内容，勘察现场所发生的费用由投标人自己负担。招标人向投标人提供的有关施工现场的资料和数据，是招标人现有的能使投标人利用的资料，招标人对投标人由此而作出的推论、理解和结论概不负责。

投标预备会（包括勘察现场）的会议记录包括所有问题和答复的副本，应当迅速提供给所有获得招标文件的投标人。

（二）编制投标文件的一般要求

投标人应当按照招标文件的要求编制投标文件。投标文件应当对招标文件提出的实质性要求和条件作出响应。

投标文件必须符合招标文件的要求，这是投标文件基本要求。投标人对招标文件规定的要求和规则应当执行。投标文件对招标文件要求的格式不得更改。投标人填写后，仍然需要进一步表达自己的意思，可以附上补充说明。投标人提交的文件种类、份数、正本与副本数量应当与规定相符合。

投标文件应当对招标文件提出的实质性要求和条件作出响应。一般认为，投标报价、投标方案、技术和质量要求等应当属于实质性要求和条件。

投标人要对计算数量如工程量、总价、单价等进行认真核对，文字表述要准确、无误，投标文件应当制作整洁、干净。

三、投标文件的送达

投标人应当将投标文件的正本和每份副本分别密封在内层包封，再密封在一个外层包封中，并在内包封上正确标明“投标文件正本”或“投标文件副本”。

投标人应当在招标文件要求提交投标文件的截止时间前，将投标文件送达投标地点。投标人收到投标文件后，应当签收保存，不得开启。投标人在投标截止期以后收到的投标文件，将原封退给投标人。

四、投标文件的补充、修改或者撤回

在招标文件要求提交投标文件的截止时间前，投标人可以补充、修改或者撤回已提交的投标文件，并以规定的书面形式通知招标人（应当与投标文件同样密封和递交）。补充、修改的内容也是投标文件的组成部分。这样的规定有助于各方对投标的参与，减少投标的风险；同时，也能够保护招标人的利益。如果发生在提交投标文件的截止时间后再修改或者撤销投标文件，招标人可以没收投标人的投标保证金。

在招标文件要求提交投标文件的截止时间后，投标人不得对投标文件进行补充、修改或者撤回。

第三节　联合体共同投标

一、联合体共同投标的概念

联合体共同投标，是指由两个以上的法人或者其他组织共同组成非法人的联合体，以该联合体的名义即一个投标人的身份参加投标的组织方式。在很多情况下，组成联合体能够发挥联合体各方的优势，有利于建设项目的进度控制、投资控制、质量控制。但是，联合投标应当是潜在投标人的自愿行为，也只有以这种自愿为基础，才能发挥联合体的优势。因此，招标人不得强制投标人组成联合体共同投标。

参加联合体的主体应当包括两个以上的法人或者其他组织，联合体的成员单位通过投标协议来约束彼此的行为。双方应当在协议中明确约定各方拟承担的工作和责任。联合体以一个投标人的身份参加投标，中标后，各方共同与招标人签订合同，就中标项目向招标人承担连带责任。

二、联合体应当具备的条件

联合体各方应当具备承担招标项目的相应能力；国家有关规定或者招标文件对投标人资格条件的有关规定，联合体各方均应当具备规定的相应资格条件。由同一专业的单位组成的联合体，按照资质等级较低的单位确定资质等级。

三、联合体内部各方的权利和义务

联合体各方应当签订共同投标协议，明确约定各方应当承担的工作和责任，并将共同投标协议连同投标文件一并提交招标人。联合体中标者，联合体各方应当共同与招标人签订合同，就中标项目向招标人承担连带责任。

联合体各方在中标后承担的连带责任包括以下两种情况：（1）联合体在接到中标通知书后未与招标人签订书面合同，除不可抗力外，联合体放弃中标项目的，其已经提交的投标保证金不予退还，给招标人造成的损失超过投标保证金数额的，还应当对超过部分予以赔偿；未提交投标保证金的，联合体各方对招标人的损失承担连带赔偿责任。（2）除不可抗力外，中标的联合体不履行与招标人签订的合同的，履约保证金不予退还，给招标人造成的损失超过履约保证金数额的，还应当对超过部分予以赔偿；没有提交履约保证金的，联合体各方应当对招标人的损失承担连带赔偿责任。

第四节　建设项目投标人的担保

招标投标的目的是为了签订合同，实际上招标与投标是合同成立过程中的两个阶段。在市场经济条件下，合同是与担保制度密不可分的，因此，招标投标中也不可避免地存在着担保问题。担保制度是建设工程合同顺利履行的有力保证。在建设工程中最主要的阶段是项目施工，因此，我们所说的建设项目投标担保主要是施工投标中的担保。施工投标中投标人需要提供的担保主要是投标担保、履约担保和预付款担保。

一、施工投标担保

正因为招标是一种要约邀请，对行为人不具有合同意义上的约束力，因此招标人无须向潜在的投标人提供招标担保。并且，当招标项目出现问题（如在评标过程中发现项目设计有重大问题)，需要重新招标甚至是终止招标，即使责任完全在招标人一方时，招标人仍可以拒绝所有投标，且无须对投标人承担赔偿责任。

而投标作为一种要约则不同，一旦招标人（受要约人）承诺，要约人即受该意思表示的约束。《合同法》对要约的撤回和撤销作了区分。要约撤回，是指要约在发生法律效力之前，欲使其不发生法律效力而取消要约的意思表示。要约人可以撤回要约，但撤回要约的通知应当在要约到达受要约人之前或同时到达受要约人。要约撤销，是要约在发生法律效力之后，要约人欲使其丧失法律效力而取消该项要约的意思表示。要约可以撤销，撤销要约的通知应当在受要约人发出承诺通知之前到达受要约人。但有下列情形之一的，要约不得撤销：第一，要约人确定承诺期限或者以其他形式明示要约不可撤销；第二，受要约人有理由认为要约是不可撤销，并已经为履行合同做了准备工作。可以认为，要约的撤销是一种特殊的情况，且必须在受要约人发出承诺通知之前到达受要约人，因为承诺发出，合同即告成立。由于要约的撤回，必须是撤回通知在要约通知到达受要约人之前或者与要约同时到达受要约人，因此，当投标文件到达招标人后即不可撤回。如果要约人确定了承诺期限或者以其他形式明示要约不可撤销，则要约不得撤销。招标人在招标文件中明确的投标有效期，投标人接受该有效期，该有效期即是承诺期限。投标有效期是投标截止日期后规定的一段时间，在这一段时间内招标人应当完成开标、评标、定标等工作。因为投标人对招标人确定的投标有效期是认可的，明示在此期间投标不会撤销。因此，招标人可以要求投标人提供投标担保，以担保自己在投标有效期内不撤销投标文件，投标人一旦中标即与招标人订立承包合同。

施工项目的投标担保应当在投标时提供，担保方式可以是由投标人提供一定数额的保证金，也可以提供第三人的信用担保（保证)，一般是由银行或者担保公司向招标人出具投标保函。

施工中的投标担保，作用就是为了确保投标文件对投标人具有约束力。在下列情况下可以没收投标保证金或要求承保的担保公司或银行支付投标保证金：

（1）投标人在投标有效期内撤销投标书；

（2）投标人在业主已正式通知他的投标已被接受中标后，在投标有效期内未能或拒绝按《投标人须知》规定，签订合同协议或递交履约保函。

需要说明的是，我国在工程领域一直将撤销投标文件称为撤回投标文件①，包括翻译资料也将英文中的“withdraw”译为“撤回”②。我国原来的合同法律制度（包括《经济合同法》、《技术合同法》、《涉外经济合同法》）未对要约及要约的撤回、撤销作出规定的情况下，不对投标文件的撤回、撤销作区别是可以理解的。但是，当《合同法》对要

① 中华人民共和国建设部．建设工程施工招标文件范本．1997.

② 中华人民共和国财政部．世界银行贷款项目招标文件范本——土建工程国内竞争性招标文件［M］．中英文合订本．北京：清华大学出版社，1997：64 –96.

约的撤回和撤销进行了区分后，招标投标中与要约撤回、撤销有关的行为也应当进行区分。投标人撤回投标书的行为不能成为没收投标保证金的理由。2011 年颁布的《招标投标法实施条例》接受了笔者的这一建议，将撤销投标文件与撤回投标文件进行了区分。

我国《招标投标法》没有对投标担保作出明确规定，笔者认为这是一个缺憾。事实上，投标担保是施工招标中最主要、最常见的担保方式。当然，《招标投标法》没有对投标担保作出明确规定并不意味着招标人不能对投标人提出投标担保的要求，因为我国立法已经确立了“法无禁止即可行”的原则。2011 年颁布的《招标投标法实施条例》解决了这个问题，对投标保证金作了如下规定：“招标人在招标文件中要求投标人提交投标保证金的，投标保证金不得超过招标项目估算价的 2%。投标保证金有效期应当与投标有效期一致。依法必须进行招标的项目的境内投标单位，以现金或者支票形式提交的投标保证金应当从其基本账户转出。”

二、施工履约担保

施工履约担保，是为了保证施工合同的顺利履行而提供的担保。《招标投标法》第 46 条规定：“招标文件要求中标人提交履约保证金的，中标人应当提供。”在建设项目的施工招标中，履约担保的方式可以是提交一定数额的履约保证金，也可以提供第三人的信用担保（保证），一般是由银行或者担保公司向招标人出具履约保函。《招标投标法实施条例》第 58 条规定：“招标文件要求中标人提交履约保证金的，中标人应当按照招标文件的要求提交。履约保证金不得超过中标合同金额的 10%。”

在履约担保中，首要的问题是提供担保的主体，是只有中标人有提供履约担保的义务，还是招标人与中标人都有提供履约担保的义务？从国际工程的招标实践看，都是规定只有中标人有提供履约担保的义务，但我国工程领域有许多同志认为只要求中标人提供担保不够公平，招标人也应当有提供担保的义务。我们认为，从这样的意义上去追求公平是不可能的，也是不必要的。不可能的原因在于，我们必须承认，招标投标制度产生和存在的基础就在于存在买方市场，法律意义上的公平并不排斥在合同的订立和履行过程中有优势的一方和劣势的一方。一个建设项目有多个承包单位愿意承包，这样招标才有可能操作；如果建筑市场的现状是有许多项目在等一个施工企业去干的话，进行招标是不可能的。不必要的原因在于，建设项目的进行，一般情况下，招标人都有预付款在中标人（承包方）手中（如我国是禁止承包方垫资承包的），预付款本身可以起到担保作用。如果招标人违约，中标人可以直接从预付款中扣除违约金的款额。

履约担保的第二个问题是担保的期限。招标人应当在《投标人须知》中规定提交履约担保的时间要求，一般要求中标人在接到中标通知书一定的天数（如 14 天）内提供。在整个合同履行期限内，履约担保都应当有效，不但在施工期内有效，也应当在保修期（缺陷责任期）内有效。由于工程项目保修期（缺陷责任期）的截止时间会随着竣工时间的变化而变化，因此，履约担保也只能承诺担保期限在保修期（缺陷责任期）期满一定的时间后终止，而不是规定一个具体的时间。如果是以出具保函的方式担保的，则保函往往是无条件的，担保人不对招标人的支付要求进行争辩。

三、施工预付款担保

由于工程建设施工中承包方是不垫资承包的，因此，招标人必须向承包方支付预付款，一般包括动员预付款和材料预付款。动员预付款是招标人为承包方进行工程前期准备而预先支付的一笔款项；材料预付款则是招标人为承包方采购材料而预先支付的一笔款项。预付款应当通过工程的结算返还给招标人。预付款担保，是承包方提交的、为保证返还预付款的担保。预付款担保都是采用由银行或者其他信誉较高的单位出具保函的方式提供，当然，出具保函的单位必须经过招标人的认可。

预付款保函的有效期一般也只能进行定性的规定，一般只能规定从预付款支付之日起至业主向承包方全部收回预付款之日止。担保金额应当与预付款金额相同，但担保金额会随着工程的进行而减少。因为，预付款是在工程的进展过程中，在每次结算工程款（中间支付）时返还。担保金额也应当随着减少。

预付款担保也是一种保证，一般也是无条件的。这种保证属于我国《担保法》中规定的连带责任保证，即保证人（出具保函的银行或者其他单位）不要求招标人必须先向承包方提出返还要求，只要承包方有违约行为，招标人即可要求保证人支付规定金额的款项。

第五节　投标的禁止性行为

一、禁止投标人相互串通投标

投标人相互串通投标是对招标投标制度的严重破坏，也严重损害了招标投标活动当事人的合法权益，并且招标投标实践中也很常见。对于这种行为，《招标投标法》、《反不正当竞争法》等法律法规都作了禁止性规定，情节严重的，甚至构成犯罪。

《招标投标法实施条例》规定了投标人相互串通投标的具体情形。有下列情形之一的，属于投标人相互串通投标：

（1）投标人之间协商投标报价等投标文件的实质性内容；

（2）投标人之间约定中标人；

（3）投标人之间约定部分投标人放弃投标或者中标；

（4）属于同一集团、协会、商会等组织成员的投标人按照该组织要求协同投标；

（5）投标人之间为谋取中标或者排斥特定投标人而采取的其他联合行动。

有下列情形之一的，视为投标人相互串通投标：

（1）不同投标人的投标文件由同一单位或者个人编制；

（2）不同投标人委托同一单位或者个人办理投标事宜；

（3）不同投标人的投标文件载明的项目管理成员为同一人；

（4）不同投标人的投标文件异常一致或者投标报价呈规律性差异；

（5）不同投标人的投标文件相互混装；

（6）不同投标人的投标保证金从同一单位或者个人的账户转出。

《招标投标法实施条例》的上述规定，给招标投标实践中对投标人相互串通投标的认定提供了依据。

二、禁止招标人与投标人串通投标

招标人与投标人串通投标，主要损害的是招标人的利益，当然，也损害其他投标人的利益。按照正常的理解，损害自己利益的行为，招标人是不应当与投标人串通的。但是，我国的许多招标项目，由于使用的是财政资金，并不是招标人自己的资金，因此，也经常发生这类串通。

有下列情形之一的，属于招标人与投标人串通投标：

（1）招标人在开标前开启投标文件并将有关信息泄露给其他投标人；

（2）招标人直接或者间接向投标人泄露标底、评标委员会成员等信息；

（3）招标人明示或者暗示投标人压低或者抬高投标报价；

（4）招标人授意投标人撤换、修改投标文件；

（5）招标人明示或者暗示投标人为特定投标人中标提供方便；

（6）招标人与投标人为谋求特定投标人中标而采取的其他串通行为。

三、禁止弄虚作假投标

不诚信已经成为中国的最大国情。在招标投标实践中，不诚信的最主要的体现就是弄虚作假。弄虚作假的具体行为包括：

（1）使用通过受让或者租借等方式获取的资格、资质证书投标的；

（2）使用伪造、变造的许可证件；

（3）提供虚假的财务状况或者业绩；

（4）提供虚假的项目负责人或者主要技术人员简历、劳动关系证明；

（5）提供虚假的信用状况；

（6）其他弄虚作假的行为。

第六章 建设工程合同总论

第一节 概 述

一、建设工程合同的概念

建设工程合同是承包人进行工程建设，发包人支付价款的合同。我国建设领域习惯上把建设工程合同的当事人双方称为发包人和承包人，这与我国《合同法》将他们称为发包人与承包人没有区别。双方当事人应当在合同中明确各自的权利义务，但主要是承包人进行工程建设，发包人支付工程款。进行工程建设的行为包括勘察、设计、施工。建设工程实行监理的，发包人也应当与监理人采用书面形式订立委托监理合同。建设工程合同是一种诺成合同，合同订立生效后双方应当严格履行。建设工程合同也是一种双务、有偿合同，当事人双方在合同中都有各自的权利和义务，在享有权利的同时必须履行义务。

从合同理论上说，建设工程合同是广义的承揽合同的一种，也是承揽人（承包人）按照定作人（发包人）的要求完成工作（工程建设），交付工作成果（竣工工程），定作人给付报酬的合同。但由于工程建设合同在经济活动、社会生活中的重要作用，以及在国家管理、合同标的等方面均有别于一般的承揽合同，我国一直将建设工程合同列为单独的一类重要合同。考虑到建设工程合同毕竟是从承揽合同中分离出来的，《合同法》规定：建设工程合同中没有规定的，适用承揽合同的有关规定。

二、建设工程合同的特征

（一）合同主体的严格性

建设工程合同主体一般只能是法人。发包人一般只能是经过批准进行工程项目建设的法人，必须有国家批准的建设项目，落实投资计划，并且应当具备相应的协调能力；承包人则必须具备法人资格，而且应当具备相应的从事勘察、设计、施工等资质。无营业执照或无承包资质的单位不能作为建设工程合同的主体，资质等级低的单位不能越级承包建设工程。

（二）合同标的的特殊性

建设工程合同的标的是各类建筑产品，建筑产品是不动产，其基础部分与大地相连，不能移动。这就决定了每个建设工程合同的标的都是特殊的，相互间具有不可替代性，还决定了承包人工作的流动性。建筑物所在地就是勘察、设计、施工生产场地，施工队伍、施工机械必须围绕建筑产品不断移动。另外，建筑产品的类别庞杂，其外观、结构、使用目的、使用人各不相同，这就要求每一个建筑产品都需单独设计和施工（即使可重复利用标准设计或重复使用图纸，也应采取必要的修改设计才能施工），即建筑产品是单体性生产，这也决定了建设工程合同标的的特殊性。

（三）合同履行期限的长期性

建设工程由于结构复杂、体积大、建筑材料类型多、工作量大，使得合同履行期限都较长（与一般工业产品的生产相比）。而且，建设工程合同的订立和履行一般都需要较长的准备期，在合同的履行过程中，还可能因为不可抗力、工程变更、材料供应不及时等原因而导致合同期限顺延。所有这些情况，决定了建设工程合同的履行期限具有长期性。

（四）计划和程序的严格性

由于工程建设对国家的经济发展、公民的工作和生活都有重大的影响，因此，国家对建设工程的计划和程序都有严格的管理制度。订立建设工程合同必须以国家批准的投资计划为前提，即使是国家投资以外的、以其他方式筹集的投资也要受到当年的贷款规模和批准限额的限制，纳入当年投资规模的平衡，并经过严格的审批程序。建设工程合同的订立和履行还必须符合国家关于建设程序的规定。

（五）合同形式的特殊要求

我国《合同法》在一般情况下对合同形式采用书面形式还是口头形式没有限制，即对合同形式确立了以不要式为主的原则。但是，考虑到建设工程的重要性和复杂性，在建设过程中经常会发生影响合同履行的纠纷，因此，《合同法》要求，建设工程合同应当采用书面形式。这也反映了国家对建设工程合同的重视。

三、建设工程合同的种类

建设工程合同可以从不同的角度进行分类。

（一）从承发包的工程范围进行划分

从承发包的不同范围和数量进行划分，可以将建设工程合同分为建设工程总承包合同、建设工程承包合同、分包合同。发包人将工程建设的全过程发包给一个承包人的合同即为建设工程总承包合同。发包人如果将建设工程的勘察、设计、施工等的每一项分别发包给一个承包人的合同即为建设工程承包合同。经合同约定和发包人认可，从工程承包人承包的工程中承包部分工程而订立的合同即为建设工程分包合同。

（二）从完成承包的内容进行划分

从完成承包的内容进行划分，建设工程合同可以分为建设工程勘察合同、建设工程设计合同和建设工程施工合同三类。

虽然建筑施工企业在建设工程合同中只是建设工程施工合同的当事人，但作为施工企业的项目经理还是应当对建设工程合同有一个全面的了解，学习一些建设工程中其他合同的知识，因为这些合同对建设工程施工有直接的影响。

（三）从付款方式进行划分

按付款方式进行划分，建设工程合同可分为总价合同、单价合同和成本加酬金合同。

1. 总价合同。总价合同是指在合同中确定一个完成建设工程的总价、承包单位据此完成项目全部内容的合同。这种合同类型能够使建设单位在评标时易于确定报价最低的承包商、易于进行支付计算。但这类合同仅适用于工程量不太大且能精确计算、工期较短、技术不太复杂、风险不大的项目。因而采用这种合同类型要求建设单位必须准备详细而全面的设计图纸（一般要求施工详图）和各项说明，使承包单位能准确计算工程量。

2. 单价合同。单价合同是承包单位在投标时按招标文件就分部分项工程所列出的工程量表确定各分部分项工程费用的合同类型。

这类合同的适用范围比较宽，其风险可以得到合理的分摊，并且能鼓励承包单位通过提高工效等手段从成本节约中提高利润。这类合同能够成立的关键在于双方对单价和工程量计算方法的确认，在合同履行中需要注意的问题则是双方对实际工程量计量的确认。

3. 成本加酬金合同。成本加酬金合同是由业主向承包单位支付建设工程的实际成本，并按事先约定的某一种方式支付酬金的合同类型。在这类合同中，业主需承担项目实际发生的一切费用，因此也就承担了项目的全部风险。而承包单位由于无风险，其报酬往往也较低。

这类合同的缺点是业主对工程总造价不易控制，承包商也往往不注意降低项目成本。这类合同主要适用于以下项目：

（1）需要立即开展工作的项目，如震后的救灾工作；

（2）新型的工程项目，或对项目工程内容及技术经济指标未确定的；

（3）风险很大的项目。

第二节　建设工程勘察、设计合同

一、建设工程勘察、设计合同概述

（一）建设工程勘察、设计合同的概念

建设工程勘察、设计合同是发包人与承包人为完成一定的勘察、设计任务，明确双方权利义务关系的协议。承包人应当完成发包人委托的勘察、设计任务，发包人则应接受符合约定要求的勘察、设计成果并支付报酬。

建设工程勘察、设计合同的发包人一般是项目业主（建设单位）或建设项目总承包单位；承包人是持有国家认可的勘察、设计证书，具有经过有关部门核准的资质等级的勘察、设计单位。合同的发包人、承包人均应具有法人地位。发包人必须是有国家批准建设项目、落实投资计划的企事业单位、社会团体，或者是获得总承包合同的建设项目总承包单位。

【案例6—1】不具备相应资质等级的设计单位订立的设计合同无效

某建工（集团）总公司（下称被告）为一座超高层大型商业综合楼——恒隆广场的总承包单位（在设计合同中则为发包人）。工程造价采取概算闭口方式，施工图设计委托总承包人负责。某建工设计研究院是一家具有乙级资质的设计单位（下称原告），原、被告于1996年5月23日签订了《关于恒隆广场工程项目合作事宜的协议》（下称合作协议）。合作协议约定咨询费金额及支付方法，还约定了施工图设计等合作意向。合作协议中约定明确的条款早已履行完毕。2000年，原告将总承包人告上了法庭，理由是总承包人曾在双方的合作协议中承诺将该项目的施工图交由其设计，但事后，总承包人未履行此承诺，应承担违约责任。原告还依据《合同法》的规定，以该项目施工图设计的可得利润计，向总承包人提出了高达280万美元的违约赔偿。

结果：以原告的撤诉而告终结。

双方争议的焦点：

原告是否具备承接特级建筑工程项目的设计资质？被告认为，被告未能按照合作协议第3条约定的意向，与原告签订恒隆广场施工图设计的合同，其主要原因在于原告不具备承接特大型建筑工程项目的相应资质。原告系1993年成立的丙级集体企业，注册资金仅60万元人民币。1995年2月8日，原告经上海市建筑业管理办公室特批暂定资质为乙级，批文规定原告只能“按乙级资质范围承接本市工程项目”。根据建设部《建筑行业工程设计资格分级标准》的规定，“乙级资质承担工程等级为二级或二级以下的民用建筑设计项目”，根据建设部《民用建筑工程设计等级分类表》的标准，二级民用建筑是指“中高级、大中型总高度不超过50米公共建筑；建筑面积不超过10万平方米的居住区；16层以上，29层以下的住宅”。故被告认为原告不具备承接特大型建筑工程项目的相应资质。

原告则认为其有相应资质，并向法庭提交了有关的资质资格证明材料、《营业执照》、《资质证书》、《国外及港澳台地区设计单位在沪承接工程建设项目设计许可证》（下称许可证）、《关于建立业务合作关系的协议》及上海市建设委员会对其资质的特批文件，还有沪建设（93）第0961等一系列文件。原告提供的上述文件，许可证只证明国外及港澳台地区设计单位在沪承接工程建设项目需要选择至少一家本市持甲级资质的设计单位为合作设计或设计顾问，不能证明原告本身具有特级建筑项目的设计资质。

案例评析：

要求建设工程勘察、设计、施工等承包任务的单位具备相应的从业资质是我国建设工程领域的重要管理制度。《建筑法》第26条规定：“承包建筑工程的单位应当持有依法取得的资质证书，并在其资质等级许可的业务范围内承揽工程。”《合同法》第272条规定：“禁止承包人将工程分包给不具备相应资质条件的单位。”国务院颁布的《建设工程质量管理条例》第18条规定：“从事建筑勘察、设计的单位应当依法取得相应等级的资质证书，并在其资质等级许可范围内承揽工程。”“禁止勘察设计单位超越其资质等级许可的范围或者以其他勘察设计单位的名义承揽工程”。建设部第29号令《建设工程质量管理办法》第25条规定：“勘察设计单位必须按资质等级承担相应的勘察设计任务，不得擅自超越资格等级业务范围承接任务。”笔者认为，上述规定是国家的强制性规定，据此，被告依法不能将设计任务委托给没有相应资质的原告设计。

意向性条款是否是有约束力的合同条款也是一个有争议的问题。但是，即使将此视为有约束力的合同条款，该合同条款也是无效的。

（二）建设工程勘察、设计合同示范文本简介

建设部、国家工商行政管理局于1996年7月25日发布了《建设工程勘察合同示范文本》、《建设工程设计合同示范文本》，这两个示范文本采用的是填空式文本，即合同示范文本的编制者将勘察、设计中共性的内容抽象出来编写成固定的条款，但对于一些需要在具体勘察、设计任务中明确的内容则留下空格由合同当事人在订立合同时填写。2000年3月1日，建设部、国家工商行政管理局重新发布了建设工程勘察、设计合同示范文本，对原来的示范文本作了改进。重新发布的文本包括：《建设工程勘察合同（1）（示范文本）》（GF－2000－0203）［岩土工程勘察、水文地质勘察（含凿井）工程测量、工程物探］、《建设工程

勘察合同（2）（示范文本)》（GF-2000-0204）［岩土工程设计、治理、监测］、《建设工程设计合同（1）（示范文本)》（GF-2000-0209）［民用建设工程设计合同］、《建设工程设计合同（2）（示范文本)》（GF-2000-0210）［专业建设工程设计合同］。

两种《建设工程勘察合同（示范文本)》都是14条，内容都包括：工程概况；发包人向承包人提供的有关资料文件；承包人应向发包人交付的报告、成果、文件；工期；收费标准及支付方式；变更及工程费的调整；发包人、承包人的责任；违约责任；材料设备供应；报告、成果、文件检查验收；其他约定事项；争议解决办法；合同生效与终止。《建设工程设计合同（1）（示范文本)》（GF-2000-0209）［民用建设工程设计合同］共8条，内容包括：签订依据；设计项目的内容，包括名称、规模、阶段、投资及设计费等；发包人应当向设计人提交的有关资料及文件；设计人应向发包人交付的设计资料及文件；双方责任；违约责任；其他（包括纠纷的解决）等。《建设工程设计合同（2）（示范文本)》（GF-2000-0210）［专业建设工程设计合同］共12条，内容包括：签订依据；设计依据；合同文件的优先次序；本合同项目的名称、规模、阶段、投资及设计内容（根据行业特点填写)；发包人向设计人提交的有关资料、文件及时间；设计人向发包人交付的设计文件、份数、地点及时间；费用；支付方式；双方责任；保密；纠纷的解决；合同生效及其他。

二、建设工程勘察、设计合同的订立

勘察合同，由建设单位、设计单位或有关单位提出委托，经双方同意即可签订。设计合同，须具有上级机关批准的设计任务书方能签订。小型单项工程的设计合同须具有上级机关批准的文件方能签订。如单独委托施工图设计任务，应同时具有经有关部门批准的初步设计文件方能签订。

勘察、设计合同在当事人双方经过协商取得一致意见，由双方负责人或指定代表签字并加盖公章后方为有效。

三、建设工程勘察、设计合同的主要内容

（一）发包人提交有关基础资料的期限

这是对发包人提交有关基础资料在时间上的要求。勘察或者设计的基础资料是指勘察、设计单位进行勘察、设计工作所依据的基础文件和情况。勘察基础资料包括项目的可行性研究报告，工程需要勘察的地点、内容，勘察技术要求及附图等。设计的基础资料包括工程的选址报告等勘察资料以及原料（或者经过批准的资源报告)，燃料、水、电、运输等方面的协议文件，需要经过科研取得的技术资料。

（二）勘察、设计单位提交勘察、设计文件（包括概预算）的期限

这是指勘察、设计单位完成勘察设计工作，交付勘察或者设计文件的期限。勘察、设计文件主要包括勘察、建设设计图纸及说明，材料设备清单和工程的概预算等。勘察、设计文件是工程建设的依据，工程必须按照勘察设计文件进行施工，因此勘察设计文件的交付期限直接影响工程建设的期限，所以当事人在勘察或者设计合同中应当明确勘察、设计文件的交付期限。

（三）勘察或者设计的质量要求

这主要是发包人对勘察、设计工作提出的标准和要求。勘察、设计单位应当按照确定

的质量要求进行勘察、设计，按时提交符合质量要求的勘察、设计文件。勘察、设计的质量要求条款明确了勘察、设计成果的质量，也是确定勘察、设计单位工作责任的重要依据。

（四）勘察、设计费用

勘察、设计费用是发包人对勘察、设计单位完成勘察、设计工作的报酬。支付勘察、设计费是发包人在勘察、设计合同中的主要义务，双方应当明确勘察、设计费用的数额和计算方法，勘察设计费用支付方式、地点、期限等内容。

（五）双方的其他协作条件

其他协作条件是指双方当事人为了保证勘察、设计工作顺利完成所应当履行的相互协助的义务。发包人的主要协作义务是在勘察、设计人员进入现场工作时，为勘察、设计人员提供必要的工作条件和生活条件，以保证其正常开展工作。勘察、设计单位的主要协作义务是配合工程建设的施工，进行设计交底，解决施工中的有关设计问题，负责设计变更和修改预算，参加试车考核和工程验收等。

（六）违约责任

合同当事人双方应当根据国家的有关规定约定双方的违约责任。

四、建设工程勘察、设计合同的履行

（一）勘察、设计合同的定金

按规定收取费用的勘察、设计合同生效后，发包人应向承包人给付定金。勘察、设计合同履行后，定金抵作勘察、设计费。发包人不履行合同的，无权请求返还定金。承包人不履行合同的，应当双倍返还定金。

（二）勘察、设计合同双方的权利义务

勘察、设计合同作为双务合同，当事人的权利义务是相互的，一方的义务就是对方的权利。我们在这里只介绍各自的义务。

1. 发包人的义务如下：

（1）向承包人提供开展勘察、设计工作所需的有关基础资料，并对提供的时间、进度与资料的可靠性负责。委托勘察工作的，在勘察工作开展前，应提出勘察技术要求及附图；

委托初步设计的，在初步设计前，应提供经过批准的设计任务书、选厂报告，以及原料（或经过批准的资料报告）、燃料、水、电、运输等方面的协议文件和能满足初步设计要求的勘察资料、需要经过科研取得的技术资料；

委托施工图设计的，在施工图设计前，应提供经过批准的初步设计文件和能满足施工图设计要求的勘察资料、施工条件，以及有关设备的技术资料；

（2）在勘察、设计人员进入现场作业或配合施工时，应负责提供必要的工作和生活条件；

（3）委托配合引进项目的设计任务，从询价、对外谈判、国内外技术考察直至建成投产的各阶段，应吸收承担有关设计任务的单位参加；

（4）按照国家有关规定给付勘察、设计费；

（5）维护承包人的勘察成果和设计文件，不得擅自修改，不得转让给第三方重复使用。

2. 承包人的义务如下：

（1）勘察单位应按照现行的标准、规范、规程和技术条例进行工程测量、工程地质、水文地质等勘察工作，并按合同规定的进度、质量提交勘察成果；

（2）设计单位要根据批准的设计任务书或上一阶段设计的批准文件，以及有关设计技术经济协议文件、设计标准、技术规范、规程、定额等提出勘察技术要求和进行设计，并按合同规定的进度和质量提交设计文件（包括概预算文件、材料设备清单）；

（3）初步设计经上级主管部门审查后，在原定任务书范围内的必要修改，由设计单位负责。原定任务书有重大变更而重作或修改设计时，须具有设计审批机关或设计任务书批准机关的意见书，经双方协商，另订合同；

（4）设计单位对所承担设计任务的建设项目应配合施工，进行设计技术交底，解决施工过程中有关设计的问题，负责设计变更和修改预算，参加试车考核及工程竣工验收。对于大中型工业项目和复杂的民用工程应派现场设计代表，并参加隐蔽工程验收。

【案例 6—2】设计单位承担责任的条件

某厂新建一个车间，分别与市设计院和市某建筑工程公司签订了设计合同和施工合同。工程竣工后厂房北侧墙壁发生裂缝，为此某厂向法院起诉市某建筑工程公司。经勘验，裂缝是由于地基不均匀沉降引起的，结论是结构设计图纸所依据的地质资料不准，于是某厂又起诉市设计院。市设计院答辩称，设计院是根据某厂提供的地质资料设计的，不应承担事故责任。经法院查证：某厂提供的地质资料不是新建车间的地质资料，而是与该车间相邻的另一地块的地质资料，事故前设计院也不知该情况。

根据法院查明的事实，该工程的质量事故是由于设计图纸所依据的资料不准确，使地基不均匀沉降，最终导致墙壁裂缝事故。所以，事故所涉及的是设计合同中的责权关系，而与施工合同无关，即事件中市某建筑工程公司没有责任。在设计合同中，提供准确的资料是委托人的义务之一，而且委托人要对资料的可靠性负责。由于委托人提供不准确的地质资料是事故的根源，委托人应当对事故承担主要责任，委托人是事故的主要责任人。市设计院按照对方提供的资料进行设计是正常的，如果设计院没有其他的过错，市设计院无须对此质量事故承担法律责任。

五、勘察、设计合同的变更和解除

设计文件批准后，就具有一定的严肃性，不得任意修改和变更。如果必须修改，也需经有关部门批准，其批准权限，根据修改内容所涉及的范围而定。如果修改部分属于初步设计的内容，必须经设计的原批准单位批准；如果修改的部分是属于可行性研究报告的内容，则必须经可行性研究报告的原批准单位批准：施工图设计的修改，必须经设计单位批准。

发包人因故要求修改工程设计，经承包人同意后，除设计文件的提交时间另定外，发包人还应按承包人实际返工修改的工作量增付设计费。

原定可行性研究报告或初步设计如有重大变更而需重作或修改设计时，须经原批准机关同意，并经双方当事人协商后另订合同。发包人负责支付已经进行了的设计的费用。

发包人因故要求中途停止设计时，应及时书面通知承包人，已付的设计费不退，并按该阶段实际所耗工时增付和结清设计费，同时终止合同关系。

六、勘察、设计合同的违约责任

（一）勘察、设计合同承包人的违约责任

勘察、设计合同承包人违反合同规定的，应承担以下违约责任：

1. 因勘察、设计质量低劣引起返工或未按期提交勘察、设计文件拖延工期造成发包人损失的，由勘察、设计单位继续完善勘察、设计任务，并应视造成的损失浪费大小减收或免收勘察、设计费并赔偿损失；

2. 因承包人的原因致使建设工程在合理使用期限内造成人身和财产损害的，承包人应当承担损害赔偿责任。

（二）勘察、设计合同发包人的违约责任

勘察、设计合同发包人违反合同规定的，应承担以下违约责任：

1. 由于变更计划，提供的资料不准确，未按期提供勘察、设计必需的资料或工作条件而造成勘察、设计的返工、停工、窝工或修改设计，发包人应按承包人实际消耗的工作量增付费用。因发包人责任造成重大返工或重新设计的，应另行增加勘察设计费；

2. 发包人超过合同的规定日期付费时，应偿付逾期的违约金。偿付办法与金额，由双方按照国家的有关规定协商，在合同中订明。

第三节　建设工程监理合同

一、建设工程监理合同概述

（一）建设工程监理合同的概念

建设工程监理合同是委托人与监理人签订，为了委托监理人承担监理业务而明确双方权利义务关系的协议。建设监理的内容是依据法律、行政法规及有关技术标准、设计文件和建设工程合同，对承包单位在工程质量、建设工期和建设资金使用等方面，代表建设单位实施监督。建设监理可以是对工程建设的全过程进行监理，也可以分阶段进行设计监理、施工监理等。但目前实践中监理大多是施工监理。

建设监理制是我国建设领域正在推广的一项制度。自1988年以来，我国工程监理制度经过了试点阶段（1988～1993年）、稳步推行阶段（1993～1995年），1996年后进入了全面推行阶段。工程建设监理制度是在工程建设领域实行社会化、专业化管理的结果，是建设领域由计划经济向市场经济转变的需要。

（二）建设工程监理合同的主体

建设工程监理合同的主体是合同确定的权利的享有者和义务的承担者，包括委托人和监理人。监理人与委托人是平等的主体关系，这与其他合同主体关系是一致的，也是合同的特点决定的。双方的关系是委托与被委托的关系。

1. 委托人。委托人是指本合同中委托监理与相关服务的一方，及其合法的继承人或受让人。

2. 监理人。监理人是指本合同中提供监理与相关服务的一方，及其合法的继承人。

（三）《建设工程监理合同》示范文本简介

住房和城乡建设部、国家工商行政管理总局对《建设工程委托监理合同（示范文本）》（GF－2000－0202）进行了修订，制定了《建设工程监理合同（示范文本）》（GF－2012－0202），并于2012年3月27日发布。《建设工程委托监理合同（示范文本）》由协议书、通用条件、专用条件三部分组成，并有两个附录（附录A相关服务的范围和内容，附录B委托人派遣的人员和提供的房屋、资料、设备）。笔者作为2012年版《建设工程监理合同（示范文本）》起草小组的成员参加了起草工作。

建设工程监理合同的协议书，其篇幅并不大，但它却是监理合同的总纲，规定了监理合同的一些原则、合同的组成文件，意味着委托人与监理人对双方商定的监理业务、监理内容的承认和确认。通用条件适用于各个工程项目建设监理委托，各个委托人和监理人都应当遵守。通用条件是监理合同的主要部分，它明确而详细地规定了双方的权利义务。专用条件是各个工程项目根据自己的个性和所处的自然和社会环境，由委托人和监理人协商一致后填写的。双方如果认为需要，还可在其中增加约定的补充条款和修正条款。专用条件的条款是与标准条件的条款相对应的。在专用条件中，并非每一条款都必须出现。专用条件不能单独使用，必须与通用条件结合在一起才能使用。

二、建设工程监理合同当事人的义务

（一）监理人的义务

监理人应承担以下义务：

1. 监理的范围和工作内容。监理范围在专用条件中约定。除专用条件另有约定外，监理工作内容包括：

（1）收到工程设计文件后编制监理规划，并在第一次工地会议7天前报委托人。根据有关规定和监理工作需要，编制监理实施细则；

（2）熟悉工程设计文件，并参加由委托人主持的图纸会审和设计交底会议；

（3）参加由委托人主持的第一次工地会议；主持监理例会并根据工程需要主持或参加专题会议；

（4）审查施工承包人提交的施工组织设计，重点审查其中的质量安全技术措施、专项施工方案与工程建设强制性标准的符合性；

（5）检查施工承包人工程质量、安全生产管理制度及组织机构和人员资格；

（6）检查施工承包人专职安全生产管理人员的配备情况；

（7）审查施工承包人提交的施工进度计划，核查承包人对施工进度计划的调整；

（8）检查施工承包人的试验室；

（9）审核施工分包人资质条件；

（10）查验施工承包人的施工测量放线成果；

（11）审查工程开工条件，对条件具备的签发开工令；

（12）审查施工承包人报送的工程材料、构配件、设备质量证明文件的有效性和符合性，并按规定对用于工程的材料采取平行检验或见证取样方式进行抽检；

（13）审核施工承包人提交的工程款支付申请，签发或出具工程款支付证书，并报委托人审核、批准；

（14）在巡视、旁站和检验过程中，发现工程质量、施工安全存在事故隐患的，要求施工承包人整改并报委托人；

（15）经委托人同意，签发工程暂停令和复工令；

（16）审查施工承包人提交的采用新材料、新工艺、新技术、新设备的论证材料及相关验收标准；

（17）验收隐蔽工程、分部分项工程；

（18）审查施工承包人提交的工程变更申请，协调处理施工进度调整、费用索赔、合同争议等事项；

（19）审查施工承包人提交的竣工验收申请，编写工程质量评估报告；

（20）参加工程竣工验收，签署竣工验收意见；

（21）审查施工承包人提交的竣工结算申请并报委托人；

（22）编制、整理工程监理归档文件并报委托人。

2. 监理与相关服务依据。监理依据包括：

（1）适用的法律、行政法规及部门规章；

（2）与工程有关的标准；

（3）工程设计及有关文件；

（4）建设工程监理合同及委托人与第三方签订的与实施工程有关的其他合同。

双方根据工程的行业和地域特点，在专用条件中具体约定监理依据。相关服务依据在专用条件中约定。

3. 项目监理机构和人员。监理人应组建满足工作需要的项目监理机构，配备必要的检测设备。项目监理机构的主要人员应具有相应的资格条件。在合同履行过程中，总监理工程师及重要岗位监理人员应保持相对稳定，以保证监理工作正常进行。监理人可根据工程进展和工作需要调整项目监理机构人员。监理人更换总监理工程师时，应提前7天向委托人书面报告，经委托人同意后方可更换；监理人更换项目监理机构其他监理人员，应以相当资格与能力的人员替换，并通知委托人。

监理人应及时更换有下列情形之一的监理人员：

（1）严重过失行为的；

（2）有违法行为不能履行职责的；

（3）涉嫌犯罪的；

（4）不能胜任岗位职责的；

（5）严重违反职业道德的；

（6）专用条件约定的其他情形。

委托人可要求监理人更换不能胜任本职工作的项目监理机构人员。

4. 履行职责。监理人应遵循职业道德准则和行为规范，严格按照法律法规、工程建设有关标准及合同履行职责。在监理与相关服务范围内，委托人和承包人提出的意见和要求，监理人应及时提出处置意见。当委托人与承包人之间发生合同争议时，监理人应协助委托人、承包人协商解决。当委托人与承包人之间的合同争议提交仲裁机构仲裁或人民法院审理时，监理人应提供必要的证明资料。

监理人应在专用条件约定的授权范围内，处理委托人与承包人所签订合同的变更事宜。如果变更超过授权范围，应以书面形式报委托人批准。在紧急情况下，为了保护财产和人身安全，监理人所发出的指令未能事先报委托人批准时，应在发出指令后的24小时内以书面形式报委托人。

除专用条件另有约定外，监理人发现承包人的人员不能胜任本职工作的，有权要求承包人予以调换。

5. 提交报告。监理人应按专用条件约定的种类、时间和份数向委托人提交监理与相关服务的报告。

6. 文件资料。在合同履行期内，监理人应在现场保留工作所用的图纸、报告及记录监理工作的相关文件。工程竣工后，应当按照档案管理规定将监理有关文件归档。

7. 使用委托人的财产。监理人无偿使用附录B中由委托人派遣的人员和提供的房屋、资料、设备。除专用条件另有约定外，委托人提供的房屋、设备属于委托人的财产，监理人应妥善使用和保管，在合同终止时将这些房屋、设备的清单提交委托人，并按专用条件约定的时间和方式移交。

（二）委托人的义务

1. 告知。委托人应在委托人与承包人签订的合同中明确监理人、总监理工程师和授予项目监理机构的权限。如有变更，应及时通知承包人。

2. 提供资料。委托人应按照附录B的约定，无偿向监理人提供工程有关的资料。在合同履行过程中，委托人应及时向监理人提供最新的与工程有关的资料。

3. 提供工作条件。委托人应为监理人完成监理与相关服务提供必要的条件。委托人应按照附录B的约定，派遣相应的人员，提供房屋、设备，供监理人无偿使用。委托人应负责协调工程建设中所有外部关系，为监理人履行合同提供必要的外部条件。

4. 委托人代表。委托人应授权一名熟悉工程情况的代表，负责与监理人联系。委托人应在双方签订合同后7天内，将委托人代表的姓名和职责书面告知监理人。当委托人更换委托人代表时，应提前7天通知监理人。

5. 委托人意见或要求。在合同约定的监理与相关服务工作范围内，委托人对承包人的任何意见或要求应通知监理人，由监理人向承包人发出相应指令。

6. 答复。委托人应在专用条件约定的时间内，对监理人以书面形式提交并要求作出决定的事宜，给予书面答复。逾期未答复的，视为委托人认可。

7. 支付。委托人应按合同约定，向监理人支付酬金。

三、违约责任

（一）监理人的违约责任

监理人未履行合同义务的，应承担相应的责任。因监理人违反本合同约定给委托人造成损失的，监理人应当赔偿委托人损失。赔偿金额的确定方法在专用条件中约定。监理人承担部分赔偿责任的，其承担赔偿金额由双方协商确定。监理人向委托人的索赔不成立时，监理人应赔偿委托人由此发生的费用。

（二）委托人的违约责任

委托人未履行本合同义务的，应承担相应的责任。委托人违反本合同约定造成监理人损失的，委托人应予以赔偿。委托人向监理人的索赔不成立时，应赔偿监理人由此引起的费用。委托人未能按期支付酬金超过28天，应按专用条件约定支付逾期付款利息。

（三）除外责任

因非监理人的原因，且监理人无过错，发生工程质量事故、安全事故、工期延误等造成的损失，监理人不承担赔偿责任。因不可抗力导致本合同全部或部分不能履行时，双方各自承担其因此而造成的损失、损害。

（四）监理单位对其过失承担有限赔偿责任

《建筑法》第35条规定："工程监理单位不按照委托监理合同的约定履行监理业务，对应当监督检查的项目不检查或者不按照规定检查，给建设单位造成损失的，应当承担相应的赔偿责任。"结合该条第2款的规定，应当把"相应的赔偿责任"理解为"有限赔偿责任"。该条第2款规定："工程监理单位与承包单位串通，为承包单位谋取非法利益，给建设单位造成损失的，应当与承包单位承担连带赔偿责任。"这里规定的是工程监理单位恶意给建设单位造成损失也是与承包单位共同承担赔偿责任。2000年发布的《建设工程委托监理合同（示范文本）》在《标准条件》第26条中更是明确规定："监理人在责任期内，应当履行约定的义务。如果因监理人过失而造成了委托人的经济损失，应当向委托人赔偿。累计赔偿总额（除本合同第24条规定以外）不应超过监理酬金总数（除去税金）。"因此，监理单位对其过失承担的是有限赔偿责任，即以监理酬金总数（除去税金）为限。虽然2012年发布的监理合同示范文本在通用条件中删除了有限赔偿条款，但在专用条件中规定，监理人赔偿金额按下列方法确定：

赔偿金 = 直接经济损失 × 正常工作酬金 ÷ 工程概算投资额（或建筑安装工程费）

这样的赔偿金额一般不会超过正常工作酬金，仍然是有限赔偿责任。笔者对此持支持的态度。

上述规定与1983年8月8日国务院发布的《建设工程勘察设计合同条例》的有关规定十分类似。该《条例》第10条规定："因勘察设计质量低劣引起返工或未按期提交勘察设计文件拖延工期造成损失，由勘察设计单位继续完善勘察、设计任务，并应视造成的损失浪费大小减收或免收勘察设计费。对于因勘察设计错误而造成工程重大质量事故者，勘察设计单位除免收受损失部分的勘察设计费外，还应付与直接受损失部分勘察设计费相等的赔偿金。"有人认为工程监理单位与勘察设计单位承担有限赔偿责任的理由是相同的，我们有必要先分析一下勘察设计单位的赔偿责任问题。1999年3月15日《中华人民共和国合同法》通过后，《建设工程勘察设计合同条例》便面临着修改甚至废除的问题。因为该《条例》制定的依据《中华人民共和国经济合同法》已经于1999年10月1日废止了，代之以《中华人民共和国合同法》，因此必须根据《合同法》的有关规定来分析勘察设计单位应当承担的赔偿责任。《合同法》第280条规定："勘察、设计的质量不符合要求或者未按照期限提交勘察、设计文件拖延工期，造成发包人损失的，勘察人、设计人应当继续完善勘察、设计，减收或者免收勘察、设计费并赔偿损失。"从《合同法》的规定我们已看不出勘察设计单位承担有限赔偿的理由。勘察设计单位的这种赔偿责任的变化是基于以下事实：1983年8月8日发布《建设工程勘察设计合同条例》时，经济体制还是计划经济，投资体制还是一元的，勘察设计项目都是国家投资的，勘察设计单位的赔与得都是国家的；勘察设计单位是财政拨款的事业单位，是非营利性单位。对于靠财政拨款的事业单位，应当承担有限赔偿责任，是各国的通例（包括国家赔偿）。但时至今日，我国勘察设计单位已完成了企业化管理的改革，也不再有国家财政拨款。既然是企业化管理，就很难说是非营利性单位。因为企业总是要以营利为目的，否认企业的营利性是不可思议的。因此，勘察设计单位承担有限赔偿责任的理由已经不存在了，勘察设计单位承担有限赔偿责任的有关规定已不能成为监理单位承担有限赔偿责任的理由了。

笔者认为，监理单位应当承担有限赔偿责任的根本原因在于：在工程建设过程，监理单位是一个中介服务机构，如果由于监理单位的过失给建设单位造成损失的，如应当监督检查的项目不检查或者不按照规定检查，则必然还应当有另一个责任方，如施工单位在工程施工过程中存在施工质量缺陷。监理单位与施工单位的分工是：施工单位完成工程的施工任务，监理单位负责监督检查。如果施工单位的施工质量有问题，施工单位当然应承担相应的责任。《建筑法》、《合同法》等法律、行政法规都有明确的规定。《建筑法》第74条规定，建筑施工企业"造成建筑工程质量不符合规定的质量标准的，负责返工、修理，并赔偿由此造成的损失"；《建筑法》第75条规定，"建筑施工企业违反本法规定，不履行保修义务或者拖延履行保修义务，责令改正，可以处以罚款，并对在保修期内因屋顶、墙面渗漏、开裂等质量缺陷造成的损失，承担赔偿责任"。2000年1月30日发布的第279号国务院令《建设工程质量管理条例》更有多处关于施工单位赔偿责任的有关规定，如第65条规定："违反本条例规定，施工单位未对建筑材料、建筑构配件、设备和商品混凝土进行检验，或者未对涉及结构安全的试块、试件以及有关材料取样检测的……造成损失的，依法承担赔偿责任。"民事赔偿责任的基本原则是补偿性，即过错方赔偿受害方的实际损失。如果建设单位的损失是100万元，建设单位不能要求施工单位赔偿100万元、监理单位赔偿100万元，而是在施工单位和监理单位双方都有过错的情况下，双方共同赔偿100万元。这就是《建筑法》规定监理单位与施工单位承担连带赔偿责任的原因，也是《建设工程质量管理条例》规定工程监理单位有过错责任时应当与有关单位承担连带赔偿责任的原因。至于双方各承担多少，则由双方在合同中约定。

有人认为，监理单位承担有限赔偿责任的原因在于监理单位是非营利性单位，笔者认为这一理由不妥。监理单位自产生之初就是提供专业化、社会化服务的企业，如果把监理单位说成是非营利的公益性单位，既不符合企业制度的基本规定，也不利于监理单位在市场中的发育和完善，应当明确承认监理单位的企业属性，承认监理单位的营利性。

在考虑施工单位与监理单位承担赔偿责任的大小时，应当依据双方的过错大小进行赔偿责任分担。在施工过程中如果出现质量问题，施工单位的过错显然是主要的。不论是同施工单位所获得的工程费用与监理单位所获得的监理酬金相比，还是施工单位在施工过程中所发挥的作用来看，都可以得出这样的结论。施工的质量、工期等毕竟是施工单位干出来的。因此，虽然新《合同法》对合同的赔偿责任规定得更加市场化了，仍然不能得出监理单位应当对过错责任承担完全赔偿责任的结论。如上所述，有关法律、行政法规规定监理单位的连带赔偿责任，并不排除双方约定明确的各自的赔偿责任，监理单位应当对其过失承担有限赔偿责任。

第四节　建设工程涉及的其他合同

工程建设管理人员对项目要进行全面的管理。在项目的进行过程中，必然会涉及多种合同关系，如建设物资的采购涉及买卖合同及运输合同、工程投保涉及保险合同，有时还会涉及租赁合同、承揽合同等。管理人员不但要做好对施工合同的管理，也要做好对建设工程涉及的其他合同的管理，这是项目施工能够顺利进行的基础和前提。

一、买卖合同

买卖合同是经济活动中最常见的一种合同，也是建设工程中需经常订立的合同。在建设工程中，建设材料、设备的采购是买卖合同，施工过程中的一些工具、生活用品的采购也是买卖合同。在建设工程合同的履行过程中，承包人和发包人都需要经常订立买卖合同。当然，建设工程合同当事人在买卖合同中总是处于买受人的位置。

（一）买卖合同概述

1. 买卖合同的概念。买卖合同是出卖人转移标的物的所有权于买受人，买受人支付价款的合同。买卖合同是经济活动中最常见的一种合同，它以转移财产所有权为目的，合同履行后，标的物的所有权转移归买受人。

买卖合同的出卖人除了应当向买受人交付标的物并转移标的物的所有权外，还应对标的物的瑕疵承担担保义务。即出卖人应保证他所交付的标的物不存在可能使其价值或使用价值降低的缺陷或其他不符合合同约定的品质问题，也应保证他所出卖的标的物不侵犯任何第三方的合法权益。买受人除了应按合同约定支付价款外，还应承担按约定接受标的物的义务。

2. 买卖合同的特点。买卖合同具有以下特点：

（1）买卖合同是双务、有偿合同。即买卖双方互负一定义务，出卖人必须向买受人转移财产所有权，买受人必须支付价款，双方权利的取得都是有偿的；

（2）买卖合同是诺成合同。买卖合同以当事人意思表示一致为其成立条件，不以实物的交付为成立条件；

（3）买卖合同是不要式合同。在一般情况下，买卖合同的成立和生效并不需要具备特别的形式或履行审批手续。但是，这并不排除一些特殊的买卖合同，如标的额较大的材料设备买卖合同，国家或有关部门在合同形式或订立过程中有一定的要求。

3. 买卖合同的内容。买卖合同除了应当具备合同一般应当具备的内容外，还可以包括包装方式、检验标准和方法、结算方式、合同使用的文字及其效力等条款。

（二）买卖合同的履行

1. 标的物的交付。标的物的交付是买卖合同履行中最重要的环节，标的物的所有权自标的物交付时转移。

（1）标的物的交付期限。合同双方应当约定交付标的物的期限，出卖人应当按照约定的期限交付标的物。如果双方约定交付期间的，出卖人可以在该交付期间内的任何时间交付。

当事人没有约定标的物的交付期间或者约定不明确的，可以协议补充，不能达成补充协议的，按照合同有关条款或者交易习惯确定。如果仍不能确定，则出卖人可以随时履行，买受人也可以随时要求履行，但应当给对方必要的准备时间。

标的物在订立合同之前已为买受人占有的，合同生效的时间为交付的时间。

（2）标的物的交付地点。合同双方应当约定交付标的物的地点，出卖人应当按照约定的地点交付标的物。如果当事人没有约定交付地点或者约定不明确，事后没有达成补充协议，也无法按照合同有关条款或者交易习惯确定，则适用下列规定：

①标的物需要运输的，出卖人应当将标的物交付给第一承运人以运交给买受人；

②标的物不需要运输，出卖人和买受人订立合同时知道标的物在某一地点的，出卖人

应当在该地点交付标的物，不知道标的物在某一地点的，应当在出卖人订立合同时的营业地交付标的物。

2. 标的物的风险承担。所谓风险，是指标的物因不可归责于任何一方当事人的事由而遭受的意外损失。一般情况下，标的物毁损、灭失的风险，在标的物交付之前由出卖人承担，交付之后由买受人承担。

因买受人的原因致使标的物不能按照约定的期限交付的，买受人应当自违反约定之日起承担标的物毁损、灭失的风险。

出卖人出卖交由承运人运输的在途标的物，除当事人另有约定的以外，毁损、灭失的风险自合同成立时起由买受人承担。

出卖人按照约定未交付有关标的物的单证和资料的，不影响标的物毁损、灭失风险的转移。

3. 买受人对标的物的检验。检验即检查与验收，对买受人来说既是一项权利也是一项义务。买受人收到标的物时应当在约定的检验期间内检验。没有约定检验期间的，应当及时检验。

当事人约定检验期间的，买受人应当在检验期间内将标的物的数量或者质量不符合约定的情形通知出卖人。买受人怠于通知的，视为标的物的数量或者质量符合约定。

当事人没有约定检验期间的，买受人应当在发现或者应当发现标的物的数量或者质量不符合约定的合理期间内通知出卖人。买受人在合理期间内未通知或者自标的物收到之日起两年内未通知出卖人的，视为标的物的数量或者质量符合约定，但对标的物有质量保证期的，适用质量保证期，不适用该两年的规定。

出卖人知道或者应当知道提供的标的物不符合约定的，买受人不受前两款规定的通知时间的限制。

【案例6—3】买卖合同中履行时产品质量检验内容的纠纷

某公司与某塑料厂于1999年10月签订了一份买卖合同，某公司（买受人）要求某塑料厂（出卖人）自1999年10月至12月按期供应20吨塑料膜。合同约定生产塑料膜使用德国生产的颗粒。某塑料厂部分交货后，某公司进行了简单的验收，当时未提出异议。当部分塑料膜用于生产后，发现质量有问题，后经仔细了解，某塑料厂所用原材料为韩国进口的颗粒。于是，某公司拒付货款，并要求退货；某塑料厂则拒绝退货，并以某公司违约为由向人民法院提起诉讼。

案例评析：

产品质量，是指国家有关法规、质量标准以及合同规定的对产品适用、安全、可靠、经济、使用期限等特性的要求。除此之外的其他要求，如产品或者原料的产地，不是质量特性，产地与产品质量也没有必然的联系。

有的同志认为产品的产地也应是产品质量检验的组成部分，并且我国的《产品质量法》也规定：“禁止伪造产品的产地，伪造或者冒用他人的厂名、厂址”。我们认为，《产品质量法》的这一规定并不意味着买受人有义务检验产品的产地，这一义务应当是出卖人的，出卖人应当确保产品的产地是真实的。事实上，买受人也无法检验产品的产地，如有必要，出卖人应当提供产品产地的有效证明，供买受人查验。

买卖合同的标的物如有质量缺陷，买受人应当在提货验收时提出异议，对无法定和约定期限的工矿产品内在质量也应当在收到货物之日起六个月内提出异议①，但是，此类规定不应当适用于产品产地。虽然我国《产品质量法》有“禁止伪造产品的产地”的规定，但是事实上产品产地与产品质量并无直接的、必然的联系，二者之间存在着间接的联系。因此，产品产地不是产品质量的验收内容。具体到本案而言，出卖人违反的不是质量义务，买受人在验收塑料膜时只对塑料膜的厚度、宽度、透明度、抗拉度等质量指标负有检验义务。

我国《合同法》未对买卖合同使用的原材料的产地名称作出直接的规定，更无法定违约责任的规定，但是，根据“法无禁止即允许”的原则，这并不意味着合同当事人不能对原材料的产地作出约定。《保护工业产权巴黎公约》规定商品（也应当包括原材料）的原产地受公约保护②，我国《产品质量法》也对禁止伪造产品产地作了规定，这些规定虽然与违约并无直接关系，但意味着产品产地在现代商品交易中的重要性，意味着合同当事人可以将产品产地作为合同的重要内容进行约定。因此，当出卖人的产品或者原材料的产地与合同的约定不一致，且产品的质量因此而受影响时，则出卖人无疑应承担违约责任。但是，由于产品或者原材料的产地与产品的质量无直接的、必然的关系，有时产品或者原材料的产地与合同的约定不一致，但产品的质量并不低于甚至高于合同的约定，此时出卖人应否承担违约责任？我们无法从有关规定直接得出答案，但笔者认为，在市场经济条件下，合同约定的内容具有很高的效力，只要合同约定的内容不是法律禁止的，当事人就应当按约定履行，否则就构成了违约。

综上所述，本案中的出卖人使用的原材料的产地与合同的约定不符，是与产品质量无直接关系的违约行为，买受人可以在诉讼时效期限内提出主张，要求出卖人承担违约责任，无须受产品质量检验期限的限制。并且，这种违约是根本违反合同的行为③，虽然我国《合同法》未对根本违反合同作出规定，但作为成员国，在观念上受1980年《联合国国际货物销售合同公约》的影响是无疑的。这种违约行为应当允许变更或解除合同，即：允许买受人退货。

4. 买受人支付价款。买受人应当按照约定的数额支付价款。对价款没有约定或者约定不明确的，由当事人协议补充，或按合同其他条款或交易习惯确定。

买受人应当按照约定的地点支付价款。对支付地点没有约定或者约定不明确的，买受人应当在出卖人的营业地支付，但约定支付价款以交付标的物或者交付提取标的物单证为条件的，在交付标的物或者交付提取标的物单证的所在地支付。

买受人应当按照约定的时间支付价款。对支付时间没有约定或者约定不明确的，买受

① 最高人民法院1993年9月13日《关于对无法定和约定期限的工矿产品内在质量提出异议应如何确定期限问题的复函》对此有明确的规定。

② 《保护工业产权巴黎公约》第1条、第10条。

③ 1980年《联合国国际货物销售合同公约》规定：“一方当事人违反合同的结果，如使另一方当事人蒙受损害，以至于实际上剥夺了他根据合同规定有权期待得到的东西，即为根本违反合同。”

人应当在收到标的物或者提取标的物单证的同时支付。

（三）买卖合同不当履行的处理

出卖人多交标的物的，买受人可以接收或者拒绝接收多交的部分。买受人接收多交部分的，按照合同的价格支付价款；买受人拒绝接收多交部分的，应当及时通知出卖人。

标的物在交付之前产生的孳息归出卖人所有，交付之后产生的孳息归买受人所有。

因标的物的主物不符合约定而解除合同的，解除合同的效力及于从物。因标的物的从物不符合约定被解除的，解除的效力不及于主物。

标的物为数物，其中一物不符合约定的，买受人可以就该物解除，但该物与他物分离使标的物的价值显受损害的，当事人可以就数物解除合同。

二、货物运输合同

在工程建设过程中存在着大量的建筑材料、设备、仪器等的运输问题，做好货物运输合同的管理对确保工程建设的顺利进行有重要的作用。

（一）货物运输合同的概念

货物运输合同，是由承运人将承运的货物从起运地点运送到指定地点，托运人或者收货人向承运人交付运费的协议。

货物运输合同中至少有承运人和托运人两方当事人，如果运输合同的收货人与托运人并非同一人，则货物运输合同有承运人、托运人和收货人三方当事人。在我国，可以作为承运人的有以下民事主体：（1）国有运输企业，如铁路局、汽车运输公司等；（2）集体运输组织，如运输合作社等；（3）城镇个体运输户和农村运输专业户。可以作为托运人的范围则是非常广泛的，国家机关、企事业法人、其他社会组织、公民等可以成为货物托运人。

（二）货物运输合同的种类

货物运输合同根据不同的标准可以进行不同的分类。

1. 以运输的货物进行分类。以运输的货物进行分类，可以将货物运输合同分为普通货物运输合同、特种货物（如鲜活货物等）运输合同和危险货物运输合同。

2. 以运输工具进行分类。以运输工具进行分类，可以将货物运输合同分为铁路货物运输合同、公路货物运输合同、水路货物运输合同、航空货物运输合同等。由于我国对运输业的管理是根据运输工具的不同而分别是进行的，因此这种分类方式是最重要的。另外，由于科学技术的发展，运输工具的种类也越来越多，以此种方法分类，仍将不断出现新的运输合同，如管道货物运输合同等。

（三）货物运输合同的管理

在工程建设中，如果需要运输的货物是大批量的，则应做好物资供应计划，并根据自己的物资供应计划向运输部门申报运输计划。在合同的履行中还应特别注意以下问题：

1. 做好货物的包装。需要包装的货物，应当按照国家包装标准或者行业包装标准进行包装。没有规定统一包装标准的，要根据货物性质，在保证货物运输安全的原则下进行包装，并按国家规定标明包装储运指示标志。

2. 应及时交付和领取托运的货物。运输行业具有较强的时间性，一定要按照约定的时间交货。同时，应及时地将领取货物凭证交付给收货人，并通知其到指定地点领取。如领取货物需准备人力、设备、工具的，则应提前安排。

3. 对特种货物和危险货物的运输应做好准备工作。特种货物和危险货物的运输，必须单独填写运单，如实写明运输物品的名称、性质等，并按有关部门的要求包装和附加明显标志。如果特种货物和危险货物中须有关部门证明文件才能运输的货物，托运人应将证明文件与货物运单同时交给承运人。

4. 出现应由承运人承担的责任应及时索赔。我国的运输法规对货物运输合同的索赔时效作了特别规定，其时效大大短于我国《民法通则》规定的诉讼时效，一般都是货物运抵到达地点或货运记录交给托运人、发货人的次日起算不超过180天。这就要求托运人或收货人应对运抵目的地的货物及时进行检查验收，发现应由承运人承担的责任则应及时提出索赔。

三、保险合同

（一）保险合同的概念

保险合同是指投保人与保险人约定保险权利义务关系的协议。

投保人是指与保险人订立保险合同，并按照保险合同负有支付保险费义务的人。保险人是指与投保人订立保险合同，并承担赔偿或者给付保险金责任的保险公司。

保险合同在履行中还会涉及被保险人和受益人的概念。被保险人是指其财产或者人身受保险合同保障，享有保险金请求权的人，投保人可以为被保险人。受益人是指人身保险合同中由被保险人或者投保人指定的享有保险金请求权的人，投保人、被保险人可以为受益人。

（二）保险合同的基本条款

保险合同应包括下列事项：

（1）保险人名称和住所：

（2）投保人、被保险人名称和住所，以及人身保险的受益人的名称和住所；

（3）保险标的；

（4）保险责任和责任免除；

（5）保险期间和保险责任开始时间；

（6）保险价值；

（7）保险金额（指保险人承担赔偿或给付保险金责任的最高限额）；

（8）保险费以及支付办法；

（9）保险金赔偿或者给付办法；

（10）违约责任和争议处理；

（11）订立合同的年、月、日。

保险人与投保人也可就与保险有关的其他事项作出约定。

（三）保险合同的分类

1. 财产保险合同。财产保险合同是以财产及其有关利益为保险标的的保险合同。在财产保险合同中，保险合同的转让应当通知保险人，经保险人同意继续承保后，依法转让合同。在合同的有效期内，保险标的危险程度增加的，被保险人按照合同约定应当及时通知保险人，保险人有权要求增加保险费或者修改合同。

建筑工程一切险和安装工程一切险即为财产保险合同。

2. 人身保险合同。人身保险合同是以人的寿命和身体为保险标的的保险合同。投保人应向保险人如实申报被保险人的年龄、身体状况。投保人于合同成立后，可以向保险人一次支付全部保险费，也可以按照合同规定分期支付保险费。人身保险的受益人由被保险人或者投保人指定。保险人对人身保险的保险费，不得用诉讼方式要求投保人支付。

（四）保险合同的履行

保险合同订立后，当事人双方必须严格地、全面地按保险合同订明的条款履行各自的义务。在订立保险合同前，当事人双方均应履行告知义务，即保险人应将办理保险的有关事项告知投保人；投保人应当按照保险人的要求，将主要危险情况告知保险人。在保险合同订立后，投保人应按照约定期限交纳保险费，应遵守有关消防、安全、生产操作和劳动保护方面的法规及规定。保险人可以对被保险财产的安全情况进行检查，如发现不安全因素，应及时向投保人提出清除不安全因素的建议。在保险事故发生后，投保人有责任采取一切措施，避免扩大损失，并将保险事故发生的情况及时通知保险人。保险人对保险事故所造成的保险标的损失或者引起的责任，应当按照保险合同的规定履行赔偿或给付责任。

保险事故发生后，保险人已支付了全部保险金额，并且保险金额相等于保险价值的，受损保险标的全部权利归于保险人；保险金额低于保险价值的，保险人按照保险金额与保险时此保险标的的价值取得保险标的的部分权利。

四、租赁合同

（一）租赁合同概述

租赁合同是出租人将租赁物交付承租人使用、收益，承租人支付租金的合同。租赁合同是转让财产使用权的合同，合同的履行不会导致财产所有权的转移，在合同有效期满后，承租人应当将租赁物交还出租人。

租赁合同的形式没有限制，但租赁期限在6个月以上的，应当采用书面形式。

随着市场经济的发展，在工程建设过程中出现了越来越多的租赁合同。特别是建筑施工企业的施工工具、设备，如果自备过多，则购买费用、保管费用都很高，如果自备过少，又不能满足施工高峰的使用需要。

（二）租赁合同的内容

租赁合同的内容包括以下条款：

1. 租赁物的名称。租赁物的名称是指租赁合同的标的，必须是有形、特定的非消费物，即能够反复使用的各种耐耗物品。租赁物还必须是法律允许流通的物。

2. 租赁物的数量。租赁物的数量是指以数字和计量单位表示的租赁物的尺度。

3. 用途。合同中约定的用途对双方都有约束力，出租人应当在租赁期间保持租赁物符合约定的用途，承租人应当按照约定的用途使用租赁物。

4. 租赁期限。当事人应当约定租赁期限，租赁期限不得超过20年，但无最短租赁期限的限制。租赁期限超过20年的，超过部分无效。当事人对租赁期限没有约定或者约定不明确的，可以协议补充；不能达成补充协议的，按照合同有关条款或者交易习惯确定。如果仍不能确定的，视为不定期租赁。当事人未采用书面形式的租赁合同也视为不定期租赁。对于不定期租赁，当事人可以随时解除合同，但出租人解除合同应当在合理期限之前通知承租人。

5. 租金及其支付期限和方式。租金是指承租人为了取得财产使用权而支付给出租人的报酬。当事人在合同中应当约定租金的数额、支付期限和方式。对于支付期限没有约定或者约定不明确的，可以协议补充；不能达成补充协议的，按照合同有关条款或者交易习惯确定。如果仍不能确定的，租赁期间不满 1 年的，应当在租赁期间届满时支付；租赁期间 1 年以上的，应当在每届满 1 年时支付，剩余期间不满 1 年的，应当在租赁期间届满时支付。

6. 租赁物的维修。合同当事人应当约定，租赁期间应当由哪一方承担维修责任及维修对租金和租赁期限的影响。在正常情况下，出租人应当履行租赁物的维修义务，但当事人也可约定由承租人承担维修义务。

（三）租赁合同的履行

1. 关于租赁物的使用。出租人应当按照约定将租赁物交付承租人。承租人应当按照约定的方法使用租赁物，对租赁物的使用方法没有约定或者约定不明确，可以协议补充；不能达成补充协议的，按照合同有关条款或者交易习惯确定。如果仍不能确定的，应当按照租赁物的性质使用。

承租人按照约定的方法或者租赁物的性质使用租赁物，致使租赁物受到损耗的，不承担损害赔偿责任。承租人未按照约定的方法或者租赁物的性质使用租赁物，致使租赁物受到损失的，出租人可以解除合同并要求赔偿损失。

2. 关于租赁物的维修。如果没有特殊的约定，承租人可以在租赁物需要维修时要求出租人在合理期限内维修。出租人未履行维修义务的，承租人可以自行维修，维修费用由出租人承担。因维修租赁物影响承租人使用的，应当相应减少租金或者延长租期。

3. 关于租赁物的保管和改善。承租人应当妥善保管租赁物，因保管不善造成租赁物毁损、灭失的，应当承担损害赔偿责任。承租人经出租人同意，可以对租赁物进行改善或者增设他物。承租人未经出租人同意，对租赁物进行改善或者增设他物的，出租人可以要求承租人恢复原状或者赔偿损失。

4. 关于转租和续租。承租人经出租人同意，可以将租赁物转租给第三人。承租人转租的，承租人与出租人之间的租赁合同继续有效，第三人对租赁物造成损失的，承租人应当赔偿损失。承租人未经出租人同意转租的，出租人可以解除合同。

租赁期间届满，承租人应当返还租赁物。返还的租赁物应当符合按照约定或者租赁物的性质使用后的状态。当事人也可以续订租赁合同，但约定的租赁期限自续订之日起不得超过 20 年。租赁期届满，承租人继续使用租赁物，出租人没有提出异议的，原租赁合同继续有效，但租赁期限为不定期。

五、承揽合同

我国合同法规定，建设工程合同一章中没有规定的，适用承揽合同的有关规定。因此，作为建设领域的从业人员，应当了解承揽合同的主要内容。

（一）承揽合同概述

承揽合同是承揽人按照定做人的要求完成工作，交付工作成果，定做人给付报酬的合同。承揽包括加工、定做、修理、复制、测试、检验等工作。

承揽合同的标的即当事人权利义务指向的对象是工作成果，而不是工作过程和劳务、智力的支出过程。承揽合同的标的一般是有形的，或至少要以有形的载体表现，不是单纯的智力技能。

承揽合同的内容包括承揽的标的、数量、质量、报酬、承揽方式、材料的提供、履行期限、验收标准和方法等条款。

（二）承揽合同的履行

1. 承揽人的履行。承揽人应当以自己的设备、技术和劳力完成主要工作，但当事人另有约定的除外。承揽人可以将承揽的辅助工作交由第三人完成。承揽人将其承揽的辅助工作交由第三人完成的，应当就该第三人完成的工作成果向定做人负责。

如果合同约定由承揽人提供材料的，承揽人应当按照约定选用材料，并接受定做人检验。如果是定做人提供材料的，承揽人应当及时检验，发现不符合约定时，应当及时通知定做人更换、补齐或者采取其他补救措施。承揽人发现定做人提供的图纸或者技术要求不合理，应当及时通知定做人。

承揽人在工作期间，应当接受定做人必要的监督检验。定做人不得因监督检验妨碍承揽人的正常工作。承揽人完成工作，应当向定做人交付工作成果，并提交必要的技术资料和有关质量证明。

2. 定做人的履行。定做人应当按照约定的期限支付报酬。定做人未向承揽人支付报酬或者材料费等价款，承揽人对完成的工作成果享有留置权。

承揽工作需要定做人协助的，定做人有协助的义务。定做人不履行协助义务致使承揽工作不能完成的，承揽人可以催告定做人在合理期限内履行义务，并可以顺延履行期限；定做人逾期不履行的，承揽人可以解除合同。

如果合同约定由定做人提供材料，定做人应当按照约定提供材料。承揽人通知定做人提供的图纸或者技术要求不合理后，因定做人怠于答复等原因造成承揽人损失的，应当赔偿损失。

定做人中途变更承揽工作的要求，造成承揽人损失的，应当赔偿损失。定做人可以随时解除承揽合同，造成承揽人损失的，应当赔偿损失。定做人可以变更和解除承揽合同，这是对定做人的特别保护。因为定做物往往是为了满足定做人的特殊需要的，如果定做人需要的定做物发生变化或者根本不再需要定做物，再按照合同约定制作定做物将没有任何意义。

第七章 建设工程施工合同管理

第一节 概 述

一、施工合同的概念

施工合同即建筑安装工程承包合同，是发包人和承包人为完成商定的建筑安装工程，明确相互权利、义务关系的合同。依照施工合同，承包人应完成一定的建筑、安装工程任务，发包人应提供必要的施工条件并支付工程价款。施工合同是建设工程合同的一种，它与其他建设工程合同一样是一种双务合同，在订立时也应遵守自愿、公平、诚实信用等原则。

施工合同是工程建设的主要合同，是施工单位进行工程建设质量管理、进度管理、费用管理的主要依据之一。在市场经济条件下，建设市场主体之间相互的权利义务关系主要是通过合同确立的，因此，在建设领域加强对施工合同的管理具有十分重要的意义。国家立法机关、国务院、国家建设行政管理部门都十分重视施工合同的规范工作，1999 年 3 月 15 日九届全国人大第二次会议通过、1999 年 10 月 1 日生效实施的《中华人民共和国合同法》对建设工程施工合同做了专章规定。《中华人民共和国建筑法》也有许多涉及建设工程施工合同的规定。原建设部 1993 年 1 月 29 日发布了《建设工程施工合同管理办法》。这些法律、法规、部门规章是我国工程建设施工合同管理的依据。

施工合同的当事人是发包人和承包人，双方是平等的民事主体。承发包双方签订施工合同，必须具备相应资质条件和履行施工合同的能力。对合同范围内的工程实施建设时，发包人必须具备组织协调能力；承包人必须具备有关部门核定的资质等级并持有营业执照等证明文件。

发包人可以是具备法人资格的国家机关、事业单位、国有企业、集体企业、私营企业、经济联合体和社会团体，也可以是依法登记的个人合伙、个体经营户或个人，即一切以协议、法院判决或其他合法完备手续取得甲方的资格，承认全部合同文件，能够而且愿意履行合同规定义务（主要是支付工程价款能力）的合同当事人。与发包人合并的单位、兼并发包人的单位，购买发包人合同和接受发包人出让的单位和人员（即发包人的合法继承人），均可成为发包人，履行合同规定的义务，享有合同规定的权利。发包人既可以是建设单位，也可以是取得建设项目总承包资格的项目总承包单位。

承包人应是具备与工程相应资质和法人资格，并被发包人接受的合同当事人及其合法继承人。但承包人不能将工程转包或出让，如进行分包，应在合同签订前提出并征得发包人同意。承包人是施工单位。

对于建筑施工管理人员而言，施工合同具有特别重要的意义。因为进行施工管理是建筑施工企业项目经理的主要职责，而在市场经济中施工行为的主要依据是当事人之间订立的施工合同。建筑施工企业的项目经理必须建立较强的合同意识，掌握施工合同的内容，依据施工合同管理施工行为。

二、施工合同的订立

（一）订立施工合同应具备的条件

订立施工合同应当具备以下条件：

（1）初步设计已经批准；

（2）工程项目已经列入年度建设计划；

（3）有能够满足施工需要的设计文件和有关技术资料；

（4）建设资金和主要建筑材料设备来源已经落实；

（5）招投标工程，中标通知书已经下达。

（二）订立施工合同应当遵守的原则

1. 遵守国家法律、法规和国家计划原则。订立施工合同，必须遵守国家法律、法规，也应遵守国家的建设计划和其他计划（如贷款计划等）。建设工程施工对经济发展、社会生活有多方面的影响，国家有许多强制性的管理规定，施工合同当事人都必须遵守。

2. 平等、自愿、公平的原则。签订施工合同当事人双方，都具有平等的法律地位，任何一方都不得强迫对方接受不平等的合同条件，合同内容应当是双方当事人真实意思的体现。合同的内容应当是公平的，不能单纯损害一方的利益，对于显失公平的施工合同，当事人一方有权申请人民法院或者仲裁机构予以变更或者撤销。

3. 诚实信用原则。诚实信用原则要求在订立施工合同时要诚实，不得有欺诈行为，合同当事人应当如实将自身和工程的情况介绍给对方。在履行合同时，施工合同当事人要守信用，严格履行合同。

（三）订立施工合同的程序

施工合同作为合同的一种，其订立也应经过要约和承诺两个阶段。其订立方式有两种：直接发包和招标发包。如果没有特殊情况，工程建设的施工都应通过招标投标确定施工企业。

采用招标投标发包的项目，中标通知书发出后，中标的施工企业应当与建设单位及时签订合同。依据《工程建设施工招标投标管理办法》的规定，中标通知书发出 30 天内，中标单位应与建设单位依据招标文件、投标书等签订工程承发包合同（施工合同）。签订合同的必须是中标的施工企业，投标书中已确定的合同条款在签订时不得更改，合同价应与中标价相一致。如果中标施工企业拒绝与建设单位签订合同，则建设单位将不再返还其投标保证金（如果是由银行等金融机构出具投标保函的，则投标保函出具者应当承担相应的保证责任），建设行政主管部门或其授权机构还可给予一定的行政处罚。

三、《建设工程施工合同（示范文本）》简介

为规范建筑市场秩序，维护建设工程施工合同当事人的合法权益，根据有关工程建设施工的法律、法规，结合我国工程建设施工的实际情况，并借鉴了国际上广泛使用的土木工程施工合同条件（特别是 FIDIC 土木工程施工合同条件），住房城乡建设部、工商总局对《建设工程施工合同（示范文本）》（GF－1999－0201）进行了修订，制定了《建设工程施工合同（示范文本）》（GF－2013－0201）（以下简称《施工合同文本》），并于 2013

年4月3日发布。《施工合同文本》为非强制性使用文本。《施工合同文本》适用于房屋建筑工程、土木工程、线路管道和设备安装工程、装修工程等建设工程的施工承发包活动。笔者参与了《建设工程施工合同（示范文本）》（GF－2013－0201）第一阶段的起草工作和最后的专家审定工作。

（一）《施工合同文本》的组成

《施工合同文本》由“合同协议书”、“通用合同条款”和“专用合同条款”三部分组成，并附有以下附件：附件1为承包人承揽工程项目一览表；附件2为发包人供应材料设备一览表，附件3为工程质量保修书，附件4为主要建设工程文件目录，附件5为承包人用于本工程施工的机械设备表，附件6为承包人主要施工管理人员表，附件7为分包人主要施工管理人员表，附件8为履约担保格式，附件9为预付款担保格式，附件10为支付担保格式，附件11为暂估价一览表。其中附件1为协议书附件，其他为专用合同条款附件。

“合同协议书”是《施工合同文本》中总纲性的文件。虽然其文字量并不大，但它规定了合同当事人双方最主要的权利义务，规定了组成合同的文件及合同当事人对履行合同义务的承诺，并且合同当事人在这份文件上签字盖章，因此具有很高的法律效力。“合同协议书”共计13条，主要包括工程概况、合同工期、质量标准、签约合同价和合同价格形式、项目经理、合同文件构成、承诺以及合同生效条件等重要内容，集中约定了合同当事人基本的合同权利义务。

“通用合同条款”是合同当事人根据《建筑法》《合同法》等法律法规的规定，就工程建设的实施及相关事项，对合同当事人的权利义务作出的原则性约定。“通用合同条款”共计20条，具体条款分别为：一般约定，发包人，承包人，监理人，工程质量，安全文明施工与环境保护，工期和进度，材料与设备，试验与检验，变更，价格调整，合同价格、计量与支付，验收和工程试车，竣工结算，缺陷责任与保修，违约，不可抗力，保险，索赔和争议解决。前述条款安排既考虑了现行法律法规对工程建设的有关要求，也考虑了建设工程施工管理的特殊需要。

“专用合同条款”是对通用合同条款原则性约定的细化、完善、补充、修改或另行约定的条款。合同当事人可以根据不同建设工程的特点及具体情况，通过双方的谈判、协商对相应的专用合同条款进行修改补充。在使用“专用合同条款”时，应注意以下事项：第一，“专用合同条款”的编号应与相应的“通用合同条款”的编号一致；第二，合同当事人可以通过对“专用合同条款”的修改，满足具体建设工程的特殊要求，避免直接修改“通用合同条款”；第三，在“专用合同条款”中有横道线的地方，合同当事人可针对相应的“通用合同条款”进行细化、完善、补充、修改或另行约定；如无细化、完善、补充、修改或另行约定，则填写“无”或划“/”。

（二）施工合同文件的组成及解释顺序

组成合同的各项文件应互相解释，互为说明。除“专用合同条款”另有约定外，解释合同文件的优先顺序如下：

（1）合同协议书；

（2）中标通知书（如果有）；

（3）投标函及其附录（如果有）；

（4）专用合同条款及其附件；

（5）通用合同条款；

（6）技术标准和要求；

（7）图纸；

（8）已标价工程量清单或预算书；

（9）其他合同文件。

上述各项合同文件包括合同当事人就该项合同文件所作出的补充和修改，属于同一类内容的文件，应以最新签署的为准。

在合同订立及履行过程中形成的与合同有关的文件均构成合同文件组成部分，并根据其性质确定优先解释顺序。

第二节 施工合同双方的一般义务

了解施工合同中承发包双方的一般义务，是建设单位与建筑施工企业的项目经理最基本的要求，也是从事与施工合同有关的其他人员（如建设项目稽查特派员）最基本的要求。

一、发包人的一般义务

发包人应当承担以下一般义务：

1. 许可或批准。发包人应遵守法律，并办理法律规定由其办理的许可、批准或备案，包括但不限于建设用地规划许可证、建设工程规划许可证、建设工程施工许可证、施工所需临时用水、临时用电、中断道路交通、临时占用土地等许可和批准。发包人应协助承包人办理法律规定的有关施工证件和批件。

2. 发包人代表。发包人应在专用合同条款中明确其派驻施工现场的发包人代表的姓名、职务、联系方式及授权范围等事项。发包人代表在发包人的授权范围内，负责处理合同履行过程中与发包人有关的具体事宜。发包人代表在授权范围内的行为由发包人承担法律责任。发包人更换发包人代表的，应提前7天书面通知承包人。

3. 发包人人员。发包人应要求在施工现场的发包人人员遵守法律及有关安全、质量、环境保护、文明施工等规定，并保障承包人免于承受因发包人人员未遵守上述要求给承包人造成的损失和责任。

4. 施工现场、施工条件和基础资料的提供。

5. 资金来源证明及支付担保。除专用合同条款另有约定外，发包人应在收到承包人要求提供资金来源证明的书面通知后28天内，向承包人提供能够按照合同约定支付合同价款的相应资金来源证明。

6. 支付合同价款。发包人应按合同约定向承包人及时支付合同价款。

7. 组织竣工验收。发包人应按合同约定及时组织竣工验收。

8. 现场统一管理协议。发包人应与承包人、由发包人直接发包的专业工程的承包人签订施工现场统一管理协议，明确各方的权利义务。施工现场统一管理协议作为专用合同条款的附件。

二、承包人的一般义务

承包人应当承担以下一般义务：

1. 办理法律规定应由承包人办理的许可和批准，并将办理结果书面报送发包人留存。

2. 按法律规定和合同约定完成工程，并在保修期内承担保修义务。

3. 按法律规定和合同约定采取施工安全和环境保护措施，办理工伤保险，确保工程及人员、材料、设备和设施的安全。

4. 按合同约定的工作内容和施工进度要求，编制施工组织设计和施工措施计划，并对所有施工作业和施工方法的完备性和安全可靠性负责。

5. 在进行合同约定的各项工作时，不得侵害发包人与他人使用公用道路、水源、市政管网等公共设施的权利，避免对邻近的公共设施产生干扰。承包人占用或使用他人的施工场地，影响他人作业或生活的，应承担相应责任。

6. 按照环境保护约定负责施工场地及其周边环境与生态的保护工作。

7. 安全文明施工要求约定采取施工安全措施，确保工程及其人员、材料、设备和设施的安全，防止因工程施工造成的人身伤害和财产损失。

8. 将发包人按合同约定支付的各项价款专用于合同工程，且应及时支付其雇用人员工资，并及时向分包人支付合同价款。

9. 按照法律规定和合同约定编制竣工资料，完成竣工资料立卷及归档，并按专用合同条款约定的竣工资料的套数、内容、时间等要求移交发包人。

10. 应履行的其他义务。

三、监理人的职责

工程实行监理的，发包人和承包人应在专用合同条款中明确监理人的监理内容及监理权限等事项。监理人应当根据发包人授权及法律规定，代表发包人对工程施工相关事项进行检查、查验、审核、验收，并签发相关指示，但监理人无权修改合同，且无权减轻或免除合同约定的承包人的任何责任与义务。发包人授予监理人对工程实施监理的权利由监理人派驻施工现场的监理人员行使，监理人员包括总监理工程师及监理工程师。监理人应将授权的总监理工程师和监理工程师的姓名及授权范围以书面形式提前通知承包人。更换总监理工程师的，监理人应提前 7 天书面通知承包人；更换其他监理人员，监理人应提前 48 小时书面通知承包人。

不属于法定必须监理的工程，监理人的职权可以由发包人代表或发包人指定的其他人员行使。

监理人应按照发包人的授权发出监理指示。监理人的指示应采用书面形式，并经其授权的监理人员签字。紧急情况下，为了保证施工人员的安全或避免工程受损，监理人员可以口头形式发出指示，该指示与书面形式的指示具有同等法律效力，但必须在发出口头指示后 24 小时内补发书面监理指示，补发的书面监理指示应与口头指示一致。

监理人发出的指示应送达承包人项目经理或经项目经理授权接收的人员。因监理人未能按合同约定发出指示、指示延误或发出了错误指示而导致承包人费用增加和（或）工期延误的，由发包人承担相应责任。除专用合同条款另有约定外，总监理工程师不应将合同（商定或确定）约定应由总监理工程师作出确定的权力授权或委托给其他监理人员。

合同当事人进行商定或确定时，总监理工程师应当会同合同当事人尽量通过协商达成一致，不能达成一致的，由总监理工程师按照合同约定审慎作出公正的确定。总监理工程师应将确定以书面形式通知发包人和承包人，并附详细依据。合同当事人对总监理工程师的确定没有异议的，按照总监理工程师的确定执行。任何一方合同当事人有异议，按照争议解决约定处理。争议解决前，合同当事人暂按总监理工程师的确定执行；争议解决后，争议解决的结果与总监理工程师的确定不一致的，按照争议解决的结果执行，由此造成的损失由责任人承担。

第三节　施工合同的质量控制条款

一、施工企业的质量管理概述

工程施工中的质量管理是施工合同履行中的重要环节。施工合同的质量管理涉及许多方面的因素，任何一个方面的缺陷和疏漏，都会使工程质量无法达到预期的标准。《施工合同文本》中的大量条款都与工程质量有关。项目经理必须严格按照合同的约定抓好施工质量，施工质量好坏是衡量项目经理管理水平的重要标准。

建筑施工企业的经理，要对本企业的工程质量负责，并建立有效的质量保证体系。施工企业的总工程师和技术负责人要协助经理管好质量工作。施工企业应当逐级建立质量责任制。项目经理（现场负责人）要对本施工现场内所有单位工程的质量负责；栋号工程要对单位工程质量负责；生产班组要对分项工程质量负责。现场施工员、工长、质量检验员和关键工种工人必须经过考核取得岗位证书后，方可上岗。企业内各级职能部门必须按企业规定对各自的工作质量负责。

施工企业必须设立质量检查、测试机构，并由经理直接领导，企业专职质量检查员应抽调有实践经验和独立工作能力的人员充任。任何人不得设置障碍，干预质量检测人员依章行使职权。

用于工程的建筑材料，必须送试验室检验，并经试验室主任签字认可后，方可使用。

实行总分包的工程，分包单位要对分包工程的质量负责，总包单位对承包的全部工程质量负责。

建筑施工企业的项目经理抓好己方的质量管理，其目的是为了使施工项目的质量能够达到施工合同的要求，能够通过质量验收。因此，项目经理的质量管理工作，特别是在与发包人进行合作时（如有关质量验收），必须严格按照施工合同的要求和程序进行。

二、标准、规范和图纸

（一）合同适用标准、规范

适用于工程的国家标准、行业标准、工程所在地的地方性标准，以及相应的规范、规程等，合同当事人有特别要求的，应在专用合同条款中约定。发包人要求使用国外标准、规范的，发包人负责提供原文版本和中文译本，并在专用合同条款中约定提供标准规范的名称、份数和时间。

发包人对工程的技术标准、功能要求高于或严于现行国家、行业或地方标准的，应当在专用合同条款中予以明确。除专用合同条款另有约定外，应视为承包人在签订合同前已充分预见前述技术标准和功能要求的复杂程度，签约合同价中已包含由此产生的费用。

（二）图纸

图纸，是指构成合同的图纸，包括由发包人按照合同约定提供或经发包人批准的设计文件、施工图、鸟瞰图及模型等，以及在合同履行过程中形成的图纸文件。图纸应当按照法律规定审查合格。

发包人应按照专用合同条款约定的期限、数量和内容向承包人免费提供图纸，并组织承包人、监理人和设计人进行图纸会审和设计交底。发包人至迟不得晚于开工通知载明的开工日期前 14 天向承包人提供图纸。因发包人未按合同约定提供图纸导致承包人费用增加和（或）工期延误的，按照因发包人原因导致工期延误约定办理。

承包人在收到发包人提供的图纸后，发现图纸存在差错、遗漏或缺陷的，应及时通知监理人。监理人接到该通知后，应附具相关意见并立即报送发包人，发包人应在收到监理人报送的通知后的合理时间内作出决定。合理时间是指发包人在收到监理人的报送通知后，尽其努力且不懈怠地完成图纸修改补充所需的时间。图纸需要修改和补充的，应经图纸原设计人及审批部门同意，并由监理人在工程或工程相应部位施工前将修改后的图纸或补充图纸提交给承包人，承包人应按修改或补充后的图纸施工。

（三）质量要求

工程质量标准必须符合现行国家有关工程施工质量验收规范和标准的要求。有关工程质量的特殊标准或要求由合同当事人在专用合同条款中约定。因发包人原因造成工程质量未达到合同约定标准的，由发包人承担由此增加的费用和（或）延误的工期，并支付承包人合理的利润。因承包人原因造成工程质量未达到合同约定标准的，发包人有权要求承包人返工直至工程质量达到合同约定的标准为止，并由承包人承担由此增加的费用和（或）延误的工期。

三、质量保证措施

（一）发包人的质量管理

发包人应按照法律规定及合同约定完成与工程质量有关的各项工作。

（二）承包人的质量管理

承包人按照施工组织设计约定向发包人和监理人提交工程质量保证体系及措施文件，建立完善的质量检查制度，并提交相应的工程质量文件。对于发包人和监理人违反法律规定和合同约定的错误指示，承包人有权拒绝实施。

承包人应对施工人员进行质量教育和技术培训，定期考核施工人员的劳动技能，严格执行施工规范和操作规程。

承包人应按照法律规定和发包人的要求，对材料、工程设备以及工程的所有部位及其施工工艺进行全过程的质量检查和检验，并作详细记录，编制工程质量报表，报送监理人审查。此外，承包人还应按照法律规定和发包人的要求，进行施工现场取样试验、工程复核测量和设备性能检测，提供试验样品、提交试验报告和测量成果以及其他工作。

（三）监理人的质量检查和检验

监理人按照法律规定和发包人授权对工程的所有部位及其施工工艺、材料和工程设备进行检查和检验。承包人应为监理人的检查和检验提供方便，包括监理人到施工现场，或制造、加工地点，或合同约定的其他地方进行察看和查阅施工原始记录。监理人为此进行的检查和检验，不免除或减轻承包人按照合同约定应当承担的责任。

监理人的检查和检验不应影响施工正常进行。监理人的检查和检验影响施工正常进行的，但经检查检验不合格的，影响正常施工的费用由承包人承担，工期不予顺延；经检查检验合格的，由此增加的费用和（或）延误的工期由发包人承担。

四、隐蔽工程检查

（一）承包人自检

承包人应当对工程隐蔽部位进行自检，并经自检确认是否具备覆盖条件。

（二）检查程序

除专用合同条款另有约定外，工程隐蔽部位经承包人自检确认具备覆盖条件的，承包人应在共同检查前48 小时书面通知监理人检查，通知中应载明隐蔽检查的内容、时间和地点，并应附有自检记录和必要的检查资料。

监理人应按时到场并对隐蔽工程及其施工工艺、材料和工程设备进行检查。经监理人检查确认质量符合隐蔽要求，并在验收记录上签字后，承包人才能进行覆盖。经监理人检查质量不合格的，承包人应在监理人指示的时间内完成修复，并由监理人重新检查，由此增加的费用和（或）延误的工期由承包人承担。

除专用合同条款另有约定外，监理人不能按时进行检查的，应在检查前24 小时向承包人提交书面延期要求，但延期不能超过48 小时，由此导致工期延误的，工期应予以顺延。监理人未按时进行检查，也未提出延期要求的，视为隐蔽工程检查合格，承包人可自行完成覆盖工作，并作相应记录报送监理人，监理人应签字确认。监理人事后对检查记录有疑问的，可按重新检查的约定重新检查。

（三）重新检查

承包人覆盖工程隐蔽部位后，发包人或监理人对质量有疑问的，可要求承包人对已覆盖的部位进行钻孔探测或揭开重新检查，承包人应遵照执行，并在检查后重新覆盖恢复原状。经检查证明工程质量符合合同要求的，由发包人承担由此增加的费用和（或）延误的工期，并支付承包人合理的利润；经检查证明工程质量不符合合同要求的，由此增加的费用和（或）延误的工期由承包人承担。

（四）承包人私自覆盖

承包人未通知监理人到场检查，私自将工程隐蔽部位覆盖的，监理人有权指示承包人钻孔探测或揭开检查，无论工程隐蔽部位质量是否合格，由此增加的费用和（或）延误的工期均由承包人承担。

五、不合格工程的处理

因承包人原因造成工程不合格的，发包人有权随时要求承包人采取补救措施，直至达到合同要求的质量标准，由此增加的费用和（或）延误的工期由承包人承担。无法补救的，拒绝接收全部或部分工程，按照约定执行。

因发包人原因造成工程不合格的，由此增加的费用和（或）延误的工期由发包人承担，并支付承包人合理的利润。

六、材料与设备

（一）发包人供应材料与工程设备

发包人自行供应材料、工程设备的，应在签订合同时在专用合同条款的附件《发包人供应材料设备一览表》中明确材料、工程设备的品种、规格、型号、数量、单价、质量等级和送达地点。

承包人应提前30天通过监理人以书面形式通知发包人供应材料与工程设备进场。承包人按照施工进度计划的修订约定修订施工进度计划时，需同时提交经修订后的发包人供应材料与工程设备的进场计划。

（二）承包人采购材料与工程设备

承包人负责采购材料、工程设备的，应按照设计和有关标准要求采购，并提供产品合格证明及出厂证明，对材料、工程设备质量负责。合同约定由承包人采购的材料、工程设备，发包人不得指定生产厂家或供应商，发包人违反本约定指定生产厂家或供应商的，承包人有权拒绝，并由发包人承担相应责任。

（三）材料与工程设备的接收与拒收

发包人应按《发包人供应材料设备一览表》约定的内容提供材料和工程设备，并向承包人提供产品合格证明及出厂证明，对其质量负责。发包人应提前24小时以书面形式通知承包人、监理人材料和工程设备到货时间，承包人负责材料和工程设备的清点、检验和接收。发包人提供的材料和工程设备的规格、数量或质量不符合合同约定的，或因发包人原因导致交货日期延误或交货地点变更等情况的，按照发包人违约的约定办理。

承包人采购的材料和工程设备，应保证产品质量合格，承包人应在材料和工程设备到货前24小时通知监理人检验。承包人进行永久设备、材料的制造和生产的，应符合相关质量标准，并向监理人提交材料的样本以及有关资料，并应在使用该材料或工程设备之前获得监理人同意。承包人采购的材料和工程设备不符合设计或有关标准要求时，承包人应在监理人要求的合理期限内将不符合设计或有关标准要求的材料、工程设备运出施工现场，并重新采购符合要求的材料、工程设备，由此增加的费用和（或）延误的工期，由承包人承担。

（四）施工设备和临时设施

承包人应按合同进度计划的要求，及时配置施工设备和修建临时设施。进入施工场地的承包人设备需经监理人核查后才能投入使用。承包人更换合同约定的承包人设备的，应报监理人批准。除专用合同条款另有约定外，承包人应自行承担修建临时设施的费用，需要临时占地的，应由发包人办理申请手续并承担相应费用。承包人使用的施工设备不能满足合同进度计划和（或）质量要求时，监理人有权要求承包人增加或更换施工设备，承包人应及时增加或更换，由此增加的费用和（或）延误的工期由承包人承担。

发包人提供的施工设备或临时设施在专用合同条款中约定。

（五）材料与设备专用要求

承包人运入施工现场的材料、工程设备、施工设备以及在施工场地建设的临时设施，包括备品备件、安装工具与资料，必须专用于工程。未经发包人批准，承包人不得运出施工现场或挪作他用；经发包人批准，承包人可以根据施工进度计划撤走闲置的施工设备和其他物品。

七、试验与检验

（一）试验设备与试验人员

承包人根据合同约定或监理人指示进行的现场材料试验，应由承包人提供试验场所、试验人员、试验设备以及其他必要的试验条件。监理人在必要时可以使用承包人提供的试验场所、试验设备以及其他试验条件，进行以工程质量检查为目的的材料复核试验，承包人应予以协助。承包人应按专用合同条款的约定提供试验设备、取样装置、试验场所和试验条件，并向监理人提交相应进场计划表。承包人配置的试验设备要符合相应试验规程的要求并经过具有资质的检测单位检测，且在正式使用该试验设备前，需要经过监理人与承包人共同校定。

承包人应向监理人提交试验人员的名单及其岗位、资格等证明资料，试验人员必须能够熟练进行相应的检测试验，承包人对试验人员的试验程序和试验结果的正确性负责。

（二）材料、工程设备和工程的试验和检验

承包人应按合同约定进行材料、工程设备和工程的试验和检验，并为监理人对上述材料、工程设备和工程的质量检查提供必要的试验资料和原始记录。按合同约定应由监理人与承包人共同进行试验和检验的，由承包人负责提供必要的试验资料和原始记录。

试验属于自检性质的，承包人可以单独进行试验。试验属于监理人抽检性质的，监理人可以单独进行试验，也可由承包人与监理人共同进行。承包人对由监理人单独进行的试验结果有异议的，可以申请重新共同进行试验。约定共同进行试验的，监理人未按照约定参加试验的，承包人可自行试验，并将试验结果报送监理人，监理人应承认该试验结果。

监理人对承包人的试验和检验结果有异议的，或为查清承包人试验和检验成果的可靠性要求承包人重新试验和检验的，可由监理人与承包人共同进行。重新试验和检验的结果证明该项材料、工程设备或工程的质量不符合合同要求的，由此增加的费用和（或）延误的工期由承包人承担；重新试验和检验结果证明该项材料、工程设备和工程符合合同要求的，由此增加的费用和（或）延误的工期由发包人承担。

（三）现场工艺试验

承包人应按合同约定或监理人指示进行现场工艺试验。对大型的现场工艺试验，监理人认为必要时，承包人应根据监理人提出的工艺试验要求，编制工艺试验措施计划，报送监理人审查。

八、竣工验收

（一）竣工验收条件

工程具备以下条件的，承包人可以申请竣工验收：

（1）除发包人同意的甩项工作和缺陷修补工作外，合同范围内的全部工程以及有关工作，包括合同要求的试验、试运行以及检验均已完成，并符合合同要求；

（2）已按合同约定编制了甩项工作和缺陷修补工作清单以及相应的施工计划；

（3）已按合同约定的内容和份数备齐竣工资料。

（二）竣工验收程序

除专用合同条款另有约定外，承包人申请竣工验收的，应当按照以下程序进行：

（1）承包人向监理人报送竣工验收申请报告，监理人应在收到竣工验收申请报告后14天内完成审查并报送发包人。监理人审查后认为尚不具备验收条件的，应通知承包人在竣工验收前承包人还需完成的工作内容，承包人应在完成监理人通知的全部工作内容后，再次提交竣工验收申请报告。

（2）监理人审查后认为已具备竣工验收条件的，应将竣工验收申请报告提交发包人，发包人应在收到经监理人审核的竣工验收申请报告后28天内审批完毕并组织监理人、承包人、设计人等相关单位完成竣工验收。

（3）竣工验收合格的，发包人应在验收合格后14天内向承包人签发工程接收证书。发包人无正当理由逾期不颁发工程接收证书的，自验收合格后第15天起视为已颁发工程接收证书。

（4）竣工验收不合格的，监理人应按照验收意见发出指示，要求承包人对不合格工程返工、修复或采取其他补救措施，由此增加的费用和（或）延误的工期由承包人承担。承包人在完成不合格工程的返工、修复或采取其他补救措施后，应重新提交竣工验收申请报告，并按本项约定的程序重新进行验收。

（5）工程未经验收或验收不合格，发包人擅自使用的，应在转移占有工程后7天内向承包人颁发工程接收证书；发包人无正当理由逾期不颁发工程接收证书的，自转移占有后第15天起视为已颁发工程接收证书。

除专用合同条款另有约定外，发包人不按照本项约定组织竣工验收、颁发工程接收证书的，每逾期一天，应以签约合同价为基数，按照中国人民银行发布的同期同类贷款基准利率支付违约金。

（三）拒绝接收全部或部分工程

对于竣工验收不合格的工程，承包人完成整改后，应当重新进行竣工验收，经重新组织验收仍不合格的且无法采取措施补救的，则发包人可以拒绝接收不合格工程，因不合格工程导致其他工程不能正常使用的，承包人应采取措施确保相关工程的正常使用，由此增加的费用和（或）延误的工期由承包人承担。

（四）交、接收全部与部分工程

除专用合同条款另有约定外，合同当事人应当在颁发工程接收证书后7天内完成工程的移交。

发包人无正当理由不接收工程的，发包人自应当接收工程之日起，承担工程照管、成品保护、保管等与工程有关的各项费用，合同当事人可以在专用合同条款中另行约定发包人逾期接收工程的违约责任。

承包人无正当理由不移交工程的，承包人应承担工程照管、成品保护、保管等与工程有关的各项费用，合同当事人可以在专用合同条款中另行约定承包人无正当理由不移交工程的违约责任。

【案例7—1】建设工程未经验收擅自使用后不能以未验收为由拒付工程款

1998年4月，北京某美食宫就其内部装修工程与北京某装饰设计工程公司签订了装修合同，由北京某装饰设计工程公司承包北京某美食宫内部装修工程和设备安装调试工作。合同约定承包方式为概算加增减账，付款方式为按工程进度拨付工程款，工程价款暂估为14 000 000元，并且在合同中约定由施工方北京某装饰设计工程公司负责该工程的组织验收工作。合同签订后北京某装饰设计工程公司即按合同约定对北京某美食宫装修工程进行施工，并于同年7月施工完毕。北京某美食宫即开始营业，施工方北京某装饰设计工程公司多次告知其该工程未经验收不能使用，否则由其承担责任，但建设方北京某美食宫仍然继续营业，并以未经验收为由拒不支付尚欠工程款2 800 000元。在此情况下，施工单位北京某装饰设计工程公司多次与北京某美食宫进行协商，请其组织验收，但建设单位北京某美食宫以合同约定由施工单位组织验收，理应由北京某装饰设计工程公司负责组织验收工作，否则就不支付尚欠工程款 2 800 000 元。北京某装饰设计工程公司遂向人民法院提起诉讼。

判决：

一审法院根据我国民法、建筑法以及合同法的规定判决被告支付尚欠工程款人民币 2 800 000元，本案诉讼费由被告承担。美食宫不服判决，提出上诉。二审法院驳回上诉，维持原判。

案例评析：

从上述案情介绍看，本案的焦点在于工程竣工后由谁来负责组织验收和建设单位擅自使用未验收的工程谁来承担法律责任。

一、关于工程竣工后组织验收工作的责任

工程竣工后，发包人与承包人有明确的责任分工，组织有关部门进行竣工验收是发包人的责任。因为工程是属于发包人的财产，故涉及建设工程合同当事人之外的第三人应当由发包人负责处理。如果从建设工程合同本身看，承包任务完成后，工程项目由承包人交付给发包人，也应当由发包人组织竣工验收。国务院令第 279 号《建设工程质量管理条例》第 16 条规定："建设单位收到建设工程竣工报告后，应当组织设计、施工、工程监理等有关单位进行竣工验收。"《合同法》第 279 条规定："建设工程竣工后，发包人应当根据施工图纸及说明书、国家颁发的施工验收规范和质量检验标准及时进行验收。"从上述法律规定来看，组织验收既是发包人的义务，又是发包人的权利。从义务方面而言，发包人对已竣工的工程，必须及时进行验收。由于没有及时进行验收而造成承包人的损失，发包人应当承担违约责任。从权利方面而言，发包人只有接收验收合格的工程，才意味着承包人完成了合同约定的义务。本案合同中虽然约定由施工方（承包人）负责组织验收，但该条款违反了国家有关法律法规的规定属于无效条款。发包人不能将理应由自己履行的义务转嫁给施工方，同时由于发包人没有及时组织验收而给施工方造成损失的应由发包人承担责任。并且，这样的约定有违法理和常理，由卖东西的人替买受人验收购买的商品是不可思议的。另外，在建设工程领域中，如果离开了发包人，竣工验收根本无法进行。

二、关于发包人擅自使用未验收工程的法律责任

关于发包人擅自使用未验收工程的法律责任问题，是我国在实践中和理论上都存在较大争议的问题。但目前的法律规定逐渐明确。《建筑法》第 61 条第 2 款规定："建筑工程竣工验收合格后，方可交付使用；未经验收或者验收不合格的，不得交付使用。"《合同法》第 279 条规定："建设工程竣工验收合格后，方可交付使用；未经验收或者验收不合格的，不得交付使用。"因此，竣工工程必须经过验收并且验收合格后方能交付使用，否则不得交付使用。这也属于法律强制性的规定，该规定既是对发包人权利的限制，又是为了维护发包人的最终利益。若发包人强行使用未经验收或验收不合格的工程，出现质量或

其他问题，就很难分清责任，因此只能由发包人自己承担责任。本案中发包人擅自使用未经验受的工程，施工方多次书面告之，请其停止使用，但发包人依然决定继续使用，已经违背了我国《建筑法》和《合同法》的规定，应视为施工方已向发包人交付所建工程。

综上，本案中发包人将组织验收的义务转嫁给施工方，同时又擅自使用该工程，却又以该工程未经验收为由拒不支付工程款，其理由不能成立。

九、保修

工程保修期从工程竣工验收合格之日起算，具体分部分项工程的保修期由合同当事人在专用合同条款中约定，但不得低于法定最低保修年限。在工程保修期内，承包人应当根据有关法律规定以及合同约定承担保修责任。发包人未经竣工验收擅自使用工程的，保修期自转移占有之日起算。

在保修期内，发包人在使用过程中，发现已接收的工程存在缺陷或损坏的，应书面通知承包人予以修复，但情况紧急必须立即修复缺陷或损坏的，发包人可以口头通知承包人并在口头通知后48小时内书面确认，承包人应在专用合同条款约定的合理期限内到达工程现场并修复缺陷或损坏。

因承包人原因造成工程的缺陷或损坏，承包人拒绝维修或未能在合理期限内修复缺陷或损坏，且经发包人书面催告后仍未修复的，发包人有权自行修复或委托第三方修复，所需费用由承包人承担。但修复范围超出缺陷或损坏范围的，超出范围部分的修复费用由发包人承担。

在保修期内，为了修复缺陷或损坏，承包人有权出入工程现场，除情况紧急必须立即修复缺陷或损坏外，承包人应提前24小时通知发包人进场修复的时间。承包人进入工程现场前应获得发包人同意，且不应影响发包人正常的生产经营，并应遵守发包人有关保安和保密等规定。

第四节　施工合同的价款控制条款

在一个合同中，涉及经济问题的条款总是双方关心的焦点。合同在履行过程中，项目经理仍然应当做好这方面的管理。其总的目标是降低施工成本，争取应当属于己方的经济利益。特别是后者，站在合同管理的角度，应当由发包人支付的施工合同价款，项目经理应当积极督促有关人员办理有关手续；对于应当追加的合同价款和应当由发包人承担的有关费用，项目经理应当准备好有关的材料，一旦发生争议，能够据理力争，维护己方的合法权益。当然，所有的这些工作都应当在合同规定的程序和时限内进行。

一、施工合同价款的约定

施工合同价款，按有关规定和协议条款约定的各种取费标准计算，用以支付发包人按照合同要求完成工程内容的价款总额。这是合同双方关心的核心问题之一，招投标等工作主要是围绕合同价款展开的。合同价款应依据中标通知书中的中标价格和非招标工程的工程预算书确定。合同价款在协议书内约定后，任何一方不得擅自改变。发包人和承包人应在合同协议书中选择下列一种合同价格形式：

1. 单价合同。单价合同是指合同当事人约定以工程量清单及其综合单价进行合同价格计算、调整和确认的建设工程施工合同，在约定的范围内合同单价不作调整。合同当事人应在专用合同条款中约定综合单价包含的风险范围和风险费用的计算方法，并约定风险范围以外的合同价格的调整方法。

2. 总价合同。总价合同是指合同当事人约定以施工图、已标价工程量清单或预算书及有关条件进行合同价格计算、调整和确认的建设工程施工合同，在约定的范围内合同总价不作调整。合同当事人应在专用合同条款中约定总价包含的风险范围和风险费用的计算方法，并约定风险范围以外的合同价格的调整方法。

3. 其他价格形式。合同当事人可在专用合同条款中约定其他合同价格形式。

二、工程预付款

（一）预付款的支付

预付款的支付按照专用合同条款约定执行，但至迟应在开工通知载明的开工日期7天前支付。预付款应当用于材料、工程设备、施工设备的采购及修建临时工程、组织施工队伍进场等。

除专用合同条款另有约定外，预付款在进度付款中同比例扣回。在颁发工程接收证书前，提前解除合同的，尚未扣完的预付款应与合同价款一并结算。

发包人逾期支付预付款超过7天的，承包人有权向发包人发出要求预付的催告通知，发包人收到通知后7天内仍未支付的，承包人有权暂停施工。

（二）预付款担保

发包人要求承包人提供预付款担保的，承包人应在发包人支付预付款7天前提供预付款担保，专用合同条款另有约定除外。预付款担保可采用银行保函、担保公司担保等形式，具体由合同当事人在专用合同条款中约定。在预付款完全扣回之前，承包人应保证预付款担保持续有效。发包人在工程款中逐期扣回预付款后，预付款担保额度应相应减少，但剩余的预付款担保金额不得低于未被扣回的预付款金额。

三、工程款（进度款）支付

（一）工程量计量

工程量计量按照合同约定的工程量计算规则、图纸及变更指示等进行计量。工程量计算规则应以相关的国家标准、行业标准等为依据，由合同当事人在专用合同条款中约定。

1. 单价合同的计量。除专用合同条款另有约定外，单价合同的计量按照以下约定执行：

（1）承包人应于每月25日向监理人报送上月20日至当月19日已完成的工程量报告，并附具进度付款申请单、已完成工程量报表和有关资料。

（2）监理人应在收到承包人提交的工程量报告后7天内完成对承包人提交的工程量报表的审核并报送发包人，以确定当月实际完成的工程量。监理人对工程量有异议的，有权要求承包人进行共同复核或抽样复测。承包人应协助监理人进行复核或抽样复测，并按监理人要求提供补充计量资料。承包人未按监理人要求参加复核或抽样复测的，监理人复核或修正的工程量视为承包人实际完成的工程量。

（3）监理人未在收到承包人提交的工程量报表后的7天内完成审核的，承包人报送的工程量报告中的工程量视为承包人实际完成的工程量，据此计算工程价款。

2. 总价合同的计量。除专用合同条款另有约定外，按月计量支付的总价合同，按照以下约定执行：

（1）承包人应于每月25日向监理人报送上月20日至当月19日已完成的工程量报告，并附具进度付款申请单、已完成工程量报表和有关资料。

（2）监理人应在收到承包人提交的工程量报告后7天内完成对承包人提交的工程量报表的审核并报送发包人，以确定当月实际完成的工程量。监理人对工程量有异议的，有权要求承包人进行共同复核或抽样复测。承包人应协助监理人进行复核或抽样复测并按监理人要求提供补充计量资料。承包人未按监理人要求参加复核或抽样复测的，监理人审核或修正的工程量视为承包人实际完成的工程量。

（3）监理人未在收到承包人提交的工程量报表后的7天内完成复核的，承包人提交的工程量报告中的工程量视为承包人实际完成的工程量。

3. 其他价格形式合同的计量。合同当事人可在专用合同条款中约定其他价格形式合同的计量方式和程序。

（二）进度款审核和支付

除专用合同条款另有约定外，监理人应在收到承包人进度付款申请单以及相关资料后7天内完成审查并报送发包人，发包人应在收到后7天内完成审批并签发进度款支付证书。发包人逾期未完成审批且未提出异议的，视为已签发进度款支付证书。

发包人和监理人对承包人的进度付款申请单有异议的，有权要求承包人修正和提供补充资料，承包人应提交修正后的进度付款申请单。监理人应在收到承包人修正后的进度付款申请单及相关资料后7天内完成审查并报送发包人，发包人应在收到监理人报送的进度付款申请单及相关资料后7天内，向承包人签发无异议部分的临时进度款支付证书。存在争议的部分，按照争议解决的约定处理。

除专用合同条款另有约定外，发包人应在进度款支付证书或临时进度款支付证书签发后14天内完成支付，发包人逾期支付进度款的，应按照中国人民银行发布的同期同类贷款基准利率支付违约金。

发包人签发进度款支付证书或临时进度款支付证书，不表明发包人已同意、批准或接受了承包人完成的相应部分的工作。

（三）进度付款的修正

在对已签发的进度款支付证书进行阶段汇总和复核中发现错误、遗漏或重复的，发包人和承包人均有权提出修正申请。经发包人和承包人同意的修正，应在下期进度付款中支付或扣除。

（四）支付账户

发包人应将合同价款支付至合同协议书中约定的承包人账户。

四、竣工结算

（一）竣工结算申请

除专用合同条款另有约定外，承包人应在工程竣工验收合格后28天内向发包人和监理人提交竣工结算申请单，并提交完整的结算资料，有关竣工结算申请单的资料清单和份数等要求由合同当事人在专用合同条款中约定。

（二）竣工结算审核

除专用合同条款另有约定外，监理人应在收到竣工结算申请单后 14 天内完成核查并报送发包人。发包人应在收到监理人提交的经审核的竣工结算申请单后 14 天内完成审批，并由监理人向承包人签发经发包人签认的竣工付款证书。监理人或发包人对竣工结算申请单有异议的，有权要求承包人进行修正和提供补充资料，承包人应提交修正后的竣工结算申请单。发包人在收到承包人提交竣工结算申请书后 28 天内未完成审批且未提出异议的，视为发包人认可承包人提交的竣工结算申请单，并自发包人收到承包人提交的竣工结算申请单后第 29 天起视为已签发竣工付款证书。

除专用合同条款另有约定外，发包人应在签发竣工付款证书后的 14 天内，完成对承包人的竣工付款。发包人逾期支付的，按照中国人民银行发布的同期同类贷款基准利率支付违约金；逾期支付超过 56 天的，按照中国人民银行发布的同期同类贷款基准利率的两倍支付违约金。

承包人对发包人签认的竣工付款证书有异议的，对于有异议部分应在收到发包人签认的竣工付款证书后 7 天内提出异议，并由合同当事人按照专用合同条款约定的方式和程序进行复核，或按照争议解决约定处理。对于无异议部分，发包人应签发临时竣工付款证书并完成付款。承包人逾期未提出异议的，视为认可发包人的审批结果。

（三）最终结清

除专用合同条款另有约定外，承包人应在缺陷责任期终止证书颁发后 7 天内，按专用合同条款约定的份数向发包人提交最终结清申请单，并提供相关证明材料。

除专用合同条款另有约定外，最终结清申请单应列明质量保证金、应扣除的质量保证金、缺陷责任期内发生的增减费用。发包人对最终结清申请单内容有异议的，有权要求承包人进行修正和提供补充资料，承包人应向发包人提交修正后的最终结清申请单。

除专用合同条款另有约定外，发包人应在收到承包人提交的最终结清申请单后 14 天内完成审批并向承包人颁发最终结清证书。发包人逾期未完成审批，又未提出修改意见的，视为发包人同意承包人提交的最终结清申请单，且自发包人收到承包人提交的最终结清申请单后 15 天起视为已颁发最终结清证书。

除专用合同条款另有约定外，发包人应在颁发最终结清证书后 7 天内完成支付。发包人逾期支付的，按照中国人民银行发布的同期同类贷款基准利率支付违约金；逾期支付超过 56 天的，按照中国人民银行发布的同期同类贷款基准利率的两倍支付违约金。

承包人对发包人颁发的最终结清证书有异议的，按争议解决的约定办理。

五、质量保证金

经合同当事人协商一致扣留质量保证金的，应在专用合同条款中予以明确。

（一）承包人提供质量保证金的方式

承包人提供质量保证金有以下三种方式：

（1）质量保证金保函；

（2）相应比例的工程款；

（3）双方约定的其他方式。

除专用合同条款另有约定外，质量保证金原则上采用上述第（1）种方式。

（二）质量保证金的扣留

质量保证金的扣留有以下三种方式：

（1）在支付工程进度款时逐次扣留，在此情形下，质量保证金的计算基数不包括预付款的支付、扣回以及价格调整的金额；

（2）工程竣工结算时一次性扣留质量保证金；

（3）双方约定的其他扣留方式。

除专用合同条款另有约定外，质量保证金的扣留原则上采用上述第（1）种方式。

发包人累计扣留的质量保证金不得超过结算合同价格的5%，如承包人在发包人签发竣工付款证书后28天内提交质量保证金保函，发包人应同时退还扣留的作为质量保证金的工程价款。

六、索赔

（一）承包人的索赔

根据合同约定，承包人认为有权得到追加付款和（或）延长工期的，应按以下程序向发包人提出索赔：

（1）承包人应在知道或应当知道索赔事件发生后28天内，向监理人递交索赔意向通知书，并说明发生索赔事件的事由；承包人未在前述28天内发出索赔意向通知书的，丧失要求追加付款和（或）延长工期的权利；

（2）承包人应在发出索赔意向通知书后28天内，向监理人正式递交索赔报告；索赔报告应详细说明索赔理由以及要求追加的付款金额和（或）延长的工期，并附必要的记录和证明材料；

（3）索赔事件具有持续影响的，承包人应按合理时间间隔继续递交延续索赔通知，说明持续影响的实际情况和记录，列出累计的追加付款金额和（或）工期延长天数；

（4）在索赔事件影响结束后28天内，承包人应向监理人递交最终索赔报告，说明最终要求索赔的追加付款金额和（或）延长的工期，并附必要的记录和证明材料。

（二）对承包人索赔的处理

对承包人索赔的处理如下：

（1）监理人应在收到索赔报告后14天内完成审查并报送发包人；监理人对索赔报告存在异议的，有权要求承包人提交全部原始记录副本；

（2）发包人应在监理人收到索赔报告或有关索赔的进一步证明材料后的28天内，由监理人向承包人出具经发包人签认的索赔处理结果；发包人逾期答复的，则视为认可承包人的索赔要求；

（3）承包人接受索赔处理结果的，索赔款项在当期进度款中进行支付；承包人不接受索赔处理结果的，争议解决约定处理。

（三）发包人的索赔

根据合同约定，发包人认为有权得到赔付金额和（或）延长缺陷责任期的，监理人应向承包人发出通知并附有详细的证明。

发包人应在知道或应当知道索赔事件发生后28天内通过监理人向承包人提出索赔意向通知书，发包人未在前述28天内发出索赔意向通知书的，丧失要求赔付金额和（或）

延长缺陷责任期的权利。发包人应在发出索赔意向通知书后 28 天内，通过监理人向承包人正式递交索赔报告。

（四）对发包人索赔的处理

对发包人索赔的处理如下：

（1）承包人收到发包人提交的索赔报告后，应及时审查索赔报告的内容、查验发包人证明材料；

（2）承包人应在收到索赔报告或有关索赔的进一步证明材料后 28 天内，将索赔处理结果答复发包人；如果承包人未在上述期限内作出答复的，则视为对发包人索赔要求的认可；

（3）承包人接受索赔处理结果的，发包人可从应支付给承包人的合同价款中扣除赔付的金额或延长缺陷责任期；发包人不接受索赔处理结果的，按争议解决约定处理。

（五）提出索赔的期限

（1）承包人按竣工结算审核约定接收竣工付款证书后，应被视为已无权再提出在工程接收证书颁发前所发生的任何索赔。

（2）承包人按最终结清提交的最终结清申请单中，只限于提出工程接收证书颁发后发生的索赔。提出索赔的期限自接受最终结清证书时终止。

【案例 7—2】分析一个涉及工程款鉴定的案例

原告（反诉被告）：天津市新天房地产开发有限公司

被告（反诉原告）：江苏省江都市建设工程总公司

原、被告双方于 1997 年 4 月 8 日签订了《建设工程承包合同》，由被告完成原告开发的天津市南开区黄河道团结里危改工程，该工程包括还迁楼和商品楼共三栋楼。合同规定了工程建筑面积 31433 平方米，工程造价 32805320 元（暂定），付款方式为按进度付款，竣工日期还迁楼为 1997 年 7 月 17 日、7 月 13 日，商品楼为 1997 年 12 月 15 日、1998 年 5 月 31 日。原、被告在履行合同中，于 1997 年 9 月 19 日签订纪要（以下称《9.19 会议纪要》），纪要约定，被告在 1997 年内确保 1 号楼 A 座主体完工，2 号楼、3 号楼两栋楼全部竣工达到验收标准；确保 1998 年 3 月 30 日前 1 号楼 B 座、C 座全部竣工验收。原告确保落实工程资金 1700 万元（含前期已付工程款）。1997 年底 1 号楼 A 座、B 座、C 座主体完成部分内装修，原告给付 1600 万元。同时，双方约定了工程款给付方法，原告于 1997 年底给付工程款 1600 万元（含 1997 年 8 月之前已付工程款 836 万元）。原告在 1997 年底之前每月 5 日前给付 100 万元，15 日前给付 91 万元。双方在履行合同中，因资金及工程进度问题产生矛盾，被告于 1998 年春节前后基本停工。为此原告于 1998 年 3 月起诉至天津市第一中级人民法院，要求解除双方合同。被告则提出反诉，认为原告拖欠巨额工程款，要求原告支付工程款。被告认为：该项目从 1996 年底开工后，原告从未按合同要求按时支付工程款，到原告起诉时已经拖欠工程款 1642.5 万元。在法院审理期间，原、被告双方于 1998 年 5 月 20 日在天津市南开区人民政府协调下达成协议（以下称《5.20 协议》），约定：1998 年 5 月 20 日前的纠纷继续由法院解决；被告在 1998 年 5 月 20 日后继续施工，并且约定了 1998 年 5 月 20 日后的付款数量和付款方式，但全部工程则按原有合同进行决算。天津市第一中级人民法院委托天津市审计事务所、天津市房屋工程造价咨询中心分别对至1998年3月底原告的投入和被告完成的工程造价进行了鉴定。被告对天津市审计事务所出具的《审计报告书》和天津市房屋工程造价咨询中心出具的《鉴定报告》极为不满，认为与事实严重不符，有失公正。在诉讼期间，被告继续施工，至1998年底工程已经基本完工，原告又要求审理法院对全部工程造价一并进行审理。1999年11月3日，人民法院依据《审计报告书》和《鉴定报告》作出一审判决，认为原告的主诉已经不存在，对于双方的违约责任都未追究，法院依据《5.20协议》只处理1998年5月20日前的纠纷，判决原告给付被告工程款1192万元，案件受理费、反诉费、审计费、鉴定费等均双方各半负担。双方当事人均不服一审判决提出上诉，2000年5月11日，天津市高级人民法院裁定，认为一审判决未将已发生的法律事实全面审理，造成认定事实不清，要求对全部工程进行审理，裁定发回重审。在二审和重审期间，被告均提出重新审计和重新鉴定的要求，但未获得法院支持。由于《鉴定报告》当时根据设计图纸作出了全部工程造价的鉴定，重审仍然按照《鉴定报告》于2001年1月21日作出判决，全部工程原告仍需支付被告工程款1055万元。双方仍然均提出上诉，2001年8月5日，该案由天津市高级人民法院作出终审判决，维持重审的一审判决。

案例评析：

本案诉争达3年多，但在原告的主诉消灭后，争论的焦点只有一个：工程造价的鉴定问题。读了王利明教授发表在2001年第1辑《判解研究》的《关于工程款的鉴定问题》一文（以下简称“鉴定”文），深感王利明教授对工程造价鉴定问题思考的深刻。“鉴定”文的主要观点有：第一，投标书中所提出的工程款不能作为最后确定工程款的依据；第二，关于合同的价款，应当以当事人的约定为准；第三，审计机关的审计意见不能作为确定工程款的直接依据。最后的结论是：关于鉴定人的问题首先应当由当事人双方达成合议来确定鉴定人，则该鉴定人所作出的任何鉴定意见毫无疑问应当对当事人产生约束力。如果当事人不能够达成合议，那么就应当可以考虑由法院确定若干个有较高鉴定能力的鉴定单位，由当事人在这些单位中进行选择。如果此种办法仍不能为当事人所接受，则只能由当事人自己去聘请鉴定人。由当事人自由聘请的鉴定人在性质上并不是民事诉讼法规定的鉴定人，而实际上是专家证人。笔者完全同意“鉴定”文的观点，但认为本案比“鉴定”文中的案例更具有典型性。因为，在一般情况下所说的“工程款”是指在工程建设中建设单位应当支付的价款。

一、采用“鉴定”文观点可以解决的问题

本案争论的焦点是工程造价的鉴定问题。如果能够采用“鉴定”文观点，则可以解决许多在工程造价鉴定中产生的问题。

首先存在的问题是鉴定单位的确定问题。随着我国改革的深入，在工程造价领域，工程造价鉴定单位已经成为社会咨询单位，许多单位都具有鉴定资格。原建设部2000年1月23日发布的《工程造价咨询单位管理办法》虽然对工程造价咨询单位规定了甲级、乙级的条件以及各自可以从事的咨询范围，但明确规定“从事工程造价咨询活动，应当遵循公开、公正、平等竞争的原则。任何单位和个人不得分割、封锁、垄断工程造价市

场。”因此，在天津市即存在多家具有甲级资质的工程造价咨询单位，即使是业内人士也无法判断哪个单位的水平更好、更公正。这样，本案被告对法院确定委托的单位就存有巨大的疑虑。如果能够采用“鉴定”文观点，由当事人各自委托鉴定并提交鉴定意见，则可以解决这一争议，打消当事人的疑虑。

其次，鉴定结论的公正性问题。本案还产生了一个非常有意思的现象。由于被告对天津市房屋工程造价咨询中心出具的《鉴定报告》极为不满，认为与事实严重不符，有失公正，因此，向天津市建委建筑业办公室反映了这一问题。天津市建委建筑业办公室责令天津市建设工程定额管理研究站（承担工程造价行政管理职能）对《鉴定报告》进行审查。在天津市建设工程定额管理研究站出具的审查意见中明确指出，《鉴定报告》“确实存在少算、漏算”，并具体地指出了少算、漏算的项目，认为产生这样的现象，“除了业务水平不高、责任心不强和缺乏深入实际调查了解等原因外，工程造价管理人员素质不高、‘咨询中心’对此业务有失公正、服务质量偏低也是主要因素”。但是，天津市房屋工程造价咨询中心拒不对鉴定结论进行修改，而法院认为天津市建设工程定额管理研究站出具的审查意见是针对天津市建委建筑业办公室，无法由法院直接否定《鉴定报告》，且审查意见也未直接计算少算、漏算的数额。而在现有的法律体系下，被告又无法追究鉴定单位的法律责任，这样就出现了一个怪圈：有了权威的对《鉴定报告》的否定意见，却无法修改《鉴定报告》。如果能够采用“鉴定”文观点，由当事人各自委托鉴定并提交鉴定意见，进行当庭质证并进行辩论，由法院判断哪一方提交的鉴定意见更可靠，显然能够使判决更公正。

最后，关于鉴定费的问题。经过三年多的诉讼，双方当事人都付出了高额的代价，经营活动受到巨大的影响。本案中的工程造价鉴定费是一个巨额的数字，双方都已无能力支付这一费用。从法理上说鉴定费还存在一个障碍，在当事人没有过错、鉴定也不是当事人委托的情况下，没有理由要求当事人支付两次鉴定费，那么应当由谁支付错误鉴定的鉴定费呢？如果能够采用“鉴定”文观点，由当事人各自委托鉴定并提交鉴定意见，则可有效地解决这一问题，因为在诉讼初期，当事人双方都有支付能力，并有委托鉴定的积极性。

二、本案与“鉴定”文中案例的区别

虽然应用“鉴定”文观点可以有效地解决本案工程造价的鉴定问题，但是，本案与“鉴定”文中案例还是有较大的区别的。笔者完全同意王先生在“鉴定”文中提出的观点，“鉴定”文中案例没有必要将工程款问题聘请专门的鉴定人进行鉴定。但是，在狭义的建设工程领域这一问题就变得较为复杂了。

（一）国家对建设工程的管理体制与对装修的管理不同

国家对建设工程的管理体制是在计划经济时期建立起来的，而装修成为一个产业应当说是在我国实行社会主义市场经济以后。

1. 国家对建设工程有严格的管理体制。

虽然我国建设领域曾经是城市经济体制改革的突破口，但目前的情况已经落后于市场经济改革的要求了。其突出的表现在于建设工程存在着严格的定额管理制度。工程建设定额是指在工程建设中单位产上人工、材料、机械、资金消耗的规定额度，是根据国家一定时期的管理体制和管理制度，根据不同定额的用途和适用范围，由指定的机构按照一定的程序制定的，并按照规定的程序审批和颁发执行①。我国目前的定额不但有消耗量，而且也有价格②。我国目前的建设工程价格，不论是招标标底还是投标报价，都是根据定额确定的，并且政府管理机构（或者是接受委托行使行政职能的机构）对此有严格的管理制度。如很多地方都规定，只有投标报价在标底的正负5%以内才是有效报价。

政府在这方面的管理集中体现在招标投标的评标方法中。根据原建设部的规定，我国目前有三种主要的评标方法，它们分别是百分制法、评议法和合理低报价法③。百分制法是将标书中的各项主要内容指标进行量化，合理分配成分值，如：工程报价、工期、质量、主要材料消耗量、企业社会信誉、施工方案及保证质量、安全进度措施、市场行为合理化建议等。由招标单位事先根据招标文件制定统一的评标原则和标准，并在开标前公布于众，开标后由专家评委按照标书的内容和评分标准进行逐项分析，计分汇总后得分最高者为中标单位，在我国目前的评标实践中，大多数施工项目都采用这种评标方法。可以说是我国的主流评标方法。在施工招标中采用百分制法，最大的问题在于，要求投标人竞争的内容不明确。我国目前采用的百分制法在对待报价上大都是越接近标底，得分越高，而标底一般比市场行情要高15%—20%。所有的施工企业在准备投标是都想尽一切办法（包括一些不正当的方法），获得标底，然后再按照标底进行报价。显然，价格不是施工企业在我国的百分制法评标中要竞争的内容（也不允许竞争）。其他的内容，如质量、企业的资质、技术条件等则是招标人在招标文件中需要明确的内容，而非需要竞争的内容。正是这种评标方法中所需要竞争的内容不明确，导致某些人甚至是某个人的想法可以左右评标的整个过程。

笔者并不赞同目前建设领域我国的主流评标方式，认为必须加以改革。改革的核心是允许在建设工程的价格展开市场化的竞争。但是，这一改革的最大阻力在于我们的许多领导、传媒都认为建设工程的质量与价格有直接关系，即低价必然导致劣质。我们需要建立这样的理念，在建设工程施工招标中，需要投标人竞争的是价格。而价格与质量并无必然的联系，价高并不必然质量好，质优价廉是招标活动追求的目标。经过市场经济长期考验，也是世界银行等国际金融机构采取的主流评标方法——合理低报价法，应当是施工招标中采用的主流评标方法。这种评标方法可以最大限度地节约建设单位的投资，也能够使评标更加公平。

目前，我国的工程质量受到广泛的关注。近几年来，造成巨额财产损失和重大人员伤亡的恶性建设工程质量事故时有发生，这说明我国的工程建设质量保障体系存在这严重的问题。目前国内对建设工程质量管理的研究侧重于在项目建设的各个阶段（设计、施工等）的具体质量控制手段，而实际上我国的建设工程质量事故主要不是施工技术水平低。从根本上说，我国的工程质量事故是由于合同管理制度不严造成的。

我国的工程质量标准大多是强制性的。因此，建设工程合同当事人订立的合同都是采用国家质量标准的；即使个别的建设项目在开始建设时尚未订立书面的建设工程合同，当事人以口头等形式完成的意思表示都是工程质量符合国家质量标准。在市场经济条件下，我们必须强化当事人的合同意识，尊重当事人的意思自治。同时，强调当事人应当严格遵

① 龚维丽．工程建设定额基本理论与实务［M］．北京：中国计划出版社，1997：10－12.

② 虽然有些地方在搞只有消耗量的定额改革，但目前仍限于很小的范围。

③ 建设部．建设工程施工招标文件范本．1996.

守合同。当事人约定的工程质量标准是建设工程合同的重要内容之一，而我国目前发生的一些严重的工程质量事故都可以说是当事人故意违约，当然，不论当事人是否有违约故意，发生质量事故的结果都可以说是违约了。对于这样一些事故，只要当事人有严格守约的意识，事故是完全可以避免的。

有些同志，总结工程建设质量事故的原因是由于发包人（建设单位）支付的工程款太少。包括一些媒体也持这种观点。实际上这种观点助长了承包人（施工企业）的违约行为。在现实情况中，最先提出能够以一个低价完成承包任务的一般都是施工企业。即使最先不是施工企业提出来的，作为一个发包人（建设单位）希望能够以较少的投资完成同样的项目可以说是一个正常的心态。不论是哪一种情况，施工企业作为专门从事工程建设的单位最后认可了，在合同中签字了，施工企业没有理由不履行合同。因为施工企业对于多少钱能够把施工任务完成下来，肯定是心中有数的。现在许多施工企业都是这么一种心态：先把合同签下，等任务到手，队伍进场，再提条件；如果建设单位不同意提高条件，则偷工减料，或者拖延工期。显然，这种心态和现象不应当受到鼓励。我们应当树立合同的权威，对于体现当事人真实意思表示的合同应当严格执行。

工程建设的转包和分包也是影响工程质量的重要因素。因为经过层层转包和多次分包，最终承担施工任务的人员和单位的技术力量、设备情况都不能够保证施工任务的顺利完成。目前，我国因为转包和分包影响工程质量的情况也是不严格履行合同的结果。许多同志（特别是施工企业的同志）都持这么一种观点，认为既然把工程建设的任务交给我了，只要我把任务完成了即可，我再找谁，发包人就不要干预了。这种观点与建设工程的合同理念不符，也给产生工程质量事故留下了隐患。因为，建设工程发包人不论是通过招标方式还是直接发包方式确定承包人，都意味着发包人不但对承包人所报价格、质量、工期等的同意，也意味着对承包人的信誉、技术力量等的信任。承包人所报价格、质量、工期等并非是某一承包人所固有的，但承包人的信誉、技术力量等则是该承包人所固有的，是不能进行转让的。因此，建设工程合同不能转包，承包人应当以自己的力量完成主要的承包任务。对于分包也应当有严格的限制，至少应当经过发包人的同意。如果能够严格履行合同，就不会发生转包现象，也不可能发生多次分包的现象。

综上所述，笔者并不反对国家建立对建设工程的严格管理体制，但这种管理和干预应当适度，否则会产生严重的负面效果。应当在建设领域允许展开价格竞争。但在目前的管理制度下，建设工程施工合同当事人的合同自由受到过多的限制。

2. 国家对装修合同的干预相对较少。

如上所述，由于装修成为一个产业是在我国实行社会主义市场经济以后，国家对装修合同的干预相对较少。这集中体现在对价格的管理上，装修并不存在像建设工程领域这样的定额制度①。这样就给当事人自由约定合同价格提供了基本条件，当事人对合同价格的约定并不违反国家的法律和行政法规，既然当事人明确约定了价格（虽然是合同履行过程中约定的），人民法院将工程款问题聘请专门的鉴定人进行鉴定。

（二）合同履行的过程不同

建设工程施工合同与装修合同比较，合同履行的过程不同。由于装修的技术要求相对

① 虽然有些地方的建设工程定额站（或者工程造价管理站）正在编制（或者已经编制）装饰装修方面的定额，但远未形成类似于建设工程定额这样的管理制度，仅属于试点性质。

较低、规模相对较小、受自然因素的影响较少，因此，在装修中当事人可以做到最后的装修内容与最初当事人的约定基本一样。而建设工程施工合同则不然，由于技术要求复杂、规模较大、受自然因素的影响较大（由于露天作业），施工中不进行变更（包括设计变更）的基本没有，合同的履行条件也会与当事人最初的约定不同，另外由于拖欠工程款的普遍性，在施工合同履行中基本没有不违约的①。

由于政府干预过度，在建设工程施工合同的履行中，还存在大量的所谓“阴阳合同”② 的问题。而装修合同则基本不存在这一问题。

由于建设工程施工合同与装修合同在履行中存在以上不同，建设工程施工合同纠纷会给法院提出如下难题：（1）如何计算发生变更部分的工程价款；（2）如何对待“阴阳合同”的关系。如果施工合同的履行是完全理想状态的，与当事人合同的约定情况完全一样的，则法院应当按照当事人的约定判决工程款（如王先生在“鉴定”文中所阐述的）。但是，这种理想状态在施工合同的履行中是不存在的。笔者认为，在这种情况下，计算变更部分工程的价款属于专门性的问题，不能由法院直接进行计算，除非是简单的工程量的增减，且当事人约定了单价。对于第二个问题，目前存在着很大的争议。建设行政主管部门倾向于认为应当按照“阳合同”处理，法院的判决结果各不相同。笔者认为在这一问题上急需最高人民法院作出一个司法解释，统一各地方法院的做法。笔者认为应当按照合同自由的原则处理这一问题，以约定在后的合同内容为准。产生这一问题的根源在于如何看待定额的性质。按照我国《价格法》的规定，价格分为市场调节价、政府指导价和政府定价。持按照“阳合同”为准观点的同志认为定额属于指导价或者政府定价。但是，在市场经济条件下，“国家实行并逐步完善宏观经济调控下主要由市场形成价格的机制。价格的制定应当符合价值规律，大多数商品和服务价格实行市场调节价，极少数商品和服务价格实行政府指导价或者政府定价。”③ 而工程建设定额可以说是无所不包的价格，既包括工程建设中使用的所有材料价格，也包括人工费用，也包括各类机械台班费，因此工程建设定额不应当是政府指导价或者政府定价，否则与市场经济的基本原则相违背。

（三）委托鉴定的后果不同

如王先生在“鉴定”文中所述，装修合同即使委托鉴定，鉴定机构也是按照市价计算。而施工合同则不然，一旦委托工程造价咨询机构进行鉴定，必然按照定额进行计算。两者的区别在于，市价一般是比较接近于当事人约定的且不是强制执行的价格，而定额与市场价格则有比较大的差别，并且工程造价鉴定机构认为是必须执行的（与建设行政主管部门的观点相同）。因此，在建设工程施工合同纠纷中会出现这样的结果，如果当事人约定的价格与定额规定的不同，即使人民法院认为应当按照当事人约定，一旦委托工程造价咨询机构进行鉴定，当事人约定的价格必然被抛在一边。甚至在我国改革开放最前沿的广东省，在2000年都发生了这样的诉讼案：当事人在施工合同中约定按照1989年定额进行结算，但在诉讼中法院委托鉴定时，工程造价鉴定机构按照正在使用中的1992年定额

① 全国监理工程师培训教材编写委员会．工程建设合同管理［M］．北京：中国建筑工业出版社，1997：150－187.

② 在中国的建设工程合同管理中，由于政府对合同的价格等的要求与市场实际有出入，当事人往往签订两份合同，一份按照政府的要求签订，以备政府的检查、备案、鉴证及公证等使用，被称为“阳合同”；另一份则按照市场实际情况签订，是准备履行的，则被称为“阴合同”。

③《中华人民共和国价格法》第3条。

进行鉴定。

施工合同与装修合同的这种区别，意味着施工合同的工程款鉴定更容易漠视当事人的约定。

三、本案中的两个次要问题

（一）关于《9.19会议纪要》和《5.20协议》的性质

在庭审过程中，《9.19会议纪要》约定原告向被告支付的工程款中是否含有“料款”是双方争议的一个焦点。原告认为向被告支付的工程款中应当含有“料款”；被告认为向被告支付的工程款中不应当含有“料款”。这一争议将决定原告是否存在重大违约行为（指违反《9.19会议纪要》）。

笔者认为《9.19会议纪要》实际上是一个延期还款协议。如果认为《9.19会议纪要》约定的工程款含有“料款”，则会导致如下结果：《9.19会议纪要》履行后原告拖欠被告的工程款数额比签订前要大得多。这样，《9.19会议纪要》就成了单纯的垫款协议，则该协议的合法性就存在重大的问题了。从施工合同的实际履行过程来看也不可能存在这种情况。

在庭审过程中，原告、被告分别向法院提交了两份《9.19会议纪要》（均有双方的签字盖章），被告向法院提交的《9.19会议纪要》未规定“含料款”。原告向法院提供的《9.19会议纪要》，全文都是打印稿，只有“含料款”是手写体且能看出是后加的，被告认为是原告用手写方式添加上去的，且未加任何说明和双方的签章。笔者认为这样的证据不应当得到认可，由于两份纪要相互矛盾，法院应当综合全案认定其中一个证据。遗憾的是法院一直回避这一问题。

《5.20协议》明确约定了1998年5月20日前的纠纷继续由法院解决；被告在1998年5月20日后继续施工，并且约定了付款数量和付款方式。实际上这是当事人处理自己诉权的一种方式，起诉时的工程状况与1998年5月20日时是完全相同的，因为从1998年3月底起诉时（实际上从1997年12月底即基本处于停工状态）至1998年5月20日工程完全处于停工状态。依据民事诉讼的诉权由当事人自己处分的基本原理，笔者认为天津市第一中级人民法院依据《5.20协议》只处理1998年5月20日前的纠纷是符合法理的。天津市高级人民法院认为一审判决未将已发生的法律事实全面审理，造成认定事实不清，要求对全部工程进行审理，裁定发回重审，则有违基本法理。对于1998年5月20日后的纠纷，当事人应当另行起诉。在实际操作中，还涉及这样一个问题：在建设工程诉讼中，当事人能否对在建项目提出诉讼？如果答案是否定的，在建设过程中发生的违约或者侵权纠纷如何解决？因为有时一个工程项目的建设期长达几年甚至十几年，当事人不可能也没有能力等到工程建设完成再行诉讼。

（二）关于违约责任的承担

如果原告存在未按照合同规定给付工程款的行为，则不宜同时认定被告也未完成协议约定的工程进度，继而认定双方均有责任，也不符合法律的有关规定和双方合同的约定。这种各打五十大板的做法不利于鼓励当事人履约守约。

作为双方订立的施工合同组成部分《建设工程施工合同条件》（指原国家建设部和国家工商行政管理局1991年发布的）第22条规定：“甲方（指原告）根据协议条款约定时间、方式和甲方代表确认的工程量，按构成合同价款相应项目的单价和取费标准计算，支付工程价款。甲方在其代表计量签字后10天内不予支付，乙方（指被告）可向甲方发出要求付款的通知，甲方在收到乙方通知后仍不能按要求支付，乙方可在发出通知5天后停止施工，甲方承担违约责任。”新的《施工合同文本》也有类似的规定，该文本第26条第4款规定：“发包人不按合同约定支付工程款（进度款），双方又未达成延期付款协议，导致施工无法进行，承包人可以停止施工，由发包人承担违约责任。”因此，由于原告长期拖欠工程款，导致被告被迫停止施工，应当由原告承担全部责任。被告不但不是违约，而且应当由原告赔偿被告的所有损失。

原《经济合同法》第34条规定：发包方（原告）“未按合同规定的时间和要求提供原材料、设备、场地、资金、技术资料等，除工程日期得予顺延外，还应偿付承包方（被告）因此造成停工、窝工的实际损失”。新《合同法》第67条更是明确规定：“当事人互负债务，有先后履行顺序，先履行一方未履行的，后履行一方有权拒绝其履行要求。先履行一方履行债务不符合约定的，后履行一方有权拒绝其相应的履行要求。”所有这些，都是被告要求原告承担违约责任的法律依据。

实际上，如果按照《合同法》的规定，可以理解为：支付工程款是发包人必须先行履行的义务，如果发包人拖欠工程款严重，则承包人可以行使抗辩权，停止施工。因此，不能认为只要被告未完成协议约定的工程进度就是违约，只要原告存在未按照合同规定给付工程款的行为，被告未完成协议约定的工程进度必然是行使自己权利的正常结果。

四、结论

（1）在建设工程纠纷中，涉及工程款纠纷的，当事人有明确约定的，人民法院应当按照当事人的约定判决；如果约定不明确，如暂定等，但约定按照某一定额进行结算，人民法院委托鉴定时应当明确按照该定额进行结算。这样做是符合《合同法》第64条的规定的。但是，法院这样做的前提是有赖于工程造价行业的观念和管理方式的改变。其核心在于如何看待建设工程定额的性质，一旦明确了定额不是政府定价或者政府指导价后，这种变化是必然的。但是，人民法院在这一改变前并不是无能为力的，因为理论上人民法院的判决是具有最高效力的行为指针。人民法院可以通过尊重当事人的判决来推动这一变化。

（2）应当允许当事人在工程建设的过程中提起诉讼，也可以对工程造价进行阶段性的鉴定。不能一概地要求建设工程诉讼必须是在工程竣工后进行。

（3）对于当事人的违约责任，人民法院必须严格追究。不能因为建设工程纠纷的违约责任追究十分困难就放弃追究，我国建设工程领域的许多问题（包括质量问题），都是产生于不能严格履行合同。

第五节　施工合同的进度控制条款

进度管理，是施工合同管理的重要组成部分。合同当事人应当在合同规定的工期内完成施工任务，发包人应当按时做好准备工作，承包人应当按照施工进度计划组织施工。为此，项目经理应当落实进度控制部门的人员、具体的控制任务和管理职能分工，并且编制合理的施工进度计划并控制其执行，即在工程进展全过程中，进行计划进度与实际进度的比较，对出现的偏差及时采取措施。

施工合同的进度控制可以分为施工准备阶段、施工阶段和竣工验收阶段的进度控制。

一、施工准备阶段的进度控制

施工准备阶段的许多工作都对施工的开始和进度有直接的影响，包括双方对合同工期的约定、承包人提交进度计划、设计图纸的提供、材料设备的采购、延期开工的处理等。

（一）合同双方约定合同工期

施工合同工期，是指施工的工程从开工起到完成施工合同专用条款双方约定的全部内容，工程达到竣工验收标准所经历的时间。合同工期是施工合同的重要内容之一，故《施工合同文本》要求双方在协议书中作出明确约定。约定的内容包括计划开工日期、计划竣工日期和合同工期总日历天数。合同当事人应当在开工日期前做好一切开工的准备工作，承包人则应按约定的开工日期开工。

（二）承包人提交进度计划

承包人应按照约定提交详细的施工进度计划，施工进度计划的编制应当符合国家法律规定和一般工程实践惯例，施工进度计划经发包人批准后实施。施工进度计划是控制工程进度的依据，发包人和监理人有权按照施工进度计划检查工程进度情况。

（三）其他准备工作

在开工前，合同双方还应当做好其他各项准备工作。如发包人应当按照专用条款的规定使施工现场具备施工条件、开通施工现场与公共道路，承包人应当做好施工人员和设备的调配工作。

对于工程师而言，特别需要做好水准点与坐标控制点的交验，按时提供标准、规范。为了能够按时向承包人提供设计图纸，工程师可能还需要做好设计单位的协调工作，按照专用条款的约定组织图纸会审和设计交底。

二、施工阶段的进度控制

工程开工后，合同履行即进入施工阶段，直至工程竣工。这一阶段进度控制的任务是控制施工任务在协议书规定的合同工期内完成。

（一）开工

发包人应按照法律规定获得工程施工所需的许可。经发包人同意后，监理人发出的开工通知应符合法律规定。监理人应在计划开工日期7天前向承包人发出开工通知，工期自开工通知中载明的开工日期起算。除专用合同条款另有约定外，因发包人原因造成监理人未能在计划开工日期之日起90天内发出开工通知的，承包人有权提出价格调整要求，或者解除合同。发包人应当承担由此增加的费用和（或）延误的工期，并向承包人支付合理利润。

（二）监督进度计划的执行

开工后，承包人必须按照工程师确认的进度计划组织施工，接受工程师对进度的检查、监督。这是工程师进行进度控制的一项日常性工作，检查、监督的依据是已经确认的进度计划。一般情况下，工程师每月检查一次承包人的进度计划执行情况，由承包人提交一份上月进度计划实际执行情况和本月的施工计划。同时，工程师还应进行必要的现场实地检查。

施工进度计划不符合合同要求或与工程的实际进度不一致的，承包人应向监理人提交修订的施工进度计划，并附具有关措施和相关资料，由监理人报送发包人。除专用合同条款另有约定外，发包人和监理人应在收到修订的施工进度计划后7天内完成审核和批准或提出修改意见。发包人和监理人对承包人提交的施工进度计划的确认，不能减轻或免除承包人根据法律规定和合同约定应承担的任何责任或义务。

（三）暂停施工

1. 发包人原因引起的暂停施工。因发包人原因引起暂停施工的，监理人经发包人同意后，应及时下达暂停施工指示。因发包人原因引起的暂停施工，发包人应承担由此增加的费用和（或）延误的工期，并支付承包人合理的利润。

2. 承包人原因引起的暂停施工。因承包人原因引起的暂停施工，承包人应承担由此增加的费用和（或）延误的工期，且承包人在收到监理人复工指示后84天内仍未复工的，视为承包人无法继续履行合同的情形。

3. 指示暂停施工。监理人认为有必要时，并经发包人批准后，可向承包人作出暂停施工的指示，承包人应按监理人指示暂停施工。

4. 紧急情况下的暂停施工。因紧急情况需暂停施工，且监理人未及时下达暂停施工指示的，承包人可先暂停施工，并及时通知监理人。监理人应在接到通知后24小时内发出指示，逾期未发出指示，视为同意承包人暂停施工。监理人不同意承包人暂停施工的，应说明理由，承包人对监理人的答复有异议，按照争议解决约定处理。

（四）工期延误

1. 因发包人原因导致工期延误。在合同履行过程中，因下列情况导致工期延误和（或）费用增加的，由发包人承担由此延误的工期和（或）增加的费用，且发包人应支付承包人合理的利润：

（1）发包人未能按合同约定提供图纸或所提供图纸不符合合同约定的；

（2）发包人未能按合同约定提供施工现场、施工条件、基础资料、许可、批准等开工条件的；

（3）发包人提供的测量基准点、基准线和水准点及其书面资料存在错误或疏漏的；

（4）发包人未能在计划开工日期之日起7天内同意下达开工通知的；

（5）发包人未能按合同约定日期支付工程预付款、进度款或竣工结算款的；

（6）监理人未按合同约定发出指示、批准等文件的；

（7）专用合同条款中约定的其他情形。

因发包人原因未按计划开工日期开工的，发包人应按实际开工日期顺延竣工日期，确保实际工期不低于合同约定的工期总日历天数。

2. 因承包人原因导致工期延误。因承包人原因造成工期延误的，可以在专用合同条款中约定逾期竣工违约金的计算方法和逾期竣工违约金的上限。承包人支付逾期竣工违约金后，不免除承包人继续完成工程及修补缺陷的义务。

三、竣工验收阶段的进度控制

竣工验收是发包人对工程的全面检验，是保修期外的最后阶段。在竣工验收阶段，项目经理进度控制的任务是督促完成工程扫尾工作，协调竣工验收中的各方关系，参加竣工验收。

（一）竣工日起的确定

工程经竣工验收合格的，以承包人提交竣工验收申请报告之日为实际竣工日期，并在工程接收证书中载明；因发包人原因，未在监理人收到承包人提交的竣工验收申请报告42天内完成竣工验收，或完成竣工验收不予签发工程接收证书的，以提交竣工验收申请报告的日期为实际竣工日期；工程未经竣工验收，发包人擅自使用的，以转移占有工程之日为实际竣工日期。

（二）提前竣工

发包人要求承包人提前竣工的，发包人应通过监理人向承包人下达提前竣工指示，承包人应向发包人和监理人提交提前竣工建议书，提前竣工建议书应包括实施的方案、缩短的时间、增加的合同价格等内容。发包人接受该提前竣工建议书的，监理人应与发包人和承包人协商采取加快工程进度的措施，并修订施工进度计划，由此增加的费用由发包人承担。承包人认为提前竣工指示无法执行的，应向监理人和发包人提出书面异议，发包人和监理人应在收到异议后7天内予以答复。任何情况下，发包人不得压缩合理工期。

发包人要求承包人提前竣工，或承包人提出提前竣工的建议能够给发包人带来效益的，合同当事人可以在专用合同条款中约定提前竣工的奖励。

第六节　施工合同争议的处理

一、施工合同的争议解决方式

（一）和解

合同当事人可以就争议自行和解，自行和解达成协议的经双方签字并盖章后作为合同补充文件，双方均应遵照执行。

（二）调解

合同当事人可以就争议请求建设行政主管部门、行业协会或其他第三方进行调解，调解达成协议的，经双方签字并盖章后作为合同补充文件，双方均应遵照执行。

（三）争议评审

合同当事人在专用合同条款中约定采取争议评审方式解决争议以及评审规则，并按下列约定执行：

1. 争议评审小组的确定。合同当事人可以共同选择一名或三名争议评审员，组成争议评审小组。除专用合同条款另有约定外，合同当事人应当自合同签订后28天内，或者争议发生后14天内，选定争议评审员。选择一名争议评审员的，由合同当事人共同确定；选择三名争议评审员的，各自选定一名，第三名成员为首席争议评审员，由合同当事人共同确定或由合同当事人委托已选定的争议评审员共同确定，或由专用合同条款约定的评审机构指定第三名首席争议评审员。除专用合同条款另有约定外，评审员报酬由发包人和承包人各承担一半。

2. 争议评审小组的决定。合同当事人可在任何时间将与合同有关的任何争议共同提请争议评审小组进行评审。争议评审小组应秉持客观、公正原则，充分听取合同当事人的意见，依据相关法律、规范、标准、案例经验及商业惯例等，自收到争议评审申请报告后14天内作出书面决定，并说明理由。

3. 争议评审小组决定的效力。争议评审小组作出的书面决定经合同当事人签字确认后，对双方具有约束力，双方应遵照执行。任何一方当事人不接受争议评审小组决定或不履行争议评审小组决定的，双方可选择采用其他争议解决方式。

（四）仲裁或诉讼

因合同及合同有关事项产生的争议，合同当事人可以在专用合同条款中约定以下一种方式解决争议：

（1）向约定的仲裁委员会申请仲裁；

（2）向有管辖权的人民法院起诉。

二、施工合同无效、撤销及其处理

（一）施工合同无效的情形及其处理

《最高人民法院关于审理建设工程施工合同纠纷案件适用法律问题的解释》对施工合同无效的情形及其处理作了具体规定。

1. 施工合同无效的情形。施工合同具有下列情形之一的，应当认定无效：

（1）承包人未取得建筑施工企业资质或者超越资质等级的；

（2）没有资质的实际施工人借用有资质的建筑施工企业名义的；

（3）建设工程必须进行招标而未招标或者中标无效的。

2. 施工合同无效的处理。建设工程施工合同无效，但建设工程经竣工验收合格，承包人有权要求参照合同约定支付工程价款。

建设工程施工合同无效，且建设工程经竣工验收不合格的，按照以下情形分别处理：

（1）修复后的建设工程经竣工验收合格，发包人有权要求承包人承担修复费用；

（2）修复后的建设工程经竣工验收不合格，承包人无权要求发包人支付工程价款。因建设工程不合格造成的损失，发包人有过错的，也应承担相应的民事责任。

承包人非法转包、违法分包建设工程或者没有资质的实际施工人借用有资质的建筑施工企业名义与他人签订建设工程施工合同的行为无效。人民法院可以收缴当事人已经取得的非法所得。

（二）施工合同撤销及其处理

1. 施工合同可以撤销的情形。承包人具有下列情形之一，发包人可以向人民法院或者仲裁委员会请求解除施工合同：

（1）明确表示或者以行为表明不履行合同主要义务的；

（2）合同约定的期限内没有完工，且在发包人催告的合理期限内仍未完工的；

（3）已经完成的建设工程质量不合格，并拒绝修复的；

（4）将承包的建设工程非法转包、违法分包的。

发包人具有下列情形之一，致使承包人无法施工，且在催告的合理期限内仍未履行相应义务，承包人可以向人民法院或者仲裁委员会请求解除施工合同：

（1）未按约定支付工程价款的；

（2）提供的主要建筑材料、建筑构配件和设备不符合强制性标准的；

（3）不履行合同约定的协助义务的。

2. 施工合同撤销的处理。建设工程施工合同解除后，已经完成的建设工程质量合格的，发包人应当按照约定支付相应的工程价款。因一方违约导致合同解除的，违约方应当赔偿因此而给对方造成的损失。

三、施工合同质量争议处理

发包人具有下列情形之一，造成建设工程质量缺陷，应当承担过错责任：

（1）提供的设计有缺陷；

（2）提供或者指定购买的建筑材料、建筑构配件、设备不符合强制性标准；

（3）直接指定分包人分包专业工程。

承包人有过错的，也应当承担相应的过错责任。

建设工程未经竣工验收，发包人擅自使用后，又以使用部分质量不符合约定为由主张权利的，不予支持；但是承包人应当在建设工程的合理使用寿命内对地基基础工程和主体结构质量承担民事责任。

建设工程竣工前，当事人对工程质量发生争议，工程质量经鉴定合格的，鉴定期间为顺延工期期间。

四、施工合同价款争议处理

《最高人民法院关于审理建设工程施工合同纠纷案件适用法律问题的解释》对建设工程合同实践中关于价款争议存在的一些问题作出了明确的规定。

（一）垫资争议的处理

当事人对垫资和垫资利息有约定，承包人请求按照约定返还垫资及其利息的，应予支持，但是约定的利息计算标准高于中国人民银行发布的同期同类贷款利率的部分除外。当事人对垫资没有约定的，按照工程欠款处理。当事人对垫资利息没有约定，承包人无权要求支付利息。

（二）工程价款的结算

当事人对建设工程的计价标准或者计价方法有约定的，按照约定结算工程价款。因设计变更导致建设工程的工程量或者质量标准发生变化，当事人对该部分工程价款不能协商一致的，可以参照签订建设工程施工合同时当地建设行政主管部门发布的计价方法或者计价标准结算工程价款。

当事人约定，发包人收到竣工结算文件后，在约定期限内不予答复，视为认可竣工结算文件的，按照约定处理。承包人请求按照竣工结算文件结算工程价款的，应予支持。

当事人就同一建设工程另行订立的建设工程施工合同与经过备案的中标合同实质性内容不一致的，应当以备案的中标合同作为结算工程价款的根据。

（三）工程价款利息的支付

当事人对欠付工程价款利息计付标准有约定的，按照约定处理；没有约定的，按照中国人民银行发布的同期同类贷款利率计息。

利息从应付工程价款之日计付。当事人对付款时间没有约定或者约定不明的，下列时间视为应付款时间：

（1）建设工程已实际交付的，为交付之日；

（2）建设工程没有交付的，为提交竣工结算文件之日；

（3）建设工程未交付，工程价款也未结算的，为当事人起诉之日。

（四）主张工程款突破合同相对性

按照合同相对性原理，出现拖欠工程款的情况，被拖欠者只能向与其有合同关系者主张权利，如分包单位（包括分包被认定无效或者转包）只能向总包单位主张工程款，不能向与其无合同关系的建设单位主张工程款。但《最高人民法院关于审理建设工程施工合同纠纷案件适用法律问题的解释》突破了合同相对性，第26条规定："实际施工人以转包人、违法分包人为被告起诉的，人民法院应当依法受理。实际施工人以发包人为被告主张权利的，人民法院可以追加转包人或者违法分包人为本案当事人。发包人只在欠付工程价款范围内对实际施工人承担责任。"这里的实际施工人，就是指与施工总承包人订立合同但被认定为转包、违法分包的施工人。但这一规定在司法实践中存在无法克服的问题。

【案例7—3】施工合同司法解释突破合同相对性的评析

原告（被上诉人）：天津市新科源技术开发有限公司

被告（被上诉人）：天津市津盛建筑工程有限公司

被告（被上诉人）：天津市鸿盛建筑工程有限公司

被告（上诉人）：天津天大天发房地产开发有限公司

2004年4月21日，天津天大天发房地产开发有限公司（以下简称"天大天发公司"）与天津市津盛建筑工程有限公司（以下简称"津盛公司"）签订《天津市建设工程施工合同》约定，天大天发公司将位于天津市静海县碧水园联体别墅12号楼~26号楼的施工工程发包给津盛公司，合同价款为14977404元。

合同签订后，津盛公司将其承包的上述工程转包给天津市鸿盛建筑工程有限公司（以下简称"鸿盛公司"）。

鸿盛公司于2004年5月4日、7月28日与天津市新科源技术开发有限公司（以下简称"新科源公司"）签订三份《天津市小型建设工程施工合同》。合同约定，鸿盛公司将上述碧水园工程中的12、14、15、16、18、19、20号楼施工图纸中部分工程转包给新科源公司施工。合同签订后，新科源公司即进场施工，完成部分工程后，于2005年8月撤出施工现场，其所承包的12、14、15、16、18、19、20号楼的施工工程未全部完成。新科源公司与鸿盛公司现已实际终止了施工合同的履行。

虽然与新科源公司直接签订施工合同的是鸿盛公司，但工程款绝大部分由津盛公司直接向新科源公司支付。鸿盛公司、新科源公司均不具有承包建设工程的建筑资质。

2005年9月21日，新科源公司将津盛公司、鸿盛公司、天大天发有限公司起诉至天津市第一中级人民法院，请求法院判令被告津盛公司支付原告工程款840万元、被告鸿盛公司对上述债务承担连带责任、被告天大天发公司在欠付工程款的范围内对上述债务承担连带责任。

一审中，法院认定，新科源公司施工工程价款为7896751元，津盛公司、鸿盛公司已付新科源公司的工程款数额为6097329元，尚欠1799422元。

关于天大天发公司应否承担连带给付责任的问题，一审法院认为，天大天发公司与津盛公司尚未对上述12~26号楼的工程款进行结算，对工程款是否全部付清双方尚存异议，因此天大天发公司不能证明其已付清了全部工程款，故天大天发公司对欠付新科源公司的工程款依法应与津盛公司、鸿盛公司承担连带给付责任。

据此，一审法院判决被告天津市鸿盛建筑工程有限公司给付原告天津市新科源技术开发有限公司工程款 1799422 元、被告津盛公司、被告天大天发公司承担连带给付责任。

一审判决后，天大天发公司不服一审判决，向天津市高级人民法院提起上诉，请求二审法院撤销一审法院判决依法发回重审或改判，改判其不承担连带给付责任，应在拖欠的工程款数额内承担责任。其主要理由是：天大天发公司就津盛公司承包的工程已经全部付清工程款，不再欠付津盛公司的工程款，不应承担连带给付责任。

二审法院在审理中另查明，天大天发公司曾向天津市静海县人民法院起诉津盛公司，2006 年 3 月 29 日，在法院主持下，双方达成调解协议，解除了双方于 2004 年 4 月 21 日签订的建设工程施工合同。

关于天大天发公司与津盛公司工程款给付及工程结算问题，天大天发公司认为已支付全部工程款，计 13347558.62 元，而津盛公司认为未付清工程款，认可天大天发公司已给付 13086641 元。因涉及其中 22 ~ 26 号楼由于质量问题被拆除，双方未能就整体工程进行最后结算。

二审法院认为，此案的争议焦点是天大天发公司应否承担连带责任。根据《最高人民法院关于审理建设工程施工合同纠纷案件适用法律问题的解释》第 26 条第 2 款的规定，发包人只在欠付工程款范围内对实际施工人承担责任。该规定的责任形式并非连带责任。新科源公司作为碧水园工程的实际施工人可以向发包人天大天发公司主张权利，但作为发包人的天大天发公司只就新科源公司所施工 12、14、15、16、18、19、20 号楼工程中，欠付津盛公司工程款的范围内对实际施工人新科源公司承担给付责任。一审法院判决天大天发公司对鸿盛公司所欠新科源公司 1799422 元工程款承担连带责任缺乏法律依据。二审法院据以纠正。

综上，二审法院判决津盛公司对鸿盛公司给付新科源公司工程款 1799422 元承担连带给付责任、天大天发公司就新科源公司所施工的 12、14、15、16、18、19、20 号楼工程在欠付津盛公司工程价款范围内对新科源公司承担给付责任。

案例评析：

本案是《关于审理建设工程施工合同纠纷案件适用法律问题的解释》（以下简称“施工合同司法解释”）发布后审理的案件，涉及“施工合同司法解释”第 26 条的理解和应用。“施工合同司法解释”第 26 条规定：“实际施工人以转包人、违法分包人为被告起诉的，人民法院应当依法受理。实际施工人以发包人为被告主张权利的，人民法院可以追加转包人或者违法分包人为本案当事人。发包人只在欠付工程价款范围内对实际施工人承担责任。”这一规定被认为是“加强了对农民工合法权益的保护”①，为此，突破了合同相对性原则。但本案说明这一突破在理论上和实践中都有值得探讨之处。

一、突破合同相对性缺乏法律依据

《合同法》第 121 条规定：“当事人一方因第三人的原因造成违约的，应当向对方承

① 黄松有．最高人民法院建设工程施工合同司法解释的理解与适用［M］．北京：人民法院出版社，2004：15.

担违约责任。当事人一方和第三人之间的纠纷，依照法律规定或者按照约定解决。”该条在法律上确定了合同相对性的归责原则。合同的相对性，是指由特定权利人向特定义务人请求为或不为特定行为的特性。合同是债形成的原因之一，债权与物权不同，物权是绝对权，而债权是相对权。从这一角度理解，合同相对性是合同管理中的基本原则。合同相对性理论的内涵，可以归纳为以下三个方面：第一，合同主体的相对性；第二，合同内容的相对性；第三，合同责任的相对性。所谓责任的相对性，是指违约责任只能发生在合同当事人之间。首先，违约当事人应自己承担违约责任，而不能将责任推卸给他人。其次，在因第三人原因造成合同不能履行的情况下，债务人承担违约责任后，有权向第三人追偿；再次，债务人只能向债权人承担违约责任，而不应向国家或第三人承担违约责任①。按照合同相对性的原则，实际施工人只与转包人、违法分包人有合同关系，与发包人并无合同关系，实际施工人无权追究发包人的违约责任。因此，“施工合同司法解释”第26条的规定突破了合同相对性原则。

1981年6月10日第五届全国人民代表大会常务委员会第十九次会议通过的《关于加强法律解释工作的决议》第2条规定：“凡属于法院审判工作中具体应用法律、法令的问题，由最高人民法院进行解释。”王汉斌在对该决议草案进行说明时也认为，“由于对某些法律条文理解不一致或者不准确，也影响了法律的正确实施”，才有了法律解释的需要。《人民法院组织法》第33条规定：“最高人民法院对于在审判过程中如何具体应用法律、法令的问题，进行解释。”因此，司法解释一定要有法律、法令为依据。

但“施工合同司法解释”第26条缺乏法律依据。在《合同法》与《招标投标法》中都没有这方面的规定，唯一与施工合同突破合同相对性有关系的是《建筑法》中的相关规定。《建筑法》第29条规定：“总承包单位和分包单位就分包工程对建设单位承担连带责任。”第55条规定：“总承包单位将建筑工程分包给其他单位的，应当对分包工程的质量与分包单位承担连带责任。”《建筑法》的这两条规定确实突破了合同相对性，但这两条规定有以下三个限制：第一，这两条规定的分包是合法分包，不包括违法分包和转包②；第二，这两条规定的责任是针对工程质量的，第55条的规定十分明确，第29条规定的连带责任也是针对质量责任的③；第三，这两条规定都是赋予建设单位（发包人）可以突破合同相对性的，对于分包人只是增大了责任，没有赋予其突破合同相对性的权利。这三个限制中的任何限制都决定了《建筑法》第29、55条不能成为“施工合同司法解释”第26条的法律依据。

二、突破合同相对性在实践中产生的问题

最高人民法院的法官们对这一规定的理由进行了归纳，认为“实际施工人与发包人已经全面实际履行了发包人与承包人之间的合同并形成了事实上的权利义务关系”④。这种观点实际上要求实际施工人行使突破合同相对性权利是以转包合同为前提的，因为只有

---

① 王利明．论合同的相对性［J］．中国法学，1996（4）．

② 国务院法制局农林城建司，建设部体改法规司、建筑业司．中华人民共和国建筑法释义［M］．北京：中国建筑工业出版社，1997：74－75.

③ 国务院法制局农林城建司，建设部体改法规司、建筑业司．中华人民共和国建筑法释义［M］．北京：中国建筑工业出版社，1997：76.

④ 黄松有．最高人民法院建设工程施工合同司法解释的理解与适用［M］．北京：人民法院出版社，2004：233.

转包才有可能出现“实际施工人与发包人已经全面实际履行了发包人与承包人之间的合同”这种情况。在法官们随后的论述中证明了这一点：“转承包人与发包人（业主）之间已经全面实际履行承包人与发包人（业主）签订的建设工程施工合同并形成事实上的权利义务关系时，转承包人事实上已经取代第一手的承包人与发包人形成合同关系，在这种情况下，应当准许转承包人以发包人为被告提起追索工程价款的诉讼”。[①] 这样的前提将给司法实践带来了混乱。首先，从“施工合同司法解释”第26条的文意看，我们无法得出这样的结论：在该条中，实际施工人明显包括转包和违法分包两种情况下的实际施工人。因此基层法院的法官将无法准确适用这一司法解释。其次，在实际工程建设中，实际施工人大多数都是违法分包而非转包，因为转包长期以来被我国法律严格禁止[②]。并且，即使是转包，实际施工人一般也不是全面实际履行发包人与承包人之间的合同。这样，能够适用“施工合同司法解释”第26条的纠纷将极其有限。

在实践中，由于一个实际施工人一般不会承担发包人的全部施工任务，如有多个违法分包人；即使承包人转包全部施工任务，发包人与承包人订立的施工合同与转包合同的工程价款一般也不会相同。在建设工程施工合同中，一旦发生诉讼，发包人很少有主动承认自己拖欠工程款的。实际施工人以转包人、违法分包人和发包人为共同被告提起诉讼后，如果严格依照民事诉讼的理论，人民法院是不能审查发包人在施工合同的履行中是否拖欠工程款的。原因有以下两点：第一，不告不理原则是民事诉讼法的基本原则。民事诉讼中，原告的诉讼请求决定了法院的审理范围，法院一般只应在原告请求范围就具体请求事项进行审理，对超过当事人诉讼主张的部分不得主动审理。实际施工人主张的是分包或者转包合同的工程款，其承包工程范围和工程款数额都远远小于发包人与承包人订立的施工合同。在本施工合同纠纷中，违法转包合同的工程款按照鉴定结论是7896751元。按照实际施工人的请求，拖欠840万元；按照鉴定结论，拖欠1799422元。而施工合同的工程款是14977404元，发包人认为已经付清承包人全部工程款，而承包人认为发包人尚欠工程款。法院如果审查全部工程内容和整个施工合同的工程款，则超出了当事人的诉讼主张，因为当事人只主张了转包合同的840万元欠款，发包合同中的大部分工程和工程款与该转包合同无关。法院如果不对工程进行全面审查，在当事人有争议的情况下，又无法查清发包人是否欠付工程价款。第二，法院审理财产案件，审查范围与诉讼费用有关。不论是现行的国务院颁布的《诉讼费用交纳办法》，还是最高人民法院以前颁布的诉讼收费规定，财产案件都是按照诉讼请求的金额或者价额的一定比例确定案件受理费的。方流芳教授曾经对案件受理费和当事人诉权的关系进行考证，原告、反诉方和上诉人若不能预交诉讼费，“按自动撤诉处理”，“法院将无力交纳讼费视为‘撤诉’，似乎是代替当事人在处分他们的诉权”[③]。虽然方流芳教授对此并不赞同，但目前的实际状况是：诉讼费决定了法院是否立案以及对案件审查的范围。因此，当实际施工人按照分包或者转包合同拖欠的工程款缴纳诉讼费后，法院不宜审查数额远远超过这一合同的施工合同的工程款。以上述纠纷为例，法院受理实际施工人的诉讼请求时，是按照争议的840万元为依据收取诉讼费的，

---

① 黄松有．最高人民法院建设工程施工合同司法解释的理解与适用［M］．北京：人民法院出版社，2004：229.

② 何红锋．建设工程施工合同纠纷案例评析——最新司法解释下的分析与思考［M］．北京：知识产权出版社，2005：129.

③ 方流芳．民事诉讼收费考［J］．中国社会科学，1999（3）．

不宜去审查14977404元的工程纠纷。

因此，笔者认为，“施工合同司法解释”第26条的规定给司法实践带来了两难：实际施工人根据分包合同或者转包合同起诉后，法院如果审查全部工程内容和整个施工合同的工程款，违反民事诉讼法的基本原则；法院如果不审查全部工程内容和整个施工合同的工程款，则无法查明发包人是否欠付工程价款。这一规定可以适用的情况是，发包人主动承认欠付工程价款，遗憾的是这种情况在司法实践中太少见了。为了解决这个两难，有些法院采取了以下两种做法：第一，不再审查发包人是否欠付工程价款，判决发包人与承包人对实际施工人承担连带责任；第二，粗略审查发包人是否欠付工程价款。对这两种做法，笔者认为都不妥。第一种做法，法院减少了审查的工作，但“施工合同司法解释”之所以突破合同相对性，主要是因为承包人（施工企业）往往无财产可供执行，如此判决的结果往往是执行发包人的财产，如果发包人确实已经全额支付了工程价款，必然造成发包人的重复支付，形成了新的不公平。第二种做法，首先为什么是粗略审查，因为不论是法官还是律师，都会认为审查全部工程内容和整个施工合同的工程款，超出了他们的工作范围。特别是律师，是按照争议的数额收取律师费的，他们本来还有可能代理其争议数额远远高于违法分包或者转包合同的诉讼的，因为施工合同整体本身非常有可能发生诉讼。另外，诉讼中的其他制度也妨碍了对发包人是否欠付工程价款的详细审查。如整体工程的造价鉴定，应当由谁提出？如果发包人与承包人都不配合进行鉴定，应当如何承担法律后果？在这样的情况下，法院对发包人是否欠付工程价款的审查必然是粗略的。且这一粗略审查的结果，消灭了一个数额更大的争议，而消灭这个争议无疑是不公平的。

如果发包人主动承认欠付工程价款，但承包人不向发包人主张权利，即使没有这一司法解释，实际施工人也可以按照《合同法》关于代位权的规定，直接向发包人主张权利。“施工合同司法解释”第26条仍然没有实际意义。

三、结论

综上所述，如果发包人主动承认欠付工程价款，这一司法解释没有意义；如果发包人不承认欠付工程价款，又没有承包人与发包人的诉讼，本条司法解释无法执行。本案的一审判决有可能让发包人重复支付工程款；本案的二审判决无法直接执行，其执行必须依靠发包人与承包人的争议解决。因此，笔者认为，应当取消本条司法解释，让实际施工人主张工程价款的权利回归合同相对性。

五、对《合同法》第286条的探讨

我国《合同法》第286条规定：“发包人未按照约定支付价款的，承包人可以催告发包人在合理期限内支付价款。发包人逾期不支付的，除按照建设工程的性质不宜折价、拍卖的以外，承包人可以与发包人协议将该工程折价，也可以申请人民法院将该工程依法拍卖。建设工程的价款就该工程折价或者拍卖的价款优先受偿。”

我国建设工程领域拖欠工程款的现象十分严重，这不但给建设工程的正常施工和建设工程质量留下了重大隐患，同时造成施工企业拖欠材料款和工人工资，是形成“三角债”的最主要的龙头和影响社会安定的重要因素。该条指出了发包人（建设单位）拖欠工程款后，承包人（施工企业）可以采取的两项救济措施：（1）与发包人协议将该工程折价；（2）申请人民法院将该工程依法拍卖。对于第一项措施，由于以双方的协议为基础，因此，理论上和实际操作上都没有什么障碍，目前工程施工中采用的也很多，特别是房地产开发项目，房地产开发商以商品房折抵工程款的十分常见。但第二项措施，在理论上存在很大障碍，实际操作上也有很大困难，在司法实践中尚未见有实例。本文试图对第二项措施作一些探讨。

（一）承包人的权利基础

承包人对于其施工的工程享有什么样的权利，一直是一个有很大争议的问题。这是承包人申请人民法院将该工程依法拍卖的权利基础，因此，也是本文首先需要解决的问题。曹诗权教授将这方面的争议归纳为以下三个观点：一是认为该规定赋予承包人的权利应属于债权人的一般受偿权。即工程属于发包人的一般责任财产，对发包人的各种债权人一视同仁地负载偿债责任，承包人与其他债权人地位平等，清偿顺位同步，且后位于有担保的债权人。二是认为承包人依该条规定享有留置权。一方面在发包人不支付工程价款时，于一定期限内接管、留置工程，不予交付；另一方面发包人届期还不付款时，则对工程依法变价受偿。按照物权的优先效力，承包人的留置权在效力上后位于先设立的担保物权，优位于后设立的担保物权。三是认为合同法的这一规定是给予承包人的法定优先权，或称"先取特权"，其性质和地位类似于船舶优先权和航空器优先权①。陈小君教授则认为承包人的这一权利是法定抵押权②，梁慧星教授也持这一观点③。我们可将这一观点称为第四种观点。

笔者认为，在建设工程在建期间，承包人对工程项目享有占有权，所有权仍然归建设单位，这是没有什么争议的。但是，在合同的正常履行中合法地占有所有权归对方当事人的财产是很正常的，这种占有不会必然导致占有人享有以占有的财产受偿债权的权利（如果是留置权则必须有法律的明确规定）。因此，第一种观点没有揭示承包人的权利基础。

第二种观点则较容易为建设领域的同志所接受，实际上建设领域的同志也一直是这么认识和操作的，1991 年 3 月由原国家建设部和国家工商行政管理局发布《建设工程施工合同（示范文本）》中的《建设工程施工合同条件》（GF－91－0201）第 28 条规定："由于甲方（指发包人—笔者注）违反有关规定和约定，经办银行不能支付工程款，乙方（指承包人—笔者注）可留置部分或全部工程，并予以妥善保护，由甲方承担保护费用。"该合同条件在工程领域一直使用，直至 1999 年 12 月 24 日原国家建设部和国家工商行政管理局才发布了新的《建设工程施工合同（示范文本）》。但是，在 1995 年 10 月 1 日我国《担保法》生效后已不能再将承包人的这一权利理解为留置权。因为留置必须依法进行，我国《担保法》规定留置财产仅限于动产，能够行使留置权的合同限于保管合同、运输合同、加工承揽合同④。事实上，原《建设工程施工合同条件》第 28 条与《担保法》的冲突是导致《建设工程施工合同（示范文本）》修改的重要原因（原建设部是从1995

① 曹诗权．对合同法第 286 条的定位［N］．法制日报，2000－10－22［2008－04－03］．

② 陈小君．对合同法第 286 条之解释与适用［N］．法制日报，2000－10－22［2008－04－03］．

③ 梁慧星．合同法第二百八十六条的权利性质及其适用［J］．山西大学学报，2001（3）．

④《担保法》第 82 条、84 条。

年开始考虑修改《建设工程施工合同（示范文本）》的），因此，1999 年发布的《建设工程施工合同（示范文本）》已取消了留置权的提法，改用与《合同法》一致的提法①。2013 年发布的《建设工程施工合同（示范文本）》也没有使用留置权的提法。因此，第二种观点也不妥。

第四种观点认为承包人的权利为法定抵押权。如果把承包人的权利理解为法定抵押权，因为没有《合同法》的明确规定，则必须从《担保法》中找到依据。从世界范围看抵押权的立法例，抵押权确实可以分为法定抵押权与意定抵押权，但我国《担保法》规定的抵押是指债务人或者第三人不转移对抵押财产的占有，将该财产作为债权的担保②。可见抵押应当是当事人的意定行为，因此，我国《担保法》只规定了意定抵押权，没有规定法定抵押权。我国没有法定抵押权是大多数学者的观点③④⑤。另外，在建设工程合同履行期间，工程的占有是发生转移的（由发包人转移至承包人），这也不符合抵押的本质要求（不转移占有）。因此，我们认为第四种观点也不妥。《德国民法典》第 648 条规定了“建筑承揽人的担保抵押权”：“建筑工程或者建筑工程一部分的承揽人，以其因合同所产生的债权，可以要求定做人让与建筑用地的担保抵押权。”⑥ 但该抵押权是以让与为基础的，因此，是意定抵押权，与我国《合同法》第 286 条的规定不同。

我们认为当发包人拖欠工程款时，承包人申请人民法院将承包的工程依法拍卖的权利是一种优先权，我国目前在《海商法》和《民用航空法》中已有船舶优先权和民用航空器优先权的规定，承包人对承包的工程项目的优先权应当与其类似。即：当发包人拖欠工程款时，承包人对产生该工程款拖欠的工程项目具有优先受偿的权利。反对“优先权说”的理由为：“因为从我国现行的立法规定来看，优先权多为保障特别的债权而设，如船员的工资、职工的薪金及劳动保险等，对于这些债权如不赋予优先权进行特别保障，放任其与其他债权处于同一受偿地位，那么债权人的债权就几乎无法实现，因此优先权更关乎处于个体地位的弱者的生存权利。而对于承包人，就现在及以后社会经济情形而言，并非经济上弱者，应属民法中平等主体之一方，因此并无赋予优先权进行特别保护的必要。”⑦ 我们认为这种理由不能成立。首先，从目前建设领域的实际情况看，发包人处于优势地位是非常明显的，更何况发包人拖欠工程款的第一个后果是承包人拖欠职工工资（这已经有了许多造成社会问题的实例），这与船舶优先权和民用航空器优先权的情况类似；其次，发包人拖欠工程款时是由承包人占有工程项目的，且工程是以承包人的垫款施工的，承包人对工程享有优先权合情合理。因此，对于建设工程的承包人而言，当发包人拖欠工程款时，承包人对产生该工程款拖欠的工程项目具有优先受偿的权利，目前这种优先权主要是体现为先于工程的抵押权受偿。

---

① 国家建设部、国家工商行政管理局 1999 年 12 月 24 日发布的《建设工程施工合同（示范文本）》（GF—1999—0201）中《通用条款》第 33 条第 4 款的规定。

② 《担保法》第 33 条。

③ 梁慧星．中国物权法研究［M］．北京：法律出版社，1998：807.

④ 郭明瑞．担保法原理与实务［M］．北京：中国方正出版社，1995：123.

⑤ 陈本寒．担保法通论［M］．武汉：武汉大学出版社，1998：153.

⑥ 郑冲，贾红梅，译．德国民法典［M］．北京：法律出版社，1999：154.

⑦ 陈小君．对合同法第 286 条之解释与适用［J］．法制日报，2000-10-22［2008-04-03］.

（二）承包人的权利行使

如果说《合同法》第286条规定的承包人权利的性质并不明确的话，那么对于承包人权利的行使方式，则可以说规定得十分明确：承包人可以申请人民法院将该工程依法拍卖。可是，本条规定的拍卖，其性质仍然不明确，使得承包人的这一权利无法行使。

在物权理论中，拍卖依性质不同可分为一般拍卖和强制拍卖两种。我国《拍卖法》规定的拍卖是一般拍卖，在这种拍卖中，“拍卖人是指依照本法和《中华人民共和国公司法》设立的从事拍卖活动的企业法人”[①]，“拍卖标的应当是委托人所有或者依法可以处分的物品或者财产权利”[②]。显然，《合同法》第286条规定的拍卖不是一般拍卖。强制拍卖则由《民事诉讼法》规定。该法第226条规定：“财产被查封、扣押后，执行员应当责令被执行人在指定期间履行法律文书确定的义务。被执行人逾期不履行的，人民法院可以按照规定交有关单位拍卖或者变卖被查封、扣押的财产。”我国学者一般认为，人民法院以强制执行程序进行拍卖的，属于强制拍卖[③④⑤]。但是，《民事诉讼法》中规定的拍卖是一种执行程序，其前提是必须有生效的具有强制执行力的法律文书，该法只规定发生法律效力的民事判决、裁定、仲裁机构的裁决和公正机关依法赋予强制执行效力的债权文书三类法律文书具有强制执行力[⑥]。

因此，《合同法》第286条规定的拍卖进入了一种两难：如果是一般拍卖，应当在承包人与发包人之间有一个允许拍卖的协议（在建设工程合同的履行中是不现实的），并且人民法院不是一个拍卖机构，当事人不应当向人民法院申请拍卖，而是应当委托拍卖机构进行拍卖；如果是强制拍卖，则应当有生效的具有强制执行力的法律文书，而承包人直接根据《合同法》第286条向人民法院提出申请时显然是不可能有这样的法律文书。

出现这样的情况，说明《合同法》第286条的规定有一定缺陷。我们建议《合同法》第286条应当明确规定承包人具有优先权，但是，对于实现优先权的途径，是将该建设工程折价还是拍卖，由当事人自行选择，法律不作明确规定。当然，如果当事人无法达成折价或者一般拍卖的协议，则应当进行诉讼，然后才能进行强制拍卖。建议该条可以作如下修改：“发包人未按照约定支付价款的，承包人可以催告发包人在合理期限内支付价款。发包人逾期不支付的，承包人对承包的建设工程具有优先受偿权，即优先于建设工程抵押权受偿。但因行使优先权而产生的诉讼费用，保管、拍卖等费用，应当从折价或者拍卖所得价款中优先拨付。”

考虑到《合同法》短期内不会进行修改，而拖欠工程款已经十分严重并对我国的经济生活产生了巨大的危害，目前暂时采用对承包人向人民法院的拍卖申请进行裁定的方式进行处理。如果人民法院认为应当对建设工程进行拍卖，则裁定拍卖，交由人民法院的执行机构按照《民事诉讼法》第226条的规定执行拍卖。如果人民法院认为不应当对建设工程进行拍卖，则裁定驳回拍卖申请，当事人可以选择普通诉讼程序解决争议。

---

① 《拍卖法》第10条。

② 《拍卖法》第6条。

③ 马原．民事诉讼法的修改与适用［M］．北京：人民法院出版社，1992：255.

④ 梁慧星．中国物权法研究［M］．北京：法律出版社，1998：877.

⑤ 郭明瑞．担保法原理与实务［M］．北京：中国方正出版社，1995：202－203页．

⑥ 《民事诉讼法》第216、217、218条。

第八章 FIDIC施工合同条件

第一节 FIDIC 施工合同条件简介

一、FIDIC 简介

FIDIC 是指国际咨询工程师联合会（Federation Internationledes Inginieurs Conseils），它是由该联合会的法文名称字头组成的缩写词。1913 年，欧洲四个国家的咨询工程师协会组成了 FIDIC。经过 90 年的发展，该联合会已拥有 80 多个代表不同国家和地区的咨询工程师专业团体会员国（它的会员在每个国家只有一个），是被世界银行认可的国际咨询服务机构，总部设立在瑞士洛桑。中国工程咨询协会代表我国于 1996 年 10 月加入该组织。

FIDIC 下属有四个地区成员协会：FIDIC 亚洲及太平洋地区成员协会（ASPAC）、FIDIC欧洲共同体成员协会（CEDIC）、FIDIC 非洲成员协会集团（CAMA）和 FIDIC 北欧成员协会集团（RINORD）。FIDIC 还下设许多专业委员会，主要的有业主咨询工程师关系委员会（CCRC）、土木工程合同委员会（CECC）、电器机械合同委员会（EMLC）及职业责任委员会（PLC）等。FIDIC 专业委员会编制了许多标准合同条件，如 FIDIC 土木工程施工合同条件、FIDIC 电器和机械工程合同条件等。我们在本章中要介绍的是 FIDIC 合同条件即指 FIDIC 土木工程施工合同条件。

FIDIC 合同条件在世界上应用很广，不仅为 FIDIC 成员国采用，世界银行、亚洲开发银行等国际金融机构的招标采购样本也常常采用。

二、FIDIC 施工合同条件的发展过程

由于国际工程建设的飞速发展，工程建设的规模扩大、风险增加，对当事人的权利义务应有更明确详细的约定，这给当事人签订合同时再作约定带来了困难。在客观上，国际工程界需要一种标准合同文本，能在工程项目建设中普遍适用或稍作修改即可适用。而标准合同文本在工程的费用、进度、质量、当事人的权利义务方面都有明确而详细的规定。FIDIC 合同条件正是顺应这一要求而产生的。FIDIC 编制了多个合同条件，以 1999 年最新出版的合同文本为例，包括以下四份新的合同文本：（1）施工合同条件（Conditions of Contract for Construction）；（2）永久设备和设计 - 建造合同条件（Conditions of Contract for Plant and Design - Build）；（3）EPC/交钥匙项目合同条件（Conditions of Contract for EPC/Turnkey projects）；（4）合同的简短格式（Short Form of Contract）。

在 FIDIC 编制的合同条件中，以施工合同条件影响最大，应用最广。而 1999 年出版的施工合同条件是从 FIDIC 土木工程施工合同条件发展而来的。在本章的以下内容中，如果没有特别指明，FIDIC 合同条件仅指 FIDIC 施工合同条件。

1957 年，FIDIC 与欧洲建筑工程联合会（FIEC）一起在英国土木工程师协会（ICE）

编写的《标准合同条件》（ICE Conditions）基础上，制定了 FIDIC 土木工程施工合同条件第一版，主要沿用英国的传统做法和法律体系。1969 年 FIDIC 出版了第二版 FIDIC 土木工程施工合同条件，第二版没有修改第一版的内容，只是增加了适用于疏浚工程的特殊条件。1977 年第三版 FIDIC 土木工程施工合同条件出版，对第二版作了较大修改，同时出版了《土木工程合同文件注释》。1987 年 FIDIC 土木工程施工合同条件第四版出版，1988 年又出版了第四版订正版。第四版出版后，为指导应用，FIDIC 又于 1989 年出版了一本更加详细的《土木工程合同条件应用指南》。经过修订，1999 年又出版了 FIDIC 施工合同条件（1999 年第 1 版）。

FIDIC 合同条件得到了美国总承包商协会（FIFG）、中美洲建筑工程联合会（FIIC）、亚洲及西太平洋承包商协会国际联合会（IFAWPCA）的批准，由这些机构推荐作为土建工程实行国际招标时通用的合同条件。

三、FIDIC 合同条件的构成

FIDIC 合同条件由通用合同条件和专用合同条件两部分构成，且附有合同协议书、投标函和争端仲裁协议书。

（一）FIDIC 通用合同条件

FIDIC 通用条件是固定不变的，工程建设项目只要是属于房屋建筑或者工程的施工，如工民建工程、水电工程、路桥工程、港口工程等建设项目，都可适用。通用条件共分 20 方面的问题：一般规定，业主，工程师，承包商，指定分包商，职员和劳工，工程设备、材料和工艺，开工、误期和暂停竣工检验，业主的接收，缺陷责任，测量和估价，变更和调整，合同价格和支付，业主提出终止，承包商提出暂停和终止，风险和责任，保险，不可抗力，索赔、争端和仲裁。

通用条件可以适用于所有土木工程，条款也非常具体而明确。因此，当我们脱离具体工程从宏观的角度讲 FIDIC 合同条件的内容时，如讲课、编讲义时，仅指 FIDIC 通用合同条件。

FIDIC 通用合同条件可以大致划分为涉及权利义务的条款、涉及费用管理的条款、涉及工程进度控制的条款、涉及质量控制的条款和涉及法规性的条款等五大部分。这种划分只能是大致的，因此有相当多的条款很难准确地将其划入某一部分，可能它同时涉及费用管理、工程进度控制等几个方面的内容。但为了使 FIDIC 合同条件具有一定的系统性，从条款的功能、作用等方面作一个初步归纳。

（二）FIDIC 专用合同条件

FIDIC 在编制合同条件时，对土木工程施工的具体情况作了充分而详尽的考察，从中归纳出大量内容具体详尽且适用于所有土木工程施工的合同条款，组成了通用合同条件。但仅有这些是不够的，具体到某一工程项目，有些条款应进一步明确，有些条款还必须考虑工程的具体特点和所在地区的情况予以必要的变动，FIDIC 专用合同条件就是为了实现这一目的。通用条件与专用条件一起构成了决定一个具体工程项目各方的权利义务及对工程施工的具体要求的合同条件。

专用条件中的条款的出现可起因于以下原因：

第一，在通用条件的措辞中专门要求在专用条件中包含进一步信息，如果没有这些信息，合同条件则不完整；

第二，在通用条件中说到在专用条件中可能包含有补充材料的地方，但如果没有这些补充条件，合同条件仍不失其完整性；

第三，工程类型、环境或所在地区要求必须增加的条款；

第四，工程所在国法律或特殊环境要求通用条件所含条款有所变更。此类变更是这样进行的：在专用条件中说明通用条件的某条或某条的一部分予以删除，并根据具体情况给出适用的替代条款，或者条款之一部分。

四、FIDIC 合同条件的具体应用

（一）FIDIC 合同条件适用的工程类别

FIDIC 合同条件适用于房屋建筑和各种工程，其中包括工业与民用建筑工程、疏浚工程、土壤改善工程、道桥工程、水利工程、港口工程等。

（二）FIDIC 合同条件适用的合同性质

FIDIC 合同条件在传统上主要适用于国际工程施工。但对 FIDIC 合同条件进行适当修改后，同样适用于国内合同。

（三）应用 FIDIC 合同条件的前提

FIDIC 合同条件注重业主、承包商、工程师三方的关系协调，强调工程师（我国称为监理工程师）在项目管理中的作用。在土木工程施工中应用 FIDIC 合同条件应具备以下前提：（1）通过竞争性招标确定承包商；（2）委托工程师对工程施工进行监理；（3）按照单价合同方式编制招标文件（但有些子项也可以采用包干方式）。

（四）应用 FIDIC 合同条件的程序

应用 FIDIC 合同条件，大致需经过以下主要程序。

1. 确定工程项目，设法筹措到足够的资金。

2. 选择工程师，签订监理委托合同。

3. 委托勘察设计单位对工程项目进行勘察设计，也可委托工程师对此进行监理。

4. 通过竞争性招标，确定承包商。

5. 业主与承包商签订施工承包合同，作为 FIDIC 合同文件的组成部分。

6. 承包商办理合同要求的履约担保、动员预付款担保、保险等事项，并取得业主的批准。

7. 业主支付动员预付款。这是在开始施工前由业主在其满意的条件下支付给承包商一定数额的资金，以供承包商进行施工人员的组织、材料设备的购置及进入现场、完成临时工程等准备工作。动员预付款的有关事项，如数量、支付时间和方式、支付条件、偿还方式等，在专用合同条件或投标书附件中规定。

8. 承包商提交工程师所需的施工组织设计、施工技术方案、施工进度计划和现金流量估算。

9. 准备工作就绪后，由工程师下达开工令，业主同时移交工地占有权。

10. 承包商根据合同的要求进行施工，而工程师则进行日常的监理工作。这一阶段是承包商与工程师的主要工作阶段，也是 FIDIC 合同条件要规范的主要内容。这在本章中还要做详细介绍。

11. 根据承包商的申请，工程师进行竣工检验。若工程合格，则由工程师签发移交证书，业主归还部分保留金。

12. 承包商提交竣工报表，工程师签发支付证书。

13. 在缺陷责任期，承包商应完成剩余工作并修补缺陷。

14. 缺陷责任期满后，经工程师检验，证明承包商已根据合同履行了施工、竣工以及修补所有工程缺陷的义务，工程质量达到了工程师满意的程度，则由工程师签发解除缺陷责任证书，业主应归还履约保证金及剩余保留金。

15. 承包商提出最终报表，工程师签发最终支付证书，业主与承包商结清余款。随后，业主与承包商的权利义务关系即告终结。

五、FIDIC合同条件下合同文件的组成及优先次序

在FIDIC合同条件下，合同文件除合同条件外，还包括其他对业主、承包方都有约束力的文件。构成合同的这些文件应该是互相说明、互相补充的，但是这些文件有时会产生冲突或含义不清。此时，应由工程师进行解释，其解释应按构成合同文件的如下先后次序进行：(1) 合同协议书；(2) 中标函；(3) 投标书；(4) 合同条件第二部分（专用条件）；(5) 合同条件第一部分（通用条件）；(6) 规范；(7) 图纸；(8) 标价的工程量表。

（一）合同协议书（The Contract Agreement）

合同协议书有业主和承包商的签字，有对合同文件组成的约定，是使合同文件对业主和承包商产生约束力的法律形式和手续。

（二）中标函（The Letter of Acceptance）

中标函是由决标人向中标的承包商发出的中标通知。它的内容很简单，除明确中标的承包商外，还明确项目名称、中标标价、工期、质量等事项。

（三）投标书（The Tender）

这是由承包商提交的对其具有法律约束力的参加投标的文件，其主要内容是投标报价，同时保证按合同条件、规范、图纸、工程量表及附件要求，实施并完成招标工程并修补其任何缺陷；保证中标后，在接到工程师开工令后尽可能快地开工，并在招标附件中规定的时间内完成合同中规定的全部工程。

（四）合同条件第二部分（Part Ⅱ of These Conditions）

这部分即合同条件中的专用条款部分，它的效力高于通用条款部分，有可能对通用条款进行修改。

（五）合同条件第一部分（Part I of These Conditions）

这部分即合同条件中的通用条款，其内容若与专用条款冲突，应以专用条款为准。

（六）规范（Specifications）

这是指对工程范围、特征、功能和质量的要求和施工方法、技术要求的说明书，对承包商提供的材料的质量和工艺标准，样品和试验，施工顺序和时间安排等都要作出明确规定。一般技术规范还包括计量支付方法的规定。

规范是招标文件中的重要组成部分。编写规范时可引用某一通用的外国规范，但一定要结合本工程的具体环境和要求来选用，同时往往还需要由咨询工程师再编制一部分具体适用于本工程的技术要求和规定列入规范。

（七）图纸（Drawings）

图纸也是招标文件的重要组成部分，是投标者在拟定施工方案、确定施工方法以至提

出替代方案、计算投标报价等必不可少的资料，这对合同当事人双方都有约束力，因而也是合同的重要组成部分。

图纸的种类是比较多的，既有设计图，也有施工图。虽然设计图在招标时完成，在实践中，常常在工程实施过程中对图纸进行修改和补充，这些修改、补充的图纸均须经工程师签字后正式下达，才能作为施工及结算的依据。另外，招标时提供的地质钻孔柱状图、探坑展视图等地质、水文图纸也是投标者的参考资料。

（八）标价的工程量表（Bill of Quantities）

工程量表就是对合同规定要实施的工程的全部项目和内容按工程部位、性质等列在一个表内，标价的工程量表是由招标者和投标者共同完成的。作为招标文件的工程量表标有工程的每一类目或分项工程的名称、估计数量以及单位，但留出单价和合价的空格，这些空格由投标者填写。投标者填入单价和合价后的工程量表称为“标价的工程量表”，是投标文件的重要组成部分。

工程量表一般包括前言、工作项目、计日工表和总计表。

工程量表的项目划分和章节序号应与技术规范的章节相对应。在工程量表中划分项目应做到简单明了，具有高度的概括性，同时又不漏掉项目和应该计价的内容。

计日工也称散工或按日计工，它是指在工程实施过程中，业主有一些临时性的或新增加的项目需按计日（或计时）使用人工、材料或施工机械时，应按承包商投标时在劳务、材料、施工机械等计日工表中填写的费率计价。

第二节　FIDIC合同条件的权利义务条款

FIDIC合同条件中涉及权利义务的条款主要包括业主的权利与义务、工程师的权力与职责、承包商的权利与义务等内容。

一、业主的权利与义务

业主是指在合同专用条件中指定的当事人以及取得此当事人资格的合法继承人，但除非承包商同意，不指此当事人的任何受让人。业主是建设工程项目的所有人，也是合同的当事人，在合同的履行过程中享有大量的权利并承担相应的义务。

（一）业主的权利

1. 业主有权批准或否决承包商将合同转让给他人。施工合同的签订意味着业主对承包商的信任，承包商无权擅自将合同转让给他人。即使承包商转让的是合同中的一部分好处或利益，如选择分包商，也必须经业主同意，因为这种转让行为可能损害业主的权益。

2. 业主有权将工程的部分项目或工作内容的实施发包给指定的分包商。指定分包商是指由业主或工程师指定、选定或批准完成某一项工作内容的施工或材料设备供应工作的承包商。指定分包商一般拥有某项专业技术和设备，有其独特的施工方法，善于完成某项专业工程项目。指定分包商虽由业主或工程师指定，但他仍是分包商，不与业主签订合同，而是与承包商签订分包合同。这样做是为了便于施工中的管理与协调。

3. 承包商违约时业主有权采取补救措施。第一，施工期间出现的质量事故，如果承包商无力修复，或者工程师考虑工程安全，要求承包商紧急修复，而承包商不愿或不能立即进行修复，此时，业主有权雇用其他人完成修复工作，所支付的费用从承包商处扣回；

第二，承包商未按合同要求进行投保并保持其有效，或者承包商在开工前未向业主提供说明已按合同要求投保并生效的证明，则业主有权办理合同中规定的承包商应当办理而未办理的投保，业主代替承包商办理投保的一切费用均由承包商承担；第三，承包商未能在指定的时间将有缺陷的材料、工程设备及拆除的工程运出现场，此时业主有权雇用他人执行工程师的指令承担此类工作，由此产生的一切费用均由承包商承担。

4. 承包商构成合同规定的违约事件时，业主有权终止合同。在发生下述事件后，业主有权向承包商发出终止合同的书面通知，终止对承包商的雇用：

（1）承包商宣告破产、停业清理或解体，或由于其他情况失去偿付能力；

（2）承包商未经业主同意转让合同；

（3）承包商已经否认合同有效；

（4）承包商未按合同规定开工；

（5）承包商拖延工期而又无视工程师的指示，拒不采取加快施工的措施；

（6）承包商无视工程师事先的书面警告，反而固执或公然地忽视履行合同所规定的义务。

在发出终止合同的书面通知 14 天后，在不解除承包商履行合同的义务与责任的条件下，业主可以进驻施工现场。业主可以自己完成该工程，或雇用其他承包商完成该工程。业主或其他承包商为了完成该工程，有权使用他们认为合适的承包商的设备、临时工程和材料。

（二）业主的义务

1. 业主应在合理的时间内向承包商提供施工场地。业主应随时给予承包商占有现场各部分的范围及占用各部分的顺序。业主提供的施工场地应能够使承包商根据工程进度计划开始并进行施工。因此，在工程师发出开工通知书的同时，业主应使承包商根据合同中对于工程施工顺序的要求占有所需部分现场（包括应由业主提供的通道）。

2. 业主应在合理的时间内向承包商提供图纸和有关辅助资料。在承包商提交投标书之前，业主应向承包商提供根据有关该项工程的勘察所取得的水文及地表以下的资料。开工后，随着工程进度的进展，业主应随时提供施工图纸，特别是工程变更时，更应避免因图纸提供不及时而影响施工进度。

3. 业主应按合同规定的时间向承包商付款。FIDIC 合同条件对业主向承包商付款有很多具体的规定，在工程师签发任何临时支付证书、最终支付证书后，业主应按合同规定的期限，向承包商付款。如果业主没有在规定的时间内付款，则业主应按照标书附件规定的利率，从应付日期起计算利息付给承包商。

4. 业主应在缺陷责任期内负责照管工程现场。颁发移交证书后，在缺陷责任期内的现场照管由业主负责。如果工程师为永久工程的某一部分工程颁发了移交证书，则这一部分的照管责任随之转移给业主。

5. 业主应协助承包商做好有关工作。业主这方面的协助义务是多方面的，如协助承包商办理设备海关手续、协助承包商获得政府对设备再出口许可。

（三）业主应承担的风险

以下风险应由业主承担：

1. 战争、敌对行动（不论宣战与否）、入侵、外敌行动；

2. 叛乱、革命、暴动，或军事政变、篡夺政权、内战等；

3. 由于任何有危险性物质所引起的离子辐射或放射性污染；

4. 以音速或超音速飞行的飞机或其他飞行装置产生的压力波；

5. 暴乱、骚乱或混乱，但对于完全局限在承包商或其分包商雇用人员中间且是由于从事本工程而引起的此类事件除外；

6. 由于业主提前使用或占用任何永久工程的区段或部分而造成的损失或损害；

7. 因工程设计不当而造成的损失或损害，而这类设计又不是由承包商提供或由承包商负责的；

8. 一个有经验的承包商通常无法预测和防范的任何自然力的作用。

发生上述事件，业主应承担风险，如这已包括在合同规定的有关保险条款中，凡投保的风险，业主将不再承担任何费用方面的责任和义务。如果在风险事件发生之前就已被工程师认定是不合格的工程，对该部分损失业主也不承担责任。

二、工程师的权力与职责

工程师由业主任命，与业主签订咨询服务委托协议书，根据施工合同的规定，对工程的质量、进度和费用进行控制和监督，以保证工程项目的建设能满足合同的要求。如果业主准备替换工程师，必须提前不少于42天发出通知以征得承包商的同意。如果要求工程师在行使某种权力之前需要获得业主批准，则必须在合同专用条件中加以限制。

（一）工程师的权力

1. 工程师在质量管理方面的权力。第一，对现场材料及设备有检查和控制的权力。对工程所需要的材料和设备，工程师有权随时检查。对不合格的材料、设备，工程师有权拒收。承包商的所有设备、临时工程和材料，一经运至现场，未经工程师同意，不得再运出现场。第二，有权监督承包商的施工。监督承包商的施工，是工程师最主要的工作。一旦发现施工质量不合格，工程师有权指令承包商进行改正或停工。第三，对已完工程有确认或拒收的权力。任何已完工程，由工程师进行验收并确认。对不合格的工程，工程师有权拒收。第四，有权对工程采取紧急补救措施。一旦发生事故、故障或其他事件，如果工程师认为进行任何补救或其他工作是工程安全的紧急需要，则工程师有权采取紧急补救措施。第五，有权要求解雇承包商的雇员。对于承包商的任何人员，如果工程师认为在履行职责中不能胜任或出现玩忽职守的行为，则有权要求承包商予以解雇。第六，有权批准分包商。如果承包商准备将工程的一部分分包出去，他必须向工程师提出申请报告。未经工程师批准的分包商不能进入工地进行施工。

2. 工程师在进度管理方面的权力。第一，有权批准承包商的进度计划。承包商的施工进度计划必须满足合同规定工期（包括工程师批准的延期）的要求，同时必须经过工程师的批准。第二，有权发出开工令、停工令和复工令。承包商应当在接到工程师发出的开工通知后开工。如果由于种种原因需要停工，工程师有权发布停工令。当工程师认为施工条件已达到合同要求时，可以发出复工令。第三，有权控制施工进度。如果工程师认为工程或其他任何区段在任何时候的施工进度太慢，不符合竣工期限的要求，则工程师有权要求承包商采取必要的步骤，加快工程进度，使其符合竣工期限的要求。

3. 工程师在费用管理方面的权力。第一，有权确定变更价格。任何因为工作性质、工程数量、施工时间的变更而发出的变更指令，其变更的价格由工程师确定。工程师确定变更价格时应充分和承包商协商，尽量取得一致性意见。第二，有权批准使用暂定金额。

暂定金额的使用必须按工程师的指示进行。第三，有权批准使用计日工。如果工程师认为必要，可以发出指示，规定在计日工的基础上实施任何变更工作。对这类变更工作应按合同中包括的计日工作表中所定项目和承包商在其投标书中所确定的费率和价格向承包商付款。第四，有权批准向承包商付款。所有按照合同规定应由业主向承包商支付的款项，均需由工程师签发支付证书，业主再据此向承包商付款。工程师还可以通过任何临时支付证书对他所签发的任何原有支付证书进行修正或更改。如果工程师认为有必要，他有权停止对承包商付款。

4. 工程师在合同管理方面的权力。第一，有权批准工程延期。如果由于承包商以外的原因导致工期的延长，则工程师应批准工程延期，经工程师批准的延期时间，应视为合同规定竣工时间的一部分。第二，有权发布工程变更令。合同中工程的任何部分的变更，包括性质、数量、时间的变更，必须经工程师的批准，由工程师发出变更指令。第三，颁发移交证书和缺陷责任证书。经工程师检查验收后，工程符合合同的标准，即颁发移交证书和缺陷责任证书。第四，有权解释合同中有关文件。当合同文件的内容、字义出现歧义或含糊时，应由工程师对此作出解释或校正，并向承包商发布有关解释或校正的指示。第五，有权对争端作出决定。在合同的实施过程中，如果业主与承包商之间产生了争端，工程师应按合同的规定对争端作出决定。第六，工程师可以随时对其助理授权或者收回授权，在授权范围内，他们向承包商发出的指示、批准、开具证书等行为与工程师具有同等效力。

（二）工程师的职责

1. 认真执行合同，这是工程师的根本职责。根据 FIDIC 合同条件的规定，工程师的职责有：合同实施过程中向承包商发布信息和指标；评价承包商的工作建议；保证材料和工艺符合规定；指准已完成工作的测量值以及校核，并向业主送交支付证书等工作。这些工作既是工程师的权力，也是工程师的义务。在合同的管理中，尽管业主、承包商和工程师之间定期召开会议，但和承包商的全部联系还应该通过工程师进行。

2. 协调施工有关事宜。工程师对工程项目的施工进展负有重要责任，应当与业主、承包商保持良好的工作关系，协调有关施工事宜，及时处理施工中出现的问题，确保施工的顺利进行。

三、承包商的权利和义务

承包商是指其标书已被业主接受的当事人，以及取得该当事人资格的合法继承人，但不指该当事人的任何受让人（除非业主同意）。承包商是合同的当事人，负责工程的施工。

（一）承包商的权利

1. 有权得到工程付款，这是承包商最主要的权利。在合同履行过程中，承包商完成了他的义务后，有权得到业主支付的各类款项。

2. 有权提出索赔。由于非承包商的原因造成工程费用的增加或工期的延误，承包商有权提出费用索赔和工期索赔。承包商提出索赔，是行使自己的正当权利。

3. 有权拒绝接受指定的分包商。为了保证承包商施工的顺利进行，如果承包商认为指定的分包商不能与他很好合作，承包商有权拒绝接受这个分包商。

4. 如果业主违约，承包商有权终止受雇和暂停工作。如果业主发生如下违约事件，承包商有权提出终止受雇：

（1）业主在合同规定的应付款期满28天内，未按工程师颁发的支付证书向承包商付款；

（2）业主干涉、阻挠或拒绝工程师颁发支付证书；

（3）业主宣布破产或由于经济混乱而导致业主不具有继续履行其合同义务的能力。

当业主未在合同规定的应付款期满28天内付款，承包商也可以采取暂停工作的措施，由此造成的损失由业主承担。

（二）承包商的义务

1. 按合同规定的完工期限、质量要求完成合同范围内的各项工程。合同范围内的工程包括合同的工程量清单以内及清单以外的全部工程和工程师要求完成的与其有关的任何工程。合同规定的完工期限则是指合同工期加上由工程师批准的延期时间。承包商应按期、按质、按量完成合同范围内的各项工程，这是承包商的主要义务。

2. 对现场的安全和照管负责。承包商在施工现场，有义务保护有权进入现场人员的安全及工程的安全，有义务提供对现场照管的各种条件，包括一切照明、防护、围栏及看守，并应避免由其施工方法引起的污染，直到颁发移交证书为止。

3. 遵照执行工程师发布的指令。对工程师发布的指令，不论是口头的还是书面的，承包商都必须遵照执行。但对于口头指令，承包商应在7天内以书面形式要求工程师确认。承包商对有关工程施工的进度、质量、安全、工程变量等内容方面的指示，应当只从工程师及其授予相应权限的工程师代表处获得。

4. 对现场负责清理。在施工现场，承包商随时应进行清理，保证施工井然有序。在颁发移交证书时，承包商应对移交证书所涉及的工程现场进行清理，并使原施工用地恢复原貌，达到工程师满意的状态。

5. 提供履约担保。如果合同要求承包商为其正确履行合同提供担保，则承包商应在收到中标函后28天内，按投标书附件中注明的金额取得担保，并将此保函提交给业主。履约保证金一般为合同价的10%。

6. 应提交进度计划和现金流通量的估算。这样，有利于工程师对工程施工进度的监督，有利于业主保证在承包商需要时提供资金。

7. 保护工程师提供的坐标点和水准点。承包商除了对由工程师书面给定的原始坐标点和水准点进行准确的放线外，还有义务对上述各类地面桩进行仔细保护。

8. 工程和承包商设备保险。承包商必须以业主和承包商共同的名义，以全部重置成本对工程、连同材料和工程配套设备进行保险。保险期限从现场开始工作起到工程竣工移交为止。如为部分工程或单项工程投保时，保险金额则应为除重置成本外，另外15%的附加金额，用以包括拆除和运走工程某些部分废弃物等的附加费用和临时费用。

9. 保障业主免于承受人身或财产的损害。承包商应保障业主免受任何人员的死亡或受伤及任何财产（除工程外）的损失及其产生的索赔。

10. 遵守工程所在地的一切法律和法规。承包商应保证业主免于承担由于违反法律法规的罚款和责任。由于遵守法律、法规而导致费用的增加，由承包商自己承担。

第三节　FIDIC合同条件中涉及费用管理的条款

FIDIC合同条件中涉及费用管理的条款范围很广，有的直接与费用管理有关，有的间接与费用管理有关。概括起来，大致包括有关工程计量的规定、有关合同履行过程中结算与支付的规定、有关合同被迫终止时结算与支付的规定、有关工程变更和价格调整时结算与支付的规定、有关索赔的规定等方面的内容。

一、有关工程计量的规定

（一）工程量的计量

在制定招标文件时，应列出工程量清单，显示工程的每一类目或分项工程的名称、估计数量以及单位，而单价和合价则由投标者填写，然后成为投标文件的组成部分。这些工程量是在图纸和规范的基础上对该工程的估算工程量，不能作为承包商履行合同规定的义务过程中应予完成工程实际和确切的工程量。

承包商在实施合同中完成的实际工程量要通过计量来核实，以此作为结算工程价款的依据。由于 FIDIC 合同是固定单价合同，承包商报出的单价是不能随意变动的，因此工程价款的支付额是单价与实际工程量的乘积之和。

（二）工程计量的程序

1. 工程师的义务。除另有规定的以外，工程师应根据合同通过计量来核实和确定工程的价值，承包商则应得到该价值的付款。当工程师要求对任何部位进行计量时，都应适时地通知承包商授权的代理人。

2. 承包商授权的代理人的义务。承包商授权的代理人接到工程师的计量通知后，应进行以下工作：

（1）立即参加或派出一名合格的代表协助工程师进行上述计量；

（2）提供工程师所要求的一切详细资料。

3. 承包商或其代表未参加计量的后果。如果承包商不参加，或由于疏忽、遗忘而未派其代表参加，则由工程师进行的或由其批准进行的计量应视为对工程该部分的正确计量。

4. 对需用记录和图纸的计量的特殊要求。在对永久工程进行计量需要记录和图纸时，工程师应在工作过程中准备好记录和图纸。而当承包商被书面要求对记录和图纸进行审查时，应在 14 天内参加审查，并就此类记录、图纸和工程师达成一致时双方共同签名。如果承包商不出席此类记录、图纸的审查和承认时，则应认为这些记录和图纸是正确无误的。

如果承包商在审查后认为记录和图纸是不正确的，则必须在审查后 14 天内向工程师提出申诉，申明上述记录、图纸中不正确的各个方面；工程师则应在接到这一申诉通知后复查这些记录和图纸，或予以确认或予以修改。如不及时提出申诉，即使承包商不同意上述记录和图纸，或不签字表示同意，它们仍将被认为是正确的。

（三）工程计量的方法

工程计量应当计量净值，不能依照通常的和当地的习惯进行计量。如有例外情况，应在规范和工程量清单中加以说明，例如若干开挖中对超挖部分的计量方法。如果合同中另有规定的，则依合同规定进行计量。如果编制技术规范和工程量清单时使用了国际或某国的标准计量方法，则应在合同条款中加以说明，并在测量实际完成的工作量时使用同一方法。具体的计量方法则根据工程的不同而有所不同，可采用均摊法、凭据法、分解计量法等方法。

（四）包干项目分项计量

承包商应在接到中标函后 28 天之内把包含在投标书中的每一包干项目的分项表提交

给工程师，以便包干项目能够分项进行计量，但分项表应得到工程师的批准。

二、有关合同履行过程中结算与支付的规定

（一）承包商应提交现金流通量的估算

中标通知书发出后，在合同规定的时间内，承包商应按季度向工程师提交根据合同有权得到的现金流通量估算，以供其参考。此后，如果工程师提出要求，承包商还应按季度提供修订的现金流通量的估算。因为业主将需要一份估算表，以明确在何时保证能向承包商提供多少资金。但工程师对该表的批准，并不解除承包商的责任。

（二）工程进度中的结算与支付（中期付款）

中期付款如按月进行即为月进度支付。对此，承包商应先提交月报表，交由工程师审核后填写支付证书并报送业主。

1. 承包商应提交月报表。承包商应在每个月末按工程师指定的格式向其提交一式六份的报表，每份报表均由经工程师批准的承包商代表签字。月报表说明承包商认为自己有权到月底得到涉及以下方面的款项：

（1）已实施的永久工程价值；

（2）工程量表中列有的包括临时工程、计日工等任何其他项目的应得款额；

（3）按投标书附件中要求的购买材料发票总额和由承包商供货到现场、为永久工程配套而尚未安装到工程上的设备发票额计算的应得百分比；

（4）按价格调整公式计算的价格浮动应增减的工程款额；

（5）按合同其他条款规定承包商可获得的补偿款额。

2. 每月的支付。工程师接到月结算报表后，应在28天内向业主报送他认为应该付给承包商的本月结算款额和可支付的项目，即在审核承包商报表中申报的款项内容的合理性和计算的准确性后，工程师应按合同规定扣除应扣款额，所得金额净值则为承包商本月应得付款。应扣款额主要是以前支付的预付款额、按合同规定计算的保留金额以及承包商到期应付给业主的其他金额。如果最后计算的金额净值少于投标书附件中规定的临时支付证书最少金额时，工程师可不对这月结算作证明，留待下月一并付款。另外，工程师在签发每月支付证书时，有权对以前签发的证书进行修正；如果他对某项工作的执行情况不满意，也有权在证书中删去或减少该项工作的价值。

（三）暂定金额的使用

1. 暂定金额的定义。暂定金额也叫备用金，是指包括在合同中并在工程量表中以该名称标明，供工程任何部分的施工，或提供货物、材料、设备、服务，或供不可预料事件之费用的一项金额。

2. 暂定金额的使用。暂定金额按照工程师的指示可全部或部分地使用，也可根本不用。承包商仅有权使用工程师决定的与暂定金额有关的工作、供应或不可预料事件的费用数额。工程师应将有关暂定金额所作的任何决定通知承包商，同时将一份副本呈交业主。

3. 暂定金额的使用范围。暂定金额的使用范围为：

（1）在招标时还不能对工程的某个部分作出足够详细的规定，从而使投标人不能开出确定的费率和价格；

（2）招标时不能确定某一具体工作项目是否包括在合同之内；

（3）给指定分包商工作的付款。

（四）保留金的支付

1. 保留金的来源。保留金亦称滞留金，是每次中期付款时从承包商应得款项中按投标书附件中规定比例扣除的金额。一般情况下，从每月的工程结算款中扣除7% ~10%，一直扣到工程合同价款的5%为止。

2. 颁发移交证书时保留金的支付。当颁发整个工程的移交证书时，工程师应开具支付证书，把一半保留金支付给承包商。如果颁发的是分部工程的移交证书，则应向承包商支付按工程师计算的这部分永久工程所占合同工程的比例相应的保留金额的一半。

3. 工程的缺陷责任期满时保留金的支付。当工程的缺陷责任期满时，另一半保留金将由工程师开具支付证书支付给承包商。如果有不同的缺陷责任期适用于永久工程的不同区段或部分时，只有当最后一个缺陷责任期满时才认为该工程的缺陷责任期满。

（五）竣工报表及支付

颁发整个工程的移交证书之后84天内，承包商应向工程师呈交一份竣工报表，并应附有按工程师批准的格式所编写的证明文件。竣工报表应详细说明以下几点：

1. 到移交证书证明的日期为止，根据合同完成的所有工作的最终价值；

2. 承包商认为应该支付的任何进一步的款项；

3. 承包商认为根据合同将支付给他的估算数额。

工程师应根据竣工图对工程量进行详细核算，对承包商的其他支付要求加以审核，最后确定工程竣工报表的支付金额，上报业主批准支付。

（六）最终报表与最终支付证书

1. 最终报表。在颁发缺陷责任证书后56天内，承包商应向工程师提交一份最终报表草案供其考虑，并应附按工程师批准的格式编写的证明文件。该草案应该详细说明以下问题：

（1）根据合同完成的所有工作的价值；

（2）承包商认为根据合同应支付给他的任何进一步的款项。

如果工程师不同意或不能证实该草案的任何一部分，则承包商应根据工程师的合理要求提交进一步的资料，并对草案进行修改以使双方可能达成一致。随后，承包商应编制并向工程师提交双方同意的最终报表。当最终报表递交之后，承包商根据合同向业主索赔的权利就终止了。

2. 结清单。在提交最终报表时，承包商应给业主一份书面结清单，进一步证实最终报表的总额，相当于由合同引起的或与合同有关的全部和最后确定应支付给承包商的所有金额，但结清单只有当最终证书中的款项得到支付和业主退还履约保证书以后才能生效。

3. 最终支付证书。工程师在接到最终报表及书面结清单后28天内，向业主发出一份最终证书，说明：

（1）工程师认为按照合同最终应支付的款额；

（2）业主按合同（除拖期违约罚款外）对以前所支付的所有款项和应得到各项款额加以确认后，业主还应支付给承包商，或承包商还应支付给业主的余额（如有的话）。

（七）承包商对指定分包商的支付

承包商在获得业主按实际完成工程量的付款后，扣除分包合同规定承包商应得款（如提供劳务、协调管理的费用等）和按比例扣除滞留金后，应按时付给指定分包商。工程师在颁发支付证书前，有权要求承包商提交已向指定分包商支付的证明。如果承包商提交不出证明，且没有合法的理由，则业主有权根据工程师的证明直接向该指定的分包商支付在指定分包合同中已规定，而承包商未支付的所有费用（扣除保留金）。然后，业主以冲账方式从业主应付或将付给承包商的任何款项中将上述金额扣除。

三、有关合同被迫终止时结算与支付的规定

（一）由于承包商的违约终止合同的结算和支付

1. 对合同终止时承包商已完工作的估价。由于承包商违约而使业主终止对承包商的雇用之后，工程师应尽快地确定并证明：

（1）在合同终止时，承包商就其按合同规定实际完成的工作，已经合理地得到或理应收入的款额；

（2）未曾使用或部分使用了的材料、承包商的设备以及临时工程的价值。

2. 合同终止后的付款。合同终止后，工程师应查清施工、竣工及修补任何缺陷的费用，竣工拖延的损害赔偿费以及由业主支付的所有其他费用，并开具支付证书。在此之前，业主没有义务向承包商支付合同规定的任何进一步的款项，承包商仅有权得到扣除经工程师证明的上述款额后工程合格完工后应得款额的余额。如果扣除的款额超过了合格完工时支付给承包商的款额，则承包商应将超过部分付给业主。此超出部分应被视为承包商欠业主而应付的债务。

（二）由于特殊风险而终止合同时的结算和付款

由于合同规定的特殊风险而终止合同时，业主除应以合同规定的单价和价格向承包商支付在合同终止前尚未支付的已完工程量的费用外，还应支付以下几种费用：

1. 工程量表中涉及的任何施工准备项目，只要这些项目的准备工作或服务已经进行或部分进行，则应支付该项费用或适当比例的金额；

2. 为工程需要而定货的各种材料、设备或物资中，已交发给承包商或承包商有法定义务要接收的那一部分订购所需的费用，业主支付此项费用后，上述物资、设备即成为业主财产；

3. 确属承包商为合理完成整个工程已开支的，而这笔费用又未能包括在上述各项之中的合理支出费用；

4. 终止合同前，因特殊风险发生而导致的施工费用增加或修复费用；

5. 承包商撤离自已设备的迁移费，但这部分费用应该是合理的，应该是撤回基地或费用更低的目的地所需费用；

6. 承包商雇用的所有与工程施工有关的职员、工人，在合同终止时的合理遣返费。

另外，业主有权要求索还任何有关承包商的设备、材料和工程设备的预付款的未估算余额，以及在合同终止时按合同规定应由承包商偿还的任何其他金额。上述应支付的金额均应由工程师在同业主和承包商适当协商后确定，并应相应地通知承包商，同时将一份副本呈交业主。

（三）因业主违约终止合同的结算和支付

由于业主违约而终止合同时，业主对承包商的义务除与因特殊风险而终止合同时的付款条件一样外，还应再付给承包商由于该项合同终止而造成的损失赔偿费。

四、有关工程变更和价格调整时结算与支付的规定

（一）工程变更的范围

如果认为有必要对工程的形式、质量或数量作出任何变更，工程师有权指示承包商进

行下述任何工作：

1. 增加或减少合同中所包括的任何工作的数量；

2. 省略任何工作（但省略的工作由业主或其他承包商实施者除外）；

3. 改变工作的性质、质量或类型；

4. 改变工程任何部分的标高、基线、位置和尺寸；

5. 实施工程竣工所必需的任何种类的附加工作；

6. 改变工程任何部分的任何规定的施工顺序或时间安排。

上述变更不应以任何方式使合同作废或失效，但对变更的影响应按合同规定估价。如果工程师发出变更工程的指示是由于承包商的违约或负有责任，则由此造成的附加费用应由承包商承担。

（二）工程变更的估价

1. 使用工程量表中的费率和价格。对变更的工作进行估价，如果工程师认为适当，可以使用工程量表中的费率和价格。

2. 制定新的费率和价格。如果合同中未包括适用于该变更工作的费率或价格，则应在合理的范围内使用合同中的费率和价格作为估价的基础。如做不到这一点，则要求工程师与业主、承包商适当协商后，再由工程师和承包商商定一个合适的费率或价格。当双方意见不一致时，工程师有权确定一个他认为合适的费率或价格，同时将副本呈送业主。在费率和价格经同意和决定之前，工程师应确定暂行费或价格，以便有可能作为计算暂付款的依据包括在每月中期结算发出的证书之中。工程师在行使与承包商商定或单独决定费率的权力时，应得到业主的明确批准。工程师应在发布工程变更指令的 14 天内或变更工程开始之前，向承包商发出要求他就额外付款或费率的确定意图通知工程师的文件，或是直接将他确定费率或价格的意图通知承包商，以便双方进行协商。

一般情况下，合同内所含任何项目的费率或价格不应考虑变动，除非该项目涉及的款额超过合同价格的 2%，以及在该项目下实施的实际工程量超出或少于工程量表中规定的工程量的 25% 以上。

3. 变更超过 15% 时的合同总价变功。如果在颁发整个工程的移交证书时，由于对变更工作的估价及对工程量表中开列的估算工程进行实际计量后所作的调整（不包括暂定金额、计时工费用和价格调整），使合同价格的增加或减少值合计起来超过“有效合同价”（此处系指不包括暂定金额及计日工补贴的合同价格）的 15%，则经工程师与业主和承包商适当协商后，应在合同价格中加上或减去承包商与工程师可能议定的另外的款额。如双方未能达成一致，此款额则应由工程师在考虑合同中承包商的现场费用和总管理费用予以确定。该款项的计算应以超出有效合同价格的 15% 的量为基础。

（三）价格调整

1. 价格调整的含义。所谓价格调整，就是对工程中主要材料、人力、设备的价格，根据市场变化的情况，按照合同规定的方法进行调整，以对合同价格进行增加或扣除相应的调整金额。因此，这里所说的价格调整，并不是对清单中的单价进行调整。

2. 价格调整适用的合同。价格调整主要适用于长期合同，即施工期超过一年的合同。对于短期合同，要求固定价格是合理的。合同可以规定：合同价格不能因劳务费、材料费以及影响合同实施费用的任何其他事项费用之涨落而加以调整。

3. 价格调整的一般方法。第一，票据法。根据承包商在施工过程中采购的票据的价格，与投标时的基本价格之差进行价格调整。第二，公式法。即通过几种主要材料占合同总价的比例和基价指数的变化，调整材料、劳力及设备的价格。

第四节　FIDIC 合同条件中涉及进度控制的条款

FIDIC 合同条件中涉及工程进度控制的条款主要包括有关工程进度计划管理的规定、有关工程延期的规定、有关移交证书和解除缺陷责任证书的规定等方面的内容。

一、有关工程进度计划管理的规定

（一）承包商应提交工程进度计划

1. 提交工程进度计划的时间。承包商在中标函签发日之后，在合同专用条件规定的时间内，应以工程师规定的适当格式和详细程度，向工程师递交一份工程进度计划，以取得工程师的同意。一般要求投标人连同投标书一起提交一份施工初步进度计划，并附以下内容：一份承包人设备的主要项目清单；一份劳务、职员以及合同期内各种货币（如适用的话）开支的预测。一旦合同签订，承包商则应再提交一个相对准确、最新修订过的进度计划。提交进度计划时就考虑到合同签订后承包商要做的各项工作。时间太短将导致准备工作仓促，进而有引起差错的危险。

2. 工程进度计划的表现形式。工程进度计划的表现形式很多，比较常见的有以下三种：

（1）横道图形式。此形式用直线在时间坐标上表示，每一横道表示工作，其长度和起止表示时间。横道图有许多具体的变通形式。

（2）统计表形式。以不同项目或工作的不同时间的计划完成额来表示。

（3）网络图形式。用网络的形式表达组成项目的各个工作间相互依赖、相互制约的逻辑关系，这是一种较严密和较完善的计划形式。随着计算机的广泛应用，网络图形式将发挥越来越重要的作用。

3. 工程进度计划的修订。在工程计划的实施过程中，承包商应不断地进行实际进度值与计划值的比较，按期对工程进度计划进行修订。承包商应按要求在规定的时间间隔内（如 3 个月）递交定期报告，对进度计划进行修改。当工程师发现工程的实际进度不符合已同意的进度计划时，承包商应根据工程师的要求提出一份修订过的进度计划，表明为保证工程按期竣工而对原进度计划作出了修改。

4. 提交工程进度计划的必要性。工程进度计划除了具有信息传递的作用外，对以下工作也是必要的：（1）监督施工进度；（2）使工程师能够按时提供图纸、发布指令；（3）确定出分包合同的时间；（4）明确竣工接收和解除承包商义务的时间；（5）便于工程师协调承包商与其他承包商的作业。

（二）工程师对工程进度计划的管理

1. 下达工程开工令。工程师应根据合同的规定，在中标函发出之日后，于投标书附件中规定的期限内发出开工通知书。开工通知书应按照合同的规定送到承包商主要营业地点，并应有承包商签收的回执。承包商收到开工通知书的日期，即为工程的开工日期，月竣工时间从开工日期算起。由于开工日期的重要性，工程师应充分了解业主和承包商所做的开工准备工作，然后根据双方准备的情况，选择合适的时机发出开工通知。

2. 审查工程进度计划。工程师在收到承包商提交的工程进度计划后，应根据合同的规定、工程实际情况及其他方面的因素，审查以下几个方面的内容：

（1）按合同工期完成工程的实施程序；

（2）详细的施工方法；

（3）施工各阶段的材料、机械及人工投入情况；

（4）工程费用流动计划。

向工程师提交工程进度计划，是为了听取建设性的意见。因此，工程师对工程进度计划的审查或批准，并不解除承包商对工程进度计划的任何义务和责任。工程师在审查进度计划时，也不应强制性地干预承包商的安排或者支配施工中所需的劳力、设备、材料等。

3. 监督工程进度计划的实施。工程师监督工程进度计划的实施，是工程师的一项经常性的工作，以被确认的承包商的工程进度计划作为监督的依据。如果工程的实际进度不符合已经工程师确认的工程进度计划，则承包商应根据工程师的要求提出一份修订过的进度计划，表明为了保证按期竣工而对原进度计划所作的修改，修改后的工程进度计划也应重新交工程师确认。但这种重新确认，并不意味着工程师对工程延期的批准，而仅仅是要求承包商在合理的状态下施工，延长工期的一切责任应由承包商承担。

4. 下达赶工指示。在承包商无任何理由延长工期的情况下，当工程师认为整个工程或分部工程在任何时候进度太慢及与竣工时间不符时，则可以向承包商下达赶工指示。承包商应立即采取经工程师同意的必要措施加快施工进度，以便与规定工期相符合。承包商无权对此提出增加费用的要求。承包商认为有必要在夜间或当地休息日工作时，有权请求工程师同意。如果承包商采取的措施要使业主增加监理费用的话，该项费用应由承包商负担。

5. 竣工奖金。如果承包商在合同规定的时间之前完工，业主则应根据工程师签发的竣工移交证书的签署日期与合同规定的完工时间相比所提前的天数，向承包商支付奖金。

（三）承包商对延误工期所应承担的责任

如果由于承包商自身的原因造成工期延误，而承包商又未能按照工程师的指示改变这一状况，则承包商应承担以下责任：

1. 停止付款。当承包商工程进度计划已延误，又不采取积极措施时，工程师有权停止对承包商的付款。这一手段一般是在承包商有能力改变进度计划，但由于其内部管理不当而造成拖延工期的情况下采用的。

2. 误期损失赔偿。如果承包商未能按合同规定的竣工期限完成工程，则承包商应向业主支付投标书附件中写明的相应金额（这笔金额是承包商为这种过失所应支付的唯一款项）作为该项违约的损失赔偿费。但损失赔偿费应限制在投标书附件中注明的适当的限额内。业主可以从应支付或将支付给承包商的任何款项中扣除该项损失赔偿费。损失赔偿费的支付或扣除不应解除承包商对完成该项工程的义务或合同规定的承包商的任何其他义务和责任。

3. 终止对承包商的雇用。如果承包商严重违约，包括拖延工期又固执地不采取补救措施，业主有权终止对他的雇用。终止对承包商的雇用，这是对承包商违约的严厉制裁。业主一旦终止对承包商的雇用，承包商不但要被驱逐出施工现场，而且还要承担由此而造成的业主的损失费用。

二、有关工程延期的规定

（一）工程延期概述

1. 工程延期的含义。由于承包商以外的原因造成施工期的延长，称为工程延期。它与由于承包商自身的原因造成施工期的延长（工程延误）不同，经过工程师批准的工程延期，所延长的时间属于合同工期的一部分。工程竣工的时间，等于投标书附件中规定的时间加上工程师可能允许的延长工期。

2. 工程延期的责任承担。得到工程师批准的工程延期，所延长的工期已经属于合同工期的一部分。因而，承包商可以免除由于延长工期而向业主支付误期损失赔偿费的责任，由于工程延期所增加的费用将由业主承担。

（二）工程延期的审批

1. 承包商应提交有关材料。首先，承包商应提交申请延期通知书。承包商应在引起工程延期的事件开始发生后28天内通知工程师，并将一份副本呈交业主。随后，承包商应提交要求延期的详细说明。在通知书发出后的28天内，或者在工程师同意的其他合理期限内，承包商应向工程师提交有权要求任何延期的详细说明，以便工程师可以及时对承包商说明的理由和情况进行研究。

如果引起工程延期的事件具有持续性的影响，不可能在申请延期的通知书发出后的28天内提供最终的详细说明报告，那么承包商应以不超过28天的间隔向工程师提交阶段性的详细说明，并在事件影响结束后的28天内提交最终的详情说明。

2. 工程师作出工程延期的决定。工程师在接到要求延期的通知书后应进行调查核实，在承包商提交详情说明后，应进一步调查核实，对其申述的情况进行研究，并作出所需延期时间的决定。

对于承包商阶段性的详细说明，工程师也不得无故延误，应作出关于延长工期的临时决定；在收到最终详情说明后，工程师应复查全部情况，并提出有关该事件所需的延长全部工期的决定。最终决定的延期时间不应导致减少已决定的任何延长工期的时间。

工程师应当及时对是否准予工程师延期作出决定。同时，工程师在处理延期事件时，应与业主、承包商进行适当的协商，广泛听取各方面的意见。

三、有关移交证书和解除缺陷责任证书的规定

（一）移交证书

1. 移交证书的颁发。当全部工程基本完工并圆满通过合同规定的任何竣工检验时，承包商可将此结果通知工程师，并将一份副本呈交业主，同时附上一份在缺陷责任期内以应有速度及时完成任何未完工作的书面保证。此项通知书和书面保证应视为承包商要求颁发移交证书的申请。工程师应于上述通知书发出之日起21天内，或者发给承包商一份移交证书，说明根据合同要求工程已基本完工的日期，同时将一份副本交业主；或者给承包商书面指示，以工程师的意见详细说明在发给该证书之前，承包商尚需完成的全部工作。

2. 移交证书的作用。移交证书具有以下几项作用：

（1）划分工程阶段。移交证书将确认工程已基本竣工，工程已能够被业主按照预定目的占有和使用。在工程师未颁发移交证书前，即使承包商完成了合同范围内的全部工作，也不能说该工程已经竣工。移交证书还规定达到基本竣工的日期，在该日期由业主接

受工程，工程的缺陷责任期即开始。

（2）解除承包商对工程照管的责任。按规定，从开工之日起，承包商应对工程、材料、待安装的工程设备等的照管负完全责任。但对于颁发移交证书的工程，照管责任应随移交证书一起交给业主，业主应及时承担起照管责任并办理保险（如果业主愿意的话）。

（3）是确定工程误期损失赔偿和竣工奖金的依据。如果承包商未能按合同规定的竣工期限完成整个工程，或未能按规定的期限完成相应的任何区段工程，则承包商应向业主支付损失赔偿费。如果承包商提前完成了工程项目，业主应向承包商支付竣工奖金。而考核承包商完成工程的时间，就是依据移交证书签发的时间。

（二）解除缺陷责任证书

1. 缺陷责任期的计算。缺陷责任期从移交证书中的工程竣工日期开始计算。如果工程师对整个工程只颁发了一份移交证书，则各个单位工程的缺陷责任期从被证明竣工的日期分别开始计算，即一个工程可以有多个缺陷责任期，缺陷责任期的长短应填入投标书的附件中。

2. 解除缺陷责任证书的作用。移交证书并不是工程的最终批准，不解除承包商对工程质量及其他方面的任何责任。只有工程师签发的解除缺陷责任证书，才是对工程的批准。

3. 一个工程只签发一个解除缺陷责任证书。在一项工程中，由于不同区段（或部分）有不同的竣工时间，往往有多个不同时间的移交证书，这样，不同区段（或部分）的缺陷责任期满也不在同一个时间。但是，一个工程项目只能签发一个解除缺陷责任证书，当一项工程有多个移交证书时，只在最后签发的移交证书的缺陷责任期满后，才颁发一个解除缺陷责任证书。

4. 缺陷责任期的延长。承包商为了修补工程的缺陷、损害而进行工程设备的更换、更新，工程的缺陷责任期应延长，延长时间的长短与工程因为缺陷或损害等原因而不能交付使用的时期相等。如果只是部分工程受到了影响，则缺陷责任期只对这部分工程进行延长。缺陷责任期的延长一般不应超过从移交证书签发之日起计算的两年。

5. 解除缺陷责任证书的颁发。当工程的最后一个缺陷责任期满后，经过工程师检查，证明承包商已根据合同履行了施工、竣工以及修补所有工程缺陷的义务，工程质量达到了工程师满意的程度，则由工程师颁发解除缺陷责任证书。解除缺陷责任证书应由工程师在缺陷责任期满后28天内颁发。如果不同的缺陷责任期适用于工程的不同区段或部分时，则在最后一个缺陷责任期满后28天内颁发，或根据工程师的指示完成剩余工作、修补缺陷并达到工程师满意后尽快签发。

第五节 FIDIC合同条件中涉及质量控制的条款

FIDIC合同条件中涉及质量控制的条款包括有关承包人员素质的规定、有关合同转包与分包的规定、有关施工现场的材料和工程设备的规定、有关施工质量及验收的规定等内容。

一、工程质量控制概述

工程项目质量，是指坚固、耐久、经济、适用、美观等这些能够满足社会和人们需要的自然属性和技术特性。合同中的质量要求，主要体现在技术规范和图纸中。技术规范对工程所用材料、施工工艺、工程实物等几个方面的要求作出了详细规定。

一般来说，规范和图纸中的质量要求足以说明工程的全面质量水平。但工程师为了质量控制更顺利、更严密，往往在此基础上编制进一步的质量要求细则，以说明重要工程部位或环节的技术要求、容许误差、施工方法和程序、工艺操作要点、试验与检查的办法、批准或否决材料与工程的程序和标准等，这样，能使质量标准更具有可操作性。但是，这种质量要求细则必须与合同对工程质量的要求相一致。

工程师在质量控制方面的任务是监督承包商的施工，使工程最终达到合同的技术质量要求。为了确保这一任务的完成，工程师应当建立一套质量控制体系，包括质量控制组织和成员、质量要求、质量控制的程序和方法、验收办法、试验、旁站监理等内容。

在质量控制实施过程中，由于施工过程中的任何一个环节都会对工程的质量产生影响，因此，必须对工程全过程实施质量控制，包括对承包人员的素质控制，对材料、原料、构配件等投入物的控制，对施工质量的控制，对施工验收的控制等内容。

二、有关承包人员素质的规定

工程的施工最终要由承包人员来完成，因此，承包人员的素质是一切质量控制的基础。因此，工程师有权对承包人员的素质进行控制。

（一）对承包商雇员的要求

1. 承包商应提供承包人员的详细报告。如果工程师提出要求，承包商应按工程师可能预先规定的某种格式和时间间隔，向工程师送交表明承包商在现场随时雇用的职员及各种等级的劳务人员数量的详细报告，这能够使工程师对承包人员的数量和质量有大概的了解，也是对承包商雇用劳务人员的一种约束。

2. 承包商应提供的雇员。承包商应向施工现场提供与工程施工和竣工以及修补其任何缺陷有关的下述人员：

（1）熟悉他们各自行业的、有经验的技术助理及有能力对工程进行正确监督的工长和领班；

（2）为使承包商恰当并按期履行合同义务所需要的此类熟练的、半熟练的技工和普工。

3. 管理人员的语言能力。承包商的管理人员中应有合理比例的人员能使用合同专用条件中规定的语言进行工作，或者承包商应有足够数量的胜任的口译人员随时在工程现场，以确保指示和信息的正确传达。

4. 鼓励雇用当地人员。应当鼓励承包商适当并合理地雇用工程施工所在国国内的职员和劳务人员。

5. 工程师有权建议解除承包商不合格的雇员。工程师有权反对并要求承包商立即从该工程中撤掉由承包商提供的，而工程师认为是渎职者或不能胜任工作的任何人员，以及工程师从其他方面考虑认为不宜留在施工现场的人员。没有工程师的同意，不得允许这些人员重新从事该工程的工作。从该工程撤走的任何此类人员，应尽快予以更换。这类决定只能由工程师作出而不能委托他人。

（二）承包商代表的批准和撤回

1. 承包商代表的批准。只要工程师认为是正确履行合同规定的承包商义务所必需时，承包商应在工程的施工期间及其后提供一切必要的监督。承包商或经工程师批准的一位合格的并授权的代表应用其全部时间对该工程进行监督。该代表应代表承包商接受工程师或工程师代表的指示。

2. 对承包商代表批准的撤回。对承包商代表的批准可以由工程师随时撤回。如果工程师撤回了对承包商代表的批准，则承包商应在接到此类撤回的通知后，在实际可能的限度内尽快将该代表调离该工程，以后也不得再雇用该人员担任该工程的任何职务，而代之以经工程师批准的另一代表。

3. 承包商代表的语言能力。如果编写合同文件所用语言不是工程施工所在国的语言，或是由于其他任何原因，有必要规定承包商的代表应流利地使用某一语言时，可在合同专用条件中加以规定。否则，承包商应有一名胜任的口译人员在工程现场，以确保指示和信息的正确传达。

三、有关合同转包与分包的规定

由于工程建设具有一次性和不可逆的特点，工程施工复杂而期限长，不可能像对工业产品的检验那样只检验成品。确保工程质量是从复杂的承包商选择程序开始的（如公开招标）。业主选中了承包商，不仅仅是相信了承包商的质量承诺，更是对承包商的信誉、能力、技术水平的信任。因此，在合同履行中如果出现新的承包商，即使有质量承诺（以合同形式），业主仍无法相信工程能够达到合同的质量要求。基于以上考虑，FIDIC 合同条件对承包商进行合同转包、分包有严格的控制。

（一）合同的转让

如果没有业主的事先同意，承包商不得将合同或者合同的任何部分、合同中的任何利益进行转让。因为业主是在资格预审、投标和评标之后选中承包商的，签订合同意味着业主对承包商的信任。但下列情况除外：

1. 按合同规定应支付或将支付的以承包商的银行为受款人的费用。对这些费用的使用、转让，业主或工程师无权干预；

2. 把承包商从任何责任方那里获得免除其责任的权利转让给承包商的保险人（当该保险人已清偿了承包商的亏损或债务时）。

（二）工程的分包

有时，工程的分包是必需的。一般来说，分包的工程应是专业技术性较强且分包商在该专业更有专长和经验的，这样的分包有利于工程质量的提高。

但是，承包商不得将整个工程分包出去。除合同另有规定外，没有工程师的同意，承包商也不得将工程的任何部分分包出去。经工程师同意，承包商可以把工程、服务项目或材料设备的供应分包给其他人。但是，这类同意不应解除合同规定的承包商的任何责任和义务，承包商应将任何分包商、分包商的代理人、雇员或工人的行为、违约、疏忽，完全视为承包商自己及其代理人、雇员或工人的行为、违约、疏忽一样，并对此承担完全的责任。

但是，对下列行为承包商无须取得工程师的同意：

1. 提供劳务；

2. 根据合同中规定的规格采购材料；

3. 合同中已被指定的分包商对工程的任何一部分进行分包。

四、有关施工现场的材料、工程设备和工艺的规定

施工使用的材料、工程设备是确保工程质量的物质基础，工程师必须对此严格控制。

（一）对材料、工程设备和工艺的检验

1. 一切材料、工程设备和工艺均需经过工程师的检验。一切材料、工程设备和工艺均应达到合同规定的相应品级，并符合工程师的指示要求。承包商应随时按工程师可能提出的要求，在制造、装配或准备地点，或在施工现场，或在合同可能规定的其他地点或某个地点，供工程师进行检验。

工程师及所需人员有随时进入施工现场的权利。

2. 承包商应对检验提供协助。承包商应为检验任何材料、工程设备、工艺提供通常所需要的协助、劳务、电力、燃料、备用品、装置和仪器，并应在用于工程前，按工程师的选择和要求，提交有关材料样品，以供检验。

工程师及其任何授权人员在一切合理的时间内应能进入施工现场及进入正在为工程制造、装配或准备材料和工程设备的所有车间和场所，承包商应为此提供一切便利条件并协助取得进入上述场所的权利。工程师在这些场所进行检验的许可应由承包商负责取得。

3. 工程师进行未规定的检验。工程师要求进行的下列检验属于未规定的检验：

（1）合同中未曾指明或规定；

（2）没有作出专门说明；

（3）工程师要求的检验是在施工现场、材料与工程设备的制造、装配或准备地点以外的其他地点。

如果进行上述检验，检验的结果表明材料、工程设备、工艺并没有按照合同规定达到使工程师满意的程度，则其检验费用也应由承包商承担。

4. 工程师可以委托检验。工程师可以将对工程设备、材料的检验委托给一名独立的检验员进行。此类委托应是有效的，并应把为上述目的而委托的独立检验员看作是工程师的一名助理，工程师应把这种任命在 14 天前通知承包商。

5. 检验时间的通知和遵守。按合同规定对材料和工程设备进行检验，承包商应同工程师商定检验的时间和地点。工程师应将其进行或参加检验的意向提前 24 小时通知承包商。如果工程师或其正式授权的代表未在商定的时间参加检验，除工程师另有指示外，承包商可进行此项检验并应认为是工程师在场时的情况下进行的，承包商应立即将该项检验数据的正式核实的副本送交工程师，工程师应对该项检验数据的准确性给予认可。

（二）对不合格的材料和工程设备的拒收

1. 工程师有权拒收。如果在商定的时间和地点，供检验的材料或工程设备未准备好，或者根据检验结果工程师确认材料或工程设备是不符合合同规定的，那么工程师可以拒收这些材料或工程设备。

2. 拒收的通知。工程师拒收材料或工程设备，应立即通知承包商，通知书应写明拒收的原因。承包商应即刻纠正所述缺陷或者保证被拒收的材料或工程设备符合合同规定。

3. 工程师有权指示运走或拆运不合格的材料或工程设备。第一，工程师有权指示在规定的时间内一次或分几次将不合格的材料或工程设备从施工现场运走。第二，工程师有权指示用合格适用的材料或工程设备取代不合格的材料或工程设备。第三，尽管已进行过检验，但工程师认为在材料、工程设备或工艺等方面不符合合同规定的任何工程，均应拆

除并适当地重新进行施工。第四，如果承包商在规定的时间内不遵守上述指示，则业主应有权雇用他人执行该项指示，并向其支付有关费用。

（三）工程师对施工现场的材料、工程设备的控制

由承包商提供的所有设备、临时工程和材料，一旦运至施工现场，就应被视为是专门供本工程施工所用。除从施工现场某一部位移至另一部位外，未经工程师的同意，承包商不得将上述物品或其中一部分移出施工现场。

五、有关施工质量及验收的规定

（一）工程师对施工过程的检查

1. 承包商应严格按合同施工，并遵守工程师的指示。除法律上或实际上不可能的情况外，承包商应严格按照合同进行工程施工和竣工，并修补其任何缺陷，以达到工程师满意的程度。在涉及或关系到该项工程的任何事项上，无论这些事项在合同中是否写明，承包商都要严格遵守与执行工程师的指示。承包商应当只从工程师或其代表那里取得指示。

2. 工程师检查的内容。第一，对承包商质量自检系统进行检查和监督。承包商应建立质量自检系统，这是最基本的质量管理体系。在施工过程中，工程师应对承包商的质量管理体系进行检查和监督，使其发挥良好的作用。第二，对各项工程活动进行检查和监督。工程师应在施工过程中检查和监督承包商的各项工程活动，包括施工中的材料质量、混合料的配比、设备的运行及工艺、人员的组成和操作等情况的每一个环节。

3. 工程师对覆盖前工程的检查。没有工程师的批准，工程的任何部分均不得覆盖或使之无法查看。承包商应保证工程师有充分的机会，对将覆盖或无法查看的工程的任何部分进行检查，以及对工程的任何部分将置于其上的基础进行检查。当工程的这些部分已经或即将作好检查准备时，承包商应通知工程师，工程师应参加工程的此类部分的检查，且不得无故拖延。如果工程师认为检查并无必要，则应通知承包商。

4. 工程师对覆盖后工程的检查。对于覆盖后才发现的问题，工程师可以要求对已覆盖的工程进行检查。承包商则应按工程师随时发出的指示，移去工程的任何部分的覆盖物，或在其内或贯穿其中开孔，并将该部分恢复原状和使之完好。

5. 工程师有权指令暂时停工。由于承包商的违约引起的原因，或者为工程的合理的施工或工程的安全，工程师有权指令暂时停工。承包商应按照工程师指示的时间和方式暂停工程，在暂停工程期间承包商应对工程进行必要的保护和安全保障。

（二）工程师在颁发移交证书前对工程的检查

1. 地表应恢复原状。在工程师颁发移交证书前，承包商应将场地或地表面恢复原状。在移交证书中未对此作出规定不能解除承包商自费进行恢复原状工作的责任。

2. 颁发移交证书前的检验。工程师在颁发移交证书前，应对工程进行全面检验，移交证书将确认工程已基本竣工。基本竣工并不意味着承包商没有任何要完成的剩余工作了。一般来说，当工程能够按照预定目的被业主占有和使用时，工程就可称为已基本竣工了。如果工程师认为工程尚未基本竣工，则应向承包商指出工程中影响基本竣工的所有缺陷，并向承包商发出书面指令，说明在发给移交证书前承包商尚需完成的全部工作。

3. 非承包商的原因造成的妨碍竣工检验的处理。如果由于业主、工程师、业主雇用的其他承包商负责的原因，使承包商不能进行竣工检验，则应认为业主已在本该进行竣工检验的日期接收到了工程。但是，如果工程基本上不符合合同要求，则不能认为工程已被接收；如果工程已被接收，则承包商仍应在缺陷责任期内进行竣工检验。

（三）缺陷责任期的质量控制

1. 承包商对缺陷责任期满前出现的缺陷应当进行调查。在工程的缺陷责任期满之前，工程出现任何缺陷或其他不合之处，工程师可向承包商下达指示，在工程师的指导下调查出现这些情况的原因，并将副本提交给业主。

2. 缺陷责任期承包商应承担的工作。缺陷责任期满后，承包商应将工程按合同要求的条件，以使工程师满意的状态移交给业主。为此，承包商在缺陷责任期内完成以下工作：

（1）在移交证书注明的竣工日期之后，切实尽快地完成在当时尚未完成的工作；

（2）工程师（或以其名义）在缺陷责任期满前进行检查，指示承包商对工程进行修补、重建和补救缺陷时，承包商应在缺陷责任期内或期满后14天内实施这些工作。

当承包商未能在合理的时间内执行这些指示时，业主有权雇用他人从事该项工作，并付给报酬。

3. 颁发缺陷责任证书后，承包商对尚未履行的义务仍有承担的责任。尽管颁发了缺陷责任证书，但承包商和业主仍应对在缺陷责任证书颁发时尚未履行的合同规定的义务承担责任。但是，此类未履行的义务只能是财务或管理方面的问题。为此目的，合同对双方仍然有效。

第六节　FIDIC合同条件对争端处理的规定

一、对争端的理解

对争端应作广义的理解。当事人对合同条款和合同的履行的不同理解和看法都是争端。凡是当事人对合同是否成立、成立的时间、合同内容的解释、合同的履行、违约的责任，以及合同的变更、中止、转让、解除、终止等发生的争端，均应包括在内；也包括对工程师的任何意见、指示、决定、证书或估价方面的任何争端。

二、争端发生后业主和承包商应采取的措施

（一）应将争端提交给工程师

不论争端产生在哪一个阶段，也不论是在否认合同有效或合同在其他情况下终止之前还是之后，此类争端事宜应首先以书面形式提交给工程师，并将副本提交给另一方。这样，能够使工程师尽早了解争端的内容及当事人的看法。

（二）承包商应继续进行施工

除非合同已被否认或被终止，在任何情况下，承包商都应以应有的精心继续进行工程施工，而且承包商和业主应立即执行工程师作出的每一项此类决定。

三、工程师对争端的决定

如果业主与承包商之间产生争端，并且问题得不到澄清以使双方满意，双方中任何一

方可立即将此争端提交工程师，要求其作出决定。由工程师作出决定，可以较快、较经济地解决争端，应当首先采用。工程师则应当在收到有关争端文件后 42 天内将其决定通知业主和承包商。

如果工程师已将他对争端所作的决定通知了业主和承包商，而业主和承包商在收到工程师有关此决定的通知 70 天后（包括 70 天），双方均未发出要将该争端提交仲裁的通知，则该决定将被视为最后决定，并对业主和承包商双方均有约束力。

对于具有法律性质的争端，工程师最好在听取法律咨询后作决定。

四、争端裁决委员会的裁决

如果双方对工程师的决定不满，可以将争端提交争端裁决委员会（Dispute Adjudication Board－DAB）。争端裁决委员会是根据投标函附录中的规定设立的，由 1 人或者 3 人组成（具体由投标函附录中规定）。若争端裁决委员会成员为 3 人，则由合同双方各提名一位成员供对方认可，双方共同确定第三位成员作为主席。如果合同中有争端裁决委员会成员的意向性名单，则必须从该名单中进行选择。合同双方应当共同商定对争端裁决委员会成员的支付条件，并由双方各支付酬金的一半。

争端裁决委员会在收到书面报告后 84 天内对争端作出裁决，并说明理由。如果合同一方对争端裁决委员会的裁决不满，则应当在收到裁决后的 28 天内向合同对方发出表示不满的通知，并说明理由，表明准备提请仲裁。如果争端裁决委员会未在 84 天内对争端作出裁决，则双方中的任何一方均有权在 84 天的期满后的 24 天内向对方发出要求仲裁的通知。如果双方接受争端裁决委员会的裁决，或者没有按照规定发出表示不满的通知，则该裁决将成为最终的决定。

争端裁决委员会的裁决作出后，在未通过友好解决或者仲裁改变该裁决之前，双方应当执行该裁决。

五、争端的友好解决

在合同发生争端时，如果双方能通过协商达成一致，这比通过仲裁、诉讼程序解决争端好得多。这样既能节省时间和费用，也不会伤害双方的感情，使双方的良好合作关系能够得以保持。事实上，在国际工程承包合同中产生的争端大都可以通过友好协商得到解决。因此，如果工程师对争端的决定不被接受，双方应尽量自行友好解决，而不应立即对这一争端开始申请仲裁。在合同一方发出对争端裁决委员会裁决不满的通知后，必须经过 56 天才能申请仲裁。这 56 天的时间是留给争端双方友好解决的。

当然，如果没有特别的协议，友好解决并非必须采取的步骤。为了避免解决争端的协商无限期拖延，只要过了一定期限，不论是否作了友好解决的努力，双方均可提出仲裁申请。

六、争端的仲裁

仲裁的规定，其意义不仅在于寻找一条解决争端的途径和方法，更重要的是仲裁条款的出现使当事人双方失去了通过诉讼程序解决合同争端的权利。因为当事人在仲裁与诉讼中只能选择一种解决方法，因此，该规定实际决定了合同当事人只能把提交仲裁作为解决争端的最后办法。

在仲裁制度上，国际上的通行做法都是规定仲裁机构的裁决是终局性的，当事人无权就仲裁机构的裁决向法院起诉。因为国际上的仲裁机构都是民间组织，申请仲裁是当事人基于对仲裁机构的信任及双方的自愿。仲裁机构接受仲裁申请必须经双方当事人的同意（在合同中有仲裁条款或仲裁协议），同时，这种同意也排除了法院对合同争端的管辖权。

仲裁裁决具有法律效力。但仲裁机构无权强制执行，如一方当事人不履行裁决，另一方当事人可向法院申请强制执行。

如果争执双方没有另外的协议，仲裁可以在当事人将此争端提交仲裁的意向通知（也就是表示不满的通知）发出后56天后开始。

在工程竣工前后均可诉诸仲裁。但在工程进行过程中，业主、工程师、承包商各自的义务不得以仲裁正在进行为理由而加以改变。

附录一

中华人民共和国合同法

（1999 年 3 月 15 日第九届全国人民代表大会第二次会议通过）

总　　则

第一章　一 般 规 定

第一条　为了保护合同当事人的合法权益，维护社会经济秩序，促进社会主义现代化建设，制定本法。

第二条 本法所称合同是平等主体的自然人、法人、其他组织之间设立、变更、终止民事权利义务关系的协议。

婚姻、收养、监护等有关身份关系的协议，适用其他法律的规定。

第三条 合同当事人的法律地位平等，一方不得将自己的意志强加给另一方。

第四条 当事人依法享有自愿订立合同的权利，任何单位和个人不得非法干预。

第五条 当事人应当遵循公平原则确定各方的权利和义务。

第六条 当事人行使权利、履行义务应当遵循诚实信用原则。

第七条 当事人订立、履行合同，应当遵守法律、行政法规，尊重社会公德，不得扰乱社会经济秩序，损害社会公共利益。

第八条 依法成立的合同，对当事人具有法律约束力。当事人应当按照约定履行自己的义务，不得擅自变更或者解除合同。

依法成立的合同，受法律保护。

第二章 合同的订立

第九条 当事人订立合同，应当具有相应的民事权利能力和民事行为能力。

当事人依法可以委托代理人订立合同。

第十条 当事人订立合同，有书面形式、口头形式和其他形式。

法律、行政法规规定采用书面形式的，应当采用书面形式。当事人约定采用书面形式的，应当采用书面形式。

第十一条 书面形式是指合同书、信件和数据电文（包括电报、电传、传真、电子数据交换和电子邮件）等可以有形地表现所载内容的形式。

第十二条 合同的内容由当事人约定，一般包括以下条款：

（一）当事人的名称或者姓名和住所；

（二）标的；

（三）数量；

（四）质量；

（五）价款或者报酬；

（六）履行期限、地点和方式；

（七）违约责任；

（八）解决争议的方法。

当事人可以参照各类合同的示范文本订立合同。

第十三条 当事人订立合同，采取要约、承诺方式。

第十四条 要约是希望和他人订立合同的意思表示，该意思表示应当符合下列规定：

（一）内容具体确定；

（二）表明经受要约人承诺，要约人即受该意思表示约束。

第十五条 要约邀请是希望他人向自己发出要约的意思表示。寄送的价目表、拍卖公告、招标公告、招股说明书、商业广告等为要约邀请。

商业广告的内容符合要约规定的，视为要约。

第十六条 要约到达受要约人时生效。

采用数据电文形式订立合同，收件人指定特定系统接收数据电文的，该数据电文进入该特定系统的时间，视为到达时间；未指定特定系统的，该数据电文进入收件人的任何系统的首次时间，视为到达时间。

第十七条 要约可以撤回。撤回要约的通知应当在要约到达受要约人之前或者与要约同时到达受要约人。

第十八条 要约可以撤销。撤销要约的通知应当在受要约人发出承诺通知之前到达受要约人。

第十九条 有下列情形之一的，要约不得撤销：

（一）要约人确定了承诺期限或者以其他形式明示要约不可撤销；

（二）受要约人有理由认为要约是不可撤销的，并已经为履行合同作了准备工作。

第二十条 有下列情形之一的，要约失效：

（一）拒绝要约的通知到达要约人；

（二）要约人依法撤销要约；

（三）承诺期限届满，受要约人未作出承诺；

（四）受要约人对要约的内容作出实质性变更。

第二十一条 承诺是受要约人同意要约的意思表示。

第二十二条 承诺应当以通知的方式作出，但根据交易习惯或者要约表明可以通过行为作出承诺的除外。

第二十三条 承诺应当在要约确定的期限内到达要约人。

要约没有确定承诺期限的，承诺应当依照下列规定到达：

（一）要约以对话方式作出的，应当即时作出承诺，但当事人另有约定的除外；

（二）要约以非对话方式作出的，承诺应当在合理期限内到达。

第二十四条 要约以信件或者电报作出的，承诺期限自信件载明的日期或者电报交发之日开始计算。信件未载明日期的，自投寄该信件的邮戳日期开始计算。要约以电话、传真等快速通讯方式作出的，承诺期限自要约到达受要约人时开始计算。

第二十五条 承诺生效时合同成立。

第二十六条 承诺通知到达要约人时生效。承诺不需要通知的，根据交易习惯或者要约的要求作出承诺的行为时生效。

采用数据电文形式订立合同的，承诺到达的时间适用本法第十六条第二款的规定。

第二十七条 承诺可以撤回。撤回承诺的通知应当在承诺通知到达要约人之前或者与承诺通知同时到达要约人。

第二十八条 受要约人超过承诺期限发出承诺的，除要约人及时通知受要约人该承诺有效的以外，为新要约。

第二十九条 受要约人在承诺期限内发出承诺，按照通常情形能够及时到达要约人，但因其他原因承诺到达要约人时超过承诺期限的，除要约人及时通知受要约人因承诺超过期限不接受该承诺的以外，该承诺有效。

第三十条 承诺的内容应当与要约的内容一致。受要约人对要约的内容作出实质性变更的，为新要约。有关合同标的、数量、质量、价款或者报酬、履行期限、履行地点和方式、违约责任和解决争议方法等的变更，是对要约内容的实质性变更。

第三十一条 承诺对要约的内容作出非实质性变更的，除要约人及时表示反对或者要约表明承诺不得对要约的内容作出任何变更的以外，该承诺有效，合同的内容以承诺的内容为准。

第三十二条 当事人采用合同书形式订立合同的，自双方当事人签字或者盖章时合同成立。

第三十三条 当事人采用信件、数据电文等形式订立合同的，可以在合同成立之前要求签订确认书。签订确认书时合同成立。

第三十四条 承诺生效的地点为合同成立的地点。

采用数据电文形式订立合同的，收件人的主营业地为合同成立的地点；没有主营业地的，其经常居住地为合同成立的地点。当事人另有约定的，按照其约定。

第三十五条 当事人采用合同书形式订立合同的，双方当事人签字或者盖章的地点为合同成立的地点。

第三十六条 法律、行政法规规定或者当事人约定采用书面形式订立合同，当事人未采用书面形式但一方已经履行主要义务，对方接受的，该合同成立。

第三十七条 采用合同书形式订立合同，在签字或者盖章之前，当事人一方已经履行主要义务，对方接受的，该合同成立。

第三十八条 国家根据需要下达指令性任务或者国家订货任务的，有关法人、其他组织之间应当依照有关法律、行政法规规定的权利和义务订立合同。

第三十九条 采用格式条款订立合同的，提供格式条款的一方应当遵循公平原则确定当事人之间的权利和义务，并采取合理的方式提请对方注意免除或者限制其责任的条款，按照对方的要求，对该条款予以说明。

格式条款是当事人为了重复使用而预先拟定，并在订立合同时未与对方协商的条款。

第四十条 格式条款具有本法第五十二条和第五十三条规定情形的，或者提供格式条款一方免除其责任、加重对方责任、排除对方主要权利的，该条款无效。

第四十一条 对格式条款的理解发生争议的，应当按照通常理解予以解释。对格式条款有两种以上解释的，应当作出不利于提供格式条款一方的解释。格式条款和非格式条款不一致的，应当采用非格式条款。

第四十二条 当事人在订立合同过程中有下列情形之一，给对方造成损失的，应当承担损害赔偿责任：

（一）假借订立合同，恶意进行磋商；

（二）故意隐瞒与订立合同有关的重要事实或者提供虚假情况；

（三）有其他违背诚实信用原则的行为。

第四十三条 当事人在订立合同过程中知悉的商业秘密，无论合同是否成立，不得泄露或者不正当地使用。泄露或者不正当地使用该商业秘密给对方造成损失的，应当承担损害赔偿责任。

第三章 合同的效力

第四十四条 依法成立的合同，自成立时生效。

法律、行政法规规定应当办理批准、登记等手续生效的，依照其规定。

第四十五条 当事人对合同的效力可以约定附条件。附生效条件的合同，自条件成就时生效。附解除条件的合同，自条件成就时失效。

当事人为自己的利益不正当地阻止条件成就的，视为条件已成就；不正当地促成条件成就的，视为条件不成就。

第四十六条 当事人对合同的效力可以约定附期限。附生效期限的合同，自期限届至时生效。附终止期限的合同，自期限届满时失效。

第四十七条 限制民事行为能力人订立的合同，经法定代理人追认后，该合同有效，但纯获利益的合同或者与其年龄、智力、精神健康状况相适应而订立的合同，不必经法定代理人追认。

相对人可以催告法定代理人在一个月内予以追认。法定代理人未作表示的，视为拒绝追认。合同被追认之前，善意相对人有撤销的权利。撤销应当以通知的方式作出。

第四十八条 行为人没有代理权、超越代理权或者代理权终止后以被代理人名义订立的合同，未经被代理人追认，对被代理人不发生效力，由行为人承担责任。

相对人可以催告被代理人在一个月内予以追认。被代理人未作表示的，视为拒绝追认。合同被追认之前，善意相对人有撤销的权利。撤销应当以通知的方式作出。

第四十九条 行为人没有代理权、超越代理权或者代理权终止后以被代理人名义订立合同，相对人有理由相信行为人有代理权的，该代理行为有效。

第五十条 法人或者其他组织的法定代表人、负责人超越权限订立的合同，除相对人知道或者应当知道其超越权限的以外，该代表行为有效。

第五十一条 无处分权的人处分他人财产，经权利人追认或者无处分权的人订立合同后取得处分权的，该合同有效。

第五十二条 有下列情形之一的，合同无效：

（一）一方以欺诈、胁迫的手段订立合同，损害国家利益；

（二）恶意串通，损害国家、集体或者第三人利益；

（三）以合法形式掩盖非法目的；

（四）损害社会公共利益；

（五）违反法律、行政法规的强制性规定。

第五十三条 合同中的下列免责条款无效：

（一）造成对方人身伤害的；

（二）因故意或者重大过失造成对方财产损失的。

第五十四条 下列合同，当事人一方有权请求人民法院或者仲裁机构变更或者撤销：

（一）因重大误解订立的；

（二）在订立合同时显失公平的。

一方以欺诈、胁迫的手段或者乘人之危，使对方在违背真实意思的情况下订立的合同，受损害方有权请求人民法院或者仲裁机构变更或者撤销。

当事人请求变更的，人民法院或者仲裁机构不得撤销。

第五十五条 有下列情形之一的，撤销权消灭：

（一）具有撤销权的当事人自知道或者应当知道撤销事由之日起一年内没有行使撤销权；

（二）具有撤销权的当事人知道撤销事由后明确表示或者以自己的行为放弃撤销权。

第五十六条 无效的合同或者被撤销的合同自始没有法律约束力。合同部分无效，不影响其他部分效力的，其他部分仍然有效。

第五十七条 合同无效、被撤销或者终止的，不影响合同中独立存在的有关解决争议方法的条款的效力。

第五十八条 合同无效或者被撤销后，因该合同取得的财产，应当予以返还；不能返还或者没有必要返还的，应当折价补偿。有过错的一方应当赔偿对方因此所受到的损失，双方都有过错的，应当各自承担相应的责任。

第五十九条 当事人恶意串通，损害国家、集体或者第三人利益的，因此取得的财产收归国家所有或者返还集体、第三人。

第四章 合同的履行

第六十条 当事人应当按照约定全面履行自己的义务。

当事人应当遵循诚实信用原则，根据合同的性质、目的和交易习惯履行通知、协助、保密等义务。

第六十一条 合同生效后，当事人就质量、价款或者报酬、履行地点等内容没有约定或者约定不明确的，可以协议补充；不能达成补充协议的，按照合同有关条款或者交易习惯确定。

第六十二条 当事人就有关合同内容约定不明确，依照本法第六十一条的规定仍不能确定的，适用下列规定：

（一）质量要求不明确的，按照国家标准、行业标准履行；没有国家标准、行业标准的，按照通常标准或者符合合同目的的特定标准履行。

（二）价款或者报酬不明确的，按照订立合同时履行地的市场价格履行；依法应当执行政府定价或者政府指导价的，按照规定履行。

（三）履行地点不明确，给付货币的，在接受货币一方所在地履行；交付不动产的，在不动产所在地履行；其他标的，在履行义务一方所在地履行。

（四）履行期限不明确的，债务人可以随时履行，债权人也可以随时要求履行，但应当给对方必要的准备时间。

（五）履行方式不明确的，按照有利于实现合同目的的方式履行。

（六）履行费用的负担不明确的，由履行义务一方负担。

第六十三条 执行政府定价或者政府指导价的，在合同约定的交付期限内政府价格调整时，按照交付时的价格计价。逾期交付标的物的，遇价格上涨时，按照原价格执行；价格下降时，按照新价格执行。逾期提取标的物或者逾期付款的，遇价格上涨时，按照新价格执行；价格下降时，按照原价格执行。

第六十四条 当事人约定由债务人向第三人履行债务的，债务人未向第三人履行债务或者履行债务不符合约定，应当向债权人承担违约责任。

第六十五条 当事人约定由第三人向债权人履行债务的，第三人不履行债务或者履行债务不符合约定，债务人应当向债权人承担违约责任。

第六十六条 当事人互负债务，没有先后履行顺序的，应当同时履行。一方在对方履行之前有权拒绝其履行要求。一方在对方履行债务不符合约定时，有权拒绝其相应的履行要求。

第六十七条 当事人互负债务，有先后履行顺序，先履行一方未履行的，后履行一方有权拒绝其履行要求。先履行一方履行债务不符合约定的，后履行一方有权拒绝其相应的履行要求。

第六十八条 应当先履行债务的当事人，有确切证据证明对方有下列情形之一的，可以中止履行：

（一）经营状况严重恶化；

（二）转移财产、抽逃资金，以逃避债务；

（三）丧失商业信誉；

（四）有丧失或者可能丧失履行债务能力的其他情形。

当事人没有确切证据中止履行的，应当承担违约责任。

第六十九条 当事人依照本法第六十八条的规定中止履行的，应当及时通知对方。对方提供适当担保时，应当恢复履行。中止履行后，对方在合理期限内未恢复履行能力并且未提供适当担保的，中止履行的一方可以解除合同。

第七十条 债权人分立、合并或者变更住所没有通知债务人，致使履行债务发生困难的，债务人可以中止履行或者将标的物提存。

第七十一条 债权人可以拒绝债务人提前履行债务，但提前履行不损害债权人利益的除外。

债务人提前履行债务给债权人增加的费用，由债务人负担。

第七十二条 债权人可以拒绝债务人部分履行债务，但部分履行不损害债权人利益的除外。

债务人部分履行债务给债权人增加的费用，由债务人负担。

第七十三条 因债务人怠于行使其到期债权，对债权人造成损害的，债权人可以向人民法院请求以自己的名义代位行使债务人的债权，但该债权专属于债务人自身的除外。

代位权的行使范围以债权人的债权为限。债权人行使代位权的必要费用，由债务人负担。

第七十四条 因债务人放弃其到期债权或者无偿转让财产，对债权人造成损害的，债权人可以请求人民法院撤销债务人的行为。债务人以明显不合理的低价转让财产，对债权人造成损害，并且受让人知道该情形的，债权人也可以请求人民法院撤销债务人的行为。

撤销权的行使范围以债权人的债权为限。债权人行使撤销权的必要费用，由债务人负担。

第七十五条 撤销权自债权人知道或者应当知道撤销事由之日起一年内行使。自债务人的行为发生之日起五年内没有行使撤销权的，该撤销权消灭。

第七十六条 合同生效后，当事人不得因姓名、名称的变更或者法定代表人、负责人、承办人的变动而不履行合同义务。

第五章 合同的变更和转让

第七十七条 当事人协商一致，可以变更合同。

法律、行政法规规定变更合同应当办理批准、登记等手续的，依照其规定。

第七十八条 当事人对合同变更的内容约定不明确的，推定为未变更。

第七十九条 债权人可以将合同的权利全部或者部分转让给**第三人，但有下列情形之一的除外：**

（一）根据合同性质不得转让；

（二）按照当事人约定不得转让；

（三）依照法律规定不得转让。

第八十条 债权人转让权利的，应当通知债务人。未经通知，该转让对债务人不发生效力。

债权人转让权利的通知不得撤销，但经受让人同意的除外。

第八十一条 债权人转让权利的，受让人取得与债权有关的从权利，但该从权利专属于债权人自身的除外。

第八十二条 债务人接到债权转让通知后，债务人对让与人的抗辩，可以向受让人主张。

第八十三条 债务人接到债权转让通知时，债务人对让与人享有债权，并且债务人的债权先于转让的债权到期或者同时到期的，债务人可以向受让人主张抵消。

第八十四条 债务人将合同的义务全部或者部分转移给**第三人的，应当经债权人同意。**

第八十五条 债务人转移义务的，新债务人可以主张原债务人对债权人的抗辩。

第八十六条 债务人转移义务的，新债务人应当承担与主债务有关的从债务，但该从债务专属于原债务人自身的除外。

第八十七条 法律、行政法规规定转让权利或者转移义务应当办理批准、登记等手续的，依照其规定。

第八十八条 当事人一方经对方同意，可以将自己在合同中的权利和义务一并转让给第三人。

第八十九条 权利和义务一并转让的，适用本法第七十九条、第八十一条至第八十三条、第八十五条至第八十七条的规定。

第九十条 当事人订立合同后合并的，由合并后的法人或者其他组织行使合同权利，履行合同义务。当事人订立合同后分立的，除债权人和债务人另有约定的以外，由分立的法人或者其他组织对合同的权利和义务享有连带债权，承担连带债务。

第六章 合同的权利义务终止

第九十一条 有下列情形之一的，合同的权利义务终止：

（一）债务已经按照约定履行；

（二）合同解除；

（三）债务相互抵销；

（四）债务人依法将标的物提存；

（五）债权人免除债务；

（六）债权债务同归于一人；

（七）法律规定或者当事人约定终止的其他情形。

第九十二条 合同的权利义务终止后，当事人应当遵循诚实信用原则，根据交易习惯履行通知、协助、保密等义务。

第九十三条 当事人协商一致，可以解除合同。

当事人可以约定一方解除合同的条件。解除合同的条件成就时，解除权人可以解除合同。

第九十四条 有下列情形之一的，当事人可以解除合同：

（一）因不可抗力致使不能实现合同目的；

（二）在履行期限届满之前，当事人一方明确表示或者以自己的行为表明不履行主要债务；

（三）当事人一方迟延履行主要债务，经催告后在合理期限内仍未履行；

（四）当事人一方迟延履行债务或者有其他违约行为致使不能实现合同目的；

（五）法律规定的其他情形。

第九十五条 法律规定或者当事人约定解除权行使期限，期限届满当事人不行使的，该权利消灭。

法律没有规定或者当事人没有约定解除权行使期限，经对方催告后在合理期限内不行使的，该权利消灭。

第九十六条 当事人一方依照本法第九十三条第二款、第九十四条的规定主张解除合同的，应当通知对方。合同自通知到达对方时解除。对方有异议的，可以请求人民法院或者仲裁机构确认解除合同的效力。

法律、行政法规规定解除合同应当办理批准、登记等手续的，依照其规定。

第九十七条 合同解除后，尚未履行的，终止履行；已经履行的，根据履行情况和合同性质，当事人可以要求恢复原状、采取其他补救措施，并有权要求赔偿损失。

第九十八条 合同的权利义务终止，不影响合同中结算和清理条款的效力。

第九十九条 当事人互负到期债务，该债务的标的物种类、品质相同的，任何一方可以将自己的债务与对方的债务抵消，但依照法律规定或者按照合同性质不得抵消的除外。

当事人主张抵消的，应当通知对方。通知自到达对方时生效。抵消不得附条件或者附期限。

第一百条 当事人互负债务，标的物种类、品质不相同的，经双方协商一致，也可以抵消。

第一百零一条 有下列情形之一，难以履行债务的，债务人可以将标的物提存：

（一）债权人无正当理由拒绝受领；

（二）债权人下落不明；

（三）债权人死亡未确定继承人或者丧失民事行为能力未确定监护人；

（四）法律规定的其他情形。

标的物不适于提存或者提存费用过高的，债务人依法可以拍卖或者变卖标的物，提存所得的价款。

第一百零二条 标的物提存后，除债权人下落不明的以外，债务人应当及时通知债权人或者债权人的继承人、监护人。

第一百零三条 标的物提存后，毁损、灭失的风险由债权人承担。提存期间，标的物的孳息归债权人所有。提存费用由债权人负担。

第一百零四条 债权人可以随时领取提存物，但债权人对债务人负有到期债务的，在债权人未履行债务或者提供担保之前，提存部门根据债务人的要求应当拒绝其领取提存物。

债权人领取提存物的权利，自提存之日起五年内不行使而消灭，提存物扣除提存费用后归国家所有。

第一百零五条 债权人免除债务人部分或者全部债务的，合同的权利义务部分或者全部终止。

第一百零六条 债权和债务同归于一人的，合同的权利义务终止，但涉及第三人利益的除外。

第七章 违约责任

第一百零七条 当事人一方不履行合同义务或者履行合同义务不符合约定的，应当承担继续履行、采取补救措施或者赔偿损失等违约责任。

第一百零八条 当事人一方明确表示或者以自己的行为表明不履行合同义务的，对方可以在履行期限届满之前要求其承担违约责任。

第一百零九条 当事人一方未支付价款或者报酬的，对方可以要求其支付价款或者报酬。

第一百一十条 当事人一方不履行非金钱债务或者履行非金钱债务不符合约定的，对方可以要求履行，但有下列情形之一的除外：

（一）法律上或者事实上不能履行；

（二）债务的标的不适于强制履行或者履行费用过高；

（三）债权人在合理期限内未要求履行。

第一百一十一条 质量不符合约定的，应当按照当事人的约定承担违约责任。对违约责任没有约定或者约定不明确，依照本法第六十一条的规定仍不能确定的，受损害方根据标的的性质以及损失的大小，可以合理选择要求对方承担修理、更换、重作、退货、减少价款或者报酬等违约责任。

第一百一十二条 当事人一方不履行合同义务或者履行合同义务不符合约定的，在履行义务或者采取补救措施后，对方还有其他损失的，应当赔偿损失。

第一百一十三条 当事人一方不履行合同义务或者履行合同义务不符合约定，给对方造成损失的，损失赔偿额应当相当于因违约所造成的损失，包括合同履行后可以获得的利益，但不得超过违反合同一方订立合同时预见到或者应当预见到的因违反合同可能造成的损失。

经营者对消费者提供商品或者服务有欺诈行为的，依照《中华人民共和国消费者权益保护法》的规定承担损害赔偿责任。

第一百一十四条 当事人可以约定一方违约时应当根据违约情况向对方支付一定数额的违约金，也可以约定因违约产生的损失赔偿额的计算方法。

约定的违约金低于造成的损失的，当事人可以请求人民法院或者仲裁机构予以增加；约定的违约金过分高于造成的损失的，当事人可以请求人民法院或者仲裁机构予以适当减少。

当事人就迟延履行约定违约金的，违约方支付违约金后，还应当履行债务。

第一百一十五条 当事人可以依照《中华人民共和国担保法》约定一方向对方给付定金作为债权的担保。债务人履行债务后，定金应当抵作价款或者收回。给付定金的一方不履行约定的债务的，无权要求返还定金；收受定金的一方不履行约定的债务的，应当双倍返还定金。

第一百一十六条 当事人既约定违约金，又约定定金的，一方违约时，对方可以选择适用违约金或者定金条款。

第一百一十七条 因不可抗力不能履行合同的，根据不可抗力的影响，部分或者全部免除责任，但法律另有规定的除外。当事人迟延履行后发生不可抗力的，不能免除责任。

本法所称不可抗力，是指不能预见、不能避免并不能克服的客观情况。

第一百一十八条 当事人一方因不可抗力不能履行合同的，应当及时通知对方，以减轻可能给对方造成的损失，并应当在合理期限内提供证明。

第一百一十九条 当事人一方违约后，对方应当采取适当措施防止损失的扩大；没有采取适当措施致使损失扩大的，不得就扩大的损失要求赔偿。

当事人因防止损失扩大而支出的合理费用，由违约方承担。

第一百二十条 当事人双方都违反合同的，应当各自承担相应的责任。

第一百二十一条 当事人一方因第三人的原因造成违约的，应当向对方承担违约责任。当事人一方和第三人之间的纠纷，依照法律规定或者按照约定解决。

第一百二十二条 因当事人一方的违约行为，侵害对方人身、财产权益的，受损害方有权选择依照本法要求其承担违约责任或者依照其他法律要求其承担侵权责任。

第八章 其他规定

第一百二十三条 其他法律对合同另有规定的，依照其规定。

第一百二十四条 本法分则或者其他法律没有明文规定的合同，适用本法总则的规定，并可以参照本法分则或者其他法律最相类似的规定。

第一百二十五条 当事人对合同条款的理解有争议的，应当按照合同所使用的词句、合同的有关条款、合同的目的、交易习惯以及诚实信用原则，确定该条款的真实意思。

合同文本采用两种以上文字订立并约定具有同等效力的，对各文本使用的词句推定具有相同含义。各文本使用的词句不一致的，应当根据合同的目的予以解释。

第一百二十六条 涉外合同的当事人可以选择处理合同争议所适用的法律，但法律另有规定的除外。涉外合同的当事人没有选择的，适用与合同有最密切联系的国家的法律。

在中华人民共和国境内履行的中外合资经营企业合同、中外合作经营企业合同、中外合作勘探开发自然资源合同，适用中华人民共和国法律。

第一百二十七条 工商行政管理部门和其他有关行政主管部门在各自的职权范围内，依照法律、行政法规的规定，对利用合同危害国家利益、社会公共利益的违法行为，负责监督处理；构成犯罪的，依法追究刑事责任。

第一百二十八条 当事人可以通过和解或者调解解决合同争议。

当事人不愿和解、调解或者和解、调解不成的，可以根据仲裁协议向仲裁机构申请仲裁。涉外合同的当事人可以根据仲裁协议向中国仲裁机构或者其他仲裁机构申请仲裁。当事人没有订立仲裁协议或者仲裁协议无效的，可以向人民法院起诉。当事人应当履行发生法律效力的判决、仲裁裁决、调解书；拒不履行的，对方可以请求人民法院执行。

第一百二十九条 因国际货物买卖合同和技术进出口合同争议提起诉讼或者申请仲裁的期限为四年，自当事人知道或者应当知道其权利受到侵害之日起计算。因其他合同争议提起诉讼或者申请仲裁的期限，依照有关法律的规定。

分 则

第十五章 承揽合同

第二百五十一条 承揽合同是承揽人按照定作人的要求完成工作，交付工作成果，定作人给付报酬的合同。

承揽包括加工、定作、修理、复制、测试、检验等工作。

第二百五十二条 承揽合同的内容包括承揽的标的、数量、质量、报酬、承揽方式、材料的提供、履行期限、验收标准和方法等条款。

第二百五十三条 承揽人应当以自己的设备、技术和劳力，完成主要工作，但当事人另有约定的除外。

承揽人将其承揽的主要工作交由第三人完成的，应当就该第三人完成的工作成果向定作人负责；未经定作人同意的，定作人也可以解除合同。

第二百五十四条 承揽人可以将其承揽的辅助工作交由第三人完成。承揽人将其承揽的辅助工作交由第三人完成的，应当就该第三人完成的工作成果向定作人负责。

第二百五十五条 承揽人提供材料的，承揽人应当按照约定选用材料，并接受定作人检验。

第二百五十六条 定作人提供材料的，定作人应当按照约定提供材料。承揽人对定作人提供的材料，应当及时检验，发现不符合约定时，应当及时通知定作人更换、补齐或者采取其他补救措施。

承揽人不得擅自更换定作人提供的材料，不得更换不需要修理的零部件。

第二百五十七条 承揽人发现定作人提供的图纸或者技术要求不合理的，应当及时通知定作人。因定作人怠于答复等原因造成承揽人损失的，应当赔偿损失。

第二百五十八条 定作人中途变更承揽工作的要求，造成承揽人损失的，应当赔偿损失。

第二百五十九条 承揽工作需要定作人协助的，定作人有协助的义务。定作人不履行协助义务致使承揽工作不能完成的，承揽人可以催告定作人在合理期限内履行义务，并可以顺延履行期限；定作人逾期不履行的，承揽人可以解除合同。

第二百六十条 承揽人在工作期间，应当接受定作人必要的监督检验。定作人不得因监督检验妨碍承揽人的正常工作。

第二百六十一条 承揽人完成工作的，应当向定作人交付工作成果，并提交必要的技术资料和有关质量证明。定作人应当验收该工作成果。

第二百六十二条 承揽人交付的工作成果不符合质量要求的，定作人可以要求承揽人承担修理、重作、减少报酬、赔偿损失等违约责任。

第二百六十三条 定作人应当按照约定的期限支付报酬。对支付报酬的期限没有约定或者约定不明确，依照本法第六十一条的规定仍不能确定的，定作人应当在承揽人交付工作成果时支付；工作成果部分交付的，定作人应当相应支付。

第二百六十四条 定作人未向承揽人支付报酬或者材料费等价款的，承揽人对完成的工作成果享有留置权，但当事人另有约定的除外。

第二百六十五条 承揽人应当妥善保管定作人提供的材料以及完成的工作成果，因保管不善造成毁损、灭失的，应当承担损害赔偿责任。

第二百六十六条 承揽人应当按照定作人的要求保守秘密，未经定作人许可，不得留存复制品或者技术资料。

第二百六十七条 共同承揽人对定作人承担连带责任，但当事人另有约定的除外。

第二百六十八条 定作人可以随时解除承揽合同，造成承揽人损失的，应当赔偿损失。

第十六章　建设工程合同

第二百六十九条　建设工程合同是承包人进行工程建设，发包人支付价款的合同。

建设工程合同包括工程勘察、设计、施工合同。

第二百七十条　建设工程合同应当采用书面形式。

第二百七十一条　建设工程的招标投标活动，应当依照有关法律的规定公开、公平、公正进行。

第二百七十二条　发包人可以与总承包人订立建设工程合同，也可以分别与勘察人、设计人、施工人订立勘察、设计、施工承包合同。发包人不得将应当由一个承包人完成的建设工程肢解成若干部分发包给几个承包人。

总承包人或者勘察、设计、施工承包人经发包人同意，可以将自己承包的部分工作交由第三人完成。第三人就其完成的工作成果与总承包人或者勘察、设计、施工承包人向发包人承担连带责任。承包人不得将其承包的全部建设工程转包给第三人或者将其承包的全部建设工程肢解以后以分包的名义分别转包给第三人。

禁止承包人将工程分包给不具备相应资质条件的单位。禁止分包单位将其承包的工程再分包。建设工程主体结构的施工必须由承包人自行完成。

第二百七十三条　国家重大建设工程合同，应当按照国家规定的程序和国家批准的投资计划、可行性研究报告等文件订立。

第二百七十四条　勘察、设计合同的内容包括提交有关基础资料和文件（包括概预算）的期限、质量要求、费用以及其他协作条件等条款。

第二百七十五条　施工合同的内容包括工程范围、建设工期、中间交工工程的开工和竣工时间、工程质量、工程造价、技术资料交付时间、材料和设备供应责任、拨款和结算、竣工验收、质量保修范围和质量保证期、双方相互协作等条款。

第二百七十六条　建设工程实行监理的，发包人应当与监理人采用书面形式订立委托监理合同。发包人与监理人的权利和义务以及法律责任，应当依照本法委托合同以及其他有关法律、行政法规的规定。

第二百七十七条　发包人在不妨碍承包人正常作业的情况下，可以随时对作业进度、质量进行检查。

第二百七十八条　隐蔽工程在隐蔽以前，承包人应当通知发包人检查。发包人没有及时检查的，承包人可以顺延工程日期，并有权要求赔偿停工、窝工等损失。

第二百七十九条　建设工程竣工后，发包人应当根据施工图纸及说明书、国家颁发的施工验收规范和质量检验标准及时进行验收。验收合格的，发包人应当按照约定支付价款，并接收该建设工程。

建设工程竣工经验收合格后，方可交付使用；未经验收或者验收不合格的，不得交付使用。

第二百八十条　勘察、设计的质量不符合要求或者未按照期限提交勘察、设计文件拖延工期，造成发包人损失的，勘察人、设计人应当继续完善勘察、设计，减收或者免收勘察、设计费并赔偿损失。

第二百八十一条　因施工人的原因致使建设工程质量不符合约定的，发包人有权要求施工人在合理期限内无偿修理或者返工、改建。经过修理或者返工、改建后，造成逾期交付的，施工人应当承担违约责任。

第二百八十二条 因承包人的原因致使建设工程在合理使用期限内造成人身和财产损害的，承包人应当承担损害赔偿责任。

第二百八十三条 发包人未按照约定的时间和要求提供原材料、设备、场地、资金、技术资料的，承包人可以顺延工程日期，并有权要求赔偿停工、窝工等损失。

第二百八十四条 因发包人的原因致使工程中途停建、缓建的，发包人应当采取措施弥补或者减少损失，赔偿承包人因此造成的停工、窝工、倒运、机械设备调迁、材料和构件积压等损失和实际费用。

第二百八十五条 因发包人变更计划，提供的资料不准确，或者未按照期限提供必需的勘察、设计工作条件而造成勘察、设计的返工、停工或者修改设计，发包人应当按照勘察人、设计人实际消耗的工作量增付费用。

第二百八十六条 发包人未按照约定支付价款的，承包人可以催告发包人在合理期限内支付价款。发包人逾期不支付的，除按照建设工程的性质不宜折价、拍卖的以外，承包人可以与发包人协议将该工程折价，也可以申请人民法院将该工程依法拍卖。建设工程的价款就该工程折价或者拍卖的价款优先受偿。

第二百八十七条 本章没有规定的，适用承揽合同的有关规定。

附　则

第四百二十八条 本法自 1999 年 10 月 1 日起施行，《中华人民共和国经济合同法》、《中华人民共和国涉外经济合同法》、《中华人民共和国技术合同法》同时废止。

附录二

中华人民共和国招标投标法

（1999年8月30日第九届全国人民代表大会常务委员会第十一次会议通过）

目　　录

第一章　总　　则

第一条　为了规范招标投标活动，保护国家利益、社会公共利益和招标投标活动当事人的合法权益，提高经济效益，保证项目质量，制定本法。

第二条　在中华人民共和国境内进行招标投标活动，适用本法。

第三条　在中华人民共和国境内进行下列工程建设项目包括项目的勘察、设计、施工、监理以及与工程建设有关的重要设备、材料等的采购，必须进行招标：

（一）大型基础设施、公用事业等关系社会公共利益、公众安全的项目；

（二）全部或者部分使用国有资金投资或者国家融资的项目；

（三）使用国际组织或者外国政府贷款、援助资金的项目。

前款所列项目的具体范围和规模标准，由国务院发展计划部门会同国务院有关部门制订，报国务院批准。

法律或者国务院对必须进行招标的其他项目的范围有规定的，依照其规定。

第四条　任何单位和个人不得将依法必须进行招标的项目化整为零或者以其他任何方式规避招标。

第五条　招标投标活动应当遵循公开、公平、公正和诚实信用的原则。

第六条　依法必须进行招标的项目，其招标投标活动不受地区或者部门的限制。任何单位和个人不得违法限制或者排斥本地区、本系统以外的法人或者其他组织参加投标，不得以任何方式非法干涉招标投标活动。

第七条　招标投标活动及其当事人应当接受依法实施的监督。

有关行政监督部门依法对招标投标活动实施监督，依法查处招标投标活动中的违法行为。

对招标投标活动的行政监督及有关部门的具体职权划分，由国务院规定。

第二章　招　　标

第八条　招标人是依照本法规定提出招标项目、进行招标的法人或者其他组织。

第九条 招标项目按照国家有关规定需要履行项目审批手续的，应当先履行审批手续，取得批准。

招标人应当有进行招标项目的相应资金或者资金来源已经落实，并应当在招标文件中如实载明。

第十条 招标分为公开招标和邀请招标。

公开招标，是指招标人以招标公告的方式邀请不特定的法人或者其他组织投标。

邀请招标，是指招标人以投标邀请书的方式邀请特定的法人或者其他组织投标。

第十一条 国务院发展计划部门确定的国家重点项目和省、自治区、直辖市人民政府确定的地方重点项目不适宜公开招标的，经国务院发展计划部门或者省、自治区、直辖市人民政府批准，可以进行邀请招标。

第十二条 招标人有权自行选择招标代理机构，委托其办理招标事宜。任何单位和个人不得以任何方式为招标人指定招标代理机构。

招标人具有编制招标文件和组织评标能力的，可以自行办理招标事宜。任何单位和个人不得强制其委托招标代理机构办理招标事宜。

依法必须进行招标的项目，招标人自行办理招标事宜的，应当向有关行政监督部门备案。

第十三条 招标代理机构是依法设立、从事招标代理业务并提供相关服务的社会中介组织。

招标代理机构应当具备下列条件：

（一）有从事招标代理业务的营业场所和相应资金；

（二）有能够编制招标文件和组织评标的相应专业力量；

（三）有符合本法**第三十七条第三款规定条件、可以作为评标委员会成员人选的技术、经济等方面的专家库**。

第十四条 从事工程建设项目招标代理业务的招标代理机构，其资格由国务院或者省、自治区、直辖市人民政府的建设行政主管部门认定。具体办法由国务院建设行政主管部门会同国务院有关部门制定。从事其他招标代理业务的招标代理机构，其资格认定的主管部门由国务院规定。

招标代理机构与行政机关和其他国家机关不得存在隶属关系或者其他利益关系。

第十五条 招标代理机构应当在招标人委托的范围内办理招标事宜，并遵守本法关于招标人的规定。

第十六条 招标人采用公开招标方式的，应当发布招标公告。依法必须进行招标的项目的招标公告，应当通过国家指定的报刊、信息网络或者其他媒介发布。

招标公告应当载明招标人的名称和地址、招标项目的性质、数量、实施地点和时间以及获取招标文件的办法等事项。

第十七条 招标人采用邀请招标方式的，应当向三个以上具备承担招标项目的能力、资信良好的特定的法人或者其他组织发出投标邀请书。

投标邀请书应当载明本法**第十六条第二款规定的事项**。

第十八条 招标人可以根据招标项目本身的要求，在招标公告或者投标邀请书中，要求潜在投标人提供有关资质证明文件和业绩情况，并对潜在投标人进行资格审查；国家对投标人的资格条件有规定的，依照其规定。

招标人不得以不合理的条件限制或者排斥潜在投标人，不得对潜在投标人实行歧视待遇。

第十九条 招标人应当根据招标项目的特点和需要编制招标文件。招标文件应当包括招标项目的技术要求、对投标人资格审查的标准、投标报价要求和评标标准等所有实质性要求和条件以及拟签订合同的主要条款。

国家对招标项目的技术、标准有规定的，招标人应当按照其规定在招标文件中提出相应要求。

招标项目需要划分标段、确定工期的，招标人应当合理划分标段、确定工期，并在招标文件中载明。

第二十条 招标文件不得要求或者标明特定的生产供应者以及含有倾向或者排斥潜在投标人的其他内容。

第二十一条 招标人根据招标项目的具体情况，可以组织潜在投标人踏勘项目现场。

第二十二条 招标人不得向他人透露已获取招标文件的潜在投标人的名称、数量以及可能影响公平竞争的有关招标投标的其他情况。

招标人设有标底的，标底必须保密。

第二十三条 招标人对已发出的招标文件进行必要的澄清或者修改的，应当在招标文件要求提交投标文件截止时间至少十五日前，以书面形式通知所有招标文件收受人。该澄清或者修改的内容为招标文件的组成部分。

第二十四条 招标人应当确定投标人编制投标文件所需要的合理时间；但是，依法必须进行招标的项目，自招标文件开始发出之日起至投标人提交投标文件截止之日止，最短不得少于二十日。

第三章　投　　标

第二十五条 投标人是响应招标、参加投标竞争的法人或者其他组织。

依法招标的科研项目允许个人参加投标的，投标的个人适用本法有关投标人的规定。

第二十六条 投标人应当具备承担招标项目的能力；国家有关规定对投标人资格条件或者招标文件对投标人资格条件有规定的，投标人应当具备规定的资格条件。

第二十七条 投标人应当按照招标文件的要求编制投标文件。投标文件应当对招标文件提出的实质性要求和条件作出响应。

招标项目属于建设施工的，投标文件的内容应当包括拟派出的项目负责人与主要技术人员的简历、业绩和拟用于完成招标项目的机械设备等。

第二十八条 投标人应当在招标文件要求提交投标文件的截止时间前，将投标文件送达投标地点。招标人收到投标文件后，应当签收保存，不得开启。投标人少于三个的，招标人应当依照本法重新招标。

在招标文件要求提交投标文件的截止时间后送达的投标文件，招标人应当拒收。

第二十九条 投标人在招标文件要求提交投标文件的截止时间前，可以补充、修改或者撤回已提交的投标文件，并书面通知招标人。补充、修改的内容为投标文件的组成部分。

第三十条 投标人根据招标文件载明的项目实际情况，拟在中标后将中标项目的部分非主体、非关键性工作进行分包的，应当在投标文件中载明。

第三十一条 两个以上法人或者其他组织可以组成一个联合体，以一个投标人的身份共同投标。

联合体各方均应当具备承担招标项目的相应能力；国家有关规定或者招标文件对投标人资格条件有规定的，联合体各方均应当具备规定的相应资格条件。由同一专业的单位组成的联合体，按照资质等级较低的单位确定资质等级。

联合体各方应当签订共同投标协议，明确约定各方拟承担的工作和责任，并将共同投标协议连同投标文件一并提交招标人。

联合体中标的，联合体各方应当共同与招标人签订合同，就中标项目向招标人承担连带责任。

招标人不得强制投标人组成联合体共同投标，不得限制投标人之间的竞争。

第三十二条 投标人不得相互串通投标报价，不得排挤其他投标人的公平竞争，损害招标人或者其他投标人的合法权益。

投标人不得与招标人串通投标，损害国家利益、社会公共利益或者他人的合法权益。

禁止投标人以向招标人或者评标委员会成员行贿的手段谋取中标。

第三十三条 投标人不得以低于成本的报价竞标，也不得以他人名义投标或者以其他方式弄虚作假，骗取中标。

第四章 开标、评标和中标

第三十四条 开标应当在招标文件确定的提交投标文件截止时间的同一时间公开进行；开标地点应当为招标文件中预先确定的地点。

第三十五条 开标由招标人主持，邀请所有投标人参加。

第三十六条 开标时，由投标人或者其推选的代表检查投标文件的密封情况，也可以由招标人委托的公证机构检查并公证；经确认无误后，由工作人员当众拆封，宣读投标人名称、投标价格和投标文件的其他主要内容。

招标人在招标文件要求提交投标文件的截止时间前收到的所有投标文件，开标时都应当当众予以拆封、宣读。

开标过程应当记录，并存档备查。

第三十七条 评标由招标人依法组建的评标委员会负责。

依法必须进行招标的项目，其评标委员会由招标人的代表和有关技术、经济等方面的专家组成，成员人数为五人以上单数，其中技术、经济等方面的专家不得少于成员总数的三分之二。

前款专家应当从事相关领域工作满八年并具有高级职称或者具有同等专业水平，由招标人从国务院有关部门或者省、自治区、直辖市人民政府有关部门提供的专家名册或者招标代理机构的专家库内的相关专业的专家名单中确定；一般招标项目可以采取随机抽取方式，特殊招标项目可以由招标人直接确定。

与投标人有利害关系的人不得进入相关项目的评标委员会；已经进入的应当更换。

评标委员会成员的名单在中标结果确定前应当保密。

第三十八条 招标人应当采取必要的措施，保证评标在严格保密的情况下进行。

任何单位和个人不得非法干预、影响评标的过程和结果。

第三十九条 评标委员会可以要求投标人对投标文件中含义不明确的内容作必要的澄清或者说明，但是澄清或者说明不得超出投标文件的范围或者改变投标文件的实质性内容。

第四十条 评标委员会应当按照招标文件确定的评标标准和方法，对投标文件进行评审和比较；设有标底的，应当参考标底。评标委员会完成评标后，应当向招标人提出书面评标报告，并推荐合格的中标候选人。

招标人根据评标委员会提出的书面评标报告和推荐的中标候选人确定中标人。招标人也可以授权评标委员会直接确定中标人。

国务院对特定招标项目的评标有特别规定的，从其规定。

第四十一条 中标人的投标应当符合下列条件之一：

（一）能够最大限度地满足招标文件中规定的各项综合评价标准；

（二）能够满足招标文件的实质性要求，并且经评审的投标价格最低；但是投标价格低于成本的除外。

第四十二条 评标委员会经评审，认为所有投标都不符合招标文件要求的，可以否决所有投标。

依法必须进行招标的项目的所有投标被否决的，招标人应当依照本法重新招标。

第四十三条 在确定中标人前，招标人不得与投标人就投标价格、投标方案等实质性内容进行谈判。

第四十四条 评标委员会成员应当客观、公正地履行职务，遵守职业道德，对所提出的评审意见承担个人责任。

评标委员会成员不得私下接触投标人，不得收受投标人的财物或者其他好处。

评标委员会成员和参与评标的有关工作人员不得透露对投标文件的评审和比较、中标候选人的推荐情况以及与评标有关的其他情况。

第四十五条 中标人确定后，招标人应当向中标人发出中标通知书，并同时将中标结果通知所有未中标的投标人。

中标通知书对招标人和中标人具有法律效力。中标通知书发出后，招标人改变中标结果的，或者中标人放弃中标项目的，应当依法承担法律责任。

第四十六条 招标人和中标人应当自中标通知书发出之日起三十日内，按照招标文件和中标人的投标文件订立书面合同。招标人和中标人不得再行订立背离合同实质性内容的其他协议。

招标文件要求中标人提交履约保证金的，中标人应当提交。

第四十七条 依法必须进行招标的项目，招标人应当自确定中标人之日起十五日内，向有关行政监督部门提交招标投标情况的书面报告。

第四十八条 中标人应当按照合同约定履行义务，完成中标项目。中标人不得向他人转让中标项目，也不得将中标项目肢解后分别向他人转让。

中标人按照合同约定或者经招标人同意，可以将中标项目的部分非主体、非关键性工作分包给他人完成。接受分包的人应当具备相应的资格条件，并不得再次分包。

中标人应当就分包项目向招标人负责，接受分包的人就分包项目承担连带责任。

第五章　法律责任

第四十九条 违反本法规定，必须进行招标的项目而不招标的，将必须进行招标的项目化整为零或者以其他任何方式规避招标的，责令限期改正，可以处项目合同金额千分之五以上千分之十以下的罚款；对全部或者部分使用国有资金的项目，可以暂停项目执行或者暂停资金拨付；对单位直接负责的主管人员和其他直接责任人员依法给予处分。

第五十条 招标代理机构违反本法规定，泄露应当保密的与招标投标活动有关的情况和资料的，或者与招标人、投标人串通损害国家利益、社会公共利益或者他人合法权益的，处五万元以上二十五万元以下的罚款，对单位直接负责的主管人员和其他直接责任人员处单位罚款数额百分之五以上百分之十以下的罚款；有违法所得的，并处没收违法所得；情节严重的，暂停直至取消招标代理资格；构成犯罪的，依法追究刑事责任。给他人造成损失的，依法承担赔偿责任。

前款所列行为影响中标结果的，中标无效。

第五十一条 招标人以不合理的条件限制或者排斥潜在投标人的，对潜在投标人实行歧视待遇的，强制要求投标人组成联合体共同投标的，或者限制投标人之间竞争的，责令改正，可以处一万元以上五万元以下的罚款。

第五十二条 依法必须进行招标的项目的招标人向他人透露已获取招标文件的潜在投标人的名称、数量或者可能影响公平竞争的有关招标投标的其他情况的，或者泄露标底的，给予警告，可以并处一万元以上十万元以下的罚款；对单位直接负责的主管人员和其他直接责任人员依法给予处分；构成犯罪的，依法追究刑事责任。

前款所列行为影响中标结果的，中标无效。

第五十三条 投标人相互串通投标或者与招标人串通投标的，投标人以向招标人或者评标委员会成员行贿的手段谋取中标的，中标无效，处中标项目金额千分之五以上千分之十以下的罚款，对单位直接负责的主管人员和其他直接责任人员处单位罚款数额百分之五以上百分之十以下的罚款；有违法所得的，并处没收违法所得；情节严重的，取消其一年至两年内参加依法必须进行招标的项目的投标资格并予以公告，直至由工商行政管理机关吊销营业执照；构成犯罪的，依法追究刑事责任。给他人造成损失的，依法承担赔偿责任。

第五十四条 投标人以他人名义投标或者以其他方式弄虚作假，骗取中标的，中标无效，给招标人造成损失的，依法承担赔偿责任；构成犯罪的，依法追究刑事责任。

依法必须进行招标的项目的投标人有前款所列行为尚未构成犯罪的，处中标项目金额千分之五以上千分之十以下的罚款，对单位直接负责的主管人员和其他直接责任人员处单位罚款数额百分之五以上百分之十以下的罚款；有违法所得的，并处没收违法所得；情节严重的，取消其一年至三年内参加依法必须进行招标的项目的投标资格并予以公告，直至由工商行政管理机关吊销营业执照。

第五十五条 依法必须进行招标的项目，招标人违反本法规定，与投标人就投标价格、投标方案等实质性内容进行谈判的，给予警告，对单位直接负责的主管人员和其他直接责任人员依法给予处分。

前款所列行为影响中标结果的，中标无效。

第五十六条 评标委员会成员收受投标人的财物或者其他好处的，评标委员会成员或者参加评标的有关工作人员向他人透露对投标文件的评审和比较、中标候选人的推荐以及与评标有关的其他情况的，给予警告，没收收受的财物，可以并处三千元以上五万元以下的罚款，对有所列违法行为的评标委员会成员取消担任评标委员会成员的资格，不得再参加任何依法必须进行招标的项目的评标；构成犯罪的，依法追究刑事责任。

第五十七条 招标人在评标委员会依法推荐的中标候选人以外确定中标人的，依法必须进行招标的项目在所有投标被评标委员会否决后自行确定中标人的，中标无效。责令改正，可以处中标项目金额千分之五以上千分之十以下的罚款；对单位直接负责的主管人员和其他直接责任人员依法给予处分。

第五十八条 中标人将中标项目转让给他人的，将中标项目肢解后分别转让给他人的，违反本法规定将中标项目的部分主体、关键性工作分包给他人的，或者分包人再次分包的，转让、分包无效，处转让、分包项目金额千分之五以上千分之十以下的罚款；有违法所得的，并处没收违法所得；可以责令停业整顿；情节严重的，由工商行政管理机关吊销营业执照。

第五十九条 招标人与中标人不按照招标文件和中标人的投标文件订立合同的，或者招标人、中标人订立背离合同实质性内容的协议的，责令改正；可以处中标项目金额千分之五以上千分之十以下的罚款。

第六十条 中标人不履行与招标人订立的合同的，履约保证金不予退还，给招标人造成的损失超过履约保证金数额的，还应当对超过部分予以赔偿；没有提交履约保证金的，应当对招标人的损失承担赔偿责任。

中标人不按照与招标人订立的合同履行义务，情节严重的，取消其两年至五年内参加依法必须进行招标的项目的投标资格并予以公告，直至由工商行政管理机关吊销营业执照。

因不可抗力不能履行合同的，不适用前两款规定。

第六十一条 本章规定的行政处罚，由国务院规定的有关行政监督部门决定。本法已对实施行政处罚的机关作出规定的除外。

第六十二条 任何单位违反本法规定，限制或者排斥本地区、本系统以外的法人或者其他组织参加投标的，为招标人指定招标代理机构的，强制招标人委托招标代理机构办理招标事宜的，或者以其他方式干涉招标投标活动的，责令改正；对单位直接负责的主管人员和其他直接责任人员依法给予警告、记过、记大过的处分，情节较重的，依法给予降级、撤职、开除的处分。

个人利用职权进行前款违法行为的，依照前款规定追究责任。

第六十三条 对招标投标活动依法负有行政监督职责的国家机关工作人员徇私舞弊、滥用职权或者玩忽职守，构成犯罪的，依法追究刑事责任；不构成犯罪的，依法给予行政处分。

第六十四条 依法必须进行招标的项目违反本法规定，中标无效的，应当依照本法规定的中标条件从其余投标人中重新确定中标人或者依照本法重新进行招标。

第六章　附　　则

第六十五条 投标人和其他利害关系人认为招标投标活动不符合本法有关规定的，有权向招标人提出异议或者依法向有关行政监督部门投诉。

第六十六条 涉及国家安全、国家秘密、抢险救灾或者属于利用扶贫资金实行以工代赈、需要使用农民工等特殊情况，不适宜进行招标的项目，按照国家有关规定可以不进行招标。

第六十七条 使用国际组织或者外国政府贷款、援助资金的项目进行招标，贷款方、资金提供方对招标投标的具体条件和程序有不同规定的，可以适用其规定，但违背中华人民共和国的社会公共利益的除外。

第六十八条 本法自2000年1月1日起施行。

附录三

中华人民共和国招标投标法实施条例

（2011 年 11 月 30 日国务院第 183 次常务会议通过）

第一章　总　　则

第一条　为了规范招标投标活动，根据《中华人民共和国招标投标法》（以下简称招标投标法），制定本条例。

第二条　招标投标法第三条所称工程建设项目，是指工程以及与工程建设有关的货物、服务。

前款所称工程，是指建设工程，包括建筑物和构筑物的新建、改建、扩建及其相关的装修、拆除、修缮等；所称与工程建设有关的货物，是指构成工程不可分割的组成部分，且为实现工程基本功能所必需的设备、材料等；所称与工程建设有关的服务，是指为完成工程所需的勘察、设计、监理等服务。

第三条　依法必须进行招标的工程建设项目的具体范围和规模标准，由国务院发展改革部门会同国务院有关部门制订，报国务院批准后公布施行。

第四条　国务院发展改革部门指导和协调全国招标投标工作，对国家重大建设项目的工程招标投标活动实施监督检查。国务院工业和信息化、住房城乡建设、交通运输、铁道、水利、商务等部门，按照规定的职责分工对有关招标投标活动实施监督。

县级以上地方人民政府发展改革部门指导和协调本行政区域的招标投标工作。县级以上地方人民政府有关部门按照规定的职责分工，对招标投标活动实施监督，依法查处招标投标活动中的违法行为。县级以上地方人民政府对其所属部门有关招标投标活动的监督职责分工另有规定的，从其规定。

财政部门依法对实行招标投标的政府采购工程建设项目的预算执行情况和政府采购政策执行情况实施监督。

监察机关依法对与招标投标活动有关的监察对象实施监察。

第五条　设区的市级以上地方人民政府可以根据实际需要，建立统一规范的招标投标交易场所，为招标投标活动提供服务。招标投标交易场所不得与行政监督部门存在隶属关系，不得以营利为目的。

国家鼓励利用信息网络进行电子招标投标。

第六条　禁止国家工作人员以任何方式非法干涉招标投标活动。

第二章　招　　标

第七条　按照国家有关规定需要履行项目审批、核准手续的依法必须进行招标的项目，其招标范围、招标方式、招标组织形式应当报项目审批、核准部门审批、核准。项目审批、核准部门应当及时将审批、核准确定的招标范围、招标方式、招标组织形式通报有关行政监督部门。

第八条 国有资金占控股或者主导地位的依法必须进行招标的项目，应当公开招标；但有下列情形之一的，可以邀请招标：

（一）技术复杂、有特殊要求或者受自然环境限制，只有少量潜在投标人可供选择；

（二）采用公开招标方式的费用占项目合同金额的比例过大。

有前款第二项所列情形，属于本条例第七条规定的项目，由项目审批、核准部门在审批、核准项目时作出认定；其他项目由招标人申请有关行政监督部门作出认定。

第九条 除招标投标法第六十六条规定的可以不进行招标的特殊情况外，有下列情形之一的，可以不进行招标：

（一）需要采用不可替代的专利或者专有技术；

（二）采购人依法能够自行建设、生产或者提供；

（三）已通过招标方式选定的特许经营项目投资人依法能够自行建设、生产或者提供；

（四）需要向原中标人采购工程、货物或者服务，否则将影响施工或者功能配套要求；

（五）国家规定的其他特殊情形。

招标人为适用前款规定弄虚作假的，属于招标投标法第四条规定的规避招标。

第十条 招标投标法第十二条第二款规定的招标人具有编制招标文件和组织评标能力，是指招标人具有与招标项目规模和复杂程度相适应的技术、经济等方面的专业人员。

第十一条 招标代理机构的资格依照法律和国务院的规定由有关部门认定。

国务院住房城乡建设、商务、发展改革、工业和信息化等部门，按照规定的职责分工对招标代理机构依法实施监督管理。

第十二条 招标代理机构应当拥有一定数量的取得招标职业资格的专业人员。取得招标职业资格的具体办法由国务院人力资源社会保障部门会同国务院发展改革部门制定。

第十三条 招标代理机构在其资格许可和招标人委托的范围内开展招标代理业务，任何单位和个人不得非法干涉。

招标代理机构代理招标业务，应当遵守招标投标法和本条例关于招标人的规定。招标代理机构不得在所代理的招标项目中投标或者代理投标，也不得为所代理的招标项目的投标人提供咨询。

招标代理机构不得涂改、出租、出借、转让资格证书。

第十四条 招标人应当与被委托的招标代理机构签订书面委托合同，合同约定的收费标准应当符合国家有关规定。

第十五条 公开招标的项目，应当依照招标投标法和本条例的规定发布招标公告、编制招标文件。

招标人采用资格预审办法对潜在投标人进行资格审查的，应当发布资格预审公告、编制资格预审文件。

依法必须进行招标的项目的资格预审公告和招标公告，应当在国务院发展改革部门依法指定的媒介发布。在不同媒介发布的同一招标项目的资格预审公告或者招标公告的内容应当一致。指定媒介发布依法必须进行招标的项目的境内资格预审公告、招标公告，不得收取费用。

编制依法必须进行招标的项目的资格预审文件和招标文件，应当使用国务院发展改革部门会同有关行政监督部门制定的标准文本。

第十六条 招标人应当按照资格预审公告、招标公告或者投标邀请书规定的时间、地点发售资格预审文件或者招标文件。资格预审文件或者招标文件的发售期不得少于5日。

招标人发售资格预审文件、招标文件收取的费用应当限于补偿印刷、邮寄的成本支出，不得以营利为目的。

第十七条 招标人应当合理确定提交资格预审申请文件的时间。依法必须进行招标的项目提交资格预审申请文件的时间，自资格预审文件停止发售之日起不得少于5日。

第十八条 资格预审应当按照资格预审文件载明的标准和方法进行。

国有资金占控股或者主导地位的依法必须进行招标的项目，招标人应当组建资格审查委员会审查资格预审申请文件。资格审查委员会及其成员应当遵守招标投标法和本条例有关评标委员会及其成员的规定。

第十九条 资格预审结束后，招标人应当及时向资格预审申请人发出资格预审结果通知书。未通过资格预审的申请人不具有投标资格。

通过资格预审的申请人少于3个的，应当重新招标。

第二十条 招标人采用资格后审办法对投标人进行资格审查的，应当在开标后由评标委员会按照招标文件规定的标准和方法对投标人的资格进行审查。

第二十一条 招标人可以对已发出的资格预审文件或者招标文件进行必要的澄清或者修改。澄清或者修改的内容可能影响资格预审申请文件或者投标文件编制的，招标人应当在提交资格预审申请文件截止时间至少3日前，或者投标截止时间至少15日前，以书面形式通知所有获取资格预审文件或者招标文件的潜在投标人；不足3日或者15日的，招标人应当顺延提交资格预审申请文件或者投标文件的截止时间。

第二十二条 潜在投标人或者其他利害关系人对资格预审文件有异议的，应当在提交资格预审申请文件截止时间2日前提出；对招标文件有异议的，应当在投标截止时间10日前提出。招标人应当自收到异议之日起3日内作出答复；作出答复前，应当暂停招标投标活动。

第二十三条 招标人编制的资格预审文件、招标文件的内容违反法律、行政法规的强制性规定，违反公开、公平、公正和诚实信用原则，影响资格预审结果或者潜在投标人投标的，依法必须进行招标的项目的招标人应当在修改资格预审文件或者招标文件后重新招标。

第二十四条 招标人对招标项目划分标段的，应当遵守招标投标法的有关规定，不得利用划分标段限制或者排斥潜在投标人。依法必须进行招标的项目的招标人不得利用划分标段规避招标。

第二十五条 招标人应当在招标文件中载明投标有效期。投标有效期从提交投标文件的截止之日起算。

第二十六条 招标人在招标文件中要求投标人提交投标保证金的，投标保证金不得超过招标项目估算价的2%。投标保证金有效期应当与投标有效期一致。

依法必须进行招标的项目的境内投标单位，以现金或者支票形式提交的投标保证金应当从其基本账户转出。

招标人不得挪用投标保证金。

第二十七条 招标人可以自行决定是否编制标底。一个招标项目只能有一个标底。标底必须保密。

接受委托编制标底的中介机构不得参加受托编制标底项目的投标，也不得为该项目的投标人编制投标文件或者提供咨询。

招标人设有最高投标限价的，应当在招标文件中明确最高投标限价或者最高投标限价的计算方法。招标人不得规定最低投标限价。

第二十八条 招标人不得组织单个或者部分潜在投标人踏勘项目现场。

第二十九条 招标人可以依法对工程以及与工程建设有关的货物、服务全部或者部分实行总承包招标。以暂估价形式包括在总承包范围内的工程、货物、服务属于依法必须进行招标的项目范围且达到国家规定规模标准的，应当依法进行招标。

前款所称暂估价，是指总承包招标时不能确定价格而由招标人在招标文件中暂时估定的工程、货物、服务的金额。

第三十条 对技术复杂或者无法精确拟定技术规格的项目，招标人可以分两阶段进行招标。

第一阶段，投标人按照招标公告或者投标邀请书的要求提交不带报价的技术建议，招标人根据投标人提交的技术建议确定技术标准和要求，编制招标文件。

第二阶段，招标人向在第一阶段提交技术建议的投标人提供招标文件，投标人按照招标文件的要求提交包括最终技术方案和投标报价的投标文件。

招标人要求投标人提交投标保证金的，应当在第二阶段提出。

第三十一条 招标人终止招标的，应当及时发布公告，或者以书面形式通知被邀请的或者已经获取资格预审文件、招标文件的潜在投标人。已经发售资格预审文件、招标文件或者已经收取投标保证金的，招标人应当及时退还所收取的资格预审文件、招标文件的费用，以及所收取的投标保证金及银行同期存款利息。

第三十二条 招标人不得以不合理的条件限制、排斥潜在投标人或者投标人。

招标人有下列行为之一的，属于以不合理条件限制、排斥潜在投标人或者投标人：

（一）就同一招标项目向潜在投标人或者投标人提供有差别的项目信息；

（二）设定的资格、技术、商务条件与招标项目的具体特点和实际需要不相适应或者与合同履行无关；

（三）依法必须进行招标的项目以特定行政区域或者特定行业的业绩、奖项作为加分条件或者中标条件；

（四）对潜在投标人或者投标人采取不同的资格审查或者评标标准；

（五）限定或者指定特定的专利、商标、品牌、原产地或者供应商；

（六）依法必须进行招标的项目非法限定潜在投标人或者投标人的所有制形式或者组织形式；

（七）以其他不合理条件限制、排斥潜在投标人或者投标人。

第三章 投 标

第三十三条 投标人参加依法必须进行招标的项目的投标，不受地区或者部门的限制，任何单位和个人不得非法干涉。

第三十四条 与招标人存在利害关系可能影响招标公正性的法人、其他组织或者个人，不得参加投标。

单位负责人为同一人或者存在控股、管理关系的不同单位，不得参加同一标段投标或者未划分标段的同一招标项目投标。

违反前两款规定的，相关投标均无效。

第三十五条 投标人撤回已提交的投标文件，应当在投标截止时间前书面通知招标人。招标人已收取投标保证金的，应当自收到投标人书面撤回通知之日起5日内退还。

投标截止后投标人撤销投标文件的，招标人可以不退还投标保证金。

第三十六条 未通过资格预审的申请人提交的投标文件，以及逾期送达或者不按照招标文件要求密封的投标文件，招标人应当拒收。

招标人应当如实记载投标文件的送达时间和密封情况，并存档备查。

第三十七条 招标人应当在资格预审公告、招标公告或者投标邀请书中载明是否接受联合体投标。

招标人接受联合体投标并进行资格预审的，联合体应当在提交资格预审申请文件前组成。资格预审后联合体增减、更换成员的，其投标无效。

联合体各方在同一招标项目中以自己名义单独投标或者参加其他联合体投标的，相关投标均无效。

第三十八条 投标人发生合并、分立、破产等重大变化的，应当及时书面告知招标人。投标人不再具备资格预审文件、招标文件规定的资格条件或者其投标影响招标公正性的，其投标无效。

第三十九条 禁止投标人相互串通投标。

有下列情形之一的，属于投标人相互串通投标：

（一）投标人之间协商投标报价等投标文件的实质性内容；

（二）投标人之间约定中标人；

（三）投标人之间约定部分投标人放弃投标或者中标；

（四）属于同一集团、协会、商会等组织成员的投标人按照该组织要求协同投标；

（五）投标人之间为谋取中标或者排斥特定投标人而采取的其他联合行动。

第四十条 有下列情形之一的，视为投标人相互串通投标：

（一）不同投标人的投标文件由同一单位或者个人编制；

（二）不同投标人委托同一单位或者个人办理投标事宜；

（三）不同投标人的投标文件载明的项目管理成员为同一人；

（四）不同投标人的投标文件异常一致或者投标报价呈规律性差异；

（五）不同投标人的投标文件相互混装；

（六）不同投标人的投标保证金从同一单位或者个人的账户转出。

第四十一条 禁止招标人与投标人串通投标。

有下列情形之一的，属于招标人与投标人串通投标：

（一）招标人在开标前开启投标文件并将有关信息泄露给其他投标人；

（二）招标人直接或者间接向投标人泄露标底、评标委员会成员等信息；

（三）招标人明示或者暗示投标人压低或者抬高投标报价；

（四）招标人授意投标人撤换、修改投标文件；

（五）招标人明示或者暗示投标人为特定投标人中标提供方便；

（六）招标人与投标人为谋求特定投标人中标而采取的其他串通行为。

第四十二条 使用通过受让或者租借等方式获取的资格、资质证书投标的，属于招标投标法第三十三条规定的以他人名义投标。

投标人有下列情形之一的，属于招标投标法第三十三条规定的以其他方式弄虚作假的行为：

（一）使用伪造、变造的许可证件；

（二）提供虚假的财务状况或者业绩；

（三）提供虚假的项目负责人或者主要技术人员简历、劳动关系证明；

（四）提供虚假的信用状况；

（五）其他弄虚作假的行为。

第四十三条 提交资格预审申请文件的申请人应当遵守招标投标法和本条例有关投标人的规定。

第四章 开标、评标和中标

第四十四条 招标人应当按照招标文件规定的时间、地点开标。

投标人少于3个的，不得开标；招标人应当重新招标。

投标人对开标有异议的，应当在开标现场提出，招标人应当当场作出答复，并制作记录。

第四十五条 国家实行统一的评标专家专业分类标准和管理办法。具体标准和办法由国务院发展改革部门会同国务院有关部门制定。

省级人民政府和国务院有关部门应当组建综合评标专家库。

第四十六条 除招标投标法第三十七条第三款规定的特殊招标项目外，依法必须进行招标的项目，其评标委员会的专家成员应当从评标专家库内相关专业的专家名单中以随机抽取方式确定。任何单位和个人不得以明示、暗示等任何方式指定或者变相指定参加评标委员会的专家成员。

依法必须进行招标的项目的招标人非因招标投标法和本条例规定的事由，不得更换依法确定的评标委员会成员。更换评标委员会的专家成员应当依照前款规定进行。

评标委员会成员与投标人有利害关系的，应当主动回避。

有关行政监督部门应当按照规定的职责分工，对评标委员会成员的确定方式、评标专家的抽取和评标活动进行监督。行政监督部门的工作人员不得担任本部门负责监督项目的评标委员会成员。

第四十七条 招标投标法第三十七条第三款所称特殊招标项目，是指技术复杂、专业性强或者国家有特殊要求，采取随机抽取方式确定的专家难以保证胜任评标工作的项目。

第四十八条 招标人应当向评标委员会提供评标所必需的信息，但不得明示或者暗示其倾向或者排斥特定投标人。

招标人应当根据项目规模和技术复杂程度等因素合理确定评标时间。超过三分之一的评标委员会成员认为评标时间不够的，招标人应当适当延长。

评标过程中，评标委员会成员有回避事由、擅离职守或者因健康等原因不能继续评标的，应当及时更换。被更换的评标委员会成员作出的评审结论无效，由更换后的评标委员会成员重新进行评审。

第四十九条 评标委员会成员应当依照招标投标法和本条例的规定，按照招标文件规定的评标标准和方法，客观、公正地对投标文件提出评审意见。招标文件没有规定的评标标准和方法不得作为评标的依据。

评标委员会成员不得私下接触投标人，不得收受投标人给予的财物或者其他好处，不得向招标人征询确定中标人的意向，不得接受任何单位或者个人明示或者暗示提出的倾向或者排斥特定投标人的要求，不得有其他不客观、不公正履行职务的行为。

第五十条 招标项目设有标底的，招标人应当在开标时公布。标底只能作为评标的参考，不得以投标报价是否接近标底作为中标条件，也不得以投标报价超过标底上下浮动范围作为否决投标的条件。

第五十一条 有下列情形之一的，评标委员会应当否决其投标：

（一）投标文件未经投标单位盖章和单位负责人签字；

（二）投标联合体没有提交共同投标协议；

（三）投标人不符合国家或者招标文件规定的资格条件；

（四）同一投标人提交两个以上不同的投标文件或者投标报价，但招标文件要求提交备选投标的除外；

（五）投标报价低于成本或者高于招标文件设定的最高投标限价；

（六）投标文件没有对招标文件的实质性要求和条件作出响应；

（七）投标人有串通投标、弄虚作假、行贿等违法行为。

第五十二条 投标文件中有含义不明确的内容、明显文字或者计算错误，评标委员会认为需要投标人作出必要澄清、说明的，应当书面通知该投标人。投标人的澄清、说明应当采用书面形式，并不得超出投标文件的范围或者改变投标文件的实质性内容。

评标委员会不得暗示或者诱导投标人作出澄清、说明，不得接受投标人主动提出的澄清、说明。

第五十三条 评标完成后，评标委员会应当向招标人提交书面评标报告和中标候选人名单。中标候选人应当不超过3个，并标明排序。

评标报告应当由评标委员会全体成员签字。对评标结果有不同意见的评标委员会成员应当以书面形式说明其不同意见和理由，评标报告应当注明该不同意见。评标委员会成员拒绝在评标报告上签字又不书面说明其不同意见和理由的，视为同意评标结果。

第五十四条 依法必须进行招标的项目，招标人应当自收到评标报告之日起3日内公示中标候选人，公示期不得少于3日。

投标人或者其他利害关系人对依法必须进行招标的项目的评标结果有异议的，应当在中标候选人公示期间提出。招标人应当自收到异议之日起3日内作出答复；作出答复前，应当暂停招标投标活动。

第五十五条 国有资金占控股或者主导地位的依法必须进行招标的项目，招标人应当确定排名第一的中标候选人为中标人。排名第一的中标候选人放弃中标、因不可抗力不能履行合同、不按照招标文件要求提交履约保证金，或者被查实存在影响中标结果的违法行为等情形，不符合中标条件的，招标人可以按照评标委员会提出的中标候选人名单排序依次确定其他中标候选人为中标人，也可以重新招标。

第五十六条 中标候选人的经营、财务状况发生较大变化或者存在违法行为，招标人认为可能影响其履约能力的，应当在发出中标通知书前由原评标委员会按照招标文件规定的标准和方法审查确认。

第五十七条 招标人和中标人应当依照招标投标法和本条例的规定签订书面合同，合同的标的、价款、质量、履行期限等主要条款应当与招标文件和中标人的投标文件的内容一致。招标人和中标人不得再行订立背离合同实质性内容的其他协议。

招标人最迟应当在书面合同签订后 5 日内向中标人和未中标的投标人退还投标保证金及银行同期存款利息。

第五十八条 招标文件要求中标人提交履约保证金的，中标人应当按照招标文件的要求提交。履约保证金不得超过中标合同金额的 10%。

第五十九条 中标人应当按照合同约定履行义务，完成中标项目。中标人不得向他人转让中标项目，也不得将中标项目肢解后分别向他人转让。

中标人按照合同约定或者经招标人同意，可以将中标项目的部分非主体、非关键性工作分包给他人完成。接受分包的人应当具备相应的资格条件，并不得再次分包。

中标人应当就分包项目向招标人负责，接受分包的人就分包项目承担连带责任。

第五章　投诉与处理

第六十条 投标人或者其他利害关系人认为招标投标活动不符合法律、行政法规规定的，可以自知道或者应当知道之日起 10 日内向有关行政监督部门投诉。投诉应当有明确的请求和必要的证明材料。

就本条例第二十二条、第四十四条、第五十四条规定事项投诉的，应当先向招标人提出异议，异议答复期间不计算在前款规定的期限内。

第六十一条 投诉人就同一事项向两个以上有权受理的行政监督部门投诉的，由最先收到投诉的行政监督部门负责处理。

行政监督部门应当自收到投诉之日起 3 个工作日内决定是否受理投诉，并自受理投诉之日起 30 个工作日内作出书面处理决定；需要检验、检测、鉴定、专家评审的，所需时间不计算在内。

投诉人捏造事实、伪造材料或者以非法手段取得证明材料进行投诉的，行政监督部门应当予以驳回。

第六十二条 行政监督部门处理投诉，有权查阅、复制有关文件、资料，调查有关情况，相关单位和人员应当予以配合。必要时，行政监督部门可以责令暂停招标投标活动。

行政监督部门的工作人员对监督检查过程中知悉的国家秘密、商业秘密，应当依法予以保密。

第六章　法 律 责 任

第六十三条 招标人有下列限制或者排斥潜在投标人行为之一的，由有关行政监督部门依照招标投标法第五十一条的规定处罚：

（一）依法应当公开招标的项目不按照规定在指定媒介发布资格预审公告或者招标公告；

（二）在不同媒介发布的同一招标项目的资格预审公告或者招标公告的内容不一致，影响潜在投标人申请资格预审或者投标。

依法必须进行招标的项目的招标人不按照规定发布资格预审公告或者招标公告，构成规避招标的，依照招标投标法第四十九条的规定处罚。

第六十四条 招标人有下列情形之一的，由有关行政监督部门责令改正，可以处10万元以下的罚款：

（一）依法应当公开招标而采用邀请招标；

（二）招标文件、资格预审文件的发售、澄清、修改的时限，或者确定的提交资格预审申请文件、投标文件的时限不符合招标投标法和本条例规定；

（三）接受未通过资格预审的单位或者个人参加投标；

（四）接受应当拒收的投标文件。

招标人有前款第一项、第三项、第四项所列行为之一的，对单位直接负责的主管人员和其他直接责任人员依法给予处分。

第六十五条 招标代理机构在所代理的招标项目中投标、代理投标或者向该项目投标人提供咨询的，接受委托编制标底的中介机构参加受托编制标底项目的投标或者为该项目的投标人编制投标文件、提供咨询的，依照招标投标法第五十条的规定追究法律责任。

第六十六条 招标人超过本条例规定的比例收取投标保证金、履约保证金或者不按照规定退还投标保证金及银行同期存款利息的，由有关行政监督部门责令改正，可以处5万元以下的罚款；给他人造成损失的，依法承担赔偿责任。

第六十七条 投标人相互串通投标或者与招标人串通投标的，投标人向招标人或者评标委员会成员行贿谋取中标的，中标无效；构成犯罪的，依法追究刑事责任；尚不构成犯罪的，依照招标投标法第五十三条的规定处罚。投标人未中标的，对单位的罚款金额按照招标项目合同金额依照招标投标法规定的比例计算。

投标人有下列行为之一的，属于招标投标法第五十三条规定的情节严重行为，由有关行政监督部门取消其1年至2年内参加依法必须进行招标的项目的投标资格：

（一）以行贿谋取中标；

（二）3年内2次以上串通投标；

（三）串通投标行为损害招标人、其他投标人或者国家、集体、公民的合法利益，造成直接经济损失30万元以上；

（四）其他串通投标情节严重的行为。

投标人自本条第二款规定的处罚执行期限届满之日起3年内又有该款所列违法行为之一的，或者串通投标、以行贿谋取中标情节特别严重的，由工商行政管理机关吊销营业执照。

法律、行政法规对串通投标报价行为的处罚另有规定的，从其规定。

第六十八条 投标人以他人名义投标或者以其他方式弄虚作假骗取中标的，中标无效；构成犯罪的，依法追究刑事责任；尚不构成犯罪的，依照招标投标法第五十四条的规定处罚。依法必须进行招标的项目的投标人未中标的，对单位的罚款金额按照招标项目合同金额依照招标投标法规定的比例计算。

投标人有下列行为之一的，属于招标投标法第五十四条规定的情节严重行为，由有关行政监督部门取消其1年至3年内参加依法必须进行招标的项目的投标资格：

（一）伪造、变造资格、资质证书或者其他许可证件骗取中标；

（二）3年内2次以上使用他人名义投标；

（三）弄虚作假骗取中标给招标人造成直接经济损失30万元以上；

（四）其他弄虚作假骗取中标情节严重的行为。

投标人自本条第二款规定的处罚执行期限届满之日起3年内又有该款所列违法行为之一的，或者弄虚作假骗取中标情节特别严重的，由工商行政管理机关吊销营业执照。

第六十九条 出让或者出租资格、资质证书供他人投标的，依照法律、行政法规的规定给予行政处罚；构成犯罪的，依法追究刑事责任。

第七十条 依法必须进行招标的项目的招标人不按照规定组建评标委员会，或者确定、更换评标委员会成员违反招标投标法和本条例规定的，由有关行政监督部门责令改正，可以处10万元以下的罚款，对单位直接负责的主管人员和其他直接责任人员依法给予处分；违法确定或者更换的评标委员会成员作出的评审结论无效，依法重新进行评审。

国家工作人员以任何方式非法干涉选取评标委员会成员的，依照本条例第八十一条的规定追究法律责任。

第七十一条 评标委员会成员有下列行为之一的，由有关行政监督部门责令改正；情节严重的，禁止其在一定期限内参加依法必须进行招标的项目的评标；情节特别严重的，取消其担任评标委员会成员的资格：

（一）应当回避而不回避；

（二）擅离职守；

（三）不按照招标文件规定的评标标准和方法评标；

（四）私下接触投标人；

（五）向招标人征询确定中标人的意向或者接受任何单位或者个人明示或者暗示提出的倾向或者排斥特定投标人的要求；

（六）对依法应当否决的投标不提出否决意见；

（七）暗示或者诱导投标人作出澄清、说明或者接受投标人主动提出的澄清、说明；

（八）其他不客观、不公正履行职务的行为。

第七十二条 评标委员会成员收受投标人的财物或者其他好处的，没收收受的财物，处3000元以上5万元以下的罚款，取消担任评标委员会成员的资格，不得再参加依法必须进行招标的项目的评标；构成犯罪的，依法追究刑事责任。

第七十三条 依法必须进行招标的项目的招标人有下列情形之一的，由有关行政监督部门责令改正，可以处中标项目金额10‰以下的罚款；给他人造成损失的，依法承担赔偿责任；对单位直接负责的主管人员和其他直接责任人员依法给予处分：

（一）无正当理由不发出中标通知书；

（二）不按照规定确定中标人；

（三）中标通知书发出后无正当理由改变中标结果；

（四）无正当理由不与中标人订立合同；

（五）在订立合同时向中标人提出附加条件。

第七十四条 中标人无正当理由不与招标人订立合同，在签订合同时向招标人提出附加条件，或者不按照招标文件要求提交履约保证金的，取消其中标资格，投标保证金不予退还。对依法必须进行招标的项目的中标人，由有关行政监督部门责令改正，可以处中标项目金额10‰以下的罚款。

第七十五条 招标人和中标人不按照招标文件和中标人的投标文件订立合同，合同的主要条款与招标文件、中标人的投标文件的内容不一致，或者招标人、中标人订立背离合同实质性内容的协议的，由有关行政监督部门责令改正，可以处中标项目金额5‰以上10‰以下的罚款。

第七十六条 中标人将中标项目转让给他人的，将中标项目肢解后分别转让给他人的，违反招标投标法和本条例规定将中标项目的部分主体、关键性工作分包给他人的，或者分包人再次分包的，转让、分包无效，处转让、分包项目金额5‰以上10‰以下的罚款；有违法所得的，并处没收违法所得；可以责令停业整顿；情节严重的，由工商行政管理机关吊销营业执照。

第七十七条 投标人或者其他利害关系人捏造事实、伪造材料或者以非法手段取得证明材料进行投诉，给他人造成损失的，依法承担赔偿责任。

招标人不按照规定对异议作出答复，继续进行招标投标活动的，由有关行政监督部门责令改正，拒不改正或者不能改正并影响中标结果的，依照本条例第八十二条的规定处理。

第七十八条 取得招标职业资格的专业人员违反国家有关规定办理招标业务的，责令改正，给予警告；情节严重的，暂停一定期限内从事招标业务；情节特别严重的，取消招标职业资格。

第七十九条 国家建立招标投标信用制度。有关行政监督部门应当依法公告对招标人、招标代理机构、投标人、评标委员会成员等当事人违法行为的行政处理决定。

第八十条 项目审批、核准部门不依法审批、核准项目招标范围、招标方式、招标组织形式的，对单位直接负责的主管人员和其他直接责任人员依法给予处分。

有关行政监督部门不依法履行职责，对违反招标投标法和本条例规定的行为不依法查处，或者不按照规定处理投诉、不依法公告对招标投标当事人违法行为的行政处理决定的，对直接负责的主管人员和其他直接责任人员依法给予处分。

项目审批、核准部门和有关行政监督部门的工作人员徇私舞弊、滥用职权、玩忽职守，构成犯罪的，依法追究刑事责任。

第八十一条 国家工作人员利用职务便利，以直接或者间接、明示或者暗示等任何方式非法干涉招标投标活动，有下列情形之一的，依法给予记过或者记大过处分；情节严重的，依法给予降级或者撤职处分；情节特别严重的，依法给予开除处分；构成犯罪的，依法追究刑事责任：

（一）要求对依法必须进行招标的项目不招标，或者要求对依法应当公开招标的项目不公开招标；

（二）要求评标委员会成员或者招标人以其指定的投标人作为中标候选人或者中标人，或者以其他方式非法干涉评标活动，影响中标结果；

（三）以其他方式非法干涉招标投标活动。

第八十二条 依法必须进行招标的项目的招标投标活动违反招标投标法和本条例的规定，对中标结果造成实质性影响，且不能采取补救措施予以纠正的，招标、投标、中标无效，应当依法重新招标或者评标。

第七章　附　　则

第八十三条　招标投标协会按照依法制定的章程开展活动，加强行业自律和服务。

第八十四条　政府采购的法律、行政法规对政府采购货物、服务的招标投标另有规定的，从其规定。

第八十五条　本条例自 2012 年 2 月 1 日起施行。

附录四

最高人民法院关于审理建设工程施工合同纠纷案件适用法律问题的解释

（2004 年 9 月 29 日最高人民法院审判委员会第 1327 次会议通过）

根据《中华人民共和国民法通则》、《中华人民共和国合同法》、《中华人民共和国招标投标法》、《中华人民共和国民事诉讼法》等法律规定，结合民事审判实际，就审理建设工程施工合同纠纷案件适用法律的问题，制定本解释。

第一条 建设工程施工合同具有下列情形之一的，应当根据合同法第五十二条第（五）项的规定，认定无效：

（一）承包人未取得建筑施工企业资质或者超越资质等级的；

（二）没有资质的实际施工人借用有资质的建筑施工企业名义的；

（三）建设工程必须进行招标而未招标或者中标无效的。

第二条 建设工程施工合同无效，但建设工程经竣工验收合格，承包人请求参照合同约定支付工程价款的，应予支持。

第三条 建设工程施工合同无效，且建设工程经竣工验收不合格的，按照以下情形分别处理：

（一）修复后的建设工程经竣工验收合格，发包人请求承包人承担修复费用的，应予支持；

（二）修复后的建设工程经竣工验收不合格，承包人请求支付工程价款的，不予支持。

因建设工程不合格造成的损失，发包人有过错的，也应承担相应的民事责任。

第四条 承包人非法转包、违法分包建设工程或者没有资质的实际施工人借用有资质的建筑施工企业名义与他人签订建设工程施工合同的行为无效。人民法院可以根据民法通则第一百三十四条规定，收缴当事人已经取得的非法所得。

第五条 承包人超越资质等级许可的业务范围签订建设工程施工合同，在建设工程竣工前取得相应资质等级，当事人请求按照无效合同处理的，不予支持。

第六条 当事人对垫资和垫资利息有约定，承包人请求按照约定返还垫资及其利息的，应予支持，但是约定的利息计算标准高于中国人民银行发布的同期同类贷款利率的部分除外。

当事人对垫资没有约定的，按照工程欠款处理。

当事人对垫资利息没有约定，承包人请求支付利息的，不予支持。

第七条 具有劳务作业法定资质的承包人与总承包人、分包人签订的劳务分包合同，当事人以转包建设工程违反法律规定为由请求确认无效的，不予支持。

第八条 承包人具有下列情形之一，发包人请求解除建设工程施工合同的，应予支持：

（一）明确表示或者以行为表明不履行合同主要义务的；

（二）合同约定的期限内没有完工，且在发包人催告的合理期限内仍未完工的；

（三）已经完成的建设工程质量不合格，并拒绝修复的；

（四）将承包的建设工程非法转包、违法分包的。

第九条　发包人具有下列情形之一，致使承包人无法施工，且在催告的合理期限内仍未履行相应义务，承包人请求解除建设工程施工合同的，应予支持：

（一）未按约定支付工程价款的；

（二）提供的主要建筑材料、建筑构配件和设备不符合强制性标准的；

（三）不履行合同约定的协助义务的。

第十条　建设工程施工合同解除后，已经完成的建设工程质量合格的，发包人应当按照约定支付相应的工程价款；已经完成的建设工程质量不合格的，参照本解释第三条规定处理。

因一方违约导致合同解除的，违约方应当赔偿因此而给对方造成的损失。

第十一条　因承包人的过错造成建设工程质量不符合约定，承包人拒绝修理、返工或者改建，发包人请求减少支付工程价款的，应予支持。

第十二条　发包人具有下列情形之一，造成建设工程质量缺陷，应当承担过错责任：

（一）提供的设计有缺陷；

（二）提供或者指定购买的建筑材料、建筑构配件、设备不符合强制性标准；

（三）直接指定分包人分包专业工程。

承包人有过错的，也应当承担相应的过错责任。

第十三条　建设工程未经竣工验收，发包人擅自使用后，又以使用部分质量不符合约定为由主张权利的，不予支持；但是承包人应当在建设工程的合理使用寿命内对地基基础工程和主体结构质量承担民事责任。

第十四条　当事人对建设工程实际竣工日期有争议的，按照以下情形分别处理：

（一）建设工程经竣工验收合格的，以竣工验收合格之日为竣工日期；

（二）承包人已经提交竣工验收报告，发包人拖延验收的，以承包人提交验收报告之日为竣工日期；

（三）建设工程未经竣工验收，发包人擅自使用的，以转移占有建设工程之日为竣工日期。

第十五条　建设工程竣工前，当事人对工程质量发生争议，工程质量经鉴定合格的，鉴定期间为顺延工期期间。

第十六条　当事人对建设工程的计价标准或者计价方法有约定的，按照约定结算工程价款。

因设计变更导致建设工程的工程量或者质量标准发生变化，当事人对该部分工程价款不能协商一致的，可以参照签订建设工程施工合同时当地建设行政主管部门发布的计价方法或者计价标准结算工程价款。

建设工程施工合同有效，但建设工程经竣工验收不合格的，工程价款结算参照本解释第三条规定处理。

第十七条　当事人对欠付工程价款利息计付标准有约定的，按照约定处理；没有约定的，按照中国人民银行发布的同期同类贷款利率计息。

第十八条　利息从应付工程价款之日计付。当事人对付款时间没有约定或者约定不明的，下列时间视为应付款时间：

（一）建设工程已实际交付的，为交付之日；

（二）建设工程没有交付的，为提交竣工结算文件之日；

（三）建设工程未交付，工程价款也未结算的，为当事人起诉之日。

第十九条 当事人对工程量有争议的，按照施工过程中形成的签证等书面文件确认。承包人能够证明发包人同意其施工，但未能提供签证文件证明工程量发生的，可以按照当事人提供的其他证据确认实际发生的工程量。

第二十条 当事人约定，发包人收到竣工结算文件后，在约定期限内不予答复，视为认可竣工结算文件的，按照约定处理。承包人请求按照竣工结算文件结算工程价款的，应予支持。

第二十一条 当事人就同一建设工程另行订立的建设工程施工合同与经过备案的中标合同实质性内容不一致的，应当以备案的中标合同作为结算工程价款的根据。

第二十二条 当事人约定按照固定价结算工程价款，一方当事人请求对建设工程造价进行鉴定的，不予支持。

第二十三条 当事人对部分案件事实有争议的，仅对有争议的事实进行鉴定，但争议事实范围不能确定，或者双方当事人请求对全部事实鉴定的除外。

第二十四条 建设工程施工合同纠纷以施工行为地为合同履行地。

第二十五条 因建设工程质量发生争议的，发包人可以以总承包人、分包人和实际施工人为共同被告提起诉讼。

第二十六条 实际施工人以转包人、违法分包人为被告起诉的，人民法院应当依法受理。

实际施工人以发包人为被告主张权利的，人民法院可以追加转包人或者违法分包人为本案当事人。发包人只在欠付工程价款范围内对实际施工人承担责任。

第二十七条 因保修人未及时履行保修义务，导致建筑物毁损或者造成人身、财产损害的，保修人应当承担赔偿责任。

保修人与建筑物所有人或者发包人对建筑物毁损均有过错的，各自承担相应的责任。

第二十八条 本解释自2005年1月1日起施行。

施行后受理的第一审案件适用本解释。

施行前最高人民法院发布的司法解释与本解释相抵触的，以本解释为准。

附录五

评标委员会和评标方法暂行规定

（2001 年 7 月 5 日年国家发展计划委员会、经济贸易委员会、建设部、铁道部、交通部、信息产业部、水利部联合发布，2013 年 3 月 11 日国家发展和改革委员会、工业和信息化部、财政部、住房城乡建设部、交通运输部、铁道部、水利部、广播电影电视总局、中国民用航空局联合修改）

第一章 总 则

第一条 为了规范评标活动，保证评标的公平、公正，维护招标投标活动当事人的合法权益，依照《中华人民共和国招标投标法》、《中华人民共和国招标投标法实施条例》，制定本规定。

第二条 本规定适用于依法必须招标项目的评标活动。

第三条 评标活动遵循公平、公正、科学、择优的原则。

第四条 评标活动依法进行，任何单位和个人不得非法干预或者影响评标过程和结果。

第五条 招标人应当采取必要措施，保证评标活动在严格保密的情况下进行。

第六条 评标活动及其当事人应当接受依法实施的监督。有关行政监督部门依照国务院或者地方政府的职责分工，对评标活动实施监督，依法查处评标活动中的违法行为。

第二章 评标委员会

第七条 评标委员会依法组建，负责评标活动，向招标人推荐中标候选人或者根据招标人的授权直接确定中标人。

第八条 评标委员会由招标人负责组建。

评标委员会成员名单一般应于开标前确定。评标委员会成员名单在中标结果确定前应当保密。

第九条 评标委员会由招标人或其委托的招标代理机构熟悉相关业务的代表，以及有关技术、经济等方面的专家组成，成员人数为五人以上单数，其中技术、经济等方面的专家不得少于成员总数的三分之二。

评标委员会设负责人的，评标委员会负责人由评标委员会成员推举产生或者由招标人确定。评标委员会负责人与评标委员会的其他成员有同等的表决权。

第十条 评标委员会的专家成员应当从依法组建的专家库内的相关专家名单中确定。

按前款规定确定评标专家，可以采取随机抽取或者直接确定的方式。一般项目，可以采取随机抽取的方式；技术复杂、专业性强或者国家有特殊要求的招标项目，采取随机抽取方式确定的专家难以保证胜任的，可以由招标人直接确定。

第十一条 评标专家应符合下列条件：

（一）从事相关专业领域工作满八年并具有高级职称或者同等专业水平；

（二）熟悉有关招标投标的法律法规，并具有与招标项目相关的实践经验；

（三）能够认真、公正、诚实、廉洁地履行职责。

第十二条　有下列情形之一的，不得担任评标委员会成员：

（一）投标人或者投标人主要负责人的近亲属；

（二）项目主管部门或者行政监督部门的人员；

（三）与投标人有经济利益关系，可能影响对投标公正评审的；

（四）曾因在招标、评标以及其他与招标投标有关活动中从事违法行为而受过行政处罚或刑事处罚的。

评标委员会成员有前款规定情形之一的，应当主动提出回避。

第十三条　评标委员会成员应当客观、公正地履行职责，遵守职业道德，对所提出的评审意见承担个人责任。

评标委员会成员不得与任何投标人或者与招标结果有利害关系的人进行私下接触，不得收受投标人、中介人、其他利害关系人的财物或者其他好处，不得向招标人征询其确定中标人的意向，不得接受任何单位或者个人明示或者暗示提出的倾向或者排斥特定投标人的要求，不得有其他不客观、不公正履行职务的行为。

第十四条　评标委员会成员和与评标活动有关的工作人员不得透露对投标文件的评审和比较、中标候选人的推荐情况以及与评标有关的其他情况。

前款所称与评标活动有关的工作人员，是指评标委员会成员以外的因参与评标监督工作或者事务性工作而知悉有关评标情况的所有人员。

第三章　评标的准备与初步评审

第十五条　评标委员会成员应当编制供评标使用的相应表格，认真研究招标文件，至少应了解和熟悉以下内容：

（一）招标的目标；

（二）招标项目的范围和性质；

（三）招标文件中规定的主要技术要求、标准和商务条款；

（四）招标文件规定的评标标准、评标方法和在评标过程中考虑的相关因素。

第十六条　招标人或者其委托的招标代理机构应当向评标委员会提供评标所需的重要信息和数据，但不得带有明示或者暗示倾向或者排斥特定投标人的信息。

招标人设有标底的，标底在开标前应当保密，并在评标时作为参考。

第十七条　评标委员会应当根据招标文件规定的评标标准和方法，对投标文件进行系统地评审和比较。招标文件中没有规定的标准和方法不得作为评标的依据。

招标文件中规定的评标标准和评标方法应当合理，不得含有倾向或者排斥潜在投标人的内容，不得妨碍或者限制投标人之间的竞争。

第十八条　评标委员会应当按照投标报价的高低或者招标文件规定的其他方法对投标文件排序。以多种货币报价的，应当按照中国银行在开标日公布的汇率中间价换算成人民币。

招标文件应当对汇率标准和汇率风险作出规定。未作规定的，汇率风险由投标人承担。

第十九条　评标委员会可以书面方式要求投标人对投标文件中含义不明确、对同类问题表述不一致或者有明显文字和计算错误的内容作必要的澄清、说明或者补正。澄清、说明或者补正应以书面方式进行并不得超出投标文件的范围或者改变投标文件的实质性内容。

投标文件中的大写金额和小写金额不一致的，以大写金额为准；总价金额与单价金额不一致的，以单价金额为准，但单价金额小数点有明显错误的除外；对不同文字文本投标文件的解释发生异议的，以中文文本为准。

第二十条 在评标过程中，评标委员会发现投标人以他人的名义投标、串通投标、以行贿手段谋取中标或者以其他弄虚作假方式投标的，应当否决该投标人的投标。

第二十一条 在评标过程中，评标委员会发现投标人的报价明显低于其他投标报价或者在设有标底时明显低于标底，使得其投标报价可能低于其个别成本的，应当要求该投标人作出书面说明并提供相关证明材料。投标人不能合理说明或者不能提供相关证明材料的，由评标委员会认定该投标人以低于成本报价竞标，应当否决其投标。

第二十二条 投标人资格条件不符合国家有关规定和招标文件要求的，或者拒不按照要求对投标文件进行澄清、说明或者补正的，评标委员会可以否决其投标。

第二十三条 评标委员会应当审查每一投标文件是否对招标文件提出的所有实质性要求和条件作出响应。未能在实质上响应的投标，应当否决其投标。

第二十四条 评标委员会应当根据招标文件，审查并逐项列出投标文件的全部投标偏差。

投标偏差分为重大偏差和细微偏差。

第二十五条 下列情况属于重大偏差：

（一）没有按照招标文件要求提供投标担保或者所提供的投标担保有瑕疵；

（二）投标文件没有投标人授权代表签字和加盖公章；

（三）投标文件载明的招标项目完成期限超过招标文件规定的期限；

（四）明显不符合技术规格、技术标准的要求；

（五）投标文件载明的货物包装方式、检验标准和方法等不符合招标文件的要求；

（六）投标文件附有招标人不能接受的条件；

（七）不符合招标文件中规定的其他实质性要求。

投标文件有上述情形之一的，为未能对招标文件作出实质性响应，并按本规定第二十三条规定作否决投标处理。招标文件对重大偏差另有规定的，从其规定。

第二十六条 细微偏差是指投标文件在实质上响应招标文件要求，但在个别地方存在漏项或者提供了不完整的技术信息和数据等情况，并且补正这些遗漏或者不完整不会对其他投标人造成不公平的结果。细微偏差不影响投标文件的有效性。

评标委员会应当书面要求存在细微偏差的投标人在评标结束前予以补正。拒不补正的，在详细评审时可以对细微偏差作不利于该投标人的量化，量化标准应当在招标文件中规定。

第二十七条 评标委员会根据本规定第二十条、第二十一条、第二十二条、第二十三条、第二十五条的规定否决不合格投标后，因有效投标不足三个使得投标明显缺乏竞争的，评标委员会可以否决全部投标。

投标人少于三个或者所有投标被否决的，招标人在分析招标失败的原因并采取相应措施后，应当依法重新招标。

第四章 详细评审

第二十八条 经初步评审合格的投标文件，评标委员会应当根据招标文件确定的评标标准和方法，对其技术部分和商务部分作进一步评审、比较。

第二十九条 评标方法包括经评审的最低投标价法、综合评估法或者法律、行政法规允许的其他评标方法。

第三十条 经评审的最低投标价法一般适用于具有通用技术、性能标准或者招标人对其技术、性能没有特殊要求的招标项目。

第三十一条 根据经评审的最低投标价法，能够满足招标文件的实质性要求，并且经评审的最低投标价的投标，应当推荐为中标候选人。

第三十二条 采用经评审的最低投标价法的，评标委员会应当根据招标文件中规定的评标价格调整方法，以所有投标人的投标报价以及投标文件的商务部分作必要的价格调整。

采用经评审的最低投标价法的，中标人的投标应当符合招标文件规定的技术要求和标准，但评标委员会无需对投标文件的技术部分进行价格折算。

第三十三条 根据经评审的最低投标价法完成详细评审后，评标委员会应当拟定一份“标价比较表”，连同书面评标报告提交招标人。“标价比较表”应当载明投标人的投标报价、对商务偏差的价格调整和说明以及经评审的最终投标价。

第三十四条 不宜采用经评审的最低投标价法的招标项目，一般应当采取综合评估法进行评审。

第三十五条 根据综合评估法，最大限度地满足招标文件中规定的各项综合评价标准的投标，应当推荐为中标候选人。

衡量投标文件是否最大限度地满足招标文件中规定的各项评价标准，可以采取折算为货币的方法、打分的方法或者其他方法。需量化的因素及其权重应当在招标文件中明确规定。

第三十六条 评标委员会对各个评审因素进行量化时，应当将量化指标建立在同一基础或者同一标准上，使各投标文件具有可比性。

对技术部分和商务部分进行量化后，评标委员会应当对这两部分的量化结果进行加权，计算出每一投标的综合评估价或者综合评估分。

第三十七条 根据综合评估法完成评标后，评标委员会应当拟定一份“综合评估比较表”，连同书面评标报告提交招标人。“综合评估比较表”应当载明投标人的投标报价、所作的任何修正、对商务偏差的调整、对技术偏差的调整、对各评审因素的评估以及对每一投标的最终评审结果。

第三十八条 根据招标文件的规定，允许投标人投备选标的，评标委员会可以对中标人所投的备选标进行评审，以决定是否采纳备选标。不符合中标条件的投标人的备选标不予考虑。

第三十九条 对于划分有多个单项合同的招标项目，招标文件允许投标人为获得整个项目合同而提出优惠的，评标委员会可以对投标人提出的优惠进行审查，以决定是否将招标项目作为一个整体合同授予中标人。将招标项目作为一个整体合同授予的，整体合同中标人的投标应当最有利于招标人。

第四十条 评标和定标应当在投标有效期内完成。不能在投标有效期结束日30个工作日前完成评标和定标的，招标人应当通知所有投标人延长投标有效期。拒绝延长投标有效期的投标人有权收回投标保证金。同意延长投标有效期的投标人应当相应延长其投标担保的有效期，但不得修改投标文件的实质性内容。因延长投标有效期造成投标人损失的，招标人应当给予补偿，但因不可抗力需延长投标有效期的除外。

招标文件应当载明投标有效期。投标有效期从提交投标文件截止日起计算。

第五章 推荐中标候选人与定标

第四十一条 评标委员会在评标过程中发现的问题，应当及时作出处理或者向招标人提出处理建议，并作书面记录。

第四十二条 评标委员会完成评标后，应当向招标人提出书面评标报告，并抄送有关行政监督部门。评标报告应当如实记载以下内容：

（一）基本情况和数据表；

（二）评标委员会成员名单；

（三）开标记录；

（四）符合要求的投标一览表；

（五）否决投标的情况说明；

（六）评标标准、评标方法或者评标因素一览表；

（七）经评审的价格或者评分比较一览表；

（八）经评审的投标人排序；

（九）推荐的中标候选人名单与签订合同前要处理的事宜；

（十）澄清、说明、补正事项纪要。

第四十三条 评标报告由评标委员会全体成员签字。对评标结论持有异议的评标委员会成员可以书面方式阐述其不同意见和理由。评标委员会成员拒绝在评标报告上签字且不陈述其不同意见和理由的，视为同意评标结论。评标委员会应当对此作出书面说明并记录在案。

第四十四条 向招标人提交书面评标报告后，评标过程中使用的文件、表格以及其他资料应当即时归还招标人。

第四十五条 评标委员会推荐的中标候选人应当限定在一至三人，并标明排列顺序。

第四十六条 中标人的投标应当符合下列条件之一：

（一）能够最大限度满足招标文件中规定的各项综合评价标准；

（二）能够满足招标文件的实质性要求，并且经评审的投标价格最低；但是投标价格低于成本的除外。

第四十七条 招标人不得与投标人就投标价格、投标方案等实质性内容进行谈判。

第四十八条 国有资金占控股或者主导地位的项目，招标人应当确定排名第一的中标候选人为中标人。排名第一的中标候选人放弃中标、因不可抗力提出不能履行合同，或者招标文件规定应当提交履约保证金而在规定的期限内未能提交，或者被查实存在影响中标结果的违法行为等情形，不符合中标条件的，招标人可以按照评标委员会提出的中标候选人名单排序依次确定其他中标候选人为中标人。依次确定其他中标候选人与招标人预期差距较大，或者对招标人明显不利的，招标人可以重新招标。

招标人可以授权评标委员会直接确定中标人。

国务院对中标人的确定另有规定的，从其规定。

第四十九条 中标人确定后，招标人应当向中标人发出中标通知书，同时通知未中标人，并与中标人在投标有效期内以及中标通知书发出之日起30日之内签订合同。

第五十条 中标通知书对招标人和中标人具有法律约束力。中标通知书发出后，招标人改变中标结果或者中标人放弃中标的，应当承担法律责任。

第五十一条 招标人应当与中标人按照招标文件和中标人的投标文件订立书面合同。招标人与中标人不得再行订立背离合同实质性内容的其他协议。

第五十二条 招标人与中标人签订合同后5日内，应当向中标人和未中标的投标人退还投标保证金。

第六章 罚 则

第五十三条 评标委员会成员有下列行为之一的，由有关行政监督部门责令改正；情节严重的，禁止其在一定期限内参加依法必须进行招标的项目的评标；情节特别严重的，取消其担任评标委员会成员的资格：

（一）应当回避而不回避；

（二）擅离职守；

（三）不按照招标文件规定的评标标准和方法评标；

（四）私下接触投标人；

（五）向招标人征询确定中标人的意向或者接受任何单位或者个人明示或者暗示提出的倾向或者排斥特定投标人的要求；

（六）对依法应当否决的投标不提出否决意见；

（七）暗示或者诱导投标人作出澄清、说明或者接受投标人主动提出的澄清、说明；

（八）其他不客观、不公正履行职务的行为。

第五十四条 评标委员会成员收受投标人的财物或者其他好处的，评标委员会成员或者与评标活动有关的工作人员向他人透露对投标文件的评审和比较、中标候选人的推荐以及与评标有关的其他情况的，给予警告，没收收受的财物，可以并处三千元以上五万元以下的罚款；对有所列违法行为的评标委员会成员取消担任评标委员会成员的资格，不得再参加任何依法必须进行招标项目的评标；构成犯罪的，依法追究刑事责任。

第五十五条 招标人有下列情形之一的，责令改正，可以处中标项目金额千分之十以下的罚款；给他人造成损失的，依法承担赔偿责任；对单位直接负责的主管人员和其他直接责任人员依法给予处分：

（一）无正当理由不发出中标通知书；

（二）不按照规定确定中标人；

（三）中标通知书发出后无正当理由改变中标结果；

（四）无正当理由不与中标人订立合同；

（五）在订立合同时向中标人提出附加条件。

第五十六条 招标人与中标人不按照招标文件和中标人的投标文件订立合同的，合同的主要条款与招标文件、中标人的投标文件的内容不一致，或者招标人、中标人订立背离合同实质性内容的协议的，由有关行政监督部门责令改正；可以处中标项目金额千分之五以上千分之十以下的罚款。

第五十七条 中标人无正当理由不与招标人订立合同，在签订合同时向招标人提出附加条件，或者不按照招标文件要求提交履约保证金的，取消其中标资格，投标保证金不予退还。对依法必须进行招标的项目的中标人，由有关行政监督部门责令改正，可以处中标项目金额 10‰以下的罚款。

第七章 附 则

第五十八条 依法必须招标项目以外的评标活动，参照本规定执行。

第五十九条 使用国际组织或者外国政府贷款、援助资金的招标项目的评标活动，贷款方、资金提供方对评标委员会与评标方法另有规定的，适用其规定，但违背中华人民共和国的社会公共利益的除外。

第六十条 本规定颁布前有关评标机构和评标方法的规定与本规定不一致的，以本规定为准。法律或者行政法规另有规定的，从其规定。

第六十一条 本规定由国家发展改革委会同有关部门负责解释。

第六十二条 本规定自发布之日起施行。

附录六

工程建设项目施工招标投标办法

（2003 年 3 月 8 日国家发展计划委员会、建设部、铁道部、交通部、信息产业部、水利部、中国民用航空总局联合发布，2013 年 3 月 11 日国家发展和改革委员会、工业和信息化部、财政部、住房城乡建设部、交通运输部、铁道部、水利部、广播电影电视总局、中国民用航空局联合修改）

第一章　总　　则

第一条　为规范工程建设项目施工（以下简称工程施工）招标投标活动，根据《中华人民共和国招标投标法》、《中华人民共和国招标投标法实施条例》和国务院有关部门的职责分工，制定本办法。

第二条　在中华人民共和国境内进行工程施工招标投标活动，适用本办法。

第三条　工程建设项目符合《工程建设项目招标范围和规模标准规定》（国家发展改革委令第 3 号）规定的范围和标准的，必须通过招标选择施工单位。

任何单位和个人不得将依法必须进行招标的项目化整为零或者以其他任何方式规避招标。

第四条　工程施工招标投标活动应当遵循公开、公平、公正和诚实信用的原则。

第五条　工程施工招标投标活动，依法由招标人负责。任何单位和个人不得以任何方式非法干涉工程施工招标投标活动。

施工招标投标活动不受地区或者部门的限制。

第六条　各级发展改革、工业和信息化、住房城乡建设、交通运输、铁道、水利、商务、民航等部门依照《国务院办公厅印发国务院有关部门实施招标投标活动行政监督的职责分工意见的通知》（国办发〔2000〕34 号）和各地规定的职责分工，对工程施工招标投标活动实施监督，依法查处工程施工招标投标活动中的违法行为。

第二章　招　　标

第七条　工程施工招标人是依法提出施工招标项目、进行招标的法人或者其他组织。

第八条　依法必须招标的工程建设项目，应当具备下列条件才能进行施工招标：

（一）招标人已经依法成立；

（二）初步设计及概算应当履行审批手续的，已经批准；

（三）有相应资金或资金来源已经落实；

（四）有招标所需的设计图纸及技术资料。

第九条　工程施工招标分为公开招标和邀请招标。

第十条　按照国家有关规定需要履行项目审批、核准手续的依法必须进行施工招标的工程建设项目，其招标范围、招标方式、招标组织形式应当报项目审批部门审批、核准。项目审批、核准部门应当及时将审批、核准确定的招标内容通报有关行政监督部门。

第十一条 依法必须进行公开招标的项目，有下列情形之一的，可以邀请招标：

（一）项目技术复杂或有特殊要求，或者受自然地域环境限制，只有少量潜在投标人可供选择；

（二）涉及国家安全、国家秘密或者抢险救灾，适宜招标但不宜公开招标；

（三）采用公开招标方式的费用占项目合同金额的比例过大。

有前款第二项所列情形，属于本办法第十条规定的项目，由项目审批、核准部门在审批、核准项目时作出认定；其他项目由招标人申请有关行政监督部门作出认定。

全部使用国有资金投资或者国有资金投资占控股或者主导地位的并需要审批的工程建设项目的邀请招标，应当经项目审批部门批准，但项目审批部门只审批立项的，由有关行政监督部门审批。

第十二条 依法必须进行施工招标的工程建设项目有下列情形之一的，可以不进行施工招标：

（一）涉及国家安全、国家秘密、抢险救灾或者属于利用扶贫资金实行以工代赈需要使用农民工等特殊情况，不适宜进行招标；

（二）施工主要技术采用不可替代的专利或者专有技术；

（三）已通过招标方式选定的特许经营项目投资人依法能够自行建设；

（四）采购人依法能够自行建设；

（五）在建工程追加的附属小型工程或者主体加层工程，原中标人仍具备承包能力，并且其他人承担将影响施工或者功能配套要求；

（六）国家规定的其他情形。

第十三条 采用公开招标方式的，招标人应当发布招标公告，邀请不特定的法人或者其他组织投标。依法必须进行施工招标项目的招标公告，应当在国家指定的报刊和信息网络上发布。

采用邀请招标方式的，招标人应当向三家以上具备承担施工招标项目的能力、资信良好的特定的法人或者其他组织发出投标邀请书。

第十四条 招标公告或者投标邀请书应当至少载明下列内容：

（一）招标人的名称和地址；

（二）招标项目的内容、规模、资金来源；

（三）招标项目的实施地点和工期；

（四）获取招标文件或者资格预审文件的地点和时间；

（五）对招标文件或者资格预审文件收取的费用；

（六）对投标人的资质等级的要求。

第十五条 招标人应当按招标公告或者投标邀请书规定的时间、地点出售招标文件或资格预审文件。自招标文件或者资格预审文件出售之日起至停止出售之日止，最短不得少于五日。

招标人可以通过信息网络或者其他媒介发布招标文件，通过信息网络或者其他媒介发布的招标文件与书面招标文件具有同等法律效力，出现不一致时以书面招标文件为准，国家另有规定的除外。

对招标文件或者资格预审文件的收费应当限于补偿印刷、邮寄的成本支出，不得以营利为目的。对于所附的设计文件，招标人可以向投标人酌收押金；对于开标后投标人退还设计文件的，招标人应当向投标人退还押金。

招标文件或者资格预审文件售出后，不予退还。除不可抗力原因外，招标人在发布招标公告、发出投标邀请书后或者售出招标文件或资格预审文件后不得终止招标。

第十六条 招标人可以根据招标项目本身的特点和需要，要求潜在投标人或者投标人提供满足其资格要求的文件，对潜在投标人或者投标人进行资格审查；国家对潜在投标人或者投标人的资格条件有规定的，依照其规定。

第十七条 资格审查分为资格预审和资格后审。

资格预审，是指在投标前对潜在投标人进行的资格审查。

资格后审，是指在开标后对投标人进行的资格审查。

进行资格预审的，一般不再进行资格后审，但招标文件另有规定的除外。

第十八条 采取资格预审的，招标人应当发布资格预审公告。资格预审公告适用本办法第十三条、第十四条有关招标公告的规定。

采取资格预审的，招标人应当在资格预审文件中载明资格预审的条件、标准和方法；采取资格后审的，招标人应当在招标文件中载明对投标人资格要求的条件、标准和方法。

招标人不得改变载明的资格条件或者以没有载明的资格条件对潜在投标人或者投标人进行资格审查。

第十九条 经资格预审后，招标人应当向资格预审合格的潜在投标人发出资格预审合格通知书，告知获取招标文件的时间、地点和方法，并同时向资格预审不合格的潜在投标人告知资格预审结果。资格预审不合格的潜在投标人不得参加投标。

经资格后审不合格的投标人的投标应予否决。

第二十条 资格审查应主要审查潜在投标人或者投标人是否符合下列条件：

（一）具有独立订立合同的权利；

（二）具有履行合同的能力，包括专业、技术资格和能力，资金、设备和其他物质设施状况，管理能力，经验、信誉和相应的从业人员；

（三）没有处于被责令停业，投标资格被取消，财产被接管、冻结，破产状态；

（四）在最近三年内没有骗取中标和严重违约及重大工程质量问题；

（五）国家规定的其他资格条件。

资格审查时，招标人不得以不合理的条件限制、排斥潜在投标人或者投标人，不得对潜在投标人或者投标人实行歧视待遇。任何单位和个人不得以行政手段或者其他不合理方式限制投标人的数量。

第二十一条 招标人符合法律规定的自行招标条件的，可以自行办理招标事宜。任何单位和个人不得强制其委托招标代理机构办理招标事宜。

第二十二条 招标代理机构应当在招标人委托的范围内承担招标事宜。招标代理机构可以在其资格等级范围内承担下列招标事宜：

（一）拟订招标方案，编制和出售招标文件、资格预审文件；

（二）审查投标人资格；

（三）编制标底；

（四）组织投标人踏勘现场；

（五）组织开标、评标，协助招标人定标；

（六）草拟合同；

（七）招标人委托的其他事项。

招标代理机构不得无权代理、越权代理，不得明知委托事项违法而进行代理。

招标代理机构不得在所代理的招标项目中投标或者代理投标，也不得为所代理的招标项目的投标人提供咨询；未经招标人同意，不得转让招标代理业务。

第二十三条 工程招标代理机构与招标人应当签订书面委托合同，并按双方约定的标准收取代理费；国家对收费标准有规定的，依照其规定。

第二十四条 招标人根据施工招标项目的特点和需要编制招标文件。招标文件一般包括下列内容：

（一）招标公告或投标邀请书；

（二）投标人须知；

（三）合同主要条款；

（四）投标文件格式；

（五）采用工程量清单招标的，应当提供工程量清单；

（六）技术条款；

（七）设计图纸；

（八）评标标准和方法；

（九）投标辅助材料。

招标人应当在招标文件中规定实质性要求和条件，并用醒目的方式标明。

第二十五条 招标人可以要求投标人在提交符合招标文件规定要求的投标文件外，提交备选投标方案，但应当在招标文件中作出说明，并提出相应的评审和比较办法。

第二十六条 招标文件规定的各项技术标准应符合国家强制性标准。

招标文件中规定的各项技术标准均不得要求或标明某一特定的专利、商标、名称、设计、原产地或生产供应者，不得含有倾向或者排斥潜在投标人的其他内容。如果必须引用某一生产供应者的技术标准才能准确或清楚地说明拟招标项目的技术标准时，则应当在参照后面加上“或相当于”的字样。

第二十七条 施工招标项目需要划分标段、确定工期的，招标人应当合理划分标段、确定工期，并在招标文件中载明。对工程技术上紧密相联、不可分割的单位工程不得分割标段。

招标人不得以不合理的标段或工期限制或者排斥潜在投标人或者投标人。依法必须进行施工招标的项目的招标人不得利用划分标段规避招标。

第二十八条 招标文件应当明确规定所有评标因素，以及如何将这些因素量化或者据以进行评估。

在评标过程中，不得改变招标文件中规定的评标标准、方法和中标条件。

第二十九条 招标文件应当规定一个适当的投标有效期，以保证招标人有足够的时间完成评标和与中标人签订合同。投标有效期从投标人提交投标文件截止之日起计算。

在原投标有效期结束前，出现特殊情况的，招标人可以书面形式要求所有投标人延长投标有效期。投标人同意延长的，不得要求或被允许修改其投标文件的实质性内容，但应当相应延长其投标保证金的有效期；投标人拒绝延长的，其投标失效，但投标人有权收回其投标保证金。因延长投标有效期造成投标人损失的，招标人应当给予补偿，但因不可抗力需要延长投标有效期的除外。

第三十条 施工招标项目工期较长的，招标文件中可以规定工程造价指数体系、价格调整因素和调整方法。

第三十一条 招标人应当确定投标人编制投标文件所需要的合理时间；但是，依法必须进行招标的项目，自招标文件开始发出之日起至投标人提交投标文件截止之日止，最短不得少于二十日。

第三十二条 招标人根据招标项目的具体情况，可以组织潜在投标人踏勘项目现场，向其介绍工程场地和相关环境的有关情况。潜在投标人依据招标人介绍情况作出的判断和决策，由投标人自行负责。

招标人不得单独或者分别组织任何一个投标人进行现场踏勘。

第三十三条 对于潜在投标人在阅读招标文件和现场踏勘中提出的疑问，招标人可以书面形式或召开投标预备会的方式解答，但需同时将解答以书面方式通知所有购买招标文件的潜在投标人。该解答的内容为招标文件的组成部分。

第三十四条 招标人可根据项目特点决定是否编制标底。编制标底的，标底编制过程和标底在开标前必须保密。

招标项目编制标底的，应根据批准的初步设计、投资概算，依据有关计价办法，参照有关工程定额，结合市场供求状况，综合考虑投资、工期和质量等方面的因素合理确定。

标底由招标人自行编制或委托中介机构编制。一个工程只能编制一个标底。

任何单位和个人不得强制招标人编制或报审标底，或干预其确定标底。

招标项目可以不设标底，进行无标底招标。

招标人设有最高投标限价的，应当在招标文件中明确最高投标限价或者最高投标限价的计算方法。招标人不得规定最低投标限价。

第三章　投　　标

第三十五条 投标人是响应招标、参加投标竞争的法人或者其他组织。招标人的任何不具独立法人资格的附属机构（单位），或者为招标项目的前期准备或者监理工作提供设计、咨询服务的任何法人及其任何附属机构（单位），都无资格参加该招标项目的投标。

第三十六条 投标人应当按照招标文件的要求编制投标文件。投标文件应当对招标文件提出的实质性要求和条件作出响应。

投标文件一般包括下列内容：

（一）投标函；

（二）投标报价；

（三）施工组织设计；

（四）商务和技术偏差表。

投标人根据招标文件载明的项目实际情况，拟在中标后将中标项目的部分非主体、非关键性工作进行分包的，应当在投标文件中载明。

第三十七条 招标人可以在招标文件中要求投标人提交投标保证金。投标保证金除现金外，可以是银行出具的银行保函、保兑支票、银行汇票或现金支票。

投标保证金不得超过项目估算价的百分之二，但最高不得超过八十万元人民币。投标保证金有效期应当与投标有效期一致。

投标人或其委托的招标代理机构应当按照招标文件要求的方式和金额，将投标保证金随投标文件提交给招标人。

依法必须进行施工招标的项目的境内投标单位，以现金或者支票形式提交的投标保证金应当从其基本账户转出。

第三十八条 投标人应当在招标文件要求提交投标文件的截止时间前，将投标文件密封送达投标地点。招标人收到投标文件后，应当向投标人出具标明签收人和签收时间的凭证，在开标前任何单位和个人不得开启投标文件。

在招标文件要求提交投标文件的截止时间后送达的投标文件，招标人应当拒收。

依法必须进行施工招标的项目提交投标文件的投标人少于三个的，招标人在分析招标失败的原因并采取相应措施后，应当依法重新招标。重新招标后投标人仍少于三个的，属于必须审批、核准的工程建设项目，报经原审批、核准部门审批、核准后可以不再进行招标；其他工程建设项目，招标人可自行决定不再进行招标。

第三十九条 投标人在招标文件要求提交投标文件的截止时间前，可以补充、修改、替代或者撤回已提交的投标文件，并书面通知招标人。补充、修改的内容为投标文件的组成部分。

第四十条 在提交投标文件截止时间后到招标文件规定的投标有效期终止之前，投标人不得撤销其投标文件，否则招标人可以不退还其投标保证金。

第四十一条 在开标前，招标人应妥善保管好已接收的投标文件、修改或撤回通知、备选投标方案等投标资料。

第四十二条 两个以上法人或者其他组织可以组成一个联合体，以一个投标人的身份共同投标。

联合体各方签订共同投标协议后，不得再以自己名义单独投标，也不得组成新的联合体或参加其他联合体在同一项目中投标。

第四十三条 招标人接受联合体投标并进行资格预审的，联合体应当在提交资格预审申请文件前组成。资格预审后联合体增减、更换成员的，其投标无效。

第四十四条 联合体各方应当指定牵头人，授权其代表所有联合体成员负责投标和合同实施阶段的主办、协调工作，并应当向招标人提交由所有联合体成员法定代表人签署的授权书。

第四十五条 联合体投标的，应当以联合体各方或者联合体中牵头人的名义提交投标保证金。以联合体中牵头人名义提交的投标保证金，对联合体各成员具有约束力。

第四十六条 下列行为均属投标人串通投标报价：

（一）投标人之间相互约定抬高或压低投标报价；

（二）投标人之间相互约定，在招标项目中分别以高、中、低价位报价；

（三）投标人之间先进行内部竞价，内定中标人，然后再参加投标；

（四）投标人之间其他串通投标报价的行为。

第四十七条 下列行为均属招标人与投标人串通投标：

（一）招标人在开标前开启投标文件并将有关信息泄露给其他投标人，或者授意投标人撤换、修改投标文件；

（二）招标人向投标人泄露标底、评标委员会成员等信息；

（三）招标人明示或者暗示投标人压低或抬高投标报价；

（四）招标人明示或者暗示投标人为特定投标人中标提供方便；

（五）招标人与投标人为谋求特定中标人中标而采取的其他串通行为。

第四十八条 投标人不得以他人名义投标。

前款所称以他人名义投标，指投标人挂靠其他施工单位，或从其他单位通过受让或租借的方式获取资格或资质证书，或者由其他单位及其法定代表人在自己编制的投标文件上加盖印章和签字等行为。

第四章 开标、评标和定标

第四十九条 开标应当在招标文件确定的提交投标文件截止时间的同一时间公开进行；开标地点应当为招标文件中确定的地点。

投标人对开标有异议的，应当在开标现场提出，招标人应当当场作出答复，并制作记录。

第五十条 投标文件有下列情形之一的，招标人应当拒收：

（一）逾期送达；

（二）未按招标文件要求密封。

有下列情形之一的，评标委员会应当否决其投标：

（一）投标文件未经投标单位盖章和单位负责人签字；

（二）投标联合体没有提交共同投标协议；

（三）投标人不符合国家或者招标文件规定的资格条件；

（四）同一投标人提交两个以上不同的投标文件或者投标报价，但招标文件要求提交备选投标的除外；

（五）投标报价低于成本或者高于招标文件设定的最高投标限价；

（六）投标文件没有对招标文件的实质性要求和条件作出响应；

（七）投标人有串通投标、弄虚作假、行贿等违法行为。

第五十一条 评标委员会可以书面方式要求投标人对投标文件中含义不明确、对同类问题表述不一致或者有明显文字和计算错误的内容作必要的澄清、说明或补正。评标委员会不得向投标人提出带有暗示性或诱导性的问题，或向其明确投标文件中的遗漏和错误。

第五十二条 投标文件不响应招标文件的实质性要求和条件的，评标委员会不得允许投标人通过修正或撤销其不符合要求的差异或保留，使之成为具有响应性的投标。

第五十三条 评标委员会在对实质上响应招标文件要求的投标进行报价评估时，除招标文件另有约定外，应当按下述原则进行修正：

（一）用数字表示的数额与用文字表示的数额不一致时，以文字数额为准；

（二）单价与工程量的乘积与总价之间不一致时，以单价为准。若单价有明显的小数点错位，应以总价为准，并修改单价。

按前款规定调整后的报价经投标人确认后产生约束力。

投标文件中没有列入的价格和优惠条件在评标时不予考虑。

第五十四条 对于投标人提交的优越于招标文件中技术标准的备选投标方案所产生的附加收益，不得考虑进评标价中。符合招标文件的基本技术要求且评标价最低或综合评分最高的投标人，其所提交的备选方案方可予以考虑。

第五十五条 招标人设有标底的，标底在评标中应当作为参考，但不得作为评标的唯一依据。

第五十六条 评标委员会完成评标后，应向招标人提出书面评标报告。评标报告由评标委员会全体成员签字。

依法必须进行招标的项目，招标人应当自收到评标报告之日起三日内公示中标候选人，公示期不得少于三日。

中标通知书由招标人发出。

第五十七条 评标委员会推荐的中标候选人应当限定在一至三人，并标明排列顺序。招标人应当接受评标委员会推荐的中标候选人，不得在评标委员会推荐的中标候选人之外确定中标人。

第五十八条 国有资金占控股或者主导地位的依法必须进行招标的项目，招标人应当确定排名第一的中标候选人为中标人。排名第一的中标候选人放弃中标、因不可抗力提出不能履行合同、不按照招标文件的要求提交履约保证金，或者被查实存在影响中标结果的违法行为等情形，不符合中标条件的，招标人可以按照评标委员会提出的中标候选人名单排序依次确定其他中标候选人为中标人。依次确定其他中标候选人与招标人预期差距较大，或者对招标人明显不利的，招标人可以重新招标。

招标人可以授权评标委员会直接确定中标人。

国务院对中标人的确定另有规定的，从其规定。

第五十九条 招标人不得向中标人提出压低报价、增加工作量、缩短工期或其他违背中标人意愿的要求，以此作为发出中标通知书和签订合同的条件。

第六十条 中标通知书对招标人和中标人具有法律效力。中标通知书发出后，招标人改变中标结果的，或者中标人放弃中标项目的，应当依法承担法律责任。

第六十一条 招标人全部或者部分使用非中标单位投标文件中的技术成果或技术方案时，需征得其书面同意，并给予一定的经济补偿。

第六十二条 招标人和中标人应当在投标有效期内并在自中标通知书发出之日起三十日内，按照招标文件和中标人的投标文件订立书面合同。招标人和中标人不得再行订立背离合同实质性内容的其他协议。

招标人要求中标人提供履约保证金或其他形式履约担保的，招标人应当同时向中标人提供工程款支付担保。

招标人不得擅自提高履约保证金，不得强制要求中标人垫付中标项目建设资金。

第六十三条 招标人最迟应当在与中标人签订合同后五日内，向中标人和未中标的投标人退还投标保证金及银行同期存款利息。

第六十四条 合同中确定的建设规模、建设标准、建设内容、合同价格应当控制在批准的初步设计及概算文件范围内；确需超出规定范围的，应当在中标合同签订前，报原项目审批部门审查同意。凡应报经审查而未报的，在初步设计及概算调整时，原项目审批部门一律不予承认。

第六十五条 依法必须进行施工招标的项目，招标人应当自发出中标通知书之日起十五日内，向有关行政监督部门提交招标投标情况的书面报告。

前款所称书面报告至少应包括下列内容：

（一）招标范围；

（二）招标方式和发布招标公告的媒介；

（三）招标文件中投标人须知、技术条款、评标标准和方法、合同主要条款等内容；

（四）评标委员会的组成和评标报告；

（五）中标结果。

第六十六条　招标人不得直接指定分包人。

第六十七条　对于不具备分包条件或者不符合分包规定的，招标人有权在签订合同或者中标人提出分包要求时予以拒绝。发现中标人转包或违法分包时，可要求其改正；拒不改正的，可终止合同，并报请有关行政监督部门查处。

监理人员和有关行政部门发现中标人违反合同约定进行转包或违法分包的，应当要求中标人改正，或者告知招标人要求其改正；对于拒不改正的，应当报请有关行政监督部门查处。

第五章　法 律 责 任

第六十八条　依法必须进行招标的项目而不招标的，将必须进行招标的项目化整为零或者以其他任何方式规避招标的，有关行政监督部门责令限期改正，可以处项目合同金额千分之五以上千分之十以下的罚款；对全部或者部分使用国有资金的项目，项目审批部门可以暂停项目执行或者暂停资金拨付；对单位直接负责的主管人员和其他直接责任人员依法给予处分。

第六十九条　招标代理机构违法泄露应当保密的与招标投标活动有关的情况和资料的，或者与招标人、投标人串通损害国家利益、社会公共利益或者他人合法权益的，由有关行政监督部门处五万元以上二十五万元以下罚款，对单位直接负责的主管人员和其他直接责任人员处单位罚款数额百分之五以上百分之十以下罚款；有违法所得的，并处没收违法所得；情节严重的，有关行政监督部门可停止其一定时期内参与相关领域的招标代理业务，资格认定部门可暂停直至取消招标代理资格；构成犯罪的，由司法部门依法追究刑事责任。给他人造成损失的，依法承担赔偿责任。

前款所列行为影响中标结果，并且中标人为前款所列行为的受益人的，中标无效。

第七十条　招标人以不合理的条件限制或者排斥潜在投标人的，对潜在投标人实行歧视待遇的，强制要求投标人组成联合体共同投标的，或者限制投标人之间竞争的，有关行政监督部门责令改正，可处一万元以上五万元以下罚款。

第七十一条　依法必须进行招标项目的招标人向他人透露已获取招标文件的潜在投标人的名称、数量或者可能影响公平竞争的有关招标投标的其他情况的，或者泄露标底的，有关行政监督部门给予警告，可以并处一万元以上十万元以下的罚款；对单位直接负责的主管人员和其他直接责任人员依法给予处分；构成犯罪的，依法追究刑事责任。

前款所列行为影响中标结果的，中标无效。

第七十二条　招标人在发布招标公告、发出投标邀请书或者售出招标文件或资格预审文件后终止招标的，应当及时退还所收取的资格预审文件、招标文件的费用，以及所收取的投标保证金及银行同期存款利息。给潜在投标人或者投标人造成损失的，应当赔偿损失。

第七十三条　招标人有下列限制或者排斥潜在投标人行为之一的，由有关行政监督部门依照招标投标法第五十一条的规定处罚；其中，构成依法必须进行施工招标的项目的招标人规避招标的，依照招标投标法第四十九条的规定处罚：

（一）依法应当公开招标的项目不按照规定在指定媒介发布资格预审公告或者招标

公告；

（二）在不同媒介发布的同一招标项目的资格预审公告或者招标公告的内容不一致，影响潜在投标人申请资格预审或者投标。

招标人有下列情形之一的，由有关行政监督部门责令改正，可以处10万元以下的罚款：

（一）依法应当公开招标而采用邀请招标；

（二）招标文件、资格预审文件的发售、澄清、修改的时限，或者确定的提交资格预审申请文件、投标文件的时限不符合招标投标法和招标投标法实施条例规定；

（三）接受未通过资格预审的单位或者个人参加投标；

（四）接受应当拒收的投标文件。

招标人有前款第一项、第三项、第四项所列行为之一的，对单位直接负责的主管人员和其他直接责任人员依法给予处分。

第七十四条 投标人相互串通投标或者与招标人串通投标的，投标人以向招标人或者评标委员会成员行贿的手段谋取中标的，中标无效，由有关行政监督部门处中标项目金额千分之五以上千分之十以下的罚款，对单位直接负责的主管人员和其他直接责任人员处单位罚款数额百分之五以上百分之十以下的罚款；有违法所得的，并处没收违法所得；情节严重的，取消其一至二年的投标资格，并予以公告，直至由工商行政管理机关吊销营业执照；构成犯罪的，依法追究刑事责任。给他人造成损失的，依法承担赔偿责任。投标人未中标的，对单位的罚款金额按照招标项目合同金额依照招标投标法规定的比例计算。

第七十五条 投标人以他人名义投标或者以其他方式弄虚作假，骗取中标的，中标无效，给招标人造成损失的，依法承担赔偿责任；构成犯罪的，依法追究刑事责任。

依法必须进行招标项目的投标人有前款所列行为尚未构成犯罪的，有关行政监督部门处中标项目金额千分之五以上千分之十以下的罚款，对单位直接负责的主管人员和其他直接责任人员处单位罚款数额百分之五以上百分之十以下的罚款；有违法所得的，并处没收违法所得；情节严重的，取消其一至三年投标资格，并予以公告，直至由工商行政管理机关吊销营业执照。投标人未中标的，对单位的罚款金额按照招标项目合同金额依照招标投标法规定的比例计算。

第七十六条 依法必须进行招标的项目，招标人违法与投标人就投标价格、投标方案等实质性内容进行谈判的，有关行政监督部门给予警告，对单位直接负责的主管人员和其他直接责任人员依法给予处分。

前款所列行为影响中标结果的，中标无效。

第七十七条 评标委员会成员收受投标人的财物或者其他好处的，没收收受的财物，可以并处三千元以上五万元以下的罚款，取消担任评标委员会成员的资格并予以公告，不得再参加依法必须进行招标的项目的评标；构成犯罪的，依法追究刑事责任。

第七十八条 评标委员会成员应当回避而不回避，擅离职守，不按照招标文件规定的评标标准和方法评标，私下接触投标人，向招标人征询确定中标人的意向或者接受任何单位或者个人明示或者暗示提出的倾向或者排斥特定投标人的要求，对依法应当否决的投标不提出否决意见，暗示或者诱导投标人作出澄清、说明或者接受投标人主动提出的澄清、说明，或者有其他不能客观公正地履行职责行为的，有关行政监督部门责令改正；情节严重的，禁止其在一定期限内参加依法必须进行招标的项目的评标；情节特别严重的，取消其担任评标委员会成员的资格。

第七十九条 依法必须进行招标的项目的招标人不按照规定组建评标委员会，或者确定、更换评标委员会成员违反招标投标法和招标投标法实施条例规定的，由有关行政监督部门责令改正，可以处10万元以下的罚款，对单位直接负责的主管人员和其他直接责任人员依法给予处分；违法确定或者更换的评标委员会成员作出的评审决定无效，依法重新进行评审。

第八十条 依法必须进行招标的项目的招标人有下列情形之一的，由有关行政监督部门责令改正，可以处中标项目金额千分之十以下的罚款；给他人造成损失的，依法承担赔偿责任；对单位直接负责的主管人员和其他直接责任人员依法给予处分：

（一）无正当理由不发出中标通知书；

（二）不按照规定确定中标人；

（三）中标通知书发出后无正当理由改变中标结果；

（四）无正当理由不与中标人订立合同；

（五）在订立合同时向中标人提出附加条件。

第八十一条 中标通知书发出后，中标人放弃中标项目的，无正当理由不与招标人签订合同的，在签订合同时向招标人提出附加条件或者更改合同实质性内容的，或者拒不提交所要求的履约保证金的，取消其中标资格，投标保证金不予退还；给招标人的损失超过投标保证金数额的，中标人应当对超过部分予以赔偿；没有提交投标保证金的，应当对招标人的损失承担赔偿责任。对依法必须进行施工招标的项目的中标人，由有关行政监督部门责令改正，可以处中标金额千分之十以下罚款。

中标通知书发出后，中标人放弃中标项目的，无正当理由不与招标人签订合同的，在签订合同时向招标人提出附加条件或者更改合同实质性内容的，或者拒不提交所要求的履约保证金的，招标人可取消其中标资格，并没收其投标保证金；给招标人的损失超过投标保证金数额的，中标人应当对超过部分予以赔偿；没有提交投标保证金的，应当对招标人的损失承担赔偿责任。

第八十二条 中标人将中标项目转让给他人的，将中标项目肢解后分别转让给他人的，违法将中标项目的部分主体、关键性工作分包给他人的，或者分包人再次分包的，转让、分包无效，有关行政监督部门处转让、分包项目金额千分之五以上千分之十以下的罚款；有违法所得的，并处没收违法所得；可以责令停业整顿；情节严重的，由工商行政管理机关吊销营业执照。

第八十三条 招标人与中标人不按照招标文件和中标人的投标文件订立合同的，合同的主要条款与招标文件、中标人的投标文件的内容不一致，或者招标人、中标人订立背离合同实质性内容的协议的，有关行政监督部门责令改正；可以处中标项目金额千分之五以上千分之十以下的罚款。

第八十四条 中标人不履行与招标人订立的合同的，履约保证金不予退还，给招标人造成的损失超过履约保证金数额的，还应当对超过部分予以赔偿；没有提交履约保证金的，应当对招标人的损失承担赔偿责任。

中标人不按照与招标人订立的合同履行义务，情节严重的，有关行政监督部门取消其二至五年参加招标项目的投标资格并予以公告，直至由工商行政管理机关吊销营业执照。

因不可抗力不能履行合同的，不适用前两款规定。

第八十五条 招标人不履行与中标人订立的合同的，应当返还中标人的履约保证金，并承担相应的赔偿责任；没有提交履约保证金的，应当对中标人的损失承担赔偿责任。

因不可抗力不能履行合同的，不适用前款规定。

第八十六条 依法必须进行施工招标的项目违反法律规定，中标无效的，应当依照法律规定的中标条件从其余投标人中重新确定中标人或者依法重新进行招标。

中标无效的，发出的中标通知书和签订的合同自始没有法律约束力，但不影响合同中独立存在的有关解决争议方法的条款的效力。

第八十七条 任何单位违法限制或者排斥本地区、本系统以外的法人或者其他组织参加投标的，为招标人指定招标代理机构的，强制招标人委托招标代理机构办理招标事宜的，或者以其他方式干涉招标投标活动的，有关行政监督部门责令改正；对单位直接负责的主管人员和其他直接责任人员依法给予警告、记过、记大过的处分，情节较重的，依法给予降级、撤职、开除的处分。

个人利用职权进行前款违法行为的，依照前款规定追究责任。

第八十八条 对招标投标活动依法负有行政监督职责的国家机关工作人员徇私舞弊、滥用职权或者玩忽职守，构成犯罪的，依法追究刑事责任；不构成犯罪的，依法给予行政处分。

第八十九条 投标人或者其他利害关系人认为工程建设项目施工招标投标活动不符合国家规定的，可以自知道或者应当知道之日起10日内向有关行政监督部门投诉。投诉应当有明确的请求和必要的证明材料。

第六章 附 则

第九十条 使用国际组织或者外国政府贷款、援助资金的项目进行招标，贷款方、资金提供方对工程施工招标投标活动的条件和程序有不同规定的，可以适用其规定，但违背中华人民共和国社会公共利益的除外。

第九十一条 本办法由国家发展改革委会同有关部门负责解释。

第九十二条 本办法自2003年5月1日起施行。

主要参考文献

1. 何红锋，张连生．新编经济法教程［M］．北京：化学工业出版社，1999.

2. 何红锋，尹贻林，王宪礼．房地产法律实务［M］．北京：测绘出版社，1995.

3. 尹贻林，何红锋．工程合同管理［M］．北京：中国人民大学出版社，1999.

4. 何红锋．工程建设相关法律实务［M］．北京：人民交通出版社，2000.

5. 何伯森．国际工程招标与投标［M］．北京：水利电力出版社，1994.

6. 何伯森．国际工程合同与合同管理［M］．北京：中国建筑工业出版社，1999.

7. 何伯森．工程招标承包与监理［M］．北京：人民交通出版社，1993.

8. 全国监理工程师培训教材编写委员会．工程建设合同管理［M］．北京：中国建筑工业出版社，1997.

9. 尹贻林．工程造价管理相关知识［M］．北京：中国计划出版社，2000.

10. 中华人民共和国建设部人事教育劳动司，体改法规司．建设法规教程［M］．北京：中国建筑工业出版社，1996.

11. 张培田．招标投标法律指南［M］．北京：中国政法大学出版社，1992.

12. 何伯洲．建设法律概论［M］．北京：中国建筑工业出版社，1998.

13. 陈森，王清池．公路工程招标与投标管理［M］．北京：人民交通出版社，1998.

14. 范琨．高速公路路政管理［M］．北京：人民交通出版社，1998.

15. 戴桂英，袁炳玉．中华人民共和国招标投标法知识问答［M］．北京：企业管理出版社，1999.

16. 赵雷．中华人民共和国招标投标法通论及适用指南［M］．北京：中国建材工业出版社，1999.

17. 孔祥俊．反不正当竞争法的适用与完善［M］．北京：法律出版社，1998.

18. 国家计委政策法规司，国务院法制办财政金融法制司．中华人民共和国招标投标法释义［M］．北京：中国计划出版社，1999.

19. 全国人大法工委研究室．中华人民共和国招标投标法释义［M］．北京：人民法院出版社，1999.

20. 全国人大常委会法制工作委员会经济法室．中华人民共和国招标投标法实用问答［M］．北京：中国建材工业出版社，1999.

21. 卢铁峰．重点新罪名适用精解［M］．北京：中国检察出版社，2000.

22. 余杭．招标投标通论［M］．北京：经济日报出版社，1993.

23. 斯特门德．国际经济知识：招标与承包［M］．本书翻译组，译．上海：上海社会科学院出版社，1988.

24. 汤礼智．国际工程承包实务［M］．北京：中国对外经济贸易出版社，1990.

25.《中华人民共和国招标投标法》起草小组，国家发展计划委员会政策法规司．中华人民共和国招标投标法全书［M］．北京：中国检察出版社，1999.

26. 中华人民共和国财政部．世界银行贷款项目招标文件范本——货物采购国内竞争性招标文件［M］．北京：清华大学出版社，1997.

27. 中国技术进出口总公司国际招标编写组．国际招标与投标实务［M］．北京：中国对外经济贸易出版社，1991.

28. 全国人大法制工作委员会民法室．中华人民共和国合同法立法资料选［M］．北京：法律出版社，1999.

29. 国家发展改革委员会法规司，国务院法制办公室财金司，监察部执法监察司．中华人民共和国招标投标法实施条例释义［M］．北京：中国计划出版社，2012.

30. 张马林．工程强制招标法律制度研究［M］．北京：法律出版社，2013.

31. 全国招标师职业水平考试辅导教材指导委员会．招标采购法律法规与政策［M］．北京：中国计划出版社，2012.

32. 全国招标师职业水平考试辅导教材指导委员会．招标采购案例分析［M］．北京：中国计划出版社，2009.

33. 全国招标师职业水平考试辅导教材指导委员会．招标采购案例分析［M］．北京：中国计划出版社，2012.